哲学视域中的人

——陈新夏学术论文集

陈新夏 著

人民出版社

目　录

第一篇　马克思主义哲学基本理论

第二篇　认识论

第三篇　人的发展理论与实践

第四篇　唯物史观与人的发展

第五篇　现代化进程的人学思考

第六篇　可持续发展的人学思考

第 一 篇

马克思主义哲学基本理论

马克思哲学的人文意义

　　对于建构当代中国人文精神的路径，存在着不同的理解，有人主张直接继承中国传统文化精神，有人主张借鉴西方近现代人文、人道传统，也有人主张二者并行。这些见解各有理由，然而遗憾的是，在相关的讨论中，鲜有对马克思哲学人文意义的挖掘和阐释。在与现实的对话中梳理和阐发马克思哲学的人文意义，建构马克思哲学的人文精神，无疑是当代中国人文精神建构的又一重要路径。彰显人文精神及其价值，是任何"真正的哲学"的特质，当然也是当代马克思哲学发展的一个重要路向。

一

　　哲学的作为是多重的：可以追寻现实事物的根据，弥补和引导科学认识，满足人求知的本性；可以设定事物的应然状态，通过实践而构建理想的现实世界；也可以满足人的精神需要，丰富精神生活，提升精神境界。马克思认为，"任何真正的哲学都是自己时代精神的精华，……是文明的活的灵魂。"① "人民最精致、最珍贵和看不见的精髓都集中在

---

① 《马克思恩格斯全集》第 1 卷，人民出版社 1956 年版，第 121 页。

哲学思想里。"① 这一论断，正是他自己哲学的真实写照。作为一种"真正的哲学"，马克思哲学的意义和功能是全方位的，但是，它的呈现及人们相关的阐释却并非一蹴而就。一定意义上说，马克思哲学的社会批判、制度建构、价值取向以及方法论层面的功能和意义，已为人们共识并阐发，但其人文意义从而人文精神，却有待进一步的挖掘、梳理和阐释。

马克思哲学的人文意义，渗透于整个哲学尤其是社会历史理论中，其核心是对人自身的关注，对人的解放和发展的追求。既往的马克思哲学研究，凸显了其以人的解放和发展为核心的价值取向，但对这一价值取向意义的解读，主要限于社会领域或层面，而未能充分估量其普遍性的人文意义和精神。对于人文意义，可以有不同层面或论域的理解，如文学的、文化的、伦理道德的、社会心理的等等。哲学语境的人文意义，则应是对人生存意义、目的、价值的关注，以人的解放和发展为旨归，简言之：关注人自身，以人为目的。以这一尺度衡量，不懈地追求人的解放和发展的马克思哲学，具有鲜明的人文诉求和意蕴。

马克思哲学的人文意义，首先体现在对人的解放和发展的应然设定中。

马克思人的解放和发展追求，上承欧洲近代的人文和人道主义传统。始于文艺复兴时期的人文主义，作为一种新的社会文化精神，体现了近代欧洲社会精神的根本转向：从敬奉神转向关照人，从关注人来世的命运转向关注人现世生活的幸福，从倡导神性转向注重人性。由此演化而来的人道主义，更是给予人至高无上的地位，其代表人物卢梭、伏尔泰、孟德斯鸠、洛克等，确立了以人性为根由的人道精神，并以人性、人道、人权为尺度，对专制制度进行了严厉的抨击，在政治哲学的层面上提出了人的解放要求及相关的制度设计。此后，康德提出"人是

---

① 《马克思恩格斯全集》第 1 卷，人民出版社 1956 年版，第 120 页。

最终目的"之论断，以先验的方式，从根基上对人作了哲学的肯定。马克思在所创立的新世界观特别是社会历史观中，继承又超越了这一传统，提出了人的发展的价值取向，并将其置于现实的基础之上。

对人的解放和发展状态的应然设定，是马克思理论与实践活动的出发点。受到近代人道精神的影响，马克思在中学毕业时，即立下了为人类幸福而工作的志向，大学毕业进入社会后，开始从人性解放的诉求出发，结合现实问题，对专制制度进行批判。他抨击专制制度轻视人类，使人不成其为人，强调人的自由特别是思想和言论自由，并提出了"自由的人，真正的人"①的概念。此后生存境遇的变化，使其批判的锋芒直指资本主义制度。着眼于揭示资本主义制度的本质及缺陷，他对"政治解放"和"人的解放"作出了区分，在《论犹太人问题》中精辟地指出，"任何一种解放都是把人的世界和人的关系还给人自己"②。在《〈黑格尔法哲学批判〉导言》中又进一步指明："所谓彻底，就是抓住事物的根本。但是，人的根本就是人本身。"③《1844年经济学哲学手稿》更是展开了对人的解放的理解："共产主义是私有财产即人的自我异化的积极的扬弃，因而是通过人并且为了人而对人的本质的真正占有；因此，它是人向自身、向社会的即合乎人性的人的复归，这种复归是完全的，自觉的和在以往发展的全部财富的范围内生成的。"④"人以一种全面的方式，就是说，作为一个总体的人，占有自己的全面的本质。"⑤

"把人的世界和人的关系还给人自己"，"人的根本就是人本身"，"对人的本质的真正占有"，"向社会的即合乎人性的人的复归"，"占有自己的全面的本质"，虽然表达不同，皆蕴含着"人是目的"之意，哲

---

① 《马克思恩格斯全集》第1卷，人民出版社1956年版，第412页。
② 《马克思恩格斯全集》第1卷，人民出版社1956年版，第443页。
③ 《马克思恩格斯全集》第1卷，人民出版社1956年版，第9页。
④ 马克思：《1844年经济学哲学手稿》，人民出版社2000年版，第81页。
⑤ 马克思：《1844年经济学哲学手稿》，人民出版社2000年版，第85页。

学地设定了人的理想生存状态。

何为"把人的世界和人的关系还给人自己"？依马克思的理解，"人的世界和人的关系"（社会制度、社会生活和社会关系）是由人创造的，因而应服从并有利于人的生存发展，但在现实中，它们却与人相异化，成为束缚人生存发展的桎梏。把人的世界和人的关系还给人自己，意在消除异化，达至人与社会的统一，使社会制度和关系真正属于人自己，成为促进人生存发展的条件，也就是恩格斯后来所指出的"在社会方面把人从其余的动物中提升出来"①。这是"向社会的即合乎人性的人的复归"和人"占有自己的全面的本质"的前提。

何为占有人的本质并复归人性？《手稿》将复归人性与占有人的本质并列，表明，此处之"人的本质"，与此后《关于费尔巴哈的提纲》等文中的"人的本质"含义不同。后文之"人的本质"，乃是就人与人的区别而言，意指社会性意义上的人的特质，亦即人在社会关系中的特殊规定性。而此处之"人的本质"，是就人与他物的根本区别而言，即通常语义中的"人性"。也就是说，在《关于费尔巴哈的提纲》赋予"人的本质"新意之前，马克思曾用"人的本质"一语表述人性，并认为，人的本质（人的类特性）即"自由的有意识的活动"②。由此看来，"合乎人性的人"或占有自己"全面本质"的人，即克服了异化而全面发展的人。通常易于引起质疑的是"复归"和"占有"。从字面上看，"复归"或"占有"所指称的，当是既有（曾经存在）而后又失去的东西。然而纵观人类历史，既未出现过"合乎人性的人"，人的活动也从未真正成为"自由的有意识的活动"，卢梭所谓的人类"黄金时代"，也不过是一厢情愿的想象。因此，马克思所谓的"复归"或"占有"，实质上是"生成"，是人通过实践改造环境、超越自我而达至理想状态。

---

① 《马克思恩格斯选集》第4卷，人民出版社1995年版，第275页。
② 马克思：《1844年经济学哲学手稿》，人民出版社2000年版，第57页。

也就是说，马克思哲学地设定了人的存在的应然的、理想的状态：复归人性、全面占有人的本质，人从社会关系的限制中解放出来，成为"自由的人，真正的人"，其活动成为"自由的有意识的活动"，一言以蔽之，使人成为他应然的那样。人的发展理念在此已初露端倪。

在对人政治进而哲学层面思考的基础上，马克思确立了人的自由全面发展的思想。他提出了"个人的全面发展"、"全面发展的个人"、"个人向完整的个人的发展"①，"任何人的职责、使命、任务就是全面地发展自己的一切能力"② 等人的发展目标。将人的发展主体定位于个人，以人的本质在其现实性上是一切社会关系的总和的论断，指明了人的社会性，把抽象的、仅仅作为类而存在的人还原为具体的、个体的人。他在阐述人的发展问题时，"发展"的主语几乎都是"个人"，甚至还明确地指出，"共产主义所建立的制度，正是这样的一种现实基础，它排除一切不依赖于个人而存在的东西"③。他在人们耳熟能详的"每个人的自由发展是一切人的自由发展的条件"④ 的著名论断中，更是明确了"每个人"自由发展对一切人（人类）发展的前提性意义。他尤其强调人的个性发展，不仅提出了"个人的独创的和自由的发展"⑤ 等人的发展目标，还展望了未来共产主义社会中人自由全面发展的情景，并提出了建立个人"自由个性"的理想。

每一个个人自由而全面的发展，实现自由个性，这就是马克思对人生存理想状态的应然设定。这一设定，无疑是人文精神的深刻演绎，它渊源于欧洲近代哲学的人文（人道、人本）主义传统，又在继承中有超越。对人的彻底解放和自由全面发展的阐释和追求，在哲学历史观的

---

① 《马克思恩格斯全集》第 3 卷，人民出版社 1960 年版，第 77 页。
② 《马克思恩格斯全集》第 3 卷，人民出版社 1960 年版，第 330 页。
③ 《马克思恩格斯全集》第 3 卷，人民出版社 1960 年版，第 79 页。
④ 《马克思恩格斯选集》第 1 卷，人民出版社 1995 年版，第 294 页。
⑤ 《马克思恩格斯全集》第 3 卷，人民出版社 1960 年版，第 516 页。

层面丰富、深化并弘扬了人文精神。

二

马克思哲学的人文意义，还体现在对资本主义制度及相关的现代性批判中。由人的解放和发展的应然设定到资本主义批判，表征着马克思哲学人文意义形式的转换。然而长期以来，马克思社会批判的人文意蕴在人们的解读中往往被忽视或淡化，个中的主要缘由，当是时代背景和历史任务所致。

基于时代背景和理论逻辑，马克思对人的关注，始于理想目标的设定而止于现实途径的寻求。由于对人的本质的理解（在社会关系中的、现实的人），因而马克思视野中的"人"是对应于社会的，是总体性的人，而非人的某一方面，比如个人的精神存在、精神需要、精神生活和文化特性等。更为重要的是，由于历史任务所致，人的发展追求归结于外部制度条件的改变，《德意志意识形态》及以后的马克思，已从对人应然状态的讨论转向探寻人的发展的前提：探究人的解放的条件和途径，展开资本主义制度的批判。这些因素，决定了马克思在后来的理论和实践生涯中，未能进一步专注于人自身的分析，或在人的发展条件的探讨中，更多地侧重于制度的分析，较少涉及精神文化的因素，抑或说，他在资本主义制度批判上所做的工作远甚于精神文化的批判。这些原因，以及因不同历史文化传统、阅读语境而导致的一些误读或漏读，使人们在解读马克思哲学社会意义时，更多地关注制度批判和变革的方面，而较少领悟其人文意蕴和意义。

然而毋庸置疑的是，即使缺乏对人精神文化方面专门系统的分析和批判，马克思依然提供了构建现代人文精神最基本和核心的东西，在哲学尤其是历史观的层面确立了以人为本的价值取向和思考方式。毋庸置疑，从人的解放和发展的应然设定到对资本主义的实然批判，存在着一以贯之的逻辑的递进和历史的延续。由应然转向实然的理论转换，并不意味着人的问题在马克思的话语中"退场"，而只是改变了"在场"的方式：以途径置换了目标。本质地看，人文精神和意蕴不仅一直"在场"，而且始终引领着马克思的社会批判和理论建构。在马克思那里，资本主义批判的目标直接指向人的解放，因而实质上也具有一般现代性社会批判的性质。面向当代的社会现代化问题，马克思的社会批判理论势将获得新的意义。

对于马克思哲学的精神价值和意义，西方学者早有体悟并深度的时代性解读。他们结合当下的现代性问题，深入挖掘和阐发了马克思社会历史理论的精神解放和文化批判意义。一些西方马克思主义学者，鉴于西方"文明社会"对金钱、商品的崇拜和对人的价值的漠视，试图为之提供"解毒剂"，以"恢复对人的信念"。为此，他们对马克思哲学作出了"人学的"阐释，认为，马克思哲学来源于西方人道主义的哲学传统，这是人类尊严和友爱的传统，这个传统的本质就是对人的关怀。在他们看来，马克思的哲学代表一种抗议，抗议人的异化，抗议人失去他自身，这种抗议是反对西方工业化过程中人失去人性而变成机器的现象，它充满着对人的信念；马克思哲学的核心问题是现实的个人的存在问题，其主要关心的事情是使人作为个人得到解放；马克思的目标，是使人从经济需要的压迫下解放出来，在精神上恢复完整的人性，使人的个性得到解放，与他人及自然处于统一而和谐的关系中。

对马克思哲学的"人学"阐释，特别是对其精神解放意义的阐发，固然难免视角上的主观性，但不容否认的是，这种身处发达资本主义社会境域中的视角，自有独到之处，可以洞察到一些他境域和视角难以察觉的东西。质言之，我们可以质疑，将马克思哲学批判的意义主要归结于追求精神解放淡化或回避了主要的东西，但同时更应该看到，这一阐释开启了马克思哲学社会批判意义的转换，凸显了其精神、文化批判的价值，展开和发挥了以往马克思哲学解读中未曾注意到的"人文意义"。考虑到我国社会现代化的现实及其问题，着眼于马克思哲学与时代的对话，此一理解无疑具有启示性。

马克思哲学功能和意义的转换是时代使然。

在我国也像在西方一样，社会现代化在推进人的发展的同时也带来了一系列问题。现代化要求科学精神，强调求真求实，强调认识和实践的正确性与有效性，强调不平衡和激励，强调功利、竞争、效率和经济发展。相对地，人生存的价值和意义、社会的和谐与公平、人的精神需要及人的自由、全面发展要求等，便退居次要地位甚至被忽视。这样，认识、实践的正确性与价值合理性、合规律性与合目的性、利与义、效率与公平、物质需要与精神需要的矛盾便凸显出来。哲学地看，现代化自身的逻辑必然导致手段与目的的矛盾，人的生存发展目的被手段遮蔽，手段异化为目的——不只是阶段性目的，甚至还是唯一的、终极的目的。当前"以人为本"、"和谐社会"等理念的提出，正是对此类问题而作出的反应。"以人为本"本来就是马克思人的发展诉求的题中应有之义，马克思及其后继者的所有理论和实践追求，包括发展生产力、改造社会关系和制度等，无不是为了人，或根本上就是以人为本。确立以人为本的科学发展观，要义正在于消除目的与手段的异化，真正肯定人的地位进而确立人的价值和意义。

现代化问题在精神文化方面尤显突出。改革开放引起的精神文化嬗变，不亚于物质和制度层面的变动，它彰显了科学精神，唤醒了人们的主体意识、自我意识和人格意识，也带来了人文意识淡漠、人文精神失落、精神生活边缘化或片面化等问题。在现代化境域中，人们更注重于物质需要的满足而较少追求精神生活的质量，即使是文化的发展，也常常为利益驱使。例如在文化市场日趋繁荣、大众文化产品蜂拥而至的当下，高雅文化品质和精神生活、精神境界的需要和追求被视为奢侈，人们的整体文化品位却未有相应的提升，某些方面甚至呈降低的趋势，一些人在物质上富有的同时却陷入了精神的贫困。对此，学术界、文化界、教育界等作出了积极的因应，提出了建构当代中国人文精神的构想。然而，对于建构当代中国人文精神的路径却是见仁见智，有人主张以继承中国传统文化为基本，有人主张通过文化全球化弥补中国人文精神的缺失，也有人主张文化自觉和文化开放互补，弘扬中国人文传统与借鉴西方的人文精神并行，致力于东西学的融会、传统与现代的对话。这些思路指明了建构当代中国人文精神的可行路径，却又不尽然。

如前所述，马克思哲学具有丰富的人文意义，在哲学尤其是历史观层面提供了独特的价值取向和文化精神。如果说，为人的生存发展设定最高（或最终）的意义是哲学不可或缺的功能，那么，为当代社会提供基本的精神价值，理应是马克思主义哲学的重要使命。随着社会进步，马克思哲学追求人自由全面发展的宗旨将得到愈益充分的展现，因此，在与现实的对话中阐发马克思哲学的人文意义，无疑是当代中国人文精神建构的又一重要路径。

三

马克思时代，人的发展归结于人的解放并社会制度的变革。在经济、政治、文化环境发生重大变化、人自身问题日显的当代，人的发展已在更大的程度上取决于自身的因素：人们的生存态度和价值取向。与社会背景的置换相适应，马克思哲学的功能和使命，应由单一的制度批判和建构，转向制度建构与精神文化建构两个向度并重。

正如马克思所言，人的活动具有改变环境和"自我改变"①的二重性。与之相对应，作为实践哲学的马克思哲学，亦具有两种"改变"的

---

① 《马克思恩格斯选集》第1卷，人民出版社1995年版，第55页。

功能。纵观一百多年来的实践和社会变迁，马克思哲学改变环境的功能，无论是"说明"还是"改造"世界，也无论在社会批判还是社会建构方面，已得到充分的体现和证明，以至于人们对马克思哲学使命的理解，主要限于说明或改造客观世界，虽然这"客观世界"可以是属人的世界，包括社会制度、社会关系等。比较而言，马克思哲学对于人的"自我改变"的意义和功能尚未得到充分的肯定，尚有待于再度揭示和呈现。建构当代马克思哲学的人文精神，系统阐发马克思哲学的人文价值并当代性，是凸显其"自我改变"意义和功能的基本途径。

建构当代马克思哲学的人文精神，应阐明和彰显人的精神价值。生存价值和意义是一个古老的问题，早在古希腊时期，苏格拉底就认为，不加思考的生活等于徒费时光，在当代，反思、追寻生存的价值和意义，更是成为各学科共同的焦点话题。《增长的极限》写道："人必须探究他们自己——他们的目标和价值——就像他们力求改变这个世界一样。献身于这两项任务必然是无止境的。因此，问题的关键不仅在于人类是否会生存，更重要的问题在于人类能否避免在陷入毫无价值的状态中生存。"[①] 走出无价值的生存状态，不仅要有外在的价值为依托，更要有内在的精神价值为支撑。

以往对人生存价值的界定和阐发，多基于关系或效用（对他人的有用性）的范围，认为价值是客体与主体需要之间的一种特定关系，是客体对于主体需要的效用性，因而论及人的价值，多限于社会意义上的"为他"的价值，由此而推出人的价值在于对社会的贡献、人活着是为了他人生活得更幸福等结论，相对地，较少涉及人"自为"的价值，鲜有对人自身目的性的肯定。与人对他人或社会关系的为他的价值不同，人自为的价值是人之生存对自身的意义，是人作为主体自有的、指向自身的价值存在。自为的价值标志着人生存的意义。一个时期以来出现的

---

① 丹尼斯·米都斯：《增长的极限》，吉林人民出版社1997年版，第152—153页。

信仰缺失、价值失落等问题，以及相关应对措施收效甚微，已表明：面对生存意义问题，不能以外在的、为他的社会价值替代或充当人自为的、内在的价值，也就是说，在强调人为他的社会价值、人生的社会意义的同时，应构建人自身内在的价值。

建构当代马克思主义哲学的人文精神，重在确立内在的理想信念。人的自为价值的核心是精神价值，它是人类精神生活与人文素质发展的积淀，是人的生存、生活所以成为"人的"之根据，关乎人的精神追求，人格、个性、自我意识的发展和主体性的充实。当前学界在讨论"和谐社会"时认为，和谐社会包括人与自然、人与人及人的身心和谐。身心和谐，确切地说应为内心的和谐：精神世界的充实，精神需要的满足，精神寄托和精神境界。内心和谐是人生存质量的最高标准，也是其他诸种和谐的前提。构建和谐社会，须协调和重塑人之间的关系，更应促进人的精神和谐，注重精神生活质量的提升。可以认为，人文精神的内蕴不仅是人文文化和规范，人文精神的塑造有赖于人文教育，如阅读典籍，规范行为，举办活动等，更在于人们内在的理想信念的确立，这是弘扬人文精神最本真的含义。

理想信念就其指向而言有内外在之别。通常论及或提倡的，多是外在的理想信念，如设定某种社会目标并倡导为之奋斗乃至献身等，这无论对于社会的发展，还是对于一定时期中充实人们的精神世界，都是必要的，然而，却又是不够的。仅仅将精神追求、精神生活置于现实目标上，具有很大的不确定性和变动性，在以市场为基本导向的社会环境中，还会出现个人价值取向与社会运行规则的矛盾冲突，从而存在着由社会基本运行规则引发的接受障碍。马克思哲学在设定社会理想、目标的同时，还应确立内在的理想信念，彰显人生存发展自为的意义，阐释人的生存态度、精神追求和精神境界，为人的生存发展提供精神支撑。马克思哲学人文精神的核心理念是"人的自由全面发展"，马克思对自由全面发展的理解，最高的境界是精神层面的。"自由的有意识的活动"，"对人的本质的真正占有"，"作为目的本身的人类能力的发展"①，以及"劳动已经不仅仅是谋生的手段，而且本身成了生活的第一需要"② 等提法，明确地宣示了这一点。这与马斯洛所谓最高层次的需要是"自我实现"的见解，似有异曲同工之处。

建构当代马克思哲学的人文精神，要回到当年的马克思，注重文本依据及历史语境的体认，又要着眼于发展当代的马克思，不拘泥、停留于文本的具体内容和表述，亦即，应根据马克思的基本思想和方法，在与当代实践的对话中，在文本解读与时代"解读"的结合上呈现其人文意义和价值。毋庸置疑，现有的马克思哲学缺乏系统的人文精神表述和内蕴。马克思曾批判唯物主义敌视人的状况，在学科分化并各人文学科和社会科学趋于成熟的当代，马克思哲学不能代替自然科学，亦不能代替社会科学。马克思哲学存在的根据之一，即为人的生存和发展提供基本的精神价值。彰显人文精神及其价值和意义，是马克思哲学区别于其他人文学科和社会科学的特质，也是当代马克思哲学发展的新路向。

建构当代马克思哲学的人文精神，应借鉴、融合中西方的哲学资源。当代中国的马克思哲学，所以成其为"中国的"，是因为它本身就体现着东西方文化的贯通、传统与现代的结合，是中西学融会的结晶。当年的马克思既然可以继承欧洲近代哲学的人文精神，当代中国的马克思哲学，当然亦应借鉴中国的传统文化精神和西方现代的合理思想。诚然，单纯强调从中国传统文化中挖掘人文资源，譬如文化守成论或文化民族主义，不仅与时代的变迁格格不入，难以适应经济社会的发展，也无从满足人们人的精神需求，妨碍现时代人的精神健全和发展，妨碍人的主体意识、自我意识和人格意识确立；无条件地认同文化全球化，仅仅从西方近现代文化中借鉴人文精神，势必弱化乃至消解民族文化的基

---

① 马克思：《资本论》第 3 卷，人民出版社 1975 年版，第 926—927 页。

② 《马克思恩格斯选集》第 3 卷，人民出版社 1995 年版，第 305 页。

本精神和价值，从而丢失本民族赖以自我认同和表征的根据。但是，这并不意味着马克思哲学应闭关自守、故步自封，只是意味着在文化精神的借鉴上不应生吞活剥，而须融会中西，贯通古今。

众所周知，中西方文化尤其是哲学中存有大量优秀的人文精神资源。中国独特的人文精神，如气节、崇德、宽恕、谦敬、乐群、重义、慎独、善良、达观、宁静、兼善等理念，是建构当代中国马克思哲学精神价值的重要资源。西方哲学对马克思哲学"精神解放"内蕴的阐释，对生存意义、身心关系、内省与自我意识、意向性等的理解，西方文化和社会心理中的人道意识、感恩意识、敬畏意识、超越意识等，对于我们现代化进程中人文意识的自觉、精神价值的确立有着重要的参考和借鉴价值。对上述精神资源给予当代的、中国化的、马克思主义的理解，既是建构马克思哲学人文精神的需要，又是马克思哲学中国化的要求，也是中国人文精神乃至于中国文化普遍化的重要途径。

本文原载于《北京师范大学学报》2006 年第 4 期

《中国社会科学文摘》2006 年第 6 期论点摘要

马克思主义理论发展路径的几点思考

当前马克思主义理论发展面临着前所未有的机遇。"前所未有"表现在三个方面：一是时代和实践需要马克思主义的指导，也为其创新提供了新的问题和新鲜经验。二是马克思主义学术研究格局确立，开启了文本解读和阐发的研究路向。三是西方马克思主义研究成果的译介，提供了马克思主义研究的新视角。如何理解及实现三种路径的统一，关系到当代中国马克思主义理论发展的前景。

一

马克思主义理论发展的路径之一，是回归文本。

对文本的学术化阐释，是马克思主义发展的理论和历史依据。以往对马克思主义的理解，总是强调唯一性，定于一尊，不允许有其他的解释。从实现意识形态功能来说，这一做法不无理由，但同时也造成了相关研究中的单一性甚至僵化，似乎马克思主义理论只能有一种形态，其他的皆为谬误甚至异端邪说。事实上，任何理论都是多方面、多层次的，可以给予不同视角或层面的阐释和发挥，马克思主义理论亦不例外。内容的博大精深、新文本的陆续发现以及时代的变迁，决定了无论从逻辑还是历史看，对马克思主义的理解都不应只有一种理路。多样性的理念，使马克思主义研究的学术取向成为可能和必要，而学术取向的重要表现，是回归文本，即通常说的"回到马克思"。

回归文本是马克思主义研究的历史起点。回归文本当然要作出深入的版本考证，明确相关的语境，厘清字句的原意，分析语句的逻辑关联，以及探究某一观点在理论体系中的地位等。但回归之要义并非拘泥于文字，而在于阐发真精神，或如德里达所说的马克思的"某种精神"①，这就是它的理论内核，基本原理和方法。库恩认为，任何科学理论都有其基本规范（范式），规范是在科学活动中被公认的范例。"这些著作的成就足以空前地把一批坚定的拥护者吸引过来，使他们不再去进行科学活动中各种形式的竞争。同时，这种成就又足以毫无限制地为一批重新组合起来的科学工作者留下各种有待解决的问题。……凡是具备这两个特点的科学成就，此后我就称之为'规范'。"②拉卡托斯认为，科学理论（研究纲领）有外围和核心之分，"研究纲领有一个根据约定而接受的（因而根据暂时的决定是'不可反驳的'）'硬核'。"③"硬核"就是理论的核心，它是整个研究纲领的基础理论部分，是理论大厦的基石。马克思主义的核心内容显然属于"规范"和"硬核"之列。马克思主义的理论内核主要包括两个部分：一是价值取向上的，如追求人的解放和发展；二是科学认识上的，如实事求是原则、实践批判精神，以及唯物史观的基本原理等。在最深层的本意上，马克思思想的特质在于其坚不可摧的批判性和对人的发展的价值追求。有的学者主

---

① 德里达：《马克思的幽灵》，中国人民大学出版社 1999 年版，第 21 页。

② S．T．库恩：《科学革命的结构》，上海科学技术出版社 1980 年版，第 8、9 页。

③ 伊·拉卡托斯：《科学研究纲领方法论》，上海译文出版社 1986 年版，第 153 页。

张当代马克思主义发展应"坚守内核，放宽外围"，这无疑是回归马克思应当采取的态度。而"坚守"的前提，是对内核的挖掘、梳理和厘定。

为达至回归真精神、拓展新视域之目的，要特别注意"马克思思想"与"马克思主义理论"之间的历史和逻辑关联，辨析且合理界定两种表述之间的关系。

以哲学论域为例。近几年学界在重新解读马克思哲学文本时使用的"马克思哲学"一词，在内涵上不同于以往常用的"马克思主义哲学"。前者专指马克思本人的哲学思想，后者则既包括马克思本人的思想，也包括后人对它的解释和发挥，还包括将要建构的当代形态。这两种称谓的区分是有意义的：从诠释的角度看，二者存在诸多区别，因为由于时间间距、时代境遇以及立场和任务的差异，在马克思以后，人们对他思想的各种梳理、解释与阐发，不仅存在着"意义"的遗漏，也存在着"意义"的添加。一方面，后人在理解马克思本人的思想时，存在着诸多歧义，在一些问题上见仁见智，各执一词，另一方面，后人在发挥、发展马克思思想的同时，往往会不同程度地离开甚至违背了他的本意。由此，马克思之后，以其名字命名的思想和理论已朝着几个独立甚至于相互矛盾的方向发展。既然存在歧义和误读，建构马克思主义哲学的当代形态理应以清理马克思的思想基础为前提。有鉴于此，为了清晰地厘定文本原意，首先将马克思主义哲学的研究论域限定于马克思本人的思想并以"马克思哲学"表述，是合理的，也是必要的。这一道理，可以推及到对"马克思思想"与"马克思主义理论"关系的理解。

上述分析，是就"马克思思想"与"马克思主义理论"历经的时代差异而言的。从内在联系和继承发展的角度看，二者则具有根本上的一致性："马克思思想"是"马克思主义理论"的特定（初始的、原生的）形态，"马克思主义理论"是"马克思思想"的展开和发挥。

回归马克思面临的一个问题是，文本阐释是否允许主题先行或先入为主，是否应带着问题（时代和实践）去解读？我们认为，主题先行是必然的。科学哲学家汉森曾提出"观察渗透思考"，否定了"中性观察"的可能性，解释学则肯定了"先见"的合理性。对马克思思想的解读亦当如此。回到马克思，当然是回到19世纪的马克思，但问题在于，虽然我们可以回到19世纪的文本，却不能回到19世纪的情景，更无从获得19世纪的体验，而文本的解读是有场景的、当下的。因此，任何文本阐释，都必然会渗透先入之见。先入之见的形成和确定，与其自发，不如自觉。主题先行又是必要的。回溯是为着前行，从时代性看，当今的马克思主义研究，应深度反映现实的变化，重在其当代性和当代价值的阐发。从理论建构的目标看，我们所欲建构的是马克思主义理论的"当代形态"。基于此，正像儒学渊源于孔子的思想、保持着其内核和精髓而又不能还原或等同于孔子的思想一样，当今时代和语境中的马克思主义，无论作为一个流派还是学科，已不应该也不可能还原为马克思个人的思想，而必须是一种说明和发挥，即应定位为广义的"马克思主义理论"。从"马克思思想"转换到"马克思主义理论"，是现实发展的需要，也是理论演变之必然。

着眼于马克思主义理论当代形态的建构，"回归文本"既要认真回到当年的马克思，注重文本的依据及历史语境的体认，或至少应有文本分析、引申意义上的根据；又要着眼于发展当代的马克思，不拘泥于文本的具体内容和表述，根据马克思的基本思想和方法，在马克思与当代实践的对话中呈现其当代性，在文本解读与时代"解读"的结合上阐释现实生活，拓展和深化理论视域。

二

马克思主义理论发展的路径之二，是借鉴西方学者的研究方法和成果。

如上所述，马克思之后的马克思主义已朝着几个独立甚至于相互矛盾的方向发展，其中重要的一支，便是西方马克思主义。由于历史境遇和理论视角等原因，西马（西方马克思主义）解马（马克思）存在着诸种误读，但同样不容否认的是，这种身处发达资本主义社会和生活境域中的视角，自有其独到之处，可以洞察到一些他境域和视角难以察觉和体认的东西。

研究和借鉴西方马克思主义所以必要，是因为这种研究和借鉴有助于认识当代资本主义，有助于确立新的研究范式和方法，有助于反观我国的现代化问题。

西方马克思主义对马克思解读一个显著的特点，是秉持强烈的批判意识，深植于当代语境，直接关联现实的社会问题及日常生活，可谓西方社会现实问题的一面镜子。透过这面镜子，可以深度地透视当代资本主义的现状及本质。西方马克思主义解读马克思的另一特点，是方法自觉和创新，确立了不同于传统解读的新的方法和理路，对于以多样化的方式阅读马克思提供了启示和借鉴。对此二者，学界已有深入的探讨。

借鉴西方马克思主义研究最为显著的意义，是以之反观我国的现代化问题，在现代性批判中建构马克思主义理论的当代形态。

从社会现代化进程来看，我们正在经历西方国家业已经历的过程，可以说，西方现代化过程中产生的问题，许多都已在我国重现。现代化是共性与个性的统一，其共性体现在社会影响上，既有正面的，如促进经济、社会、科技和文化快速发展，也有负面的。就人的发展和社会进步而言，负面的影响主要表现在以下几个方面：一是价值缺失，重占有甚于重生存，拜金主义、消费主义盛行，信仰危机，道德失范，资源浪费，环境恶化。二是过分重视手段的正确性而忽视目的合理性，功利原则和工具理性被推崇至极端，人的发展片面化。人在生产体系中成为机器的附属物，缺乏活动自由，丧失工作兴趣和创造欲望，生存的目的被手段遮蔽。三是科技的负面效应趋显。科技在军事等领域的不当运用，直接威胁着人类的生命安全，高新科技带来了"克隆人"等一系列社会、伦理的问题。

一些学者将现代化的负面影响称为"现代化问题"或"现代化通病"。"通病"一词，表明了其普遍性，即凡现代化进程都会产生的与其本质关联的问题。全球化背景下，现代化通病已成为一切国家现代化进程必然的"衍生物"。我国的现代化建设固然有自身的特点，如体现在资源环境方面、生产力发展水平方面、社会制度方面、文化和意识形态方面等等，同时，又符合现代化的一般特征。这意味着我们不仅可以取得并享受现代化的成果，也会遭遇到现代化问题。

西方学者对现代化的反思和现代性批判，往往是通过对马克思思想的阐释进行的，他们的马克思思想研究，具有鲜明的现代或后现代背景。例如对于马克思思想的精神价值和意义，西方学者就早有体悟并深度的时代性解读。他们结合现代性问题，深入挖掘和阐发了马克思社会历史理论的精神解放和文化批判意义。一些西方马克思主义学者，鉴于西方"文明社会"对金钱、商品的崇拜和对人的价值的漠视，试图为之提供"解毒剂"，以"恢复对人的信念"。为此，他们对马克思主义尤其是其哲学作出了"人学的"阐释，认为，马克思哲学来源于西方人道主义的哲学传统，这是人类尊严和友爱的传统，这个传统的本质就是对人的关怀。在他们看来，马克思的哲学代表一种抗议，抗议人的异化，抗议人失去他自身，这种抗议是反对西方工业化过程中人失去人性而变成机器的现象，它充满着对人的信念；马克思哲学的核心问题是现实的个人的存在问题，他主要关心的事情是使人作为个人得到解放；马克思的目标，是使人从经济需要的压迫下解放出来，在精神上恢复完整的人性，使人的个性得到解放，与他人及自然处于统一而和谐的关系中。

这种对马克思思想的"人学"阐释，特别是对其精神解放意义的阐发，固然难免视角上的主观性，例如将马克思哲学批判的意义主要归结于追求精神解放或许淡化、回避了主要的东西。但同时更应该看到，这一阐释开启了马克思主义社会批判意蕴的转换，凸显了其精神、文化批判的价值，展开和发挥了以往马克思思想解读中未曾注意到的"人文意义"。更一般地看，由于政治、经济、文化、社会等方面的背景，西方学者的马克思研究无疑具有时代的前沿性。考虑到我们当下和未来的经历和问题，着眼于马克思思想与时代的对话，上述（对我们来说是）前瞻性的研究，无疑具有前车之鉴的价值。

西马解马，是时下马克思主义研究中流行的做法，可谓用"第三只眼睛"看马克思主义。他山之石，可以攻玉，如上述，一方面，马克思主义从来就具有世界历史意义，且在全球化背景下这一点日趋凸显。西马的研究作为马克思主义对当代西方社会现实的一种解读和阐释，对于我们透视西方社会、认识和间接地感悟当代资本主义，具有不可替代的价值。另一方面，现代化进程的原发性，决定了这种"他者"的研究对于反观我国的社会现实，具有重要的启示和借鉴意义。概言之，西方马克思主义开阔我们的研究视野，拓展了研究空间，开启了马克思主义理论研究的新路向。

三

马克思主义理论发展的根本路径，是面向实践和时代，即实践阐发的路径。

作为当代实践和社会生活之理论指导的马克思主义，既不能停留于原始文本，也不能满足于以往的解释和发挥——无论是我们自己的还是西方学者的解释和发挥。这就要反映时代特征和现实生活，总结实践发展的新成果。中国特色社会主义建设，需要在实践中发展马克思主义、建构马克思主义的当代形态，也提出了一系列有待解答的新问题，创造了许多有待阐释和提升的新经验。

马克思在《关于费尔巴哈的提纲》中指出，"哲学家们只是用不同的方式解释世界，问题在于改变世界"。[①] 他和恩格斯在《德意志意识形态》中又指出，"全部问题都在于使现存世界革命化，实际地反对并改变现存的事物。"[②] 这两段论述表明了马克思主义改造世界的使命及其存在的意义，揭示了其根本特征：面向现实、指导实践，这是马克思主义理论生存和发展的根基。

当前马克思主义发展亟须解决的问题之一，是实现上述三种路径的互补。

毋庸讳言，在当前的马克思主义研究中，一定程度上存在着三种路径相互隔绝甚至排斥的状况。不同路径的研究往往各说各话，缺乏深度的对话、交流与融合。从方法论上分析，不同研究路径相互隔绝的原因之一，是过分的路径依赖：视路径为圭臬，一叶障目、画地

---

① 《马克思恩格斯选集》第 1 卷，人民出版社 1995 年版，第 57 页。
② 《马克思恩格斯选集》第 1 卷，人民出版社 1995 年版，第 75 页。

为牢，为路径所累，过分强调某种研究路径的优越性、至上性和唯一性。路径自觉本是理论研究成熟的表现，但过分的路径依赖，则会有意无意地导致路径排斥，使研究态度和方法陷入某种片面性。如文本研究中的解释保护和解释垄断，为回归文本而回归文本，以"考古"的眼光看待马克思，视文本为"文物"，限定马克思思想的研究论域和范围，只能照着讲，不能接着讲，拒绝发挥和重建，拒斥当代性和当代价值的阐释；又如借鉴西马研究中的主体性缺位，言必称西马，止于代他人言，甚至以西马作为马克思主义学术研究合法性的尺度；还如传统研究中囿于马克思主义解释的唯一性及仅强调其意识形态功能，否定研究中的学术化取向等。这些倾向都不同程度地造成了研究中的唯我独尊、互相疏离、相互轻视的心态，不利于马克思主义理论的综合创新。

基于开放性和多样性理念，不同的研究路径显然各有侧重而不能相互替代，更不能非此即彼地相互排斥。由于差异和特色，三种路径之间应保持一种必要的张力，并行发展。但是，这并不意味着三者互不相关。正相反，差异和特色表明，不同的研究路径有优势亦有局限，从而应当相互借鉴、补充与融合。互补是事物的基本特性，是认识的基本方法，当然也为马克思主义研究所必需。因此，应确立三种路径相互补充、分中有合、合中有分、殊途同归的格局。

马克思主义研究路径是多样的，但各路径的作用和地位又是不同的。研究路径的作用和地位，取决于对马克思主义的定位，即马克思主义"为何"（是什么），而"为何"又决定于马克思主义"何为"（做什么）。这里的关键在于：马克思主义是"过去时"、"完成时"的，还是"现在时"或"进行时"的？答案显然是后者，即马克思主义是动态的、正在生长的活的文本，而不是静态的、既成的"标本"。作为一种活的思想，马克思主义的定位决定于它的使命。任何承载实践价值的理论（而不仅仅是学术研究的对象）都直接或间接地指向实践和生活，这一点对以"改变世界"、"实际地反对并改变现存的事物"为旨归的马克思主义而言尤为明显。循此逻辑，在三种路径中，回到文本是前提，借鉴西方是参照，面向实践是根本。也就是说，就理论建构的宗旨而言，面对现实和实践是目的，回到文本和借鉴西方，则是更有效达到目的的手段。质言之，实践路径是马克思主义理论发展的主渠道。

生活、实践是理论的源头活水。如果我们承认当代中国马克思主义的根本使命，是指导实践和生活、深度解答当下及未来社会和人的发展问题，那么其理论建构就应关照社会、回归生活，就应以时代特征和我们的国情为背景，以我们正在做的和将要做的事情为旨归，在与时代和实践的对话中阐发当代意义和价值。尤其应指出的是，与时代对话，须区分两个论域的时代：世界的"时代"和中国的"时代"。通常我们对世界范围特别是发达国家的"时代"关注较多，全球化问题、现代性问题成为热点便是明证。与此同时，对中国的"时代"却注意不够。事实上，由于人口众多、地域广阔、文化悠久等国情，由于地区间、城乡间、行业间和各阶层间发展的不平衡，我们所处的时代是非常复杂的，既面临着前现代问题、现代问题，又面临着后现代问题。国情的独特性，时代和实践的复杂性，表明了当代中国马克思主义理论建构立足现实之极端必要。

马克思主义理论研究指向现实，在当前，特别需要确立理论研究的主体意识、问题意识和超越意识。

主体意识，即以"我（我们）"为主，以正在经历的生活为背景，切合时代特征和实践要求，实现文本思想的转换，从原生态、次生态转换为当代形态的马克思主义，从马克思个人的思想转换为社会性的群体意识——一种体系性的意识形态和科学认识。问题意识，即生活、实践的分析与提升重于概念的推演，以正在或将要面临的问题为导向，以生活、实践中提出的问题碰撞理论、激活理论，引领理论研究。超越意识，即不停留于文本，不囿于他人。既然经典作家曾反复申明他们的理论是开放的体系，既然与时俱进是马克思主义的内在品质，既然马克思主义已不能归结于马克思个人的思想，当代性和当代体系建构便优越于文本和历史阐释。深究原生态，分析次生态，皆须以当代形态的建构为旨归，以在新的时代和实践语境中达到历史与现实的统一，实现三种路径的视界融合。

本文原载于《首都师范大学学报》2007 年第 3 期

《新华文摘》2007 年第 20 期全文转载

《光明日报》2007 年 7 月 17 日"理论周刊"论点摘编

马克思主义哲学研究中的哲学对话

在当代中国的哲学研究中，哲学对话可分为两个论域：一是中国哲学、西方哲学、马克思主义哲学之间的对话，二是分别在中哲、西哲、马哲论域之中进行的对话。在后一种意义上开展马克思主义哲学论域的哲学对话，是马克思主义哲学发展的重要途径。

一

哲学对话已成为当代中国哲学建构的基本路径。从学科定位看，中国哲学是指中国古代形成并演进至今的哲学系统，是中国本土的哲学思想及其理论体系。在马克思主义哲学和西方哲学流行的背景下，中国哲学之前加上"当代"一词，含义则另有所指。正如人们所意识到的，"当代中国哲学"可以有两种解读：作为统一理论体系的"当代中国哲学"和"在当代中国的哲学"。前者指的是将要或可能建立的一种统一的当代中国的哲学形态，后者则是一个时代和地域的概念，指存在、发展于当代中国的各种样式的哲学或在当代中国的哲学研究。后一意义上的当代中国哲学，包括中国哲学、西方哲学和马克思主义哲学。

基于这一区分，对当代中国的哲学对话便可能有两种理解。一种是旨在整合三种哲学的思想资源，实现中哲、西哲及马哲的内在融合，以构建统一的"当代中国哲学"为目标的对话。该语境中的哲学对话，其走向和最终结果应是三种哲学逐渐趋同、合三而一，进而形成为涵盖各种具体哲学样式的具有自身统一逻辑和概念系统的新的哲学体系，故此，对话的特点是追求统一性，对话的方式是相互补充和融通。应当指出的是，构建统一的"当代中国哲学"无疑是一种宏大的构想，但又是一个颇具挑战性且有待长久努力的课题，其可能性和途径等尚待进一步论证。另一种是着眼于中国哲学、西方哲学和马克思主义哲学自身发展，分别从各自理论建构的目标及其特有视角出发而进行的哲学对话。这种语境的对话，是三种哲学各自研究和发展的重要路径，同时也是未来构建统一的"当代中国哲学"的基础性、前提性工作。

两种语境的对话在目标、方式和研究路径上存在着差异，同时又相互关联，可以并行且相互促进。未来中国的哲学研究不排除构建统一的"当代中国哲学"的前景，但现实的走势主要还是三种哲学各自发展，因此，当前的哲学对话首先或主要应定位于后一种理解。

哲学对话是当代中国马克思主义哲学研究的基本路径。

一般地说，与"他者"对话为哲学研究所不可或缺，特殊地看，对于中国马克思主义哲学而言，对话更是须臾不可或缺。就形成路径及机制来说，中国马克思主义哲学或马克思主义哲学中国化本身就是理论与现实以及不同哲学之间对话的结果。历史的追溯表明，中国马克思主义哲学主要渊源于如下三种路径及其相互之间的对话：一是马克思恩格斯的文本及后人（例如马克思之后的经典作家、苏联学者和西方马克思主义学者等）的解读和发挥，或曰"舶来"的"原生态"和"次生态"的马克思主义哲学理论，二是中国的传统文化特别是中国传统哲学中的思想资源，三是对近百年来中国社会生活和社会实践，特别是革命和建设经验、教训的反映、反思及理论总结。在以往中国马克思主义哲学的形成、发展过程中，三种路径相互关联，缺一不可。历史给予现实的启示是，当代中国马克思主义哲学要继续前行，既应面向时代和实践、引领社会进步，也需从其他哲学特别是中国哲学和现当代西方哲学中吸取理论资源。

与其他哲学的对话是马克思主义哲学发展的重要环节。当代中国马克思主义哲学所以是中国的，就在于它根植于中国的环境和语境，当代中国马克思主义哲学所以是当代的，就在于其研究和发展与世界和时代同步。与中国哲学和现当代西方哲学的对话，正是马克思主义哲学禀赋中国特色和体现时代性有效的也是必要的途径。

当代中国马克思主义哲学与其他哲学的对话，应注意研究路径自觉性与开放性的平衡。

首先是研究路径的自觉性。基于不同的理论建构取向，哲学对话通常有外在的和内在的两种方式：外在的，即站在特定的哲学之外或之上，以构建某种新的哲学体系为旨归，通过对话统摄并整合不同的哲学，上述以建构统一的"当代中国哲学"为指向的对话即是。在这种对话中，各种哲学处于对等地位，相互补充、相互融合、归于一体。内在的，则是立足于特定哲学体系的基点上，着眼于该哲学自身的发展，通过对话，吸纳其他哲学的资源、范式和方法于其中。在这种方式中，对话须有视角的限定或限制，马克思主义哲学研究中的哲学对话就是如此。这种方式的对话是一种以"我（所立足的哲学）"为主的"主""客"体间的对话，也就是说以马克思主义哲学为"主"，其他哲学为"客"。其所以如此，是因为对话的目标是吸取其他哲学的思想资源，丰富自身的内容，改变自身的形式，使其更加体现中国特色、融入中国文化、符合中国人的思维方式和习惯，更为禀赋时代特征，一言以蔽之，是为着自身的发展，这是对话的基本指向和根本着眼点。鉴此，马克思主义哲学在对话过程中必须秉持自身的理论逻辑，特别是坚守自身的理论内核，如人的解放和发展的基本价值取向，科学性、实践性和批判精神等。有鉴于此，对话中的各方不能主次颠倒，更不能反客为主。如其不然，以其他哲学来剪裁马克思主义哲学，甚至以其他哲学作为判定马克思主义哲学是非得失、证明其"合法性"的尺度，马克思主义哲学本身势将丧失主体性而被解构或融化，这显然背离了对话的初衷。

其次是研究路径的开放性。任何哲学体系都有其特定的研究路径、范式和理论逻辑，因而在与其他哲学的对话中会存在着一定的路径依赖，如秉持或坚守特定的视角、方法、概念体系和理论内核等，马克思主义哲学自然也不例外。如上所述，路径自觉和"先见"的坚守对于保持马克思主义哲学研究的主体性和特色是必需的，但是，路径自觉不等于路径排斥，秉持自身的理论逻辑并非唯我独尊。对于任何一种哲学来说，路径排斥的结果都将是作茧自缚，使研究态度和方法陷入某种片面性，制约研究视域的拓展。对话正是克服路径和范式依赖弊端之有效途径。着眼于中国化和当代性，马克思主义哲学的研究路径应当具有开放性和包容性。马克思主义哲学在与其他哲学的对话中的以我为主，是就起点和目标而言的，即以发展马克思主义哲学为目标，从马克思主义哲学的视角和体系建构出发，吸取、整合中国哲学和西方哲学的学术资源和方法，而绝不意味着可以用马克思主义哲学随意截取其他哲学的思想资源。从这个意义上说，对话的态度和视角又应是平等的。

二

与中国哲学对话，是当代马克思主义哲学中国化、民族化的必由之路。

马克思恩格斯创立的"原生态的"马克思主义哲学，本是西方社会实践和文化的产物，其所以能够在近百年来成为"中国的"哲学，主要原因有二：一是该哲学具有普遍性或普适性，亦即具有"放之四海而皆准"的特性，可以在西方之外的其他国家、民族中生根、生长并发挥作用；二是这一哲学在进入中国之后，不仅结合了中国的社会实践和社会生活，也逐渐融入了中国的文化之中，在一定程度上采取了中国语言和文化的表达方式，甚至于吸取了一些中国哲学的思想精髓。历史经验表明，就其形成和功能而言，马克思主义哲学要成其为"中国的"，既不能脱离中国的社会实践和社会生活，也不能超脱于中国的文化环境特别是文化精神，由此可以认为，与中国哲学对话，是马克思主义哲学真正"化"为中国的哲学之必然途径。

马克思主义哲学与中国哲学的对话并非始于今日，从历史上看，马克思主义哲学在中国化的过程中，吸取了一些中国哲学的思想资源。中国的经典作家和一些接受马克思主义哲学的学者，凭借深厚的中国文化和哲学素养，曾经以中国哲学的概念和风格阐述了马克思主义哲学的有关内容。这些努力难能可贵也十分有益。然而，类似的创作整体地看，或属于以马克思主义哲学理论创造性地解读中国现实，或限于以中国哲学和文化概念表述既有的马克思主义哲学理论，尚未成其为真正意义上的全方位的对话。总体上说，至少在学术的层面上，马克思主义哲学与中国哲学的关系还比较疏离。这当然是事出有因，首先，以往的马克思主义哲学研究学术化取向不足，总体上比较固守既有的经典的甚至是从苏联舶来的概念体系。其次，由于缺乏文化自觉以及囿于意识形态视角，以往的马克思主义哲学往往从固守自身的角度判断中国哲学的性质，取舍中国哲学的思想。这两方面原因，决定了马克思主义哲学研究者尚未能充分理解中国哲学的价值，未能系统挖掘、梳理并确认中国哲学的学术资源，未能自觉对接中国哲学的学术传统。在此情势下，一方面，虽然马克思主义哲学一度深刻地影响了中国哲学的研究，但这种影响却未能持久，另一方面，中国哲学尚未全面地融入马克思主义哲学之中，或者说，中国的马克思主义哲学研究尚未在学理层面自觉、系统地利用中国哲学的学术资源。

　　自觉地、系统而深入地与中国哲学对话，是当代中国马克思主义哲学充分体现中国文化精神及其特色最为直接并有效的方式，也是马克思主义哲学在中国社会生活中充分实现其当代价值的基本途径。当代中国的马克思主义哲学要成为中国反映、指导社会实践和引领社会生活的主流文化精神，成为真正意义上的中国的时代精神精华，理当内化于中国的环境和语境之中，唯其如此，才能真正成为"中国的"哲学。为此，不仅应当面对并根植于中国的社会实践和社会生活，回应中国人面对的现实问题，还应在理论体系和概念逻辑上具有中国气派和中国风格。所谓马克思主义哲学成为主流的文化精神，既是就其社会地位而言的，更是就其对中国文化和中国人社会心理的内在影响而言的，只有深植于民族文化土壤之中，才能为中国人在理智和情感、认知和价值上所理解、所认同，甚至所喜闻乐见。自觉地与中国哲学对话，是融入中国主流文化精神和社会心理不可或缺的途径。鉴此，当代中国马克思主义哲学的研究既要坚持自身的核心理念或理论内核，又要充分利用中国哲学的思想资源，运用中国哲学的表达方式。

　　吸取中国哲学养料最为核心的诉求，是确认中国传统文化中优秀的价值观念，特别是中国哲学蕴含的人文精神。中国文化尤其是哲学中存有大量优秀的人文精神资源。中国传统的人文精神，如气节、崇德、宽恕、谦敬、乐群、重义、慎独、善良、达观、宁静、兼善等理念，有着独特的价值及鲜活的生命力，是建构当代中国精神价值的重要资源。中华民族向来注重精神修养，注重精神体验和精神境界的提升。传统的人文精神往往具有外在的和内在的两个方面意义，对外是治世对内是修身。历来的仁人志士修身养性，不仅是为着齐家、治国、平天下，本身亦具有怡情养性、提升境界的意蕴。所谓养浩然之气，所谓致良知，既是为着社会责任的承担，也是为着人格修养和精神充实。这些思想资源显然值得当代中国马克思主义哲学认真吸取。更为重要的是，中国哲学的一些理念与马克思主义哲学多有相通或相似之处，如人本思想之于马克思主义人的发展价值取向，天人合一观念之于马克思主义自然观以及当代的可持续发展理念。当前构建和谐社会所倡导之"和谐"理念，更是典型的一例。作为中国哲学乃至于中国文化核心理念之一的"和"及"和而不同"，是中国哲学智慧的结晶，也是其人文精神的显著表现。这些人文理念和精神通过现代转换，可以与马克思主义哲学的人文关照、人的发展追求等内在契合，又极具中国文化的鲜明特色，无疑是构建当代中国马克思主义哲学理论不可或缺的思想资源。

马克思主义哲学的中国特色、中国气派和中国风格还集中体现为中国的表达方式。如果说"语言是最切近于人之本质的"，[①] 那么它显然更是思想内容和特质的直接表征，因此，表达方式的转换不限于词语上的变更。这里所谓的中国风格、中国语言等，既表现为运用中国的概念术语，更意味着体现中国哲学语言所表征的思维方式乃至价值取向。

更宏观地看，与中国哲学对话，正如与中国的时代和实践对话一样，是中国马克思主义哲学在世界范围内的马克思主义哲学研究中作出独特贡献的学术和文化依凭。从一定意义上说，当代中国的马克思主义哲学研究，正在成为当今世界范围马克思主义哲学研究的主流之一，作为马克思主义哲学在当代的新形态，中国的马克思主义哲学理应在学术理论上有所创建和超越。马克思主义哲学生长于西欧，但从创始起便具有普世的性质和追求，而并非为西方所专有。像任何一种世界历史性的思想一样，马克思主义哲学可以也应该以不同的语言来思考、表达和发展。从现实看，马克思主义哲学仍然有一个走出西方语境从而更加普世化的问题，它可以也应当在非西方国度和民族文化语境中获得新的生机。中华文化历史悠久、中国哲学博大精深，中国的马克思主义哲学研究理应有更为显著的贡献。在这个意义上说，马克思主义哲学中国化具

---

① 海德格尔：《在通向语言的途中》，商务印书馆 2004 年版，第 1 页。

有双重的含义，既在于结合中国的现实，解决中国的问题，在理论与实践的结合上反映中国的时代精神，也在于中国的马克思主义哲学在基本理论研究和学术探讨上有所推进、有所创新。毋庸讳言，后一点至今还不如人意。

中国马克思主义哲学研究要有所创新和推进，离不开中国的时代和实践，也离不开中国的精神文化语境，融合中国哲学而创新马克思主义哲学，乃是当代中国马克思主义哲学学术研究有所作为不可或缺的环节。

三

与西方哲学对话，是当代中国马克思主义哲学研究的又一重要环节。

西方古代和近代哲学是马克思主义哲学的理论来源。就其产生的社会、文化和语言环境看，马克思主义哲学渊源于西方的社会生活、实践和文化，对于中国而言属于地道的"舶来品"，这一出身，给马克思主义哲学留下了不可磨灭的印记，也决定了要深度理解马克思主义哲学，必须把握其由以形成的理论背景。马克思主义哲学的产生实现了哲学的革命性变革，却并非西方哲学进程的断裂，而是对西方哲学传统超越性的继承和发展。深化和拓展马克思主义哲学研究的学术前提之一，就是在学理上追溯马克思主义哲学的历史传承及其流变，梳理并对接其承接的哲学传统。

与西方哲学对话是阐释马克思主义哲学历史语境的基本路径，这一看法曾经是马克思主义哲学研究者的共识，但在马克思主义哲学和西方哲学学科分化并分立的当代又似乎成了问题，因而有必要重提。列宁曾说过："不钻研和不理解黑格尔的全部逻辑学，就不能完全理解马克思的《资本论》，特别是它的第一章。"① 同理，不理解西方哲学史，便不能理解马克思主义哲学的学术渊源、它的特质及其在哲学发展中实现的革命性变革和理论超越。正如有学者所指出的，对马克思哲学与黑格尔哲学以及马克思同时代其他哲学关系的研究尚有很大的空间，同样地，还有马克思主义哲学与康德哲学、近代人道主义等的关系，迄今仍存在许多有待探讨的问题。这类研究对于全面判定马克思主义哲学的性质及其革命性变革的意义，显然是不可或缺的。

当代西方哲学是以往西方哲学的传承和发展。19 世纪之后的现当代西方哲学，经历了一系列转向过程，研究对象、范式和表达方式较之于以往都发生了重大变化，但是，其根基仍深植于古代和近代哲学传统之中，可谓西方哲学传统的继承和发展。马克思曾指出，"人体解剖对于猴体解剖是一把钥匙"②，虽然这一比喻不能完全适用于现代西方哲学与古代和近代西方哲学的关系，但就时间顺序而言，或就其表征的"从后思索"的方法来看，对于理解二者的关系却不无启示性。从现当代西方哲学的发展反观传统西方哲学，对于深化马克思主义哲学理论来源及其变革意义的理解，无疑是一条有效的途径。同时，当代西方哲学，无论是科学主义思潮还是人本主义思潮，也无论是科技哲学、语言哲学还是心灵哲学、宗教哲学，无论是现象学、解释学还是其他哲学流派，都在与时代的契合中提出了一些值得研究的新问题，开辟了哲学研究的新论域，确立了哲学研究的新方法，拓展和深化了哲学研究的内容，为当代马克思主义哲学的发展提供了颇具特色且可资借鉴的思想或方法资源。

还应看到的是，一些当代西方哲学家继承并阐释了马克思主义哲学的思想和学术遗产。德里达曾经指出，"不能没有马克思，没有马克

① 列宁：《哲学笔记》，人民出版社 1959 年版，第 191 页。
② 《马克思恩格斯选集》第 2 卷，人民出版社 1995 年版，第 23 页。

思，没有对马克思的记忆，没有马克思的遗产，也就没有将来：无论如何得有某个马克思，得有他的才华，至少有他的某种精神。"① 这一说法当然不是一种廉价的奉承，而是形象地表明了一个无可置疑的事实：自马克思之后，西方哲学研究已经难以径直越过马克思，正像难以径直越过柏拉图和康德一样。尤其是，在对社会历史的理解以及对人的思考上，马克思已经成为后人研究不可逾越的中介甚至起点。正是基于此，现当代西方哲学不仅吸取了马克思的哲学资源，而且以不同的样式、从不同视角对马克思哲学作出了独特而深度的阐释，并在因应时代的过程中回答了新的问题，提出了新的理念，创建了新的研究范式。相关的研究中不无对马克思的误读，但也不乏新解和补充。从理论逻辑看，正是由于具有普遍或普世性的特质，马克思之后的马克思主义哲学呈现出"一源多流"的演进格局。各流派之间当然要坚守各自的解释框架和范式，要相互竞争并争论，但同时也可以互为他山之石，相互借鉴。

当代西方的马克思主义研究特别是西方马克思主义，是马克思主义哲学普遍性最直接的观照。由于生存境遇和理论视角等原因，西方马克思主义及其他西方学者对马克思思想不无误读，但更应当肯定的是，由于与经典作家文化的同质性和历史的连续性，他们对马克思思想的理解上无疑具有文化和社会心理方面的一些优势，并且，由于身处发达资本主义社会（现代化和后现代社会）的生活境域中，他们解读的视角，以及运用于分析问题的方法及其结论，自有某些独到之处，可以洞察到一些他境域和视角难以察觉和体认的东西。例如他们对马克思思想的解读上特别关注其社会历史理论的精神解放和文化批判维度，基于现代性批判和后现代社会文化背景，特别强调马克思思想的精神价值和意义，又如他们对马克思主义哲学的阐释比较注重方法的自觉和创新，追求研究方法和范式的转变，依据当代的结构主义、解释学、心理学、语义分

① 雅克·德里达：《马克思的幽灵》，中国人民大学出版社 1999 年版，第 21 页。

析等方法，从不同侧面和层面对马克思哲学的内涵和当代性作出了新的理解，确立了不同于传统研究的新的方法和理路，对于以多样化的方式阅读马克思提供了启示和借鉴。

当代西方哲学还是深度理解当代西方社会现实并反观我国现代化问题的一面镜子。与当代西方哲学对话，是阐释马克思主义哲学当代性、反思我国现代化问题的重要途径，也是建构马克思主义哲学特别是其社会历史理论当代形态的重要参照。

现代化是共性与个性的统一，不同国家或地区的社会现代化进程因其特殊的国情会具有自身的特点，同时又因遵循现代化的一般要求和规律而具有同质性亦即共性。现代化的共性体现为其社会影响的双重性，既有促进经济、科技和文化快速发展的正面效应，也有一些负面的影响。社会现代化因其自发的、固有的逻辑，必然会为人的发展带来一系列问题，任何国家和地区或任何时期的现代化概莫能外，只是在表现形式和程度上有所不同而已。全球化背景下，现代化问题已成为所有国家或地区现代化进程必然的"副产品"，现代化的同质性，决定了所有国家或地区只要进入社会现代化进程，都会处于同样的或相似的境遇，在享受到现代化成果的同时也承受现代化的负面影响。

由于我国与西方社会现代化进程"原发性"和"后发性"之差异，西方社会已经和正在经历的时代和情势，是我们正在或即将经历的，西方社会发展和社会生活中曾经遭遇到的问题，很多都是我们正在或将要面对并应对的。随着改革开放从而现代化进程的深入，原产于西方的诸种"现代化问题"已不同程度地在我国重现。此类问题与我们原有的一些社会问题结合在一起，形成了我国当代社会中的现代化问题。这些问题出现在社会生活的各个领域和方面，如一些领域道德失范，人文精神失落，贫富差距拉大，生活方式畸形、腐败现象屡禁不止，黄赌毒恶习沉渣泛起，拜金主义滋长，消费主义生活方式盛行，资源的巨大浪费和环境恶化等。诸如此类的现代化负面效应既威胁着当代人的生存也威胁着后代人的发展。

由于现代化问题的同质性或相似性，对它的反思亦应体现出共性与个性的统一，从这个意义上说，理解我国的现代化问题，应从我们的具体国情出发，亦应借鉴西方的社会批判理论和方法。现代化问题的原发性及其负面效应的充分显露，引发了西方思想家系统而深入的反思，这些反思固然直接针对着西方社会的问题，但同时也指向现代化问题本身，因而具有一定的普遍意义。借鉴当代西方哲学的现代化反思和现代性批判理论，显然有助于深度感悟西方社会的时代和社会境遇，有助于反观我国的现代化问题，同时也有助于马克思主义社会发展理论特别是社会批判理论的建构。

众所周知，马克思主义创始人在创立新哲学之初，即明确称之为"新世界观"，① 这绝不是一个偶然的说法，其深刻含义在于：他们一开始就认定自己所创立的新哲学乃是关于整个世界的根本看法，其"立脚点则是人类社会或社会化的人类"②，是以解放全人类为根本使命的哲学，是整个人类的世界观，因而具有普世的性质。中国马克思主义哲学要与时代共进，既应直面时代和实践，以当下的社会生活为背景，以我们正在和将要做的事情为指向，又应确立世界视野，充分参考西方哲学的研究成果和方法。在全球化的背景下，当代中国马克思主义哲学所以是当代的，就在于它同时也是世界的，体现出鲜明的普遍性。与西方哲学对话，乃是当代中国马克思主义哲学禀赋当代性和世界性的重要途径。

本文原载于《北京大学学报》2009 年第 3 期

《新华文摘》2009 年第 15 期转载

人大复印报刊资料《哲学原理》2009 年第 7 期转载

---

① 《马克思恩格斯选集》第 4 卷，人民出版社 1995 年版，第 213 页。
② 《马克思恩格斯选集》第 1 卷，人民出版社 1995 年版，第 61 页。

当代中国哲学格局中的马克思主义哲学

对于马克思主义哲学在当代中国哲学（在当代中国的哲学，不同于作为哲学学科之一的"中国哲学"）格局中的地位，一直有一些议论，因为与中国哲学、外国哲学（主要是西方哲学）等相比较，马克思主义哲学在研究论域和内容上似乎并不对等。这就存在着如何确定马克思主义哲学在当代中国哲学格局中的位置的问题，以及如何看待马克思主义哲学在中国的发展前景的问题。

一、当代中国马克思主义哲学的存在形态

对马克思主义哲学在当代中国哲学中地位的议论，源于其学科定位。从当前中国的哲学学科建设、科学研究的现状可见，除伦理学、美学、科技哲学、逻辑学、宗教学等分支学科外，总体上呈现出中国哲学、西方哲学和马克思主义哲学三者并行或三足鼎立的态势。

从名称上看，中国哲学、西方哲学等哲学学科通常指称的是某一地域、某一文化传统中的哲学理论，马克思主义哲学则似乎仅仅指的是一个哲学流派，因而似乎与中国哲学和西方哲学在理论论域上不对称。这就存在一个问题：马克思主义哲学作为一个相对独立的哲学学科是否

合理？或者说马克思主义哲学是否能够在研究论域和理论体系上与中国哲学及西方哲学并列或相提并论？

从学科定位看，中国哲学和西方哲学的研究对象和研究论域明确，其名称便直接指明了所涉及的研究对象和研究领域。例如通常认为，中国哲学即中华民族的哲学，作为问题性的哲学，中国哲学致力于研究天道、人道、古今、知行、名实等世界的本原和古今历史演变及人的问题，形成了自己独具民族特色的自然观、历史观、伦理观、认识论和方法论；作为学术性的哲学，中国哲学则侧重于研究中国从先秦到近代的哲学思想和理论及其所涉及的问题，总体上是从哲学史的视角、范式和方法思考问题。外国哲学的情形相似，作为问题性的哲学，外国哲学致力于研究"本体论、认识论（包括知识论和方法论）、价值论（道德哲学、政治哲学和美学）等主要内容"①；作为学术性的哲学，外国哲学则侧重于研究"从古希腊哲学思想的产生直到当今西方哲学思想发展的全部内容"②。包括古希腊罗马哲学、欧洲中世纪哲学、欧洲近代哲学、现代西方哲学等。中国的外国哲学研究总体上的特点是以他者的视角、范式和方法思考问题。

与中国哲学和西方哲学相比较，将马克思主义哲学视为一个相对独立的哲学学科存在着一些障碍，障碍在于，马克思主义哲学的研究论域和作用与其名称并非直接对称，其研究论域和作用难以从名称上体现。然而问题的关键在于，对于作为 19 世纪一种意识形态的哲学来说，将马克思主义哲学理解为哲学上的一个流派无疑是合适的，但对于在当代中国作为一种意识形态和学术理论的马克思主义哲学来说，这种理解却并不合适，或至少是不完全合适。这就意味着马克思主义哲学的研究论域和作用有待讨论。而讨论的前提，是厘清当代中国马克思主义哲学

---

① 《西方哲学史》，高等教育出版社、人民出版社 2011 年版，第 1 页。
② 《西方哲学史》，高等教育出版社、人民出版社 2011 年版，第 1 页。

的含义。

我们认为，对当代中国马克思主义哲学，可以有狭义的和广义的两种理解：

当代中国马克思主义哲学狭义的理解，即马克思主义哲学直接的含义，是指对马克思（主义）哲学思想的研究，这是中国马克思主义哲学初始的含义，从某种意义上说，这一形态的马克思主义哲学主要以马克思主义哲学本身的内容及其发展为研究对象，属于文本和学术思想史研究的范畴。细分起来，其中包括对马克思主义创始人哲学思想的研究，以及对其阐述者哲学思想的研究，或者说，既包括对"原生态"和"次生态"马克思主义哲学的研究，也包括对当代形态的马克思主义哲学的研究和建构。

所谓"原生态"的马克思主义哲学，是指马克思恩格斯的哲学思想。对于何为原生态即初始状态的马克思主义哲学，学界有不同的理解，主要分歧在于，原生态的唯物史观仅仅是指马克思的思想还是同时也包括恩格斯的思想，也就是说，界定唯物史观初始状态的一个关键问题，是如何理解马克思主义与马克思以及恩格斯思想的关系。近些年来，随着西方马克思主义研究的引入，以及马克思主义文本研究的深入，一些学者对"马克思与恩格斯的思想完全一致"这一由来已久的看法提出了质疑，认为原生态的马克思主义应仅限于马克思个人的思想，恩格斯的思想被定位为对马克思主义的一种解读、阐释和发挥。这种用差异法研究马克思主义的做法有助于相关研究的深入因而值得肯定，但是问题在于，承认马克思和恩格斯的思想存在着差异，并不影响肯定他们之间的共性，并且事实上，他们之间的共性远远甚于差异。由此可以认定，原生态的马克思主义许多内容特别是核心内容都是马克思恩格斯共同创作的，故可以认定为他们共同的思想。

所谓"次生态"的马克思主义哲学，是指马克思恩格斯之后人们对马克思主义哲学的理解、阐释和发挥。马克思恩格斯之后，由于时代条件、生存境遇以及解读方式的不同，马克思主义哲学呈现出一元多流的演变过程，朝着几个独立的甚至于相互矛盾的方向发展，形成了诸多派别。这些派别在对马克思主义哲学的理解上见仁见智、各持己见，在对马克思主义哲学总体特点和意义的理解上存在着显著的差异，对其中的许多观点，理解也不尽相同，甚至大相径庭。就总体倾向而言，西方马克思主义在对马克思主义哲学的理解上，着眼于社会现代化背景下人的生存问题，特别强调马克思主义理论的人学意蕴、精神价值及社会批判精神，苏俄和东欧及中国的马克思主义者在对马克思主义哲学的理解上则倾向于强调其科学性，主要将马克思主义视为一种科学认识。

所谓"当代形态"，是正在研究和建构中的当代的马克思主义哲学理论。作为正在发展着的"当代形态"的马克思主义哲学，既是对自然、社会和人的现实问题的哲学反映，又以其自身为研究对象。

当代中国马克思主义哲学广义的理解，则不仅指的是对马克思（主义）哲学思想的研究，也指的是基于马克思主义哲学范式或理论框架对理论和现实问题的研究。基于马克思主义哲学范式或理论框架的对理论和现实问题的哲学研究，这是马克思主义哲学的拓展性含义。

在当代中国，马克思主义哲学事实上早已超出对马克思（主义）哲学思想研究的范畴，而具有更加宽泛得多的含义，它是以马克思主义哲学为范式或理论框架的研究，也是对各种理论和现实问题的研究，既涉及各种纯哲学的问题，如本体论、认识论、辩证法等问题，也涉及对外部世界及其与人的关系的哲学理解，例如对自然、社会和人以及它们之间相互关系的认识。这些问题在不同时期、面对不同的社会环境和实践，又可以具体化为各种时代性的理论和现实问题，例如近几十年以来实践标准的讨论、生产力标准的讨论、社会主义本质的讨论、以人为本和科学发展观的讨论，又如当今的全球化问题哲学思考、数字化时代哲学思考、可持续发展哲学思考，科技革命哲学思考，人的发展哲学思考，市场经济哲学思考等。从本质上看，这种形态的马克思主义哲学主要以现实生活中的理论和实践问题为研究对象，以改变世界、改变人为使命，属于问题哲学、实践哲学的范畴。马克思主义哲学实践哲学和问题哲学的特征，还鲜明地体现在理论体系上，延伸出一系列与现实相对应的分支哲学，如社会哲学、经济哲学、历史哲学、法律哲学、人的哲学、政治哲学、文化哲学、生态哲学、管理哲学等。

二、马克思主义哲学在当代中国哲学中的地位

对当代中国马克思主义哲学两种形态的区分，为理解马克思主义哲学在当代中国哲学中的地位提供了前提。一般地说，当代中国哲学的总体格局是马克思主义哲学与中国哲学和西方哲学三者并列或三足鼎立，但具体地看，三者各自所处的地位及作用又有所不同，其中马克思主义哲学的地位尤其有待讨论并求得共识和认定。

关于马克思主义哲学在当代中国哲学中的地位即其应否与中国哲学及西方哲学并列的问题，实质是马克思主义哲学能否成为一个相对独立的学科。

如果仅限于将马克思主义哲学定位为对马克思（主义）哲学思想的研究，那么它在当代中国哲学中作为一个相对独立哲学学科的地位便难以确认，亦不能在研究论域和理论体系上与中国哲学和西方哲学并列或相提并论。马克思主义哲学所以能够成为一个相对独立的学科并与中国哲学及西方哲学并列，就在于其可以具有广义的、拓展性的含义。只有作出广义的、拓展性的理解，才能凸显当代中国马克思主义哲学范式和功能上的不可替代性，进而对其在当代中国哲学中的地位作出合理的理解。

从改变人和世界的使命和功能的角度看，马克思主义哲学在未来中国哲学中是独具特色而不可或缺的。作为基于马克思主义哲学范式或

理论框架对理论和现实问题的研究，当代中国马克思主义哲学具有鲜明的实践性即关联时代、观照实践的本质特征。强调马克思主义哲学特别关注实践，并不意味着认为其他哲学不关照现实。任何一种真正的哲学，都直接或间接地关联实践、以实践为基础并指导实践，总会以这种或那种方式、直接或间接地改变人进而改变世界，中国哲学、西方哲学及其他哲学莫不如此。所谓马克思主义哲学特别关注实践，是说它对现实的关照具有自身的特点和无可替代的功能，这就是，马克思主义哲学具有鲜明的实践自觉，秉持实践范式，特别强调从实践出发理解对象、将实践作为理论建构的基石，特别强调以指导实践为依归，以改变人和世界为使命。实践范式是马克思主义哲学最为显著的特色，使其具有区别于其他哲学的独特性。

关于马克思主义哲学的研究范式，学术界见仁见智，有人认为可归纳为"问题研究范式"、"文本研究和解释范式"、"比较与对话范式"，有人认为可概括为"科学范式"、"人学范式"和"文本学范式"，有人认为可区分为"教科书范式"、"教科书改革范式"、"后教科书范式（学术化范式）"，还有人认为可认定为"本体论范式"、"认识论范式"、"价值论范式"，等等。这些看法分别从不同方面指明了马克思主义哲学研究的特点，各有一定的道理。我们认为，除上述几种理解以外，就与其他哲学研究范式上的区别而言，马克思主义哲学最显著的研究范式，是实践范式。

所谓实践范式，是指马克思主义哲学以实践为理论基石，从实践出发理解对象，以实际地改变人和世界为使命。具体而言，马克思主义哲学的实践范式集中体现在如下几个方面：

其一，强调哲学的使命是改变世界，认为"哲学家们只是用不同的方式解释世界，而问题在于改变世界"①。"对实践的唯物主义者即共

① 《马克思恩格斯选集》第1卷，人民出版社1995年版，第61页。

产主义者来说,全部问题都在于使现存世界革命化,实际地反对并改变现存的事物。"① 主张以实践中的问题为理论的导向和切入点,以理解和解决现实中的问题为旨归。从关注现实和实践的意义上说,马克思主义哲学属于"实践哲学",也可称为"问题哲学"。其二,强调从人的实践出发理解客观对象,主张对事物、现实应当"当作人的感性活动,当作实践去理解"②,认为人们"周围的感性世界决不是某种开天辟地以来就直接存在的、始终如一的东西,而是工业和社会状况的产物,是历史的产物,是世世代代活动的结果"③。"这种活动、这种连续不断的感性劳动和创造、这种生产,正是整个现存的感性世界的基础。"④ 其三,强调从实践出发理解社会历史,认为"社会生活在本质上是实践的"⑤,即:生产实践是创造物质资料的活动,是人个体生命存在的基础,因而也是一切历史的前提;实践创造了以生产关系为基础的全部社会关系和制度,从而创造了整个丰富多彩的社会生活;实践创造了社会精神文化产品从而创造了社会精神生活,因为精神文化成果的创造依赖于物质条件。其四,从实践出发理解认识,认为实践是认识的基础,是认识的来源,是认识发展的动力,是检验认识真理性的标准,是认识的最终目的。

马克思主义哲学之实践范式,体现为全方位基于实践和应对实践的特点,无论是对自然、社会还是对人的所有问题的理解,都是基于实践或从实践出发的,对认识、理论包括哲学自身的理解亦复如此。为此,马克思主义哲学之实践范式,又显著地体现于其理论体系和概念中,其所包含的本体论、认识论、辩证法和历史观几大理论部分,及其

---

① 《马克思恩格斯选集》第 1 卷,人民出版社 1995 年版,第 75 页。

② 《马克思恩格斯选集》第 1 卷,人民出版社 1995 年版,第 58 页。

③ 《马克思恩格斯选集》第 1 卷,人民出版社 1995 年版,第 76 页。

④ 《马克思恩格斯选集》第 1 卷,人民出版社 1995 年版,第 77 页。

⑤ 《马克思恩格斯选集》第 1 卷,人民出版社 1995 年版,第 60 页。

在当代所延伸出的一系列分支哲学，都是以实践为基础并以实践为导向的，都分别对应着相应的现实问题。这些理论或概念有的很抽象，但同样深层次地反映着现实，具有强烈的时代感。

关于马克思主义哲学在当代中国哲学中的地位还涉及一个重要问题，就是它能否被视为一种普遍性的哲学，能否具有普遍性的哲学的禀赋和担当。

从历史的角度看，由于社会现实、社会实践以及意识形态等方面的原因，马克思主义哲学自传入中国并与中国实际和实践结合以来，曾在一定时期和范围中被视为中国哲学的正宗和主流，事实上扮演着一种主流哲学的角色，承担着主流哲学的责任。从诸种哲学事实上的分工来看，马克思主义哲学曾在一定意义上被理解为一种具有基本性质或意义的哲学，或者被理解为类似于西方所谓"形而上学"的普遍性的哲学，故而曾有"哲学原理"的称谓。

近几十年来，随着学术研究走向正轨，人们对作为学术的马克思主义哲学地位和作用的理解和定位也回归常态。回归常态当然意味着对其地位和作用不能无限拔高，不能特殊看待更不能视其为一家独大，但问题又在于，在回归常态的语境下，在当代中国哲学中，马克思主义哲学是否仍可以被视为一种具有基本性质的哲学或"哲学原理"？

对此问题，可以从马克思主义哲学与中国哲学及西方哲学的关系中来理解。与中国哲学及西方哲学相似，马克思主义哲学具有特定的哲学问题域。与一般的哲学流派不同，马克思主义哲学一个显著的特点，就是其问题域或论域具有极大的广泛性，而并不局限于其名称所指；它不是像一些哲学流派那样只是涉及某些方面或某一类的哲学问题，而是涉及几乎所有的哲学问题，既涉及自然也涉及人和社会，既涉及认知方面也涉及价值方面。也就是说，马克思主义哲学成其为自身，不是因为特定的研究领域，而是因为特定的研究范式甚至风格，从这个意义说，马克思主义哲学具有其他哲学流派（学派）所不具有的特点，承担着其他哲学流派（学派）难以承担的任务。基于这一特点以及由于中国哲学及西方哲学研究论域的侧重，至少从现实上可以认为，马克思主义哲学在一定意义上承担着某种哲学基本理论或"哲学原理"的功能和使命。

三、当代中国马克思主义哲学的发展趋向

当代马克思主义哲学的建构主要有四个基本路径：一是回归"原生态"的经典文本，厘清马克思主义哲学的理论源头和基础，二是观照现实并实践创新，三是借鉴马克思恩格斯之后人们对马克思主义哲学的研究，包括西方马克思主义等的研究，四是吸取并融合中国哲学和中国文化的思想资源。

上述基本路径中，回到文本是前提。回到文本，即清理马克思主义哲学的思想基础，弄清马克思主义哲学的本真面貌，以澄清马克思以后人们对他思想的各种梳理、解释与阐发存在的误读，包括"意义"的遗漏和"意义"的添加。实践创新是根本。实践创新就是以时代特征和国情为背景，从当代中国和世界面临的问题出发，面对当下及未来社会和人的发展问题，以我们正在做的和将要做的事情为旨归，以问题激活理论，在分析和回答问题的过程中发展马克思主义哲学，在与时代和实践的对话中阐发其当代意义和价值。由于当代中国马克思主义哲学的根本使命，是深度解答当下及未来中国社会和人的发展问题，因而从根本上说，实践创新是马克思主义哲学发展的主渠道和生存发展的根基，中国马克思主义哲学的发展必须在观照现实的基础上，走以问题引领的实践创新道路。

除回到文本和实践创新之外，当代中国马克思主义哲学发展的另外两个基本路径，就是对话并借鉴中国哲学和西方哲学。从这个意义上说，当代中国马克思主义哲学的发展趋势，只有在整个中国哲学发展的

总体格局和态势中，在与中国哲学以及西方哲学的关系中，才能作出合理的理解。

　　基于现实和实践，当代中国哲学发展存在着两种可能的态势。当代中国哲学发展可能的态势之一，是在整合中国哲学、西方哲学和马克思主义哲学思想资源的基础上，构建统一的、综合性的"当代中国哲学"，形成涵盖各种具体哲学样式的具有自身统一逻辑和概念系统的新的哲学体系或流派。其所以说是"可能"的态势，是因为这种态势仅仅是在当下的现实基础上及在未来的应然的意义上说的，因为这一趋势虽有可能性，同时也存在着障碍，其可能性及前景，以及马克思主义哲学在构建"当代中国哲学"中的作用，有待进一步论证。

　　当代中国哲学发展的又一态势，是中国哲学、西方哲学和马克思主义哲学继续朝着各自的方向发展。纵观西方哲学和马克思主义哲学传入中国以来的学术史以及当前的现状，无论就学术研究还是学科建设来说，中国哲学、西方哲学和马克思主义哲学在研究中都已经形成了自己特有的传统，包括研究论域、研究范式、研究路径和话语系统，形成了独具特色的研究和表达范式甚至学术风格，从而为各自的继续发展确立了基础。

　　黑格尔曾形象地指出，"每一哲学体系均可看作是表示理念发展的一个特殊阶段或特殊环节。……哲学史的结果，不可与人类理智活动的错误陈迹的展览相比拟，而只可与众神像的庙堂相比拟。这些神像就是理念在辩证发展中依次出现的各个阶段。"① 这一论述不仅适用于不同时期各个哲学的纵向替代和包容关系，也适用于同一时期各个哲学的横向并列的关系，即各种不同的哲学都具有自己的特点和价值，不可相互替代。中西方哲学发展的历史表明，哲学发展的良性格局从来就不是某一家哲学仅存或一家独大，而是多种哲学并存且"百家争鸣"，只有多样

---

① 黑格尔：《小逻辑》，商务印书馆 1980 年版，第 191 页。

性才能有哲学的丰富性，也才有哲学的活跃性。在当代，马克思主义哲学与中国哲学、西方哲学各自发展，是当代中国哲学多样性的前提，也是当代中国哲学创新的前提，这就意味着各哲学之间并不能也不应相互替代，而是将沿着各自既有的路径和方向继续发展。

当然，各自发展过程中也需要对话和借鉴。互补是事物的基本特性，是认识的基本方法，当然也为当代中国各种哲学研究所必需。着眼于自身发展，中国哲学、西方哲学和马克思主义哲学将分别从各自理论建构的目标及其特有视角出发而进行的哲学对话。这种以我为主、基于自身发展需要的对话，是三种哲学各自发展的重要环节。

中国哲学、西方哲学和马克思主义哲学之间的对话从而相互借鉴，不仅是必要的，也是可能的，因为它们具有对话的基础，这就是面对的问题及社会背景的同质性，同质性决定了理论的可通约性。所谓面对的问题及社会背景的同质性，是指当代中国各种哲学具有共同的生活和实践根基以及共同的语言文化背景。一方面，当代中国的中国哲学、西方哲学和马克思主义哲学研究和理论建构，都是在同一个生活和实践背景下进行的，身处于同样的环境，面对着同样的问题，秉持着同样或相似的目标。另一方面，当代中国的中国哲学、西方哲学和马克思主义哲学研究和理论建构，都要以当代中国的语言文化为依托。例如中国哲学要适应时代需要并发挥作用，就要运用传统中国哲学的范畴、理论和范式研究当代的自然、社会和人面临的问题，并要用当代中国的语言表达传统的中国哲学思想；又如当代西方哲学为适应中国的现实和文化并发挥作用，就要运用西方哲学的范畴、理论和范式研究当代中国自然、社会和人的问题，要用当代中国的语言表达西方哲学的思想。

当然，不同哲学之间的对话和相互借鉴也存在着障碍，主要障碍在于各自都有明显的路径依赖。所谓路径依赖，包括问题依赖、规范依赖和话语依赖。问题依赖，即中国哲学、西方哲学和马克思主义哲学都形成了各自的问题域，且相互之间虽有交叉但少有重合；规范依赖，即中国哲学、西方哲学和马克思主义哲学都形成了独特的研究规范；话语依赖，即中国哲学、西方哲学和马克思主义哲学形成了各自特色的话语体系和表达方式。由于路径依赖，中国哲学、西方哲学和马克思主义哲学之间，一定程度上存在着研究路径相互隔绝甚至排斥的状况。不同路径的研究往往各说各话，缺乏深度的对话与交流。从方法论上分析，不同研究路径相互隔绝的原因之一，是视路径为圭臬，一叶障目、画地为牢，为路径所限，过分强调自身研究路径的优越性甚至至上性和唯一性。路径自觉本是理论研究成熟的表现，但过分的路径依赖，则会有意无意地导致路径排斥，使研究态度和方法陷入某种面性，从而相互之间难以通融，更难以借鉴和融合。

马克思主义哲学作为时代精神之精华，具有开放性的、与时俱进的品质。超越路径依赖，充分估量中国哲学和西方哲学的价值，自觉对话并借鉴中国哲学和西方哲学的优秀思想资源和研究成果，是马克思主义哲学发展的必由之路。这种对话和借鉴不仅将进一步提升中国马克思主义哲学解释中国问题、解决中国问题的能力，也将进一步加深中国马克思主义哲学中国化的程度，进一步促进中国马克思主义哲学面向时代、面向世界，使之获得新的发展，并为中国和世界哲学的发展作出贡献。

对话并借鉴中国哲学思想资源，是马克思主义哲学中国化的内在要求。

马克思主义哲学传入中国后，始终与中国的社会实践和社会生活紧紧相随，并吸取了一些中国传统哲学和文化的养料，迄今从内容到形式都已经成为"中国的"哲学。但比较而言，在马克思主义哲学中国化的进程中，其反映中国社会实践和社会生活、回答中国现实问题方面相对而言做得比较到位，而吸取并融合中国哲学和中国文化方面却做得不够，甚至很不到位。从一定意义上说，中国马克思主义哲学研究的问题甚至思维方式已经较为中国化，但其话语表达和概念体系却尚无鲜明的中国特色，盖因其尚未充分吸收中国传统文化尤其是传统哲学的思想资源。中华民族具有优秀的文化传统，中国传统文化尤其是传统哲学中，蕴含着大量优秀的精神价值资源，这些独特的哲学智慧和精神文化，至今仍具有鲜活的生命力，它们是中国人对其文化身份进而民族身份和社会身份的认同的根据，使中国人的精神生活、精神境界和精神享受迥异于其他民族，使中国人的认识、体验和追求具有鲜明的民族特色。鉴于中国马克思主义哲学观照中国时代和实践的使命，鉴于中国马克思主义哲学应当有效地解答中国的问题、融入中国的社会生活和人们的精神世界，中国马克思主义哲学必须全方位地成为地道的"中国的"哲学，体现中国的特色和优势，为此，不仅要一如既往地关注中国的时代、实践和生活，还要更加自觉地吸取中国哲学和中国文化的思想资源。

对话并借鉴西方哲学研究成果，是马克思主义哲学现代化的内在要求。

中国马克思主义哲学要面向未来的中国和世界，要反思和引领中国的现代化进程，就必须积极参考和借鉴当代西方的人文社会科学特别是哲学。现代化是共性与个性的统一，其共性既有正面的也有负面的。我国的现代化建设有自身的特点，同时又具有现代化的一般特征，这意味着我们在社会现代化进程中不仅可以取得并享受积极的成果，也会遭遇到一系列问题。我们正在经历西方国家业已经历的过程，西方现代化进程中产生的问题，许多都已在我国重现，这些问题既阻碍着社会的全面进步也制约着人的自由全面发展。当代西方哲学作为对当代西方社会现实和思想文化的哲学解读和阐释，深植于现代或后现代语境，直接关联西方现实的社会问题及日常生活，因而具有时代的前沿性和认识的深刻性，是反映当代西方社会问题的一面镜子，从其中，不仅可以间接地感悟当代西方社会现实和社会思潮以及现代化进程中的诸种问题，深度认识这些问题的本质和原因，也可以作为"他山之石"反观我国的现代化进程及其问题。毋庸置疑，当代中国马克思主义哲学观照社会现实和人生存境况的主要方向之一，就是对中国现代化问题的反思，而反思的一个重要途径，就是借鉴西方哲学，以这种"他者"的、具有前瞻性的研究为反思我国的现代化问题提供启示。

本文原载于《马克思主义与现实》2014年第3期

《新华文摘》2014年第16期转载

恩格斯晚年书信对唯物史观的发展及其启示

恩格斯晚年有关历史唯物主义的书信，对唯物史观基本原理作出了创造性的发展，是研究和学习唯物史观的重要文献。本文拟以恩格斯《致康拉德·施米特》、《致约瑟夫·布洛赫》、《致瓦尔特·博尔吉乌斯》三封书信为例，谈谈恩格斯晚年书信对唯物史观基本原理的发展及其当代启示。

一、恩格斯晚年书信的写作背景

唯物史观虽然被恩格斯誉为马克思的"第一个伟大发现"，但恩格斯自己在这一发现中也起到了重要的作用，"在一定程度上独立地参加了这一理论的创立，特别是对这一理论的阐发。"① 恩格斯参加唯物史观"创立"和"阐发"，不仅体现在他的一系列著作中，还体现在他晚年的书信中。其中以《致康拉德·施米特》、《致约瑟夫·布洛赫》、《致瓦尔特·博尔吉乌斯》三封书信最具代表性，这些书信不仅阐发了唯物史观

① 《马克思恩格斯选集》第 4 卷，人民出版社 2012 年版，第 248 页。

的基本原理，还对其作出了创造性的发展。

19世纪40年代到80年代中期，马克思恩格斯在《神圣家族》、《德意志意识形态》、《共产党宣言》、《反杜林论》、《政治经济学批判》及其《导言》和《序言》、《资本论》、《家庭、私有制和国家的起源》、《路德维希·费尔巴哈和德国古典哲学的终结》等著作中，对唯物史观理论作出了系统深入的论述，他们围绕着社会存在决定社会意识这个基本原理，精辟地阐明了生产力决定生产关系、经济基础决定上层建筑等历史唯物主义的一系列主要观点，并运用这些基本原理科学地解释了各种理论和现实问题。

马克思恩格斯在创立唯物史观的过程中，特别强调唯物史观之"唯物"的方面。他们"从直接生活的物质生产出发阐述现实的生产过程，把同这种生产方式相联系的、它所产生的交往形式即各个不同阶段上的市民社会理解为整个历史的基础"①。致力于"发现现实的联系……发现那些作为支配规律在人类社会的历史上起作用的一般运动规律"②。马克思曾明确表示："我的观点是把经济的社会形态的发展理解为一种自然史的过程。不管个人在主观上怎样超脱各种关系，他在社会意义上总是这些关系的产物。"③并断定：人们自己创造自己的历史，但是他们并不是随心所欲地创造，并不是在他们选定的条件下创造，而是在直接碰到的、既定的、从过去继承下来的条件下创造。"人们不能自由选择自己的生产力——这是他们的全部历史的基础，因为任何生产力都是一种既得的力量，是以往的活动的产物。"④甚至还具体确定了生产力特别是生产工具与社会发展的对应关系："随着新生产力的获得，人们改变自己的生产方式，随着生产方式即谋生的方式的改变，人们也就会改变

---

① 《马克思恩格斯选集》第1卷，人民出版社2012年版，第171页。
② 《马克思恩格斯选集》第4卷，人民出版社2012年版，第253页。
③ 《马克思恩格斯选集》第2卷，人民出版社2012年版，第84页。
④ 《马克思恩格斯选集》第4卷，人民出版社2012年版，第408—409页。

自己的一切社会关系。手推磨产生的是封建主的社会，蒸汽磨产生的是工业资本家的社会。"①在《〈政治经济学批判〉序言》中，又从宏观上对社会发展规律作出了精辟的阐述，即"人们在自己生活的社会生产中发生一定的、必然的、不以他们的意志为转移的关系，即同他们的物质生产力的一定发展阶段相适合的生产关系。这些生产关系的总和构成社会的经济结构，即有法律的和政治的上层建筑竖立其上并有一定的社会意识形式与之相适应的现实基础。物质生活的生产方式制约着整个社会生活、政治生活和精神生活的过程。不是人们的意识决定人们的存在，相反，是人们的社会存在决定人们的意识"②。这些观点构成了唯物史观的基石，确立了一种全新的、超越以往一切社会历史观的唯物主义的社会历史宏观解释框架，在人类认识史上具有破天荒的意义，以至于恩格斯作出了"正像达尔文发现有机界的发展规律一样，马克思发现了人类历史的发展规律"③的高度评价。

唯物史观因其彻底性和革命性，从诞生之日就受到资产阶级思想家的种种非难。一些非难者在攻击唯物史观时，将焦点集中于社会存在决定社会意识等核心观点。为了反驳这些非难，马克思和恩格斯不得不经常在论战中为自己的科学认识辩护，即恩格斯所说的，"我们在反驳我们的论敌时，常常不得不强调被他们否认的主要原则。"④这里所说的主要原则就是：社会存在决定社会意识，经济因素是社会发展的决定因素。由于常常不得不强调唯物史观的主要原则，因而相对地，对上层建筑对经济基础的反作用，对人在社会发展中的作用，对社会发展客观规律与个人意志的关系等，没能给予足够的重视并强调。这就造成了一些人对唯物史观的误读，也为资产阶级思想家歪曲和攻击唯物史观提供了

① 《马克思恩格斯选集》第1卷，人民出版社2012年版，第222页。
② 《马克思恩格斯选集》第2卷，人民出版社2012年版，第2页。
③ 《马克思恩格斯选集》第3卷，人民出版社2012年版，第1002页。
④ 《马克思恩格斯选集》第4卷，人民出版社2012年版，第606页。

口实。

19 世纪后期,一方面,随着马克思主义在资本主义世界得到广泛传播,开始在工人运动中处于统治地位,成为无产阶级锐利的思想武器,资产阶级思想家对其进行了歪曲和攻击。一些人抓住了唯物史观理论的上述弱点,将唯物史观歪曲为"经济唯物主义"、贬低为"经济决定论",这些错误看法在一些对马克思主义一知半解的青年中发生了有害的影响,一些青年学生对唯物史观产生了误解,不能辩证地理解经济决定与人的作用之间的关系。为此,捍卫马克思主义特别是唯物史观免受资产阶级和德国社会民主党中机会主义者的歪曲、为青年学生解疑释惑,作为一项重要的理论任务摆在了恩格斯的面前。另一方面,随着社会的变化及无产阶级斗争的发展,恩格斯对社会历史发展规律、机制、动力和路径的认识更加深刻也更加全面。为了反驳资产阶级思想家对唯物史观的歪曲以及表达对社会历史发展的新认识,恩格斯在其晚年的一系列重要书信中提出了对唯物史观的新见解。

恩格斯《致康拉德·施米特》、《致约瑟夫·布洛赫》、《致瓦尔特·博尔吉乌斯》三封信,都是为着批驳资产阶级思想家对唯物史观的歪曲和攻击这一主题而写的,其直接起因,是驳斥德国资产阶级社会学家保尔·巴尔特对唯物史观的歪曲以及回答收信人提出的相关问题。在这三封通信中,恩格斯在坚持社会存在决定社会意识这个基本原理的基础上,精辟地论述了历史唯物主义的一系列重要观点,特别是比较集中地阐明了唯物史观关于上层建筑的相对独立性及其对经济基础的反作用的观点,阐明了历史的客观规律和个人动机之间的关系。

二、恩格斯晚年书信的主要观点

《致康拉德·施米特》是 1890 年 8 月 5 日写给德国学者康拉德·施

米特的信。恩格斯写这封信，是为了批驳资产阶级思想家巴尔特等人对唯物史观的歪曲和攻击。保尔·巴尔特等人把马克思主义的辩证唯物论歪曲成笛卡尔的机械唯物论，把唯物史观歪曲为经济唯物主义，硬说马克思把经济因素看成是历史过程的唯一动力，污蔑马克思主义否认思想、意识形态的能动作用，歪曲和篡改马克思主义关于经济基础和上层建筑关系的原理。巴尔特在1890年出版的《黑格尔和包括马克思及哈特曼在内的黑格尔派的历史哲学》一书中，认为马克思把"经济"的发展当成在历史中唯一起作用的因素，唯物史观是"技术经济历史观"，"经济唯物主义"。恩格斯在这封信中驳斥了巴尔特的歪曲，阐释了唯物史观的基本观点特别是历史的辩证法思想，论述了经济基础和上层建筑的辩证关系，特别是上层建筑对经济基础的反作用。

首先，驳斥了保尔·巴尔特对马克思主义的歪曲，指出他根本不理解社会存在决定社会意识的历史唯物主义原理，因为他竟然将其等同于笛卡尔关于动物是机器的机械唯物论观点。恩格斯针对性地指出，"物质存在方式虽然是始因，但是这并不排斥思想领域也反过来对物质存在方式起作用，然而是第二性的作用。"① 恩格斯在这里肯定了物质存在方式是人类社会存在和发展的"始因"亦即原始的起因和决定性因素，同时指出"思想领域"即社会意识对物质存在方式具有反作用，并且认为这种反作用是第二性的作用，而非决定性的作用。

其次，在评论关于社会主义社会分配问题的辩论时，指出分配方式必然随着生产方式的进步而改变。认为，分配方式取决于生产方式和社会组织，同时还取决于社会所提供的可供分配的产品数量。随着生产方式和社会组织的进步，社会产品的增加，分配方式也应有所变化。辩论未来社会的分配方式，既要弄清社会主义开始阶段的分配方式，也要研究分配方式发展的总趋势。恩格斯批评把社会主义社会及其分配方式

---

① 《马克思恩格斯选集》第4卷，人民出版社2012年版，第598页。

看作是稳定的、一成不变的东西，指出社会主义是不断改变、不断进步的东西。

再次，指出唯物史观是进行研究工作的指南。批评德国社会民主党内的青年作家把"唯物主义"词句当作标签，而不对唯物主义作进一步深入的研究，并着重指出，"我们的历史观首先是进行研究工作的指南，并不是按照黑格尔学派的方式构造体系的杠杆。"① 也就是说，唯物史观不是教条，不是标签，而是工作的指南。要求他们必须研究全部历史和各种社会形态的存在条件，才能从中找出相应的政治、私法、美学、哲学、宗教等等的观点来。批评德国青年不下一番功夫去研究各方面的历史，以便给工人提供最好的东西。

《致约瑟夫·布洛赫》是1890年9月21—22日写给德国大学生约瑟夫·布洛赫的信。布洛赫曾经就历史发展过程中经济是不是唯一决定性的因素等问题，写信向恩格斯请教。恩格斯在这封回信中，否定了认为经济因素是历史过程中唯一决定性因素的看法，论述了经济基础和上层建筑的辩证关系，阐明了上层建筑对经济基础的反作用，分析了社会发展客观规律与个人意志的关系，指出了学习和研究马克思主义理论的正确方法。

首先，论述了经济因素的决定作用和上层建筑的反作用之间的关系。恩格斯指出，"根据唯物史观，历史过程中的决定性因素归根到底是现实生活的生产和再生产。无论马克思或我都从来没有肯定过比这更多的东西。如果有人在这里加以歪曲，说经济因素是唯一决定性的因素，那么他就是把这个命题变成毫无内容的、抽象的、荒诞无稽的空话。"② 也就是说，虽然肯定经济归根到底是历史发展的决定性因素，但却反对"经济因素是唯一决定性的因素"的片面观点。他在此基础上

---

① 《马克思恩格斯选集》第4卷，人民出版社2012年版，第599页。
② 《马克思恩格斯选集》第4卷，人民出版社2012年版，第604页。

进一步指出，"经济状况是基础，但是对历史斗争的进程发生影响并且在许多情况下主要是决定着这一斗争的形式的还有上层建筑的各种因素。"①"这里表现出这一切因素间的相互作用，而在这种相互作用中归根到底是经济运动作为必然的东西通过无穷无尽的偶然事件……向前发展。"②肯定上层建筑在历史进程中的作用，认为经济运动是通过无穷无尽的偶然事件向前发展的，因此影响历史发展的还有上层建筑的各种因素，虽然它对历史进程的影响往往只是决定着斗争的形式。恩格斯还阐述了在人们创造历史过程中经济和其他因素的关系。指出，我们自己创造自己的历史，但是在十分确定的前提下进行的，其中经济前提起决定的作用，但政治和意识等因素也起到一定的作用，虽然不是决定性的作用。他还举例说明：不能把一切社会现象都直接简单地归结为经济原因，如果这样做就要闹笑话。

其次，深刻阐明了历史的客观规律和个人动机之间的关系，提出了关于历史发展的合力论。指出，"历史是这样创造的：最终的结果总是从许多单个的意志的相互冲突中产生出来的，而其中每一个意志，又是由于许多特殊的生活条件，才成为它所成为的那样。这样就有无数互相交错的力量，有无数个力的平行四边形，由此就产生出一个合力，即历史结果，而这个结果又可以看作一个作为整体的、不自觉地和不自主地起着作用的力量的产物。因为任何一个人的愿望都会受到任何另一个人的妨碍，而最后出现的结果就是谁都没有希望过的事物。所以到目前为止的历史总是像一种自然过程一样地进行，而且实质上也是服从于同一运动规律的。……然而从这一事实中决不应作出结论说，这些意志等于零。相反，每个意志都对合力有所贡献，因而是包括在这个合力里面的。"③人们创造历史的结果总是从许多单个意志的相互冲突中表现出来

---

① 《马克思恩格斯选集》第4卷，人民出版社2012年版，第604页。
② 《马克思恩格斯选集》第4卷，人民出版社2012年版，第604页。
③ 《马克思恩格斯选集》第4卷，人民出版社2012年版，第605—606页。

的，就像无数个力的平行四边形融合成一个总的合力，合力不是各种力量的简单相加，而是各种力量在相互作用中产生的结果。每个人的意志和行为都对合力有所贡献，但任何个人都不能决定历史的命运。这表明，一方面，各个个人的不同的意志和愿望，在相互作用中形成了不以个人意志为转移的历史运动。另一方面，个人意志会对历史发展发生一定的影响，因而不能否认个人意志的作用。

再次，教导布洛赫要根据原著来研究马克思主义，而不要根据第二手材料来进行研究，因为原著体现了马克思恩格斯本来的思想。"我请您根据原著来研究这个理论，而不要根据第二手的材料来进行研究——这的确要容易得多。"① 恩格斯还列举了学习历史唯物主义应当阅读的他和马克思的有关重要著作。

第四，必须全面地认识经济基础和上层建筑的作用。恩格斯说明，当年他和马克思在反驳论敌时，曾经不得不常常强调被论敌所否认的经济基础决定上层建筑等主要原则，并不是始终都有时间和机会对上层建筑的反作用给以应有的重视和充分的论述，因而他们对于青年们有时过分看重经济因素负有责任。但是，他们从来没有否认上层建筑因素的反作用，特别是关系到历史唯物主义的实际应用时，他们都十分重视各种因素的交互作用。"可惜人们往往以为，只要掌握了主要原理——而且还并不总是掌握得正确，那就算已经充分理解了新理论并且立刻就能够应用它了。在这方面，我不能不责备许多最新的'马克思主义者'，他们也的确造成过惊人的混乱……"②

《致瓦尔特·博尔吉乌斯》是1894年1月25日写给德国大学生瓦尔特·博尔吉乌斯的信。恩格斯写这封信，是为了澄清德国大学生对历史唯物主义理解上的一些思想混乱，信中针对博尔吉乌斯提出的问题，

---

① 《马克思恩格斯选集》第4卷，人民出版社2012年版，第606页。
② 《马克思恩格斯选集》第4卷，人民出版社2012年版，第606页。

精辟地阐明了历史唯物主义的基本原理。

首先，阐明生产方式是社会历史发展的决定性基础，说明经济关系的含义以及经济关系对于阶级的划分和国家、政治、法律等的决定作用。恩格斯指出，历史唯物主义所说的经济关系，是指包括全部技术在内的生产方式和交换方式，它是社会历史的决定性基础，决定着阶级的划分，决定着国家、政治、法律等上层建筑的状况。他还论述了生产、技术和科学发展的辩证关系，认为"社会一旦有技术上的需要，这种需要就会比十所大学更能把科学推向前进"①。在技术与科学关系上，与其说技术依赖科学不如说科学更依赖于技术，因为技术的发展直接体现着社会的需要。生产发展的需要推动了科学技术的发展，是科学技术发展的根本动力。

其次，肯定经济条件归根到底制约着上层建筑各因素的发展，是理解历史发展的红线，同时强调上层建筑对经济基础的反作用。指出，政治、私法、哲学、宗教、文学、艺术等上层建筑因素的发展以经济发展为基础，但在此基础上各种上层建筑因素也相互作用并积极地对经济基础发生反作用，当然，在经济关系与上层建筑的关系中，经济关系归根到底具有决定的意义，"经济关系不管受到其它关系——政治的和意识形态的——多大影响，归根到底还是具有决定意义的，它构成一条贯穿始终的、唯一有助于理解的红线。"②

再次，分析了历史发展的必然性和偶然性的关系，论述了伟大人物在历史上的作用。指出，"恰巧某个伟大人物在一定时间出现于某一国家，这当然纯粹是一种偶然现象。但是，如果我们把这个人去掉，那时就会需要有另外一个人来代替他，并且这个代替者是会出现的，不论好一些或差一些，但是最终总是会出现的。"③伟大人物的出现是历史

① 《马克思恩格斯选集》第4卷，人民出版社2012年版，第648页。
② 《马克思恩格斯选集》第4卷，人民出版社2012年版，第649页。
③ 《马克思恩格斯选集》第4卷，人民出版社2012年版，第649—650页。

发展的产物。历史上某一个伟大人物的出现具有偶然性，但这样的人物一定会出现却是必然的，是由经济发展的必然性决定的。也就是说，偶然性是必然性的表现形式和补充，必然性是通过偶然性为自己开辟道路的。社会发展中通过各种偶然性来为自己开辟道路的必然性，归根到底是经济的必然性。他还指出，为了对历史作出正确的理解，一定要重视对经济史的研究，并强调要从马克思和他的著作中了解唯物史观。

三、恩格斯晚年书信理论创新及其启示

列宁曾对包括这三封书信在内的马克思恩格斯通信的特殊科学价值作过精辟的论述，认为马克思和恩格斯在通信中一再地谈到他们学说的各个方面，强调并且说明了最新的、最重要的和最困难的问题。恩格斯在这三封信中提出的新观点进一步深化和拓展了唯物史观理论内涵，迄今仍具有重要的理论和现实意义。学习这些书信，既有助于进一步掌握历史唯物主义的基本原理和了解历史唯物主义的发展过程，也有助于运用唯物史观加深对中国特色社会主义建设的重大理论和现实问题的理解。这三封信的理论和现实意义及其启示集中体现在以下几个方面：

一是强调上层建筑的反作用。恩格斯的三封信都在肯定经济因素是社会发展决定力量的同时，论述了上层建筑的反作用，认为社会发展是一个诸多因素综合作用的过程，是各种因素交互作用的结果，唯物史观既充分肯定经济因素在社会发展中的最终决定作用，又承认各种上层建筑因素也相互作用并积极地反作用于经济基础，认为除经济因素的决定作用之外，影响历史发展的还有政治和意识等上层建筑的各种因素，虽然这些因素起到第二性的而不是决定性的作用，但并非可以忽略不计。

  恩格斯的观点是对唯物史观主要原则的补充，具有重要的现实启示性。在现代化建设中，存在着仅仅强调经济发展的倾向，把经济作为社会发展和人类进步的唯一动力，甚至将社会发展狭隘地等同于经济增长，似乎只要经济发展了，其他一切就会自然得到发展。这种 GDP 至上的观念和行为忽视了社会的全面进步，忽视了社会公平，忽视了资源环境的代价，带来了种种社会问题。根据历史唯物主义的观点，社会发展是以经济增长为基础的社会的全面进步。中国特色社会主义所要求的社会发展，应当是以人的发展为核心的社会的全面进步。实现社会的全面进步既要以经济建设为中心，又要加强政治文明、精神文明、社会文明和生态文明建设，在经济发展的基础上满足人们不断增长的社会和文化需要。为此，必须加强社会建设和文化建设，着力解决劳动就业、社会保障、教育卫生、居民住房以及文化繁荣等现实问题，丰富人民的生活内容，提升人民的生活品质，促进人民的身心健康、提高人民的科学文化素质；必须更加注重以制度保障社会公正，调节不同社会群体之间的利益关系，着力解决城乡和区域发展不平衡特别是不同群体收入分配差距悬殊问题，使发展成果为全民共享，使不同社会群体的收入分配差距保持在一个相对公平合理的范围内，使改革发展成果更公平地惠及全体人民，使所有人都能过上有尊严的甚至美好的生活，保证人民平等参与、平等发展的权利，促进人的自由全面发展。

  二是在新的语境中进一步重申经济因素是社会发展决定因素的原理，阐述了经济基础与上层建筑的辩证关系。人们所达到的生产力的总和决定着社会状况，经济因素在社会发展中具有决定性作用，这是唯物史观的主要原则。恩格斯三封信的新意在于，在承认上层建筑的反作用的语境下，再次强调了这一主要原则，进而阐述了经济基础和上层建筑的辩证关系。他认为，虽然社会发展是多种因素综合作用的结果，但这些因素在社会发展中所起的作用是不平衡的，其中物质存在方式是始因、历史过程中的决定性因素归根到底是现实生活的生产和再生产、经济关系归根到底还是具有决定意义的。在经济基础和上层建筑的关系中，经济基础具有决定的意义，从根本上制约着上层建筑各因素的发展，决定着国家、政治、法律等上层建筑的状况，在纷繁复杂的社会现象中，"构成一条贯穿始终的、唯一有助于理解的红线。"① 是理解社会历史发展的基本线索。

恩格斯的观点表明，经济发展是整个社会进步的原动力，决定着社会发展的程度从而整个社会的面貌，因此，社会进步必须以经济发展为基础。在中国特色社会主义建设中，经济发展是其他一切事业发展的基础，是提升人民物质文化生活水平的根本保障。改革开放以来，虽然我国的生产力发展和经济建设上了一个大的台阶，但离实现现代化、满足人们较高层次的物质文化需要还有很大的距离，为此，必须继续坚持以经济建设为中心，坚持改革开放的方针，通过深化经济体制改革、推进科技进步和产业结构升级进一步解放和发展生产力，促进经济的持续增长。只有这样，才能进一步增强国家的综合国力，满足人民群众日益增长的物质文化需要，为社会向更高级阶段的发展奠定物质基础。

三是社会历史发展"合力"的思想。恩格斯用力的平行四边形作比喻，十分贴切地说明了个人意志与历史发展总的结果或趋势之间的辩证关系。一方面，肯定了个人的意志和愿望根源于他所处的特殊的生活条件特别是经济条件，并且不同的人相互冲突的意志及其活动会造成不以个人意志为转移的总的结果。另一方面，肯定了历史的结果即历史发展趋势是由许多人的意志和愿望形成的交错力量造就的，因而应当承认个人意志对历史发展的作用。

恩格斯的"合力"论提出了对历史发展动力的新理解，凸显了人在社会历史发展中的作用，是对唯物史观的重大补充，具有重要的理论

---

① 《马克思恩格斯选集》第4卷，人民出版社2012年版，第649页。

和现实意义。马克思恩格斯一直肯定"历史"在本质上是人的活动史，他们在《神圣家族》中明确指出，"历史什么事情也没有做，……其实，正是人，现实的、活生生的人在创造这一切，拥有这一切并且进行战斗。并不是'历史'把人当作手段来达到自己——仿佛历史是一个独具魅力的人——的目的。历史不过是追求着自己目的的人的活动而已。"①认为人类史同自然史的区别在于，自然史不是我们自己创造的，而人类史是我们自己创造的，是人活动的结果。恩格斯"合力"思想的贡献在于，进一步说明了历史发展的动力，说明了历史是人的活动史的原因，这就是：人的活动是在意识和动机的支配下进行的。以此为起点，我们认为，人满足需要、追求幸福、实现自己价值的本性，是一切活动的动机之源泉和根本出发点，有了这个驱动，人们才有意愿和动力去认识并改造自然和社会，去推动生产力的发展和社会进步。人的活动要依赖于一定的物质条件和社会关系，但这些条件和关系却是人创造的，是人们以往活动的结果以及未来活动改变的对象。正如马克思所说，"自然界没有制造出任何机器，没有制造出机车、铁路、电报、走锭精纺机等等。它们是人的产业劳动的产物。"②"任何生产力都是一种既得的力量，是以往的活动的产物。"③也就是说，物质条件以及社会关系对于人的"先在性"是相对于特定时代的人们而言的，从本质上说，制约人的活动的物质条件以及社会关系则归根到底是人们以往的活动的产物。随着当代及未来科学技术的发展特别是知识经济成为社会进步的主要推动力量，社会发展的"人为"特征将愈趋明显。

"合力"论阐明了历史规律与人的活动之间的关系。历史的最终的结果总是从许多单个的意志的相互冲突中产生出来的，而这个结果又可以看作一个作为整体的、不自觉地和不自主地起着作用的力量的产物的

① 《马克思恩格斯文集》第1卷，人民出版社2009年版，第295页。
② 《马克思恩格斯全集》第46卷下册，人民出版社1998年版，第102页。
③ 《马克思恩格斯选集》第4卷，人民出版社2012年版，第409页。

观点，恩格斯在《路德维希·费尔巴哈和德国古典哲学的终结》中曾做过如下阐释："人们总是通过每一个人追求他自己的、自觉预期的目的来创造他们的历史，而这许多按不同方向活动的愿望及其对外部世界的各种各样作用的合力，就是历史。"①"合力"论的这一说法从一个新的角度阐释了历史规律与人的活动之间的关系。从这一理解反推便可以看到，社会规律是人与物质条件和关系交互作用的结果，是人在一定物质条件和关系基础上的主体选择、创造和超越的总趋势，即"合力"的结果。正是在人的活动的趋势具有规律性和必然性的意义上说，以经济运动为基础的社会运动是一个自然历史过程。回溯历史，人类社会发展的道路充满着曲折和反复，这正表明了历史是人的发展史。由此可以断定，社会的物质体系及其关系的规律只是人的活动规律的外在的表现而已，社会历史规律本质上就是人活动的规律。

恩格斯关于人的活动是在动机支配下进行的，以及人们总是追求他自己的目的的论述启示我们，社会进步归根到底是为了人的发展，社会进步要通过人们的努力来实现，因而中国特色社会主义建设要注重合目的性与合规律性、尊重客观规律与发挥人的主观能动性的统一。一方面，坚持人民主体地位，将人民群众对幸福生活的追求和人的自由全面发展要求作为一切工作的根本出发点，所有制度安排和政策都要着眼于满足人的物质文化需要，着眼于充分实现人的生存价值和意义；另一方面，社会发展规律从而社会进步归根到底要通过人的活动来实现，要重视人及其动机在中国特色社会主义建设中作用，充分调动人的积极性，最大限度地发挥人民群众在社会发展中的创造性，做到人人参与、人人尽力。此外，恩格斯的论述还启示我们，应当充分认识社会发展及历史进程的复杂性。由于"合力"的作用，不同的人相互冲突的意志及其活动会造成不以个人意志为转移的总的结果，因而社会发展往往不是一帆

---

① 《马克思恩格斯选集》第4卷，人民出版社2012年版，第254页。

风顺的，会出现起伏甚至反复和倒退。为此，既要看到社会发展总体上由低级向高级的发展趋势，坚定推进中国特色社会主义建设的信心，又要看到由于人的动机从而行为会出现变化甚至失误，因而应当未雨绸缪，充分估量发展中可能存在的问题，及时发现问题、纠正错误，少走弯路，保障改革发展事业顺利进行。

本文原载于《思想理论教育导刊》2017 年第 6 期

文化先进性与文化自信和文化建设

文化自信和文化建设是当代中国文化研究的两个重要问题，这两个问题本质上都涉及文化的先进性，因为文化的先进性是文化自信的根据，也是当代文化建设的总体方向。承认文化先进性并增强文化先进性的自觉，确立比较和衡量文化先进与落后的尺度，有助于正确理解文化自信，也有助于当代中国文化建设方向、目标、内容和路径的选择。

一、文化的同一性与先进性

确认文化先进性的前提，是承认文化的可比较性进而承认不同的文化之间具有共同性即文化的同一性，而承认文化同一性的关键，则是正确理解文化多样性与同一性的关系。

文化具有多样性。联合国教科文组织大会通过的《保护和促进文化表现形式多样性公约》，"确认文化多样性是人类的一项基本特性，认识到文化多样性是人类的共同遗产，应当为了全人类的利益对其加以珍爱和维护；意识到文化多样性创造了一个多姿多彩的世界，它使人类有了更多的选择，得以提高自己的能力和形成价值观，并因此成为各社区、各民族和各国可持续发展的一股主要推动力。"①《公约》还确定了保护和促进文化表现形式的多样性，鼓励不同文化之间对话的目标与指导原则。

文化多样性，既表现在内容的多样性，也表现为形式的多样性。文化多样性是由多种因素造成的，其中最重要的是地域的因素和历史的因素。地域的因素是指文化会受到地域因素的影响，从而可以地域来加以区分。每一种文化都与一定的地域特征相关联，如通常可以分为农耕文化与游牧文化（草原文化），内陆文化与海洋文化，平原文化与山区文化等。历史的因素，即不同国家或地区发展的具体历程对文化的影响。一个民族在历史上发展的早晚、快慢，发展过程中所取得的成就，所遭遇到的问题或磨难，都会在该民族的文化中反映出来，从而呈现出特殊性或特色。每一种文化都有自己的本色、长处、优点。文化的多样性表征着各种文化的独特性和特殊价值，因而强调文化的多样性具有重要的意义。在当代，维护和发展文化的多样性已成为人类的广泛共识，基于这一共识，人们既要尊重和发展本民族的文化，又要尊重其他民族的文化，在文化交流中尊重差异，理解个性，和睦相处，相互借鉴，求同存异，共同促进世界文化的繁荣与进步。

文化又具有同一性。从辩证的观点看，特殊性和普遍性、多样性与同一性是相互依存、互为条件的。一种文化之所以成其为文化，必然要符合文化的普遍的规定性，具备文化的一般性质，任何民族的文化概莫能外。也就是说，不同的文化之间既有差异也有共性。

文化的同一性或共性具有主观的和客观的两方面原因。从主观的方面看，文化同一性或相似性是不同民族人们共同心理的反映。南宋心学大家陆九渊曾有"人同此心，心同此理"一说。此说法不仅适用于

---

① 《保护和促进文化表现形式多样性公约》（2005 年 10 月 20 日联合国教育、科学及文化组织第三十三届会议通过）。

一个国家的人们（如中国人），也适用于不同国家或民族的人们。所谓"同心"、"同理"，本质上是人类的共性或共同人性的反映。"同心"、"同理"既表现在思维方式上的相同或相似，也表现为社会心理和价值观上的相同、相似或相通，这种相同、相似或相通投射到文化上，即构成为文化的一般性质，即人类文化的共性亦即普遍性。从客观的方面看，文化同一性或相似性又是不同民族共同或相似生活环境和生活条件的反映。从根本的意义上说，文化作为观念上层建筑，归根结底是经济基础和社会生活的主观体现和表达。在全球化背景下，由于国家民族之间经济、社会和文化的普遍交往，各个国家民族的经济基础和社会生活越来越具有同一性或相似性，文化同一性从其内容上看正是各个国家民族相同或相似经济基础和社会生活的反映。

通常认为，文化可以分为物质文化、行为文化、制度文化、观念文化几个层次。物质文化是人们创造的物质产品及其所表现的文化，行为文化是人们生活中约定俗成的以礼俗、民俗、风俗等形态表现出来的行为模式，制度文化是人们创造的有组织的规范体系，观念文化是人们的价值观念、审美情趣和思维方式。借鉴这种分类，我们认为，文化具有层次性，物质文化、行为文化、制度文化、观念文化几种文化在层次上是从具体到抽象而依次递进的，其中观念文化是文化的最高层次。就不同民族文化之间的关系而言，一般来说，各民族文化之间越是低层次的文化在内容上差异越大，反之，越是高层次文化，内容上相同或相似的程度就越高。由此可以认为，不同文化之间的差别主要表现在较低层次文化内容和形式的不同，或者说表现在文化的具体内容和形式上，如社会心理、生活习惯或民风习俗以及行为和仪式方面。与之相对应的是，在高层次的、观念形态的文化上，各民族文化之间的同一性则较多，进一步说，在文化具有同一性的因素中，最核心的因素就是普遍性较强的观念文化特别是价值观念，这正是"心同此理"的"理"之所在。

确认文化的普遍性和同一性，可以逻辑地得出两个相互关联的结论：一是不同文化之间可以进行比较。二是不同的文化具有先进与落后的分别因而也应当进行比较。

当前在论及文化的多样性时，存在着以多样性否定同一性、以特殊性遮蔽普遍性的倾向，认为不同民族的文化各具特色，因而它们之间不能进行比较，进而认为各种文化之间没有先进与落后之别，并主张文化的本质是存异而不是趋同。这种离开同一性孤立地谈论特殊性的看法，不仅会导致对不同文化之间相互交流和借鉴的轻视或否定，也会否认文化的先进性，因而在理论上是片面的，在实践上是不妥的。我们认为，文化的多样性与文化的同一性不是互相排斥的，二者都是同一文化的不同的方面，承认文化的多样性并不意味着排斥其同一性，因而不同的文化之间既有应当存异的一面又有应当趋同的一面。与之相关，不能以文化的多样性或特色否定文化的先进性，因为文化的同一性即同质性为不同文化进行比较提供了基础，承认文化的同一性即意味着承认文化的可比较性，进而意味着承认文化具有先进与落后的分别（亦即承认文化的先进性）。质言之，文化的同一性、可比较性与先进性三者之间具有内在的逻辑关联：承认文化的同一性必然要承认文化的可比较性以及文化的先进性。

二、文化先进性与文化自信

文化具有可比较性，有先进与落后之分，文化自信的根据既在于文化的独特性即其特色，更在于文化的先进性。

文化自信要基于文化的特殊性。文化的多样性表征着各种文化的独特性。就人类而言，各民族特殊的文化就像大自然中的花朵，各具特别的芬芳和色彩。就某一民族自身而言，特殊的民族文化是该民族成员对其文化身份进而民族身份和社会身份自我认同的根据和标志，是该民族成员人生意义不可或缺的部分，它关联着该民族的历史、现实与未来，使该民族成员的精神生活、精神享受和精神境界具有特殊的标记和鲜明的特色。从这两个方面看，各种民族文化都有其独特的价值。正因为如此，任何一个民族都会因本民族文化独特的内涵和样式、独特的历史和魅力而对其自发地、由衷地热爱和欣赏，从而就会有不同程度的自豪感，有一定的文化自信。正是在这个意义上说，中国人的文化自信首先就源于中华民族独特的历史经历和源远流长的优秀文化传统。中华优秀传统文化是中华民族的"根"和"魂"，是中华儿女共有的精神家园，我们确立和坚持文化自信的一个重要方面，就是要做中华优秀传统文化的守护者、传承者、弘扬者和推广者。

文化自信更要基于文化的先进性。从根本的意义上说，文化自信应当建立在文化先进性的基础之上。先进性是文化自信最坚实的基础，因为只有具有普遍意义的先进的文化才能既为自己又为他人所赞赏，从而以先进文化为基础的文化自信才是更加具有普遍意义和长久生命力的文化自信。就此而言，是否承认文化的可比较性进而是否承认文化的先进性，是衡量和检验是否真正具有文化自信的标准。离开文化的先进性谈论文化自信并不是真正的自信，而只能是坐井观天或夜郎自大。

文化自信不是坐井观天、故步自封。在理解文化自信时，切忌陷入一种片面性，就是仅仅将文化自信建立在文化的特殊性之上，离开普遍性而单方面地强调特色，以文化的多样性否认文化的可比较性，似乎在文化上各有各的好，相互之间既不应趋同也不能比较。这种自信是盲目的而不是清醒的，既不能真正认识到自身文化的优势进而发扬光大，又不能真正意识到自身文化的缺陷从而加以弥补，因为不进行比较，即使实际上存在着缺陷，也会以为自己永远是最好的，无须改进和完善。

文化自信更不是夜郎自大、孤芳自赏。历史上曾经存在过文化自负的现象，所谓对华夏和夷狄之别的强调，就是其典型的表现，其结果是自傲自大，排斥外来文化。在当前，出现了一些值得商榷的看法。有人认为，随着现代性弊端的显现，现代西方价值早已左支右绌、漏洞百出，它的理论破产是迟早的事，当代中国文化已经超越了西方，开始引领世界文化发展；有人认为，不同文化之间的地位取决于力量的博弈而非先进性，西方文化长期处于中心位置仅仅是基于强权而非道义，如今中国强大起来了，就应当解构西方话语，确立中国中心观；还有人认为，如何解决后现代的文化问题，应当好好向中国儒释道三教学习，主张以儒家思想主导中国的改革和文化发展。

我们认为，文化自信的前提是要有宽广的胸怀，确立文化自信绝不能以文化的特殊性否定其先进性，既不能害怕、拒绝与其他文化的比较，又不应离开人类文明大道另寻他途，而是要清晰地认识本民族文化的优势和缺陷，扬长避短，积极借鉴和吸收人类文化的优秀成果，在人类文明的大道上继续前行。这里最为重要的，是要有开阔的视野，做人类共同价值的构建者、遵循者、维护者和倡导者。随着全球化进程的深入，人类面临的共性问题增多。共性问题凸显既意味着人们之间的利益博弈趋于频繁，也反映了人们共同利益的增加，从而要求确立具有普遍性的价值取向和行为规则，构建人类共同的价值。共同价值是人类共同的行为导向和行为规范，虽然共同价值的形成不会一蹴而就，但经济全球化带来的普遍交往和人们生活方式的改变，已为共同价值的形成提供了现实的条件。确立人类共同价值，有利于解决人类共同面临的问题，有利于各民族文化之间的交流与发展，也有利于人类命运共同体的构建。

各种文化之间应当也可以进行比较进而文化具有先进性与落后的分别，那么，如何进行不同文化之间的比较，如何确定文化的先进与落后？

首先要明确的是，进行不同文化之间的比较，比较的是文化中的哪些内容。由于各种文化既具有特殊性又具有普遍性，因而它们之间既具有可比较的一面又具有不可比较的一面。那么，哪些方面是可以比较的，哪些方面是不可以比较的？根据以上论述，不同文化之间可以进行比较的显然不是它们特殊的方面，例如特殊的文化内容和样式，因为这些特殊的方面各具特色、各美其美，就像大自然中的花朵，各具特有的芬芳和色彩，无所谓优劣、高下。也就是说，不同文化之间可以进行比较的只能是它们共性的方面，即以上所述具有普遍性的观念层面的文化特别是其中的价值观念。

其次要明确的是，进行不同文化之间的比较，使用的尺度是什么，或者说以什么标准衡量文化的先进与落后。我们认为，不同文化之间比较的尺度可以有不同的层次，但从归根结底的意义上说，判断文化先进与落后的根本尺度应当是是否有利于社会进步和人的发展。对此可以从两个层面来理解，一是从文化作为社会意识的角度看，先进的文化应当是促进社会进步的文化，在当代中国，就是要与社会主义核心价值观相一致，在当代世界，就是要与人类共同价值相一致。二是从文化作为"精神食粮"的角度看，就是要有利于人的精神文化需要的满足，有利于人身心的愉悦和健康，有利于人的素质的提升。凡是与社会主义核心价值观及人类共同价值相一致的、满足并发展人的精神文化需要的、有利于人的生存发展的文化就是先进的，反之则是落后的。这两个"有利于"本质上是统一的，因为社会进步归根结底是为了促进人的发展。

"人以其需要的无限性和广泛性区别于其他一切动物。"① 人的需要可以从总体上分为物质的和精神的两种。精神需要是人们在精神上的欲望和追求，包括愉悦、求知、审美和自我实现的需要等。精神生活是人的主观性的求知、体验和审美活动，是意识、理性、意志、情感等精神因素活动的过程，也是满足人的精神需要的过程。精神生活对人的发展

---

① 《马克思恩格斯全集》第49卷，人民出版社1982年版，第130页。

具有重要的意义，它关乎人的个性、人的知、情、意的丰富，关系到人的情趣、修养、能力的养成，也关系到人们在生活中获得愉悦、感受熏陶、丰富情感。实现人的发展既要满足物质需要，又要满足并发展精神文化需要，没有精神素质的提高、精神生活的充实，人的生存就会片面化，人的自由全面发展就无从谈起。以发展的眼光看，比较而言，精神生活比物质生活具有更加广阔的深化和拓展空间。随着社会的进步，精神生活将在人的整个生活领域中占据更为显著的地位，满足人们的精神文化需要将成为未来拓展社会生活、推进人的发展的主要内容。

从人的发展视角看，人的精神生活需要具有层次性，既有享受性的日常文化生活需要，又有高层次的精神需要，与之相关，满足人的精神生活需要既包括满足人们享受性的日常文化生活需要，又要提升人的精神境界。这是当代中国文化建设面临的双重任务。

首先是满足人们的日常文化生活需要。日常文化生活需要是人们在日常生活中享受性、愉悦性、消遣（休闲）性的精神需要，其目的在于放松精神、愉悦心情，以调整生活状态、丰富和充实精神生活、提高生活质量、促进身心健康。放松精神、愉悦心情是人最基本、最普遍的精神需要。满足日常文化生活需要表现为阅读、写作、娱乐、体育、艺术等参与性的活动以及文艺、体育、娱乐、旅游等观赏性的活动。着眼于满足人们的日常文化生活需要，应当大力推进文化建设，繁荣文化事业，发展文化产业，生产更多群众喜闻乐见的、丰富多彩的、有益于人们身心健康和社会和谐发展的高质量的大众文化产品，使人们在文化娱乐和文化活动中体验和享受真善美，产生对美好事物的期待和对高尚情感的追求，达到愉悦、怡情、审美的效果，丰富人们的精神生活。

其次是提升人们的精神境界。提升精神境界是人最高层次的精神需要，是个人精神建构之核心内容。境界是指人的思想觉悟和精神修养，包括认知、价值和情感方面的因素，体现为人的思想觉悟、精神修养和人生追求的层次，决定着人们的人生信仰、价值取向、生活情趣、心胸眼界以及行为方式。与客观因素和主观修养相关，精神境界可分为不同的层次（例如冯友兰先生就作出了"自然境界"、"功利境界"、"道德境界"和"天地境界"的区分）。提升精神境界，构建优秀的精神价值，培育高尚的理想信念，可以充实人的精神生活，开阔人的胸怀，纯洁人的心灵，丰富人的情感，发展人的个性，促进人的发展。

三、文化先进性与文化建设

文化有先进与落后之分，建设和发展有中国特色的社会主义先进文化，有利于文化自信的真正确立，有利于增强国家的软实力，有利于中国文化走向世界，有利于当代中国人的发展。因此，建设和发展有中国特色的社会主义先进文化，是当代中国文化建设的总方向和总目标。

建设有中国特色的社会主义先进文化，必须确立文化先进性的自觉。文化建设的前提之一是文化自觉，而文化自觉既包括对本民族文化的自觉认同、欣赏和弘扬，也包括对文化先进性的自觉。所谓对文化先进性的自觉，就是在明确文化具有先进与落后之分的基础上，自觉追求文化的先进性，积极主动地以建设和发展先进文化为目标，为建设先进文化而努力。在当代中国，文化自觉既应当体现在对中华民族文化价值和意义的自觉意识、认同和维护上，自觉继承和弘扬民族文化，也应当体现在对文化先进性的自觉追求上。为此，必须理解和处理好文化的特色和文化的先进性之间的关系，不能将特色与先进性分离开来，更不能以强调特色而否定先进性，而是要将文化的特色与先进性统一起来，从特色中提炼出优秀的文化基因并加以继承和弘扬，通过突出和弘扬民族文化的特色来建设先进文化。先进文化是有利于社会进步和人的发展的文化，是具有鲜明的民族特色又面向世界的文化，因此，建设先进文化要以马克思主义人的发展理论为引领、汲取中华优秀传统文化的精华、借鉴人类优秀的文化资源，实现马克思主义、中国文化和世界文化三者的结合与融通。

建设有中国特色的社会主义先进文化，必须以马克思主义人的发展理论为引领。根据马克思主义人的发展理论，一方面，文化建设的根本目的是满足人们的精神需要，促进人的发展，另一方面，从人的需要发展的趋势看，作为拓展性需要的精神需要具有无限扩展的特点，满足人的精神需要将是未来人的发展的主要方向。正如马克思恩格斯所指出的，在未来，随着社会必要劳动时间的缩减从而自由时间的增加，"个人会在艺术、科学等等方面得到发展。"[①]"每个人都有充分的闲暇时间去获得历史上遗留下来的文化——科学、艺术、社交方式等等——中一切真正有价值的东西；并且不仅是去获得，而且还要把这一切从统治阶级的独占品变成全社会的共同财富并加以进一步发展。"[②]基于马克思主义关于文化建设要求和趋势的理解，当代中国文化建设要以推进社会进步和人的发展为目标，着力打造先进文化，丰富和拓展人们的文化生活，确立人的内在信念和价值取向，提升人的精神境界，为当代中国人的生存发展提供坚实的精神基础和价值支撑。

建设有中国特色的社会主义先进文化，必须实现中华优秀传统文化的现代转化。世界上不同民族的文化各有其特殊的价值，中华民族的文化尤其如是。中华民族优秀的传统文化蕴含着大量优秀的精神文化资源，如仁、义、礼、智、信、忠、孝、诚、恕以及气节、崇德、谦敬、乐群、重义、慎独、善良、达观、宁静、兼善、和而不同、自强不息、厚德载物等，其中既有作为中华优秀传统文化"骨骼"的思想理念，又有作为中华优秀传统文化"经络"的传统美德，还有作为中华优秀传统

---

① 《马克思恩格斯全集》第 31 卷，人民出版社 1998 年版，第 101 页。

② 《马克思恩格斯选集》第 3 卷，人民出版社 2012 年版，第 199 页。

文化"血肉"的人文精神，这些优秀传统文化对人与人、人自身心灵、人与自然关系具有独特的认识和体悟，具有鲜明的中华民族特色和独特的文化价值，其中所蕴含的"知、情、意"，既是中国人的精神来源和精神依托，构成为中国人安身立命的精神家园，又具有普遍的意义，是人类优秀文化的重要组成部分，可以为其他民族的文化提供精神资源。对中华优秀传统文化必须以客观科学礼敬的态度，进行现代的转化，推动其与现实文化相融相通。只有积极发掘中华优秀传统文化的价值并加以扬弃继承、转化创新，才能对中华优秀传统文化进行合乎时代精神的阐发运用，使其融入当代中国的国民教育、道德建设、文化创造及社会生活；才能进一步凸显中华优秀传统文化的世界意义，使中国文化更有底气地走向世界，成为扎根于民族传统的世界文化的重要组成部分。

建设有中国特色的社会主义先进文化，必须自觉借鉴人类优秀的文化资源，做人类共同价值的遵循者、维护者和倡导者。文化自信的重要表现之一是秉持文化的包容性，即不拒外来，自觉借鉴和吸收人类优秀的文化。文化以交流而多彩，因借鉴而丰富，各民族和国家之间进行文化的交流并相互汲取对方的长处，是当代文化发展的必由之路。我国社会主义核心价值观中的许多内容，如民主、文明、和谐、自由、平等、公正、法治等，都既包含了中国传统文化的优秀成分，也吸纳了包括西方文化在内的一切文化的优秀成果，体现了人类共同价值的基本精神。与之相关，有中国特色的社会主义先进文化，应当体现人类的共同价值。历史和现实表明，和平、发展以及社会主义核心价值观中的民主、文明、和谐、自由、平等、公正、法治等，是全人类的共同价值，是人类共同的行为导向和行为规范，遵循、维护和倡导这些共同价值，不仅有助于中国特色的社会主义先进文化的发展，也是促进当代中国社会进步和人的发展的内在要求。

建设有中国特色的社会主义先进文化，必须将中国文化推向世界，为世界文化发展添砖加瓦。对未来世界文化的走向，存在着一些争论，择其要者，大致有三种看法。一是认为随着全球化的展开，未来世界上的各种文化将逐渐趋同，最后形成为一种统一的全球文化，这一观点的文本依据之一，就是《共产党宣言》所说的"形成了一种世界的文学"①。二是认为随着文化冲突的加剧，未来世界各国家民族文化将沿着自身的轨迹发展，相互之间不会趋同，甚至可能渐行渐远，这一观点的立论基础就是"文明冲突论"。三是认为未来的文化发展将是上述两种趋势并存，即各民族文化沿着自身的轨迹继续发展，同时又会有普遍性的世界文化的形成和发展。我们赞同第三种观点。

在资产阶级开创了"世界历史"以来，人类逐渐形成了具有世界意义的普遍性文化。正如《共产党宣言》所指出的，"过去那种地方的和民族的自给自足和闭关自守状态，被各民族的各方面的互相往来和各方面的互相依赖所代替了。物质的生产是如此，精神的生产也是如此。各民族的精神产品成了公共的财产。民族的片面性和局限性日益成为不可能，于是由许多种民族的和地方的文学形成了一种世界的文学。"② 这就是说，普遍性文化的形成基于普遍的交往，由特殊性（各国家、民族）文化提升而来。普遍性源于、寓于特殊性之中，普遍性的世界文化是在各种特殊性的民族文化基础上形成的，但是，普遍性文化却不等于各种特殊性文化的叠加，而是对特殊性文化的提炼和升华，也就是说，从特殊性文化提升出来的普遍性文化，扬弃了其所由以形成的特殊性文化的一些局限和糟粕，因而是对特殊性文化的超越和创新。

在普遍性文化形成过程中，各国家民族特殊性文化作出的贡献是不同的，由于发展有先后，有些国家民族的贡献会多一些，有的则少一

---

① 《马克思恩格斯选集》第 1 卷，人民出版社 2012 年版，第 404 页。
② 《马克思恩格斯选集》第 1 卷，人民出版社 2012 年版，第 404 页。

些。中华民族优秀文化曾经为人类文化的发展作出过重要贡献，只是在近代以后，这种贡献减少了。在我国经济实力显著增强，大国担当和引领作用日益突出，并以更积极的姿态参与世界和平与发展事业的当代，我们应当进一步提高文化的开放水平，在普遍性世界文化形成过程中扮演更加重要的、积极有为的角色，为具有世界意义的普遍性文化的建构和发展作出应有的贡献。

本文原载于《天津社会科学》2018 年第 1 期

第 二 篇
认 识 论

意识结构初探

　　主体在反映过程中的作用问题，是意识论的一个重要问题。唯物主义反映论认为，意识是客观世界的主观反映。事实证明，这一论断从根本上说明了意识的本质。然而，随之而来的问题是：在同样的实践基础上，对同一事物的反映，为什么往往会形成不同的认识？对这一问题的回答必然是：人的反映活动受主体作用的影响。那么，这种主体作用是怎样的呢？这就是本文所要探讨的问题。

　　由于迄今对人脑具体活动机制和过程的了解还很有限，由于意识不能简单地还原为脑生理器官的生物活动，因此，这里对人脑在反映过程中作用的研究，仍采用"黑箱"的方法，从人脑与外界信息交流的过程及其结果来探讨它的作用。

　　人脑在反映过程中是作为一个整体系统起作用的。在反映过程中，作为主体的人脑的作用，从自身来说，主要决定于两方面的因素。一方面，取决于人脑生理功能的正常与否及强弱，这主要是脑生理学研究的对象。另一方面，就取决于奠立于人脑生理结构基础之上、在以往反映过程中形成的主体系统，即取决于主体的意识结构。一定的意识结构，对于人们的反映活动、对于认识的形成和发展，具有重要的影响。因此，我们试图对意识结构的内容、特性作一点初步的探讨。

一

　　研究意识结构及其对认识活动的影响，首先必须对它的内容有所了解，对这一范畴有所规定。

　　我们认为，所谓意识结构，就是在反映过程中形成的各种基本认识内容在人脑中定格化而形成的主观意识状态，是一定内容和形式相统一的意识系统；一定的意识结构，能够选择、调整和组织反映在人脑中的各种信息材料。这些，就是意识结构的基本内容。下面，分别对它们作一些说明。

　　首先，意识结构是反映过程中产生的各种基本认识内容在人脑中定格化而形成的主观意识状态。

　　认识在实践中产生。在实践中，客观对象及人的活动通过感官作用于大脑，通过大脑而产生各种认识。

　　我们知道，一方面，自然界和社会不能完全满足人，因而人（个人、人类）的实践活动不断发展，从而认识活动也不断发展。另一方面，任何事物都是多方面的、其本质也具有多层次性。因而人们对事物性质的认识，总是从一方面到多方面，这样不断地扩展。人们对事物本质的认识，总是从初级本质到第二级本质，这样不断地深入。认识活动的这两方面特点，决定了人们对任何一种或一类事物的反映，常常具有长期性，反复性，对同一类事物一而再、再而三地进行反映。这样对事物长期多次的反映，就导致了如下双重的结果：一方面，在头脑中不断形成对事物多方面和更深入的认识，这些认识借助于语言、文字等手段对象比，向外输出，成为人类认识长河中的水滴。另一方面，在反映过程中，外界对象多次作用于人脑，刺激人脑多次反复地形成某一种或一类认识。这样，这些认识中的一些基本内容和形式，必然在人脑中打上越来越深刻的烙印，这些认识中的一些基本原则、观念等，就在人脑中逐渐稳固地保留下来，逐渐定格于人脑之中，形成一定的意识系统，即一定的主观认识框架，这就是意识结构，也就是列宁所说的"逻辑的格"（《哲学笔记》第 203、233 页）。

意识结构普遍地存在于已成为反映主体的人脑之中。没有任何意识结构的人脑，无疑也就是没有进行过任何反映活动的人脑。而这种完全是一块"白板"的人脑，是不可想象的。现代物理学家具有相对论时空观，这是一种意识结构。受过现代文化教育的人相信地球绕太阳转动，这是一种意识结构。小孩子知道手上的苹果松手后就会掉到地上，这也是一种意识结构。可见，任何正常的人脑都有意识结构，只不过其对象、内容及复杂程度等有所不同罢了。

定格在人脑中的意识结构，同与之相对应的各种已经对象化（已经通过语言、文字等输出了）的认识，是既相一致又有差别的。就反映的对象和包含的内容来说，二者是相一致的，都是对一定的客观对象的反映，都包含着相同的原则、观念等。就存在方式来说，二者却是不同的。一种是已从人脑中输出了的对象化了的认识，一种是仍然存在于人脑之中的主观的意识状态，前者可以以光波、声波、纸张甚至手势等许多物质形式为载体，而意识结构则只是以人脑这一物质性的主体为载体。

以主观状态的方式存在，是意识结构存在方式的一个显著特点。这一特点，决定了意识结构比一般的对象化的知识更能直接影响人的实践和认识活动。并且，对象化的认识往往还要先转化为意识结构，从而以之为中介来起作用。意识结构对人的活动的作用的直接性是显而易见的。任何一个精神正常的人，不看书上的落体定律，也不会无故松开拿着玻璃杯的手，因为他头脑中这方面的意识结构在调节着他的行动。

意识结构是奠立于人脑生理结构基础上的主观意识状态，因此，它的形成无疑与脑生理活动的作用有关。但是，我们决不能将意识结构看作是一种生理现象，不能将意识结构的形成及活动归结为一种生理过程。意识结构的形成，主要是决定于人们的实践活动。没有实践活动，再健全的人脑也不会自然地形成意识结构。狼孩不具有人的各种观念，就正好说明了这一点。意识结构所赖以形成的实践活动，既包括亲身的直接实践，也包括间接实践，即各种知识的获得。

意识结构是逐渐形成的。意识结构一经形成，同时也就开始了不断的发展。这种发展既有量变的形成，如某种意识结构的不断完善、巩固，也有质变的形式，即新的意识结构对旧意识结构的不断取代。

意识结构发展的内在机制或动因，是实践和意识结构的相互作用。一方面，意识结构指导实践，另一方面，实践给意识结构提出新问题，促进主体强制性地产生与既有意识结构相矛盾的新认识。如此多次反复，推动意识结构的不断发展。意识结构的发展，贯穿于整个人（个人、人群共同体、人类）的认识发展过程中。人类各种认识发展的历史，同时也体现了意识结构的发展过程。

其次，意识结构是：一定内容和形式相统一的主体意识系统。

从意识结构的产生可见，意识结构是一个综合性系统，是一定内容和形式的统一体。

我们使用"意识结构"一词，固然是指它本身具有一定的组成形式，并且它在参与反映的过程中，也起着一种类似于主体框架的作用，外界信息材料要通过它的作用才能形成认识。然而，这并不意味着意识结构只是一种无内容的纯形式、一种空洞的框架。意识结构本身就是具有特定内容的。例如人们所具有的相对论时空观，就是以理性的、逻辑的方式存在的，它来源于实验基础上的一系列推理，为一系列科学的判决性实验所证实。这是它的形式方面。至于它的内容，诸如物体运动方向上的长度随该物体运动速度的加快而变短、时间推移率随着运动速度的加快而减慢等等，则是客观事物的反映，即是一种创造性的反映。

意识结构的内容和形式是相互作用并影响的。正是这种相互作用，形成了具体历史统一的种种意识结构。在意识结构的内容和形式的相互作用中，内容是决定性的方面，它决定意识结构的特定的组成和存在形式，决定整个意识结构的状态或性质。而另一方面，意识结构的形式也反作用于它的内容，加强或减弱它，制约它的发展。

意识结构内容方面的决定作用，主要表观在意识结构的形成、发生作用和发展过程中。意识结构是在人脑反映外界对象的过程中形成的，因此，它的组成方式首先取决于反映对象的性质或特点，取决于对象在主体中的反映即意识的内容。如果反映的内容是真实、客观的，其形式也就是理性的。以非理性的方式反映科学内容是不可想象的。在意识结构的发展过程中也是这样。一定的意识结构，一旦其内容发生变化，为新的内容所取代，那么，附之于其上的形式也必然随之而发生变化。例如上帝观念及其相应的理论，在一些宗教信仰者头脑里已形成为意识结构。由于这种意识结构的内容是超感觉、虚幻的，因此其形式就是反理性、信仰的。一旦这些虚幻的内容在实践的发展中彻底动摇，为新的、科学的内容所代替，诸如形成了相信自然界和社会的客观存在及其规律的客观性等观念，那么，旧的意识结构形式就必然随之而发生变化，必然为理性的、合乎逻辑的形式所代替。

意识结构形式方面的反作用，主要有两种情形：一种情形是，与一定的正确的意识内容相适合的形式，可以促进这种内容的完善和发展。另一种情形是，如果意识形式与内容不适合，就会阻碍内容的完善和发展。前一种情况，已为一切人类科学发展的事实所证实。后一种情况，在历史上也不乏其例。十年动乱中，用教条、迷信的方式对待马克思主义科学理论，进行所谓"灵魂深处的革命"所造成的严重损害马克思主义科学性、严重动摇人们对马克思主义科学的信念的可悲事实，就是令人深思的一例。

再次，一定的意识结构，能够选择并调整和组织人脑对外界事物的反映。

意识结构这方面的内容，也就是它的作用。这种作用，是以前两方面内容为基础的。

正如前面所说，主体自身在反映活动中的作用，主要受到两方面因素的影响和制约。一方面是人脑的生理功能，另方面就是意识结构。意识结构是人脑中既有的主观化的意识，外界信息材料要在人脑中形成认识，必然要受到它的作用，也就是说，一定的意识结构，必然要参与人脑对外界事物的反映。

意识结构在人脑的对外界事物的反映过程中，起码有以下两点显而易见的基本作用。

意识结构在反映活动中首先的一种基本作用是，它能够选择反映对象。

我们知道，在实践活动中，呈现于主体面前的对象往往是多种多样的，有多种多样的客观事物，人的活动和作为对象存在的知识；每一种事物，又有多种多样的性质。由于人的每一具体认识活动的有限性，不可能也没有必要一下子反映所有这些对象，因此，主体在反映对象时，就必然有选择性，必然要首先确定反映什么。就是对于某一种事物的认识都是这样，反映它的哪些方面，性质，问题等等，都是有选择性的。这种选择所由以进行的根据，除了由于某些事物的性质对感官的刺激较为强烈或其他某些随机因素外，主要就取决于反映主体的意识结构。一定的意识结构，总是选择与自身一致、相似，亦即自身所熟悉的事物或事物的性质进行反映。就是对一块石头的反映，都包含有这种选择活动。有的人着眼于它的色彩，有的人注意到它的形状，而地质工作者所注意到的，则是它含有哪些矿物成分，是哪个地质年代的产物等等。对于简单事物的反映是这样，对于复杂事物的反映就更是如此。任何一场社会变革到来，进步的人们很容易认识到它的积极意义，落后的人则总是看到其缺点和不足，甚至视为一无是处。之所以会出现这种不同，是因为前者长期的实践活动，使他们在这方面形成了正确的意识结构，如形成了对社会变革必然性和进步性的坚定信念。因而，当社会变革到来时，就能较敏锐地注意到它积极的方面。反之，落后的人，由于头脑中存在着视一切社会变革为不祥之物等陈腐观念，当社会变革到来时，就自然将反映的注意力集中在它的缺陷方面，甚至视优点为缺陷。这些都说明，人的反映活动是有选择性的，反映中的选择，主要是按一定的意识结构来进行的。心理学中的"注意"，西方科学哲学关于观察有理论，否定"中性观察"的一系列论述，也都从不同角度说明了这一点。

意识结构在反映活动中的另一种基本作用是，它能够调整和组织反映于人脑中的各种信息材料。

我们知道，虽然客观事物本身是有联系，有运动规律并成一定系统的，但是，就人的每一个认识片段来看，通过感官反映到人脑的对象，则是以各种散乱的、个别的、现象的形式出现的，不具有整体性、统一性、规律性，不直接显示出各种内部的甚至外部的联系。如果不是这样，认识就将是一个极为简单的机械反映过程、人们对同一事物的认识就不会出现差异了。当然，这是不可能的。

那么，反映在人脑中的散乱、个别的信息材料，是怎样形成概念，并进一步理论化、系统化的呢？这就是经过了意识结构的调整和组织。既成的意识结构，运用自身的内容和形式，对经过选择进入大脑的信息材料进行调整、组织，从而形成概念，进而得到对事物本质的、规律性的认识。没有一定的意识结构，就得不到这种本质的、规律性的认识。约里奥·居里夫妇和查德威克都获得过中子存在的信息材料，但之所以只有查德威克真正发现了中子，其关键就在于他头脑中已经具有"可能存在一种质量与质子相近的中性粒子"这样一种观念。

正因为不同的意识结构对进入大脑的信息材料可以进行不同的加工，所以，不同的人反映同一对象时，就可能得到不同的认识。人们对一些事物因果性的认识就常常是这样。人们对农作物收成好坏之原因的认识就说明了这一点。在原始社会，人们实践层次低下，没有科学的头脑。那时，人们往往将农作物收成之好坏，归之于一些使他们感觉比较强烈的事物，如某种常见的动物、甚至某块特征比较突出的石头。将它们在意识中联系起来，赋予因果关系。现代人实践层次较高，具有关于农作物生长与各种条件的关系的认识，因而，再也不会将农作物收成的好坏与一些根本不相关的事物联系起来，而是能够找出真实的原因，得到正确的认识。可见，有了正确的意识结构，就可能得到正确的认识。反之，没有正确的意识结构即使在正确的感觉材料的基础上，所得到的认识也会发生错误，会得到一些错误的理论和虚假的"规律"，诸如"太阳绕地球旋转"、"力是产生物体运动速度的原因"等等。

以上所述，就是意识结构的基本内容。还应该看到，人的意识结构是多方面的，不同的人有不同的意识结构，同一人对不同方面的事物有不同的意识结构，同一意识结构本身又有许多层次，如此等等。这些问题，都有待于进一步研究。

二

上面，我们对意识结构的内容作了初步的揭示和说明。然而，要对意识结构有进一步的认识，特别是要认识它在反映活动中的实际作用，还必须对它的特性有所了解。

意识结构的特性是多方面的，这里，我们只是初步探讨与其作用及发展关系较为密切的两方面基本特性——意识结构的开放性和封闭性。

首先，意识结构具有开放性，在本质上是一个开放系统。

意识结构的开放性，是指它总是处在与外界进行信息交流——接收、加工，输出信息——的过程中。这种与外界不断的信息交流，是意识结构的本质特征。一切意识结构，都既是在人脑和外界的信息交流基础上形成的，又无不参与对外界事物的反映，同化外界信息。

开放性是意识结构的本质特征，任何意识结构，如果失去了这一本质特性，失去了与外界进行信息交流的功能，完全自我封闭了，那就不再成其为意识结构，就必然要被新的意识结构所代替。原始人具有崇拜某些自然物的观念，这种意识结构显然是错误的。然而，由于当时的实践层次非常低下，实践中获得的很少且很模糊的信息，这种意识结构还能部分或全部接受，并能按自身的内容和形式加以调整和组织。因此，它还具有开放性，能实现自身的作用，因而还有存在的根据。随着实践活动的不断发展，传入人脑的信息与这种意识结构的矛盾越来越尖锐，直至到了完全不相容的地步。这时，这种意识结构再也不能实现其应有的作用了，丧失了其存在的根据，因而，也就为更高层次的、新的意识结构所代替。从这里，我们也可以看到，一种意识结构的错误与它的完全失效，是既有联系又相区别的两个问题。它们的联系在于，意识结构的失效是其错误的必然结果，它们的区别在于，错误的意识结构，并非立即就为新的意识结构所代替，而是需要一个发展的过程，且还取决于意识结构对自身的认识程度等。

意识结构的开放性，决定了意识结构在反映过程中可能具有多向性的特点，能从多方面捕捉认识对象。开放性较强的意识结构，在选择对象时，视野开阔，不拘泥于一种或几种对象，还能捕捉一些新出现的对象。在调整和组织对象时，也能从多种可能性出发，按多种方式进行，从而得到新的认识，甚至突破原有的意识结构而建立新的意识结构。人类认识的发展，已充分地说明了这一点。在伦琴发现 X 射线之前，已经有别的科学家看到过阴极管射线使锡铂纸感光这一现象，但不以为然。而思想不拘一格的伦琴，则敏锐地注意到这一新现象，通过进一步研究，发展了 X 射线。其他诸如巴斯德发现减弱病原体免疫法，弗莱明发现青霉素等，都得益于思维的开阔即多向性。无怪乎巴斯德曾深有感触地说："机遇只偏爱有准备的头脑。"这种有准备的头脑，也就是具有多向性的意识结构。

意识结构的开放性，决定了它与外界不断地进行信息交流。新的信息不断地作用，促进了意识结构自身的不断调整和完善。当新的信息增长到一定程度，使得原有的意识结构再也容纳不下，加工不了的时候，就会导致意识结构向更高层次变化。所以，开放性是意识结构发展的内在原因。

其次，意识结构具有封闭性，是一个相对封闭的系统。

意识结构的封闭性是指任何意识结构，在参与对外界的反映时，总是首先按自身的内容和形式来进行活动。在选择反映对象的过程中是这样，在加工反映材料的过程中也是这样。上面讲意识结构的选择作用时，曾举例谈到这一点。从中可以看出，意识结构一般总是选择与自身相适合或比较熟悉的对象进行反映，而比较容易排斥其他对象。意识结构在调整和组织反映材料时，一般也总是按照自身的框架来进行。人们常见的"先入之见"对认识的影响，就是意识结构封闭性在反映过程中的效应。对于没有地动观念的人来说，一看到地球和太阳的相对运动，就很容易想到是太阳在绕地球转动，而有了地动观念的人，就能够从这种相对运动中得出地球在绕太阳转动的结论。这就是"先入之见"的影响。可见，由于意识结构的不同，意识结构的封闭性，既可以帮助人们进行正确的反映，也可能导致人们反映的错误。

意识结构的封闭性，决定了它在反映过程中可能具有单向性的特点。单向性这一特点，使意识结构在选择反映对象时目标明确，可增强选择活动的有效性；在组织整理反映材料时，有一定的观念作指导，从而能增加反映的深度。因此，它在反映活动中有一定的积极作用。但是，封闭性太强的意识结构，在选择反映对象时，排他性强，视野受到限制，往往局限于一种或几种对象，难以或根本捕捉不到新出现的现象；在调整和组织反映材料时，往往只从原有的老框框、老观念出发，甚至当新对象与自身相矛盾时，强制对象与自身相适合，从而在新的事实面前得出了错误的结论。人们对燃烧的研究，就是一个深刻的教训。十八世纪，欧洲化学界流行着一种燃素说，认为物体能够燃烧是因为其中含有"燃素"。一七七四年，英国化学家普利斯特列，对氧化汞加热后得到一种新气体，点燃的蜡烛碰到这种气体就会燃烧得更旺。他找到的正是氧气，只要对之进行客观的分析，就可能真正揭开燃烧之谜。遗憾的是，燃素说在他的头脑中，已根深蒂固。他用燃素说对这一现象加以解释，认为他所得到的这种气体不含燃素，因而贪婪地吸取燃素，促使蜡烛中的燃素大量释放，从而使得燃烧更为旺盛。燃素说这一错误的先入之见，终于使他走到了真理的面前，而又失之交臂。

意识结构的封闭性，决定了它的相对稳定性。如果意识结构不具有封闭性，如果意识结构根本不按自身的内容和形式来选择反映对象、调整和组织反映材料，它的正常作用就不能实现，当然也就没有存在的必要且不会存在了。因此，封闭性是意识结构存在的内在根据。

上面，我们分别论述了意识结构的开放性和封闭性。其实，它们是一个矛盾的两个方面。任何一种意识结构，都具有这两种特性。没有开放性，意识结构不能形成和发展。没有封闭性，意识结构不能正常地存在。重要的是，我们应该看到，任何一种意识结构的开放性和封闭性都是有特定程度的，其程度之高低，对意识结构的作用有重要的影响。

正确解决意识结构开放性和封闭性适度的问题，对于促进我们更好地进行反映活动，具有重要的现实意义。一方面，我们应该适度地保持意识结构的封闭性，在适当的范围内，自觉地利用各种各样正确的先入之见。我们肯定意识结构的开放性，并不是主张使之绝对化，并非主张人们盲目地不断交换自己的意识结构。当原有的意识结构还能适应实践和认识的发展时，就应该保持它的相对稳定性，发挥它正常的作用。这样，即使从认识的总过程看，亦能有效地促进认识的发展。盲目地片面强调意识结构的开放性，盲目地频繁变换意识结构，不论从认识的局部或总过程来说，都是有害的。这样不仅断绝了认识的正常发展过程，也将妨碍实现认识飞跃过程所必需的量的准备。另一方面，我们必须自觉地培养意识结构的开放性，多参加各种实践活动，在实践中开阔眼界，培养多方面的兴趣和能力，注意吸收各种新信息，随着实践的发展而自觉注意意识结构的调整和转换。在一定意义上肯定意识结构的封闭性，决不等于主张建立封闭型的意识结构。这是两个截然不同的问题，就如同我们肯定经验的重要性并不是主张经验主义一样。封闭性是意识结构的基本特性，但如果这一特性增强到不适当的程度，使意识结构成了排他性很强的封闭系统，成了封闭型的意识结构，就会窒息认识的发展和更新。

意识结构是在实践基础上历史地发展的。随着实践程度的提高，人们接收的信息量将日益增加，意识结构的开放性程度也将随之而不断提高。特别是在社会改革势所必然、各类科学知识迅速膨胀的时代，尤其应该注意破除头脑中的各种旧观念，建立更为开放的意识结构。这是社会进步的需要，也是意识结构发展的必然趋势。

以上，我们对意识结构的内容和特性作了一点初步的探讨，旨在提出问题。同时，也想从这一初步探讨中说明，意识问题在理论上和实践上都具有重要意义，有待于我们进一步研究。

本文原载于《心理学探新》1986 年第 3 期

关于认识中的主体能动性问题

认识的主体性问题的一个重要方面是主体能动性问题。怎样理解认识中的主体能动性，特别是怎样在认识中正确发挥主体能动性，是理解认识主体性问题的关键所在。

一

要弄清怎样在认识中正确发挥主体能动性问题，首先必须对能动性作出科学的理解。

一般地说，强调主体的作用并非始于近代。早在古代，一些唯心主义哲学家就提出过有关思想，如柏拉图将精神性的理念看作是万物的本原和存在根据。然而，只是在近代哲学家的认识论研究中，主体的作用才得到充分的重视和强调。那么，强调主体（在近代哲学家那里往往就是"精神"）的地位和作用能否一概地视为强调主体的能动性呢？

有人认为，主张主体第一性、客体由主体派生或"设定"就是强调主体的能动性，并因此而将近代唯心主义者皆归为强调主体能动性的思想家之列。从认识的本质角度，即肯定主体是本原地位还是肯定客观事物的本原地位看，这种划分似乎还有一定道理，但是就对认识的能动性本身而言，这种划分就大谬不然了。

主体能动性的本质规定就在于，承认认识是一个能动性的过程，在这一过程中，主体起着主导的、主动的作用，而不是被动地反映或接受对象。这种理解出发，近代唯心主义主体观便并非铁板一块，从强调主体的作用到提出主体的能动作用或能动性，曾经历过一个发展过程。

笛卡尔和贝克莱可以说是近代唯心主义哲学家中强调主体作用的两方面（唯理论和经验论）代表。笛卡尔认为，主体具有某些"天赋观念"，因而人具有宗教、教学、逻辑观念等普遍性的认识是不言而喻的事情。贝克莱认为"存在就是被感知"，客观对象的性质乃至其本身的存在都有赖于人的感觉。这两种观点虽然在表面上都将主体的作用夸大到了极端，但实质上既未肯定主体在认识中的能动作用，而只能算是对认识存在根据的武断的假定。这种假定从根本上否定了认识的形成过程，因而也就在实质上取消了主体在认识中的能动性问题。这一点从他们与康德有关观点的对比中便可一目了然。

主体在认识中的能动性问题是康德在说明"认识的普遍必然性何以可能"问题时提出来的。康德认为，认识之所以能够从个别上升为一般而成为具有普遍必然性的知识，就是因为认识主体具有先天的认识形式，即先天感性形式和先天知性范畴。这无疑是继承了历史上的先验论传统。但是，这却是一种创造性的继承。

先天知识概念古已有之，如理念论、实在论、天赋观念潜存说等等。然而，在康德前的先验论者们看来，先天知识是某种先天存在于人心（脑）中的既成的知识，即知识本身。这些知识或是上帝赋予的，或是心灵固有的，本身没有形成的过程。康德则不然。他认为，人脑中先天具有的并非既成的知识，而只是先天的认识形成或能力，即普遍性知识得以形成的主观条件。知识不等同于无内容的认识形式，它的构还需要感觉材料。因此，知识的形成需经过一个过程，即由先天认识形式为主动的一方，以感觉材料为被动的一方，由前者统摄、整合后者而逐步做成知识。不难看出，这种先验论同此前的先验论已有重要的区别。它承认认识过程的存在，指出并强调了主体在认识过程中的能动作用。这一区别，使得康德同其唯心主义前驱者们在物质和意识关系的理解上也有了值得注意的差别。在其前驱者看来，世界万物或派生于某种观念，或决定于主观意识，总之，万物本身由精神而来。在康德看来，主体所创造的是客观事物的共性和规律，即"人的理性为自然界立法"。这里虽仍未摆脱唯心主义的羁绊，却真正提出了主体能动性问题。

以上论述表明，仅仅强调、夸大主体的作用并不等于强调主体的能动性或能动作用。在认识论意义上，主体能动性并不在于强调精神对物质的决定作用（虽然两者在唯心主义主体观中有密不可分的联系），而在于强调主体在认识过程中的能动的、主动的作用。在认识论中，能动性并非必然与客观性相对立，而是必然与消极性、直观性相对立。因此，并非一切唯心主义都强调主体在认识中的能动性，同样地，并非一切唯物主义都必然否定主体在认识中的能动性。是否强调能动性与是否坚持认识中的唯物主义客观性原则并无必然的因果关系。在唯物主义的基础上充分认识到主体能动性是可能的，也是必要的。

二

马克思主义认识论是能动的革命的反映论。它坚持认识中的客观性和主体能动性的统一。那么，怎样实现两者的统一，统一的基础是什么？对这个问题的回答，直接决定着对发挥认识中主体能动性问题的理解。马克思的回答是：认识的客观性与能动性只有在实践中才能统一起来，发挥能动性必须以实践为基础。这正是马克思《关于费尔巴哈的提纲》第一条所蕴含的思想实质。

马克思《提纲》第一条中，并非一般地评述旧唯物主义和唯心主义在能动性问题上的功过，而是通过揭示它们的错误及其根源，提出关于主体能动性的正确理解：肯定主体的能动性而又反对抽象地发展能动的方面。这就必然地包含着确立认识中的"实践性原则"的思想。

旧唯物主义忽视或否定能动性根源是不能从实践出发理解认识过程。必须指出的是，唯心主义"抽象地发展"能动的方面的原因也是离开了实践。何谓"抽象地发展"？其含义包含在马克思如下的看法中：唯心主义抽象地发展了能动的方面，因为它不知道真正现实的、感性的活动本身。显然，抽象地发展能动的方面就是离开实践夸大主体的能动性。

离开实践又会导致抽象地强调主体而陷入唯心主义，这是因为实践不仅具有能动性，还具有客观性，是实际地改造世界的物质性活动。实践的客观性在认识中表现着客观对象对主体的制约性，它证实或者否定人的认识真理性，使思想、认识不致脱离客观对象漫无边际地"膨胀"而不能自知。客观事物对主体的制约是通过实践来实现的，认识中的客观性原则正是表现为实践性原则。离开实践这条唯一联系着主体与客观对象的纽带，抽象地、唯心地夸大主体能动性便成为可能。

可见，是否从实践出发，是唯物地理解和发挥能动性与唯心地理解和发挥能动性的分界线。

因此，我不赞同这样的想法：认识论的第一准则是"客观性原则"，第二准则是"实践性原则"，前一原则规定了认识论的唯物主义性质，后一原则规定了马克思主义认识论是能动的反映论。我认为，在马克思主义认识论中这两条原则是统一的，客观性原则就包含在实践性原则之中。没有必要也不可能在"实践性原则"之外确立一条"客观性原则"。

理解这一点的关键在于：从实践出发不仅能坚持认识的能动性，而且能够坚持认识的客观性。如果我们将实践正确地理解为客观的物质性活动，就不难看出，认识的客观性正是通过实践来体现的。马克思主义哲学的唯物主义基本原则当然要贯穿于它的各个部分，但必须看到，物质决定意识的唯物主义基本原则在认识中正是表现为实践决定认识。在认识论中，坚持科学的实践观就必定会坚持唯物主义。正如列宁所指出的："生活、实践的观点，应该是认识论的首先和基本的观点。这种观点必然导致唯物主义，而把教授的经院哲学的无数臆说一脚踢开"。(《列宁选集》第 2 卷，第 142 页）列宁这里论述的正是马克思主义认识论的一贯看法：在认识论中强调实践观点就是坚持唯物主义。因此，如果要确立马克思主义认识论的基本原则，这个基本原则就是客观性与能动性相统一的"实践性原则"（列宁的"实践的观点"）。旧唯物主义正是因为不了解实践性与客观性的辩证关系，从而不知道在认识中应如何彻底坚持唯物主义反映论，从而不能彻底驳倒唯心主义和不可知论。

确立实践的观点，有助于深刻地批判唯心主义能动观的错误和进一步深化能动性问题的研究。如康德的先天形式理论，其错误并不是提出主体具有认识结构或将它的能动性强调到了怎样的程度（康德根本上是主张限制认识能力的），而在于认为主体认识结构是先于一切经验和实践而存在的，不了解这种"逻辑的格"正是"人的实践经过千百万次的重复"的产物（参见《列宁全集》第 38 卷，第 233 页）。这是一切唯心主义能动观的根本失足所在。这种失足给我们启示，决不是应为能动性的发挥设定某种固定不变的界限甚至避免强调能动性，而必须从实践出发去理解和发挥能动性。运用实践的观点研究主体的能动性，例如正确说明主体的能动性是怎样在实践中形成和发展的、在认识中应怎样以实践为基础来充分发挥主体的能动性等等，正是深化认识主体性研究中有待进一步探讨的问题。

本文原载于《哲学动态》1991 年第 6 期

人大复印报刊资料《哲学原理》1991 年第 9 期转载

论主体尺度

人的认识和实践本质上是以主体尺度把握和规范客体。如何理解主体尺度及其作用，应是主体问题研究中的重要内容。

一

哲学史上对主体尺度的理解从来就是与对主体的理解密切相关的。自近代哲学以来，与对主体及主客体关系的不同理解相联系，对主体尺度的理解主要有两种截然对立的基本倾向：一种是将主体尺度理解为客体尺度的主观再现，即主观化的客体尺度；另一种是将其理解为与客体无关的纯精神尺度。前一种观点的代表是旧唯物主义直观反映论。如拉美特利认为，认识是外物在"脑幕"上的简单映象，经验是唯一的向导，"感官就是我的哲学家。"① 狄德罗将人的感官比喻为一架钢琴的键盘，"我们周围的自然弹它"。② 费尔巴哈认为："自然是只应当通过自然本身去了解的；……只有对于它，是不应当也不能够使用任何'人的

---

① 《18 世纪法国哲学》，第 196 页。
② 《狄德罗哲学选集》，第 127 页。

尺度'的，虽然为了使自然为我们所理解，我们也会拿类似的人类现象来比拟和表示自然现象"。① 根据这种观点，主体无内在尺度可言，在认识过程中，主体的作用就是接受并在主观意识中再现对象。后一种观点的代表是唯心主义先验论。如笛卡尔认为，人们有些观念是与生俱来的、天赋的，而认识中那些可靠的、真理性的知识是从这些"天赋观念"推演出来的。莱布尼兹提出"天赋观念潜存"说，虽然在一定程度上修正了笛卡尔的看法，但本质上仍继承了其"天赋观念"论。他承认感觉对于认识是必要的，但却主张还有一些不能来自感觉的天赋观念，肯定"心灵原来就包含着一些概念和学说的原则"。② 这种观点肯定主体认识的先在性，主张主体尺度是不受客体制约且决定客体主观显现的纯精神尺度。

直观反映论看到了认识过程中客体对主体的制约，却否定了主体尺度的相对独立性，实质上也就否定了主体尺度的存在。先验论肯定了主体尺度的独立存在，却又将其夸大为与客体无关的绝对独立的东西。二者无疑是截然对立的。然而，它们又有着共同的缺陷，这就是取消了主体的能动性，因而否定了主体尺度的能动作用。旧唯物主义以其直观性而否定主体能动性已是学术界共识。先验论又是在怎样的意义上取消了主体能动性呢？先验论认为主体先天地具有天赋观念，它与经验无关。既然主体的观念可先天具有，当然就不需要形成过程，因而主体在认识过程中的能动性和主体尺度的作用就无从谈起。

开始克服以上两种观点共同缺陷的是康德。康德从统一主客体寻找既是可靠的（普遍的）又是综合的（能给出新知识的）认识出发，主张认识的形成既要有先天普遍的主观认识形式，又需有反映外界对象的经验材料，并且认识过程就是主体运用先天认识形式统摄经验材料而做

---

① 《费尔巴哈哲学著作选集》下卷，第 484—485 页。
② 《16—18 世纪西欧各国哲学》，第 501 页。

成知识的过程。这就真正提出了主体能动性问题，因而提出了主体尺度及其作用问题。这里开始从一个新角度提出问题，即认识既不仅仅取决于主体，也不仅仅取决于客体，而是取决于两者的统一。二者的统一并不能自然实现，主客体在认识中的作用是不同的，其中主体起着能动的作用，通过统摄客体而做成知识。康德由此认为，认识中主客体的地位并非平分秋色，而是有主从之分，认识中不是主体应当同客体相符合，而是客体应当符合于主体，即主体的尺度决定对客体的认识，如"人的理性为自然立法"。康德用感性直观形式、知性范畴等所表示的正是主体的认识尺度，而统摄、立法等，则是主体尺度把握对象的过程。正是这一特点，决定了康德认识论不同于以往先验论，开辟了认识论研究的新方向。可以说，从本质上看，现代西方认识论研究根本上都是循着这一方向或思路展开的。然而，正像在辩证法的研究上一样，康德只是提出了问题而没有作出解答，例如没能说明先天认识形式这种主体尺度的形成及其客观普遍性的根据，没有揭示主体尺度作用的合理性。

在主客体关系及主体尺度问题上，比起康德来，黑格尔的理解更简单却又不失为深刻。他假定主客体原本就是二而一的关系，本身就具有并遵循同一尺度。这一假定是武断且神秘的，无怪乎现代认识论对之往往不屑一顾。然而又应看到，这一主张也有其深刻之处，即引出了对象主体化和主体对象化问题，从而为将主客体关系奠立于实践基础上提供了逻辑前提。

学术界对主体问题的理解见仁见智，尤其是对马克思主义的主体观众说纷纭。马克思主义主体观的根本特点究竟是什么？是强调客体决定主体，还是强调主体的能动性，抑或综合了二者？对这一问题不应简单地断定。

无疑，马克思主义肯定客体对主体的制约性，但旧唯物主义业已指出过这一点；马克思肯定主体的能动性，但唯心主义亦已强调过这一点。学术界及教科书均已指出：马克思主义既肯定客体对主体的制约又肯定主体的能动作用。但对此究竟应如何理解，主客体的制约性和能动性怎样才能统一起来？如上述，康德、黑格尔就曾提出主客体统一问题，但康德只是探讨了二者的外在统一，黑格尔却在其体系的前提中就假定了有待论证的二者统一的结论，因而两人都没能真正说明主客体统一问题。究其原因，就在于没有找到两者统一的基础。这种基础是马克思找到的，就是实践。马克思在《关于费尔巴哈的提纲》第一条中已明确包含了从实践出发理解主客体关系的思想。该条虽然没有正面提出并阐述这一点，但却通过揭示旧唯物主义和唯心主义主体观的缺陷而表明了这一思想。马克思认为．无论旧唯物主义否定主体能动性还是唯心主义夸大主体能动性，根本原因都在于离开实践来理解问题。离开实践既可能对主体作出直观、被动的理解，也可能对主体作出唯心的理解。

马克思没有对主体问题作专门的展开论述，但可以说提出了研究主体问题的基本原则，即实践性原则。这是主体研究上一次根本性的视角转变。就主体尺度而言，这种转变超出了以往思想家仅将主体尺度作为认识尺度的理解，从而提供了合理理解主体尺度问题的逻辑起点。

二

人根本上是以实践的方式同客观世界相联系，主体同客体间不仅有认识关系，更有实践关系；因此主体尺度既是认识尺度，又是改造客体的尺度。作为认识和改造客体的尺度，主体尺度应理解为在实践和认识中形成的，以客体为基础而又超越客体现状的人需要和能力的统一。

主体尺度以客体为基础，是指要受到客体的制约，即主体作用的发挥和实现必须符合客体的性质和规律（客体尺度）。这是一般唯物主义者都承认或强调的事实。但是，对主体来说，客体尺度并不是固定不变的，它的先在性只是一种潜在性。客体对主体有何种制约及制约之程度，并不仅仅决定于客体本身，而且取决于主体的活动及尺度。主体及其活动越发展，客体对主体的制约性就越强，而主体超越这种制约性的能力也越强。从主客体关系及主体活动的角度看，客体及其尺度并不是某种原原本本先在的、永恒不变的东西。客体尺度在逻辑上的先在性只意味着它是一种潜在的尺度，而潜在尺度只有在主体的认识和实践活动中才能成为制约主体活动的现实尺度。从这个意义上说，客体对主体尺度的制约并不是一个单向的、无条件的过程。如果将客体及其尺度理解为先天的、固定不变的东西，其逻辑结论只能是：主客体关系仅仅是主体反映客体、客体向主体展现其性质和规律。这正是陷入了直观唯物主义的谬误。从这种理解出发，即使是承认认识过程中主体有能动性，那么所谓能动也只限于更全面、更原原本本地反映客体现象层面上的真实，而不能以主体尺度把握客体，反映客体的本质和规律，更谈不上在观念上创造事物并在实践中以主体尺度规范、改造客体。因此，客体对主体的制约虽有逻辑上的先在性，但在现实的认识和实践过程中，它只是主客体双向制约的一面，不能离开主体尺度及其对象化活动去理解，即不能仅作本体论的理解。

需要是主体尺度的基本要素，是主体能动性最深刻的根源。主体尺度之所以不是客体尺度的简单反映，而能在认识和实践中超越客体，作为独立的尺度发挥作用，关键就在于它内含着主体需要的要素。需要是人对自身生存和发展的条件的依赖和需求。需要是社会实践，首先是生产劳动发展的产物，受到社会条件和社会关系的制约。但同时应看到，它又不仅仅是上述因素的被动显现。可以说，无论从逻辑或历史的角度看，需要和生产及整个社会条件之间都是一种互动的关系。一定的需要决定于一定的社会条件，同时又必然具有超越该社会条件所能满足的需要的趋势，因而具有超越该社会条件的内在要求。需要本质上具有一种不满足性，具有一种"为我"从而超越客体现状并以此出发来把握和规范客体的指向性。这种指向性同任何一种客体现状之间的矛盾，就导致了主体把握、规范（改造）客体的动机，并成为主体能动性最深刻的根源所在。主体的需要是社会性需要，是不断发展着的需要，因而是客体不能自然而然予以满足的需要。这种需要必须通过主体改造客体并使之发生有利于人生存和发展的变化来满足。同时，这种满足又不是一次性的过程，不是一蹴而就的，而只是相对的。与原有条件相联系的需要满足后，又会产生新的需要，会提出规范客体的新的要求。这一过程没有止境，在主客体关系中，主体需要始终是一种新的、要求实现的尺度，是主体发挥能动性的动因和根据，是主体能动作用的指向目标。正因为有需要，人才会以"为我"的方式即主体的方式去把握和规范客体，才会使自己的活动成为客体对象化的过程。如其不然，认识就只能是纯客观地（当然也就被动地）映现对象，实践也只能是一种被动地顺应或适应活动。可见，需要是主体认识、改造客体动机的根源。需要使主体的能动性成为必要，使主体活动具有"为我"的指向，而正是这种指向，体现了主体把握和规范客体的根本意义。

能力是主体尺度的又一基本要素，是主体能动性的基础和条件。能力即主体的认识和实践能力，是人的智力和体力等各种能力要素的总和，主要包括思维能力、知识水平和结构以及使用工具等物质条件的行为能力。在主体能力结构中，体力是比较稳定且有限的，而智力却是不断变化发展的。从人类认识和改造能力的发展史看，能力的提高主要不在于体力增强，而在于智力因素（思维能力、科学文化知识的水平和结构、经验）的发展。而行为能力的增强，主要也是通过智力的发展来实现的。社会发展层次越高，智力因素在主体能力中的作用和地位就越重要，从而越是成为主体能力的基本标志。能力使主体能动性成为可能，使主体尺度成为一种现实的尺度。仅仅有主体的需要，还只是一种抽象的主体尺度。它虽然体现着主体的愿望、要求和标准，却还不能使之实现，还不具有现实性。毫无疑问，人们不应仅仅依据自己的需要去认识和改造对象，如果这样做，其结果只能是力不从心或适得其反。需要使主体欲有所为，能力则使主体能有所为。主体尺度要具有现实性，要在主体对象化活动中转化为客体的尺度，就必须有实现需要、以需要去把握和规范对象的能力。能力是需要实现的条件和基础，同时又是需要实现的界限。它使一定的需要在一定范围内和程度上得以实现，同时又限定着哪些需要能够实现及其实现的范围和程度。从这个意义上说，能力又是对需要的一种限制，它为抽象的需要和现实的需要划定了界线。因而也就成了主体能动性及其作用的界限。主体尺度受到的客体的制约固然会通过需要来体现（需要是社会历史的），但更主要的是通过能力来体现的。客体条件对主体能动性及其作用的制约，实质上就综合地、主观地表现为能力的制约。主体认识和实践能力的限度，就是客体条件对其制约性的限度。客体条件对主体来说虽然具有先在性，但它对主体的制约作用却不仅仅取决于它自身，因而不是先在的、固定不变的。同样的条件，对不同能力的主体作用制约的状况是不同的。一定的条件对某些主体来说是可资利用的手段，是其能动作用得以发挥的条件，而对别的主体来说则可能正是其能动作用发挥的障碍。

对主体尺度构成要素的分析说明，只有能力与需要的统一，才能构成真正的主体尺度。人们在认识和实践中要有效地把握和规范客体并使之有利于自己的生存和发展，就必须运用需要和能力有机统一的尺度。人的活动不从需要出发，不具有"为我"的指向，便只是反映和顺应而无主体性可言；而如果不从能力出发，则可能能力不从心而使能动性流于空谈。并且，两者都还可能引起活动结果的反主体效应。需要和能力的统一既体现了主体活动的要求和目标指向，又规定了主体活动实现的范围和程度，因而构成了人认识和改造世界的主体尺度。然而，这种体现主体性和主观化特征的尺度并不是先天的、固定不变的东西，而是在实践中形成和发展的。

主体尺度的形成和发展只有从实践中才能得到合理的理解。主体尺度的形成具体体现为需要和能力的形成。就需要而言，任何一种需要都是在相应的实践基础上产生的。每一时代的人的需要既是未来实践的起点又是以往实践的结果。任何需要都具有社会历史性，都与一定的社会历史条件相联系，而条件本身则是由以往的实践创造的。主体能力也是在实践中形成的。能力包括思维能力和行为（动作）能力。在实践——认识活动的不断进行过程中，外界对象通过感官反复作用于人脑，一方面，使人脑加工处理信息能力得到训练，另方面，使所获得一些基本的、具有观念化特征的认识内容在大脑中比较稳固地积淀下来，形成为主观化的意识系统——"逻辑的格"，从而使人的思维能力提高。同时，在实践中，主体的动作往往要适应新的对象，这就必然要求对原来的行为动作进行调整，创造出适应对象的新动作。新的动作在实践中反复进行，个别性的动作就会上升为一般动作，新的普遍性的动作程序和规范就会从个别性动作中抽象出来，形成为新的主体行为能力。

从以上对主体尺度结构和形成过程的分析可见，主体尺度不是客体尺度的主观体现，即不是主观化的客体尺度。它从根本上体现的是主体存在和发展的要求，而不是客体存在和发展的要求。同时，这种尺度又不是与客体无关的纯精神尺度。主体尺度本质上即内在地体现着主观能动性和客观制约性的统一，这种统一，只有在主体尺度的运用过程即实践和认识活动中，才能得到实现。

三

主体尺度是主体活动的根据，在认识和实践中具有重要作用。这里仅谈谈它在认识中的作用。认识是主体对客体的能动把握。能动就在于，认识过程并不是客体自动移入主体并因而以主观的方式显现出来，而是主体选择客体对象并在此基础上创造认识。主体认识能动性的根据便是主体尺度。

　　主体认识能动性首先的表现是选择认识对象。选择是反映，因为选择必然以对象的存在为前提，并且必然是在诸多客体或其诸种性质中选择其一或一部分纳入反映过程。也就是说，选择并不必然排斥反映。然而，选择又不是被动地反映，不是被动地接受对象、被对象"给予"，而是主体"获取"对象，是一个主动的过程。在自觉的认识过程中，选择何种对象，除受到对象本身的影响（如有的事物对感官的刺激明显强于他事物）外，主要就取决于主体方面的因素。一方面是取决于主体的需要。人的认识既不是守株待兔式地等待外物刺激，也不是漫无目的地去感知外部世界，而总是从自己的需要和利益出发去寻找对象。这一特点在科学研究等自觉的认识中尤其明显。卡尔·波普尔曾提出认识过程的图式是从问题开始，这是不无道理的。在科学（包括社会科学）研究中，研究者当然不会抱着"观察到什么就研究什么"的态度从事观察和研究。即通常不会从给定的事实出发来研究，而是要带着问题进行研究，问题当然是以往实践中产生的，但仅此并不能成为下一步认识的起点。以往实践产生的诸多问题中的某些问题之所以成为继续研究的出发点，是因为它与人的需要有这样或那样的联系。人当然应该认识与自己生存和发展需要密切相关的事物，了解并解决与自身利益（近期和长远利益）相关的问题。可以说，认识对象与人的需要的相关度同认识的必要性是成正比的。另一方面是取决于包括知识水平、结构等因素在内的认识能力。一般说来，主体总是选择与自身认识能力相适应的事物或现象纳入对象范围。社会生活和科学研究中都不乏这样的事例：同样的现象呈现于人们面前，有的人视而不见、听若不闻，有的人则能敏锐地抓住它继续探究并获得新的认识。巴斯德说，在观察领域中，机遇只偏爱那种有准备的头脑。"有准备"的基本要求，就是具备捕捉和反映对象的能力。对一事物或现象没有反映能力，就不能将其纳入认识过程，就无选择可言，就不能使其成为对象。对此，马克思曾作过精辟的论述："从主体方面来看：只有音乐才能激起人的音乐感；对于没有音乐感的耳朵说来，最美的音乐也毫无意义，不是对象，因为我的对象只能是我的一种本质力量的确证，也就是说，它只能象我的本质力量作为一种主体能力自为地存在着那样对我存在，因为任何一个对象对我的意义（它只是对那个与它相适应的感觉说来才有意义）都以我的感觉所及的程度为限"。①

主体认识能动性最显著的表现是创造认识内容。选择使对象进入主体，但主体对所获得的对象又不是简单地顺应，不是仅仅将其在主观上原原本本地映现出来，而是在反映的基础上进行创造性的加工整合。认识是主体对客体的顺应和同化、改造过程的统一。顺应即在认识中首先必须适应客体尺度，探究客体自身的性质和意义。无论正确的还是错误的认识，都在不同程度上以不同方式与客体相联系，完全不受客体制约，与客体毫不相干的认识只能是幻想或臆想，顺应是对客体自身性质的反映和对其自身意义的揭示，但却不是直观的、照相式的反映。人的自觉认识主要不是以客体的现象为对象，而是以其本质和规律为对象。而对这种抽象对象的反映仅凭感觉是不能胜任的，还需运用思维力量。在这里，主体尺度中的能力因素起着至关重要的作用。主体已有的知识水平、结构和思维能力不同，对同样反映材料的加工整理及形成的认识就有差异。"地心说"信奉者从日出过程看到的是太阳绕地球旋转，"日心说"信奉者则看到是地球绕太阳旋转；无数人司空见惯的落体现象，在牛顿看来却隐藏着万有引力在其中；约里奥·居里夫妇和 J·查德威克在实验中看到同样的辐射，而只有后者因接受了卢瑟福"可能存在一种不带电荷的中性粒子"的观念而敏锐地抓住这一现象并发现了中子。此类事例在科学研究和其他认识中是不胜枚举的。

顺应是认识的基本内容，但并不是其全部内容。在许多情况下，尤其是在对社会历史的认识和对作品的评价、理解中，认识既是对象性

---

① 《马克思恩格斯全集》第 42 卷，第 125—126 页。

质和意义在主观上的还原过程，也是对象性质和意义的再生与创造过程。人的认识具有两重基本含义，其一是探究客体本身的性质和意义，其二是在此基础上探究客体"为我"的意义；前一层含义是基础，是后一层含义实现的前提，但从认识活动的主体性目的看，它又只是认识的表层含义。仅仅停留在反映客体自身的性质和意义，不是人的认识的目的和本性。认识更深层次的含义是探究客体"为我"的意义，即从主体需要和利益出发把握客体与主体生存和发展的关系。客体作为客观事物，自身具有不依赖于主体的性质和规律，具有其自在的意义，但作为主体的客体对象，又具有主客体关系中的性质和价值，具有对主体来说"为我"的意义。同样的事物，对不同的人或人群来说其意义是不同的，因而不同的主体在同一事物中会看到不同的性质，会作出不同的评价、理解和阐释，得出不同的认识。这一点在社会生活、历史理解和作品评价中表现得最为明显。在社会生活中，一些人认为是好得很的事情，另一些人则可能认为糟得很；在历史的理解中，一些人认为是天经地义、永恒不变的东西，另一些人则可能认为只是与一定条件相联系的暂时的现象；在作品的理解中，亦是仁者见仁，智者见智。认识和理解中的见仁见智现象不是偶然的，并非仅仅因为反映的失误，而是有其必然的根据。从客观上看，事物的性质是多方面的，从而为不同的认识和理解提供了可能性，但仅此并不能完全说明何人见仁、何人见智问题。即是说，不同的认识和理解还有主观上的根据，这就是主体的需要和利益。不同需要和利益的主体不仅会关注事物的不同性质，而且会对事物的同一性质作出不同（当然是有利于自身需要和利益的）理解、从中看到并阐发出不同的意义。

从主体尺度的认识功能可见，仅将认识归结为反映，归结为在观念上再现事物的性质和规律的理解是不全面的。这种理解的基本逻辑是：假定作为认识对象的客体只有其自在的意义，即其本质和规律，认识的任务只在于将其在主观上映现出来，至于认识中的主体能动性，就表现为更全面、深刻和真实地反映客体自在的意义。这种理解说明了认识的基本内容和要求及主体能动性的基本表现，但却未能揭示认识的全部内容和要求，尤其是认识的本质要求，未能揭示主体认识能动性更深刻的含义。

从方法论上看，这种观点本质上仍然只是从客体而没有从主体出发去理解认识。承认认识是主体对客体的能动反映，表面上看，似乎已充分肯定主体的能动作用，但具体分析一下就不难看出，通常讲的能动作用实质上只是体现在认识过程中，而不体现在所形成的认识内容中。也就是说．主体的能动作用只影响对已潜在的认识内容（客体意义）反映的状况，如反映的多少、深浅、正误等，而不影响认识内容本身。这种观点忽视了：主体尺度不仅影响着对客体自身性质和意义的认识，而且还影响着对客体"为我"的性质和意义的认识。为此，对认识亦应"从主观方面去理解"（实质即从主体方面去理解）。而从主体方面去理解就不仅意味着肯定主体在反映客体性质和意义方面的能动性，还意味着肯定主体尺度对认识内容本身的影响。

从主体方面去理解的关键是"当作实践去理解"，即从主体的实践去理解。而主张认识即反映的观点，虽然承认实践是认识的基础，却并未完全揭示"基础"的含义，从而难以揭示认识的本质要求。认识的本质要求源于实践，是实践的本质要求在认识中的体现。实践是改造世界的活动。实践活动虽然具有客观性，受客体状况制约，但又是一种体现主体"为我"价值取向的活动。人们在实践中改造什么、怎样改造，首先是决定于他们的需要和利益。因此，从实践去理解认识的一个不容忽视的重要方面，就是从主体尺度去理解认识。

由于主体尺度状况影响认识内容，对认识的分析和评判就不应限于运用真值标准，亦应引入与主体需要和利益相联系的价值标准。在对社会认识（理论）的分析评判时尤其应注意这一点。现代社会生活日趋复杂，不同主体的社会观点和理论莫衷一是甚至截然对立。其中，各种观点都有自己的道理，而这"道理"又无不体现着一定的需要和利益。与主体需要和利益完全无关的纯客观的社会观点和理论是不多的。正因为这样，不同社会观点和理论间的比较仅仅以事实为标准是不够的，还应确立和运用主体价值标准。在人类认识能力已大为增强的现代，不同社会群体或个人对社会现象的不同认识在很大程度上不是因为没有弄清事实，而是在于理解和解释的差异。这种差异的存在是不可避免的。要求在社会认识中完全排除主体因素而达到纯客观的认识，只能是一种苛求。基于这样的苛求，既难以真正说明不同社会观点或理论之间的对立，又有碍于在认识中自觉地将真理性和价值合理性有机地统一起来。

本文原载于《首都师范大学学报》1994 年第 2 期

人大复印报刊资料《哲学原理》1994 年第 9 期转载

超越传统理性主义

　　告别传统理性主义是当代哲学一个鲜明的口号。哲学向传统理性主义的全面挑战始于十九世纪而盛于二十世纪。在西方，无论人本主义还是科学主义思潮，都有相当色彩的非理性甚至反理性特征。近些年来，挑战传统理性在我国亦有了反响。应肯定，这是哲学发展之必然。在传统理性弊端日显的当代再回复到传统理性只能是退步。然而，我们从告别传统理性中应该是得多于失，即应该从告别中更好地走向未来。这就需要明确一些问题。

一、告别传统理性主义与确立主体的地位

　　对于告别传统理性主义的意义（必要性等），许多论者已从不同方面作过阐述。无疑，这种告别的直接原因是走出传统理性主义的困境。然而，其深层次的积极意义，则在于在认识和实践中进一步突出并确立主体的地位和作用。

　　指出告别传统理性主义与突出主体作用和地位的关系，必然暗含着的一个前提是：传统理性主义本质上具有非主体性或反主体性倾向。

　　对理性主义的挑战自哲学的幼年即已开始，怀疑论与相对主义无疑

曾贯穿于哲学及整个认识发展史中。然而，在人自身主体作用尚未显明的条件下，由于理性对人类生存发展的强大效用及其对人类心灵不可替代的抚慰作用，反理性或非理性倾向始终只能是认识主流之外的不和谐音。即使是诉诸信仰的宗教神学，必要时也不讳以理性来为自己作论证。

传统理性主义权威的全面动摇是在现代。这主要是由相互关联的两方面因素引起的：一是社会生产、科技的迅速发展以及现代社会生活的多元化，极大地凸显了主体在认识和实践中的中心地位及其选择、创造能力，二是由此而引发了人的主体意识的急速增强。由于日趋明显的社会经济、政治和文化发展的多元化趋向及科技和生产进步所带来的鬼斧神工也不能望其项背的成就，人们再也不可能仅仅从某种外在的普遍理性中寻找自身活动及所引起的自然和社会变化的终极根据，再也没有必要从某种普遍理性中寻求自身的价值本体和力量源泉，从而将探求的眼光转向了人自己，并通过确立自己的地位和作用而将认识和实践的出发点定位于主体自身。这就逐渐显现出传统理性主义解释的无力和虚假，引发了传统理性主义的根本性危机。

因此，传统理性主义在现代发生危机的内在原因之一，是由于它本质上的非主体或反主体倾向。

传统理性主义的非主体倾向并不在于它在每一个问题尤其是一些具体问题上否定主体的作用，而在于它在从总体上理解人及其与世界的关系时，不是从主体本身出发寻找其认识和实践活动的合理性与可靠性根据，寻找主体活动的价值本体或源泉，而是从本质上外在于主体的某种普遍客观的东西中去寻找。这种普遍客观的东西可以被确定为"道"、"理"、"规律"、"绝对精神"甚至"上帝"，但本质上都是某种绝对的普遍理性或以绝对普遍理性为理解根据的。以普遍理性为基础理解人及其与世界的关系，在以往的认识论和社会历史研究中表现得尤为明显，甚至这种观点在两个领域的研究中都未经考察地被确定为最基本的观念。

这种观念在认识研究中的基本表现，是先定绝对真理论：认为在人的认识过程之前已然存在着所谓绝对真理，认识的任务只在于对这种既有真理的发现或接近，因此，必须寻求对事物认识（理解）的绝对普遍性、确定性和唯一性。这种观点虽然在表层意义上可以容忍并承认主体的能动作用，但在深层意义上却是排斥主体作用的。它虽然可以肯定认识是主体对客体的能动反映，但却认为认识对象的全部意义从而所要获取的真理已经清楚明白地预先存在，完全不依赖于主体及其认识活动而存在，主体的能动性只限于将它们在主观上再现并反映得更全面、更深刻。这种理解实质上只承认主体在认识过程中具有能动性，而否定了主体对其所获得的认识内容本身的影响，排除了认识对象在其本身意义之外的"为我"的意义及主体对这种意义的创造。依据这种观点，在认识中可以完全排除先入之见等主体因素的干扰，认识的发展最终可能且应该达到人人意见一致的地步。其结果是，人们往往认为自己获得了唯一、普遍的绝对真理，别人则完全陷入了谬误，从而否定了认识的主体性特征，否定了认识内容和形式的丰富性和互补性。

这种观念在社会历史研究中的基本体现是本体先定论、本体还原论、单一模式论和世界至善论。[①] 在解释社会历史发展过程时，虽然承认历史发展是规律和人的活动的统一，承认人的活动可以延缓或加速历史发展进程，但它所理解的社会历史规律及其体现出的基本发展趋势（如由低级向高级发展的趋势）却不是基于而是外在于主体实践活动的。根据这种观点，历史发展是规律与人的活动统一的观念，实质上并非指人的历史活动有客观规律可循，而是指人的历史活动必须甚至不得不遵循某种确定不移的趋向或者某种具体途径和模式。通常，总是将决定论放在人的历史活动之前，作为活动必须遵从的先定界限或法则，似乎规律对活动的决定在活动之前就已确定，或更明确地说，规律在人的活动之前就已存在着。这种理解实质上只达到了客观规律与人的活动的外在

---

① 参见高清海等：《别了，传统理性主义时代》，《天津社会科学》1993 年第 3 期。

统一，而没有达到它们的内在的统一。因为一方面，在人的活动之前已预先存在且被理解为具有绝对合理性的规律只能从某种普遍、绝对理性中得到解释，而不可能源于人的多样化的、不断发展和超越的选择与创造活动。另一方面，这种先定的规律本质上是排斥主体价值与实践的，在这种解释中，人的活动实质上只是适应规律（所谓"驾驭"和"利用"实质上就是适应），而不是造就或改变它。显然，这种理解与以下正确论断相去甚远："历史什么事情也没有做，……创造这一切、拥有这一切并为这一切而斗争的，不是'历史'，而正是人，现实的、活生生的人。'历史'并不是把人当作达到自己目的的工具来利用的某种特殊的人格。历史不过是追求着自己目的的人的活动而已"。①

传统理性主义在以上两个领域内陷入困境的根本原因，就在于对人与客观事物的关系及处理这一关系的活动没有从主体的方面去理解，只强调外在于人的普遍理性尺度对人的单方面的制约，只强调普遍理性尺度的绝对确定性和完满性，而不承认人自身的主体尺度亦从根本上规范着他们的认识和实践活动，是人的活动的价值取向及其合理性的又一基本根据。即使在某些问题上承认主体尺度及其作用，也只是将其理解为从属且根源于普遍理性的因素。

因此，告别传统理性主义的根本意义之一，便在于确立主体及其尺度在认识和实践中的基本地位，对事物及人的活动在从客体出发去理解的同时，亦从主体出发来理解。

二、告别传统理性主义与合理地运用理性

告别传统理性主义是为了合理地解释事物及人的活动，确立主体

---

① 《马克思恩格斯全集》第 2 卷，第 118—119 页。

的地位，充分发挥主体的创造作用，归根到底，是为了使人的认识和实践更有利于他们的生存和发展。从这一基点出发，告别的结果就不应是从绝对理性的极端跳到绝对反理性的极端，全盘抛弃理性，而应是合理地解释并运用理性。为此，就应进一步深究告别传统理性主义的确切含义。所以有这样的问题，是因为传统理性主义是理性主义的一种，而毫无疑问，理性及其信念是人类生存发展所不可或缺的因素。我们既要告别传统理性主义又要坚持理性主义并合理地运用理性，这就必须从理性主义与传统理性主义的关系中确定要告别或真正摒弃的东西。

对理性主义可以从不同方面来把握，但其本质特征则在于寻求并坚持认识及其对象的普遍性、明晰性和确定性。它在形式上是诉诸逻辑的。可以说，崇尚理性实质上就是崇尚认识与世界万物的普遍性和确定性。传统理性主义作为理性主义的一种，当然具有以上理性主义的一般特征。然而，作为理性主义的一种特殊形式，传统理性主义又有自己的独特之处，这就是，将理性主义的以上特征夸大到了极端。这一点正是我们所要告别的东西。

所谓将理性主义夸大到极端，就在于对理性绝对化的理解和要求。这种理解和要求主要体现在两个方面：一是对客观事物的绝对理性化理解，认为外在事物完全按理性、逻辑的方式存在和发展，假定事物的规律与理性逻辑本质上的一致性；二是从上述理解出发，认为在事物及其规律中已经存在着真理的内容，认识只是对它的反映和接近，因而不加考察地认定在认识中可能达到"人同此心、心同此理"即不同主体认识结果完全一致的境界，并从而追求或要求认识的彻底的逻辑性、清晰性和绝对确定性。

传统理性主义的以上观点在人们心中的确是根深蒂固的。这种观点所以能为人们接受并长期延续下来，自然有一定的历史合理性。然而，这种理解又毕竟是有缺陷的，它的主要观点，无论是完美的秩序、完全的一致或绝对的普遍性和确定性，都并非不证自明的。正相反，这一切本身就有待证明，而证明的方式，并不像传统理性主义认为的是通过理性本身，因为那显然会陷入无效的循环论证。

早在十八世纪，休谟就曾指出过这一点。休谟在论述反归纳问题时，就以理性的方式反驳了理性的普遍性、可靠性，从而否定了普遍理性的可能性。他在论证中确凿无疑地指出：从个别观察陈述上升到一般认识的逻辑阶梯是不存在的，因而普遍性的理论是根本不可能的。二十世纪英国科学哲学家卡尔·波普尔更明确地重述了这一观点，指出："从逻辑的观点来看，从个别陈述中，不管它有多少，推论出一般陈述来，是显然不合理的，因为用这种方法得出的结论总是可以成为错误的"①，为了证明归纳原理，"我们就必须运用归纳推理；而为了证明这些归纳推理，我们就必须假设一个高一层次的归纳原理，……等等。这样，想把归纳原理建基于经验之上的试图就破产了，因为这样做导致无限的循环论证。"② 结论是：归纳逻辑的困难是不可克服的。这种反归纳原理的论证实际上并不仅仅涉及归纳问题，而是涉及整个逻辑和理性的基础问题。因此不难理解，波普尔反归纳论证的总结论是："并没有什么得出新思想的逻辑方法，或者这个过程的逻辑再现。我的观点可以这样表达：每一个科学发现都包含'非理性因素'。"③ 与波普尔的批判理性主义相比较，库恩的历史主义和费耶阿本德的无政府主义认识论等从反归纳中得出了更为激进的非理性主义结论。

尽管我们在下面将要谈到，上述运用理性来否定理性的方式是有缺陷的，但可以肯定的是，这种论证显然已充分说明，如果从纯粹理性和逻辑的角度看，理性本身是没有根据的。正因为如此，非理性主义在现代的发展呈现强劲之势，理性主义则陷入了困境之中。

然而，走出理性主义的困境的正确途径并不是简单地抛弃理性，

---

① 波普尔：《科学发现的逻辑》，引自《自然科学哲学问题》1981 年第 1 期，第 1 页。
② 波普尔：《科学发现的逻辑》，引自《自然科学哲学问题》1981 年第 1 期，第 2 页。
③ 波普尔：《科学发现的逻辑》，引自《自然科学哲学问题》1981 年第 1 期，第 3 页。

而应是通过对理性的重新解释，克服传统理性主义的弊端，真正将理性奠立于可靠的基础上，并合理地运用理性。

重新解释并合理运用理性的关键有两点：一是将理性奠立于人的实践及实践所体现的人的生存发展需要的基础上，二是动态地、合理地确定理性的强度。

第一点的实质是寻找并确立理性本身的合理性根据。

通常对这一问题的回答主要有两种基本方式。一是先验地假定理性本身就具有合理性，这一回答显然是站不住脚的。二是从客观对象的普遍性、规律性及其通过实践反映于主体而推导出理性的合理性。后一种解释引入了实践，认为理性的合理性可以在实践和认识的运动中得到证实。然而，实践在这里只是被理解为充当裁判者的角色。实质上，这种观点并未超出由理性说明理性的羁绊。从逻辑的观点看，实践总是具体的，任何具体的实践都无力证明普遍理性的合理性。因为，实践证明只能由认识（如命题、陈述等）表现出来并加以利用，而陈述、命题等都只能是个别性认识。很显然，在理性的框架内，即使引入实践来证实理性也是行不通的。

当然，引入实践说明理性无疑是走出了正确的一步。但是，还有更为关键的一步要走，这就是进一步追问实践的根据。实践是认识的基础，同时又是人满足自身生存发展需要的基本方式。理性的合理性决定于实践，实践的合理性则决定于人的生存和发展需要。因此，理性的合理性根本上决定于是否有利于人生存和发展的需要，即根本上只能从主体方面来寻找。如上所述，哲学史上延续上千年的怀疑论、不可知论曾无数次宣布理性的灭亡，然而人类在同一时期中却始终坚信理性、运用理性的力量把握和改造世界。究其根本原因，就在于理性在实践中的成功及其对人类精神生活的支撑作用有助于人类的生存和发展。如果说传统理性主义对理性的说明囿于诉诸理性自身，那么新的理性主义则应将理性奠立于人的生存发展需要这一坚实的基础之上。这一基础所以坚实，是因为人只应以人的方式来评价和把握自身的活动及他与外部世界的关系。

第二点的实质是寻找运用理性的合理限度。

理性的要求根植于人的实践和需要中，因而其本质上的合理性是不容置疑的。然而，如何具体地理解并合理地运用理性，却仍是有待说明的问题。

传统理性主义的缺陷并不在于强调理性，而在于对理性的绝对化理解和要求，认为理性应该并且可以具有绝对的普遍性、确定性和明晰性，要求基于理性的认识能够绝对可靠和完全清楚地说明所涉及的一切问题。这种极端理性主义可以称为绝对强理性主义。

绝对强理性主义的观念是根深蒂固的，它无疑构成了以往理性主义的主流。其影响不仅表现在理性主义拥护者的观点中，也体现在各式各样理性质疑或批判者的理解中。这似乎是矛盾，但却是事实。如上述休谟对理性和逻辑的质疑，虽然得出了否定理性的结论，但却是从对理性的绝对性理解和要求出发的。在他看来，理性不能完全逻辑地证明普遍性认识的可靠性，因而不仅普遍性认识不可能，理性本身也是无力的。这种对理性的挑战仅仅从理性的角度看是无懈可击的。然而，这种用理性来反驳理性的方式非但未能真正超越理性的框架，反而是强理性的。要求认识具有完全的逻辑性，认为理性要么完善无缺，要么一无是处，实质上正是对理性绝对化的理解和要求。由于理性并不能具有所要求的绝对完美性，所以便断定其不合理、不可能。这种观点将理性理解为刚性的（rigid）、不变的东西，否认了理性的动态性和强度性。

消除绝对强理性障碍的途径之一，便是确定理性的合理强度观念。理性不是绝对刚性的，而是有强度的。告别传统理性主义不应告别其理性主义的立场，而应告别其对理性绝对化的理解和运用，确立合理的理性强度。

理性的强度，是指理性不是某种不变的、绝对化的东西，理性本身是有强弱程度的，即具有相对性。人们可以在不同的强弱程度上对理性作出理解和运用。与传统的强理性解释相对应，亦可对理性作出其他程度（如较强理性、弱理性等）的理解和运用。

确立理性强度观念，目的在于在认识和实践中确定合理的理性强度。对理性的要求根源于人生存和发展的需要，因而合理的理性强度不能由理性自身来确定。从定性的方面说，只有有利于主体认识和实践进行的理性才是合理的。一般地说，提高理性的强度有助于增强人们认识和实践活动的信念，使人们能在一种"合理的"心理氛围中活动，增强人们活动的一致性，提高活动的韧性和效率，但同时又可能有碍于人们超越已有观念和活动的框架，影响其创造和选择作用的发挥，减弱理性的强度，有助于主体自觉意识的增强，扩大主体在认识和实践中的选择和创造的活动空间，使主体特别是个体的选择创造能力得到较充分的发挥，但同时又可能弱化人们对认识和实践活动价值和目标的信念，怀疑认识的确定性、普遍性，从而怀疑客观世界及人的实践活动的规律性。

可见，确定合理的理性强度是一个十分复杂的问题。解决这一问题应特别注意两点：一是不能仅仅从理性和逻辑的角度入手。在现代哲学中，莱欣巴赫等人在论证归纳原理时曾试图向概率理解退却，但并未成功。因为很显然，根据任何标准的概率论，对事物有所断定的任何全称陈述的概率等于零，不管其已有的证据是什么。这是发人深省的。二是不能在绝对强理性之外另确定某种不变的理性强度。合理的理性强度不是一成不变的，将理性定位于何种强度并无一个绝对的标准，而应该具体地确定。根据这两点可以得出的结论是：合理的理性强度必须根据主体认识和实践的需要来确定。认识和实践是不断变化发展的，因而理性的强度应该适应变化着的情况具体地确定，即应确立动态的、具体的理性强度观念。在何种情况下、何种问题上确立怎样的理性强度，必须依据最有利于认识和实践发展的标准来确定。

三、告别传统理性主义与价值重建

告别传统理性主义是为了合理地运用理性，其中的一个重要内容，便是合理地重建价值。

传统价值观的基本特征是确立某种普遍价值，而普遍价值却是以普遍理性为基础或为其理解依据的。传统理性主义危机的效应之一，便是普遍价值的失落及整个传统价值观的根本动摇。

价值是人类生存和发展的主观依据所在，是人合目的性活动的意义和目标取向。人从自我意识出现起，便开始寻求生存的价值。由于人的社会依赖性，由于人追求生命永恒的心理趋向及由于人思维的普遍化本性，长期以来，人们对自身价值的探求往往不是从自身（尤其是个体的人）入手，而是从某种以普遍理性为依据的普遍的东西上去寻找。人们或是将价值定位于种族、国家、阶级，或是定位于神祇。总之，人生存就是为了某种普遍性的原因，存在之根不在自身。这一特点在东方社会是很明显的，在西方社会亦不例外。中世纪及此前自不必说。文艺复兴后，人文主义者及启蒙思想家们虽然倡导个性，却仍然在个人之外的"人道"、普遍理性等普遍原因上为个体价值寻根。对他们来说，这种做法提高了人生的价值。

以理性主义为基础的价值观在 19 世纪发展到了顶点。由于近代哲学的影响和科学的进步，19 世纪的哲学家们大都注重用理性和知识来说明一切。但与此同时也出现了一些其他声音，并由此而开始了对传统理性主义及其价值观的背叛过程。首先是叔本华，他一反近代哲学强调从理性或经验引出万物的主张，认为意志就是一切，把握世界的本质不能依靠理性和分析，只能求助于直觉。他认为，世界就是我的表象，每一个主体都表象出一个完整的世界。哲学只应以人的表象和意志为对象，通过醒悟，使主体摆脱人生苦难，达到与世无争的完全无意识境界。另一位理性的叛逆者是克尔凯郭尔。他所关注的是与一般性相对立的具体的、个人的经验。他认为支配一切的不是理性，而是意志，任何存在都是与人相关的，与人无关的存在没有意义，因此，他主张哲学研究的对象只是个人的"存在"，哲学的任务在于探讨"如何去生活"。叛逆传统理性和价值观最突出的代表是尼采，尼采通过其代言人查拉图斯特拉明确宣称："上帝死了。"这是一种象征：传统的普遍绝对的价值失落了。

传统价值失落引出的问题是：我们已经失去了由某种普遍原因提供的意义和价值，留下的只能是个体自己创造意义和价值的任务。这种深刻的领悟在二十世纪人本主义哲学家中是普遍的。存在主义就是其典型代表。存在主义以追问人的"存在"的意义和根据为己任。海德格尔曾感叹"在"的问题在两千多年的哲学中被耽误了，从古希腊哲学到康德和黑格尔都并非真正地从"我"而是从"世界"来理解存在本身，现实生活中的一切东西，科学、经验、生活等，都是对"在"的遮蔽。因此，要追问"存在"的意义，寻找本真的在即纯主体这一人生目的和意义之根。萨特认为，上帝不存在，人是被抛到这个世界上来的，无所依托，他的价值就在其行动中。对人来说，存在先于本质，人不是别的，只是他自己成为的那个东西，是他自己设计、创造的结果，是"主观性"自由选择的产物。

撇开具体论证过程及其结论上的偏颇不谈，存在主义及其他现代人本主义学派对人的价值问题的思考是发人深省的。他们注意到了与传统价值观不同的问题的"另一个方面"，即价值的个体定位和非理性基础问题。这一特点可以从与传统人本（人道）主义的对比中看出。

两个时期的人本主义都关注人的生存和价值。然而，传统人本主义在理论形态上是理性的，并致力于从某种普遍价值中确立个人的价值。作为对诉诸信仰的神道的叛逆，他们往往从某种先天普遍的东西

（如普遍理性或人性）中逻辑地导出个人的价值，并从而说明人生的意义，提出社会改造的原则。现代人本主义则是从个人非理性的主观存在出发，诉诸直觉和体验。它抛弃了作为研究人的问题前提的一切外在性、普遍性预设，以并非某种普遍性分有者的"我"的眼光看待世界和人生，在价值取向上呈现出彻底的多元化。

两者的对比表明，现代人本主义实质上是在传统普遍价值开始根本动摇的背景下，对人的价值及其根据的另辟蹊径的探索。这一探索尽管有从一个极端走向另一个极端的明显缺陷，但却是富有启示性的。

传统理性和传统价值观危机的根本原因，是社会进步及其带来的主体选择、创造作用的增强。这种危机对任何走向现代化进程中的社会都是难免的。事实上，当今的社会现实已逐渐明确地昭示了重建价值的必要性。

价值重建的根本问题是确立其根据和基础。传统人本（人道）主义与现代人本主义在此问题上各执一端，或仅诉诸普遍理性或人性，或仅诉诸个人非理性的主观存在，这两种基本思路显然是不能因袭的。然而，这并不意味着其中没有可取即可改造利用之处。

正像传统理性主义一样，传统价值观的误区在于它对价值的绝对普遍的要求，在于它不是从价值主体本身而是从某种外在的普遍原因上寻找价值的源泉和根据。但应该肯定，它以理性来说明价值并从而确立价值普遍性、确定性的基本要求是合理的。与之相反，现代人本主义突出了人作为价值主体的地位，致力于探求个人的价值，看到了价值的非理性方面并从人的存在本身寻找价值的源泉和根据。这是其合理性因素所在。然而，它将价值的非理性方面强调到了极端，完全否认价值的普遍性、确定性和社会性，在价值取向上主张彻底的多元化，其偏颇又是显而易见的。究其原因，就在于它所理解的作为价值主体和价值源泉的人，仅仅是个人的非理性的主观存在，而没能从人的社会性存在和发展及其现实体现的社会实践来理解价值。

　　以上分析给我们的启示是：重建价值观应该从人本身出发，但必须是从人生存发展的需要及人的社会实践出发；价值重建的任务并不在于寻求绝对普遍的理性和价值，但却不应是完全排斥理性和普遍价值的。只有从理性出发，才能确立价值的普遍性和确定性，只有确立价值的普遍性和确定性，才能理解价值的社会性并建立有利于社会进步和人的共同发展的价值观。否则，探讨的结果只能是再次印证下述古老的谚语：我始于迷惘，终于更高水平的迷惘。

　　　　本文原载于《江海学刊》1994 年第 3 期
　　　人大复印报刊资料《哲学原理》1994 年第 6 期转载

认知正确性与价值合理性

人的活动本质上是以主体尺度把握和规范客体，使客体发生有利于主体生存和发展需要的变化，这就要求在活动中追求认知正确性与价值合理性的统一。

一

在人的活动中，认知因素和价值因素的性质、作用及其评价标准是不同的。认知因素主导着人们活动的正确性，价值因素则主导着人们活动的合理性。人的活动所以会存在认知正确性与价值合理性问题，是因为其目标指向是更好地满足自己生存和发展的需要，从而就必然地要求活动既具有价值上的合理性，又具有认知上的正确性、有效性。

认知正确性与价值合理性是人们世代追求的目标，然而，两者却不会自然而然地统一起来。

正确性与合理性的统一，可以说是一个古老而又常新的问题。追求活动的正确性与合理性，始终像两条连续的红线，时隐时观地贯穿于人类认识和实践发展史中。

在人类活动的早期，由于外部生存条件的艰难，寻求活动的正确性成了人们最为迫切的问题。考察人类早期活动史可以看出，虽然人类对自身的意识从来就存在着，但其认识和实践活动的眼光一开始主要是指向外物的，人一开始主要是从本能的需要而不是自觉的价值观出发来适应和改变自己的生存条件。所以，当时压倒一切的任务不是确立行为的合理性，不是反思人与人的关系，而是怎样去适应和改造外物。人类早期的认识发展史就表明了这一点。

人类早期认识所经历过的原始意识、幻想形式的理解，以及直观认识的高级阶段等认识发展的主要阶段中，人类的认识主要都是眼光向外，考察自然、理解自然，从而更有效地适应和改造自然。在这个时期中，鲜有对价值问题的考察和反思。即使是哲学思想萌芽后，一开始也主要是面向外部自然的。即如赫拉克利特所说，哲学的任务是倾听自然的呼声。在中国最早的哲学思想中，"五行说"等自然哲学思想占有重要地位。在早期希腊哲学中，自然哲学思想更是占主导地位，前苏格拉底的几乎所有古希腊哲学家，讨论的问题都限于对自然的理解。随着认识和实践的发展，人们逐渐开始思索自己活动的价值合理性问题。在中国，孔子讲天命，却为了解说人道。在古希腊，苏格拉底将"认识你自己"作为认识研究的宗旨，认为不加思考地生活等于徒费时光。与世俗的认识和实践相适应，宗教也从早期的自然物崇拜意识转为对人生意义的把握。

此后的二千年间，正确性与合理性始终是人类一切活动所追求的两个基本目标。当然，并不是说人类在任何时候都能自觉地将正确性与合理性作为自己活动所追求的目标，更不是说在任何时候都能使二者有机地统一起来。以上只是就人类活动整体状况或总趋势而言的。事实上，不顾合理性甚至完全反其道而行之的情况在整个历史过程中是屡见不鲜的。道理很简单，因为在许多情况下，个人或集团的利益与他人和社会的利益是相互冲突甚至截然对立的。这一点不足为怪也毋庸赘言。值得讨论的是，虽然从本质上说合理性与正确性可以且应当在人类的活动中统一起来，但更须看到，二者之间是有矛盾的，并不能自然而然地统一起来。两千多年来中西社会在各自发展过程中对认知正确性和价值合理性的理解和态度是不同的。

中国传统文化的主流是重视价值合理性问题，重视人之间的合理关系。"仁"、"义"、"礼"、"智"、"信"中，仁义为重。即使在认识论研究中，也要纳入道德修养内容，使认识的研究与德行的修养合一。中国哲学在认识论中追求真与善的统一，并不是同时强调二者，而是将价值的善作为认识的目标，实质上是以追求价值的善代替了追求认知的真，将价值作为本而认知作为末，视科学技术为雕虫小技。更有甚者，如老子，甚至危言：民多利器、国家滋昏，人多伎巧，奇物滋起，智慧出，有大伪。将知识看作万恶之源。

西方传统文化的主流是重视知识，重视对外物的认识，而相对较轻视价值合理性问题，以至于将这一问题交由宗教、"上帝"来处理。近代以来，虽然不少思想家高挑人道大旗，但一方面，这种人道并不将价值合理性放在个人利益和个性要求之上，而是相反；另一方面，它比之于近代科学和生产的进步又相对黯然失色。由此，在实践上，虽然遇到颇多非难，羊吃人现象仍能在英国蔓延并发展；在理论上，黑格尔能直言不讳：恶是历史发展的动力借以表现的形式。当然，合理性与正确性的矛盾也曾困扰过近代的不少思想家，卢梭就是其中之一。他一方面不得不承认科技知识的进步增加了社会的财富，改善了人的生活，另一方面却又认为科技和艺术的进步败坏了社会的风俗，破坏了公平原则。因此，他认为认识和实践发展的结果是"使人文明起来，而使人类没落下去"了。①

---

① 卢梭：《论人类不平等的起源和基础》，商务印书馆 1962 年版，第 121 页。

二

　　人类活动合理性与正确性或公平与效率的关系给现代人带来的困惑更是前所未有地严重，是卢梭时代所不可比拟的。

　　合理性与正确性及其在现代的表现公平与效率的关系，从来就没有像现代这样对人们提出如此严峻的挑战。这一关系所以在现代表现得尤为突出，最根本的原因是：现代科学（由此引起整个认识和实践）发展极大地凸显了人类的认知能力和效果，并极大地动摇了传统社会相对平衡的结构，从而使原有的合理性受到了根本的冲击。

　　在西方，经历了二百年来以价值合理性、公平性的丧失为代价的科技和生产的大发展后，价值合理性问题又一次被提到了议事日程的显赫位置。现代西方社会中一些致力于社会反思和批判的思想家们，就对这一现象进行过深刻的反思。马尔库塞无疑是其中的代表。他认为，传统理论只是力求通过纯粹智力劳动来推动社会进步，对物质生产过程采取的是非批判的态度，这种理论以客观主义自居，力求避免一切"成见"和"利益"，自称以"脱离价值研究"为其规范。根据这种观点，事实上不可能建立合理的社会制度。反之，他主张的批判的社会理论则把一个确定目标包括在它的分析结构中，试图通过确立价值合理性来进行社会改造。他在分析现代工业社会时指出："我们还面临着先进工业文明的一个最令人烦恼的局面，即它的不合理性中的合理性。它的生产率和效率，它的增长和扩大舒适生活品的能力，把废物转化为需要的能力和把破坏转化为建设的能力，这一文明使客观世界转变为人的精神和肉体都能涉及的程度，使得异化的概念本身成为问题。人们似乎是为商品而生活。他们把小汽车，高传真装置，错层式家庭住宅，厨房设备当作生活的灵魂，把个人束缚在社会上的机械已经变化了，社会控制正是在它所产生的新的需要之中得以确立起来。"① 这一论述表明，在当前西方社会，技术主义、理性主义和操作主义占了主要地位，技术和理智成了一切，社会发展的价值合理性却失去了应有的地位。马尔库塞所揭示的问题，不仅仅存在于现代工业化国家或所谓的"后工业社会"，而是任何国家在现代化过程中都将遇到且必须解决的问题。

我国当前现代化建设正处于起步阶段，但这一问题却已日显突出。问题突出的基本原因有三：一是科学技术和生产力的发展与膨胀，冲击着原有的相对平衡的社会利益结构；二是为促进科技发展和生产力释放采取的一系列新政策，首先理所当然地考虑到的是社会物质财富总量的增长，而相对地将价值合理性问题放在了第二位；三是为以上两点作舆论导向的大众传播媒介自然地着眼于破除原有的观念，矫枉过正地强调认知因素的作用和意义。凡此种种，导致了整个社会对认知因素的倾斜并对价值因素的忽略甚至一定程度的遗忘。应该肯定，此种情形出现，对于一个认知潜力亟待发掘，社会物质财富总量不多及人均量很少的社会来说是必然的，也是有历史合理性的。因为原有的价值合理性是建立在社会低水平发展平衡态基础上的，重回到这种平衡态，使已发展的认知因素回复到与原有价值相适应的状态，只能是社会根本性的倒退。但是，这种历史必然性并不能自然而然地包含价值合理性。或者说，认知因素的发展并不能代替价值因素的发展。

这就引出了前面提到的问题：价值合理性与认知正确性统一的问题。出现这一问题，从理论上看，原因在于价值合理性与认识正确性本质上属于不同性质的范畴，不仅不会自然而然统一起来，甚至在一定条件下，会发生种种对立。

价值因素和认知因素出现差异或对立，在现代社会中最突出的表现是只强调认知正确性而忽视价值合理性。这种片面性的出现，从认识

---

① 《法兰克福学派——批判的社会理论》，上海人民出版社 1981 年版，第 113 页。

上看主要有以下原因：

第一，价值具有相对稳定性，价值合理性总是建立在一定认知及其成果基础上的，价值一经确立，相对比较稳定，而认知因素变化要迅速得多，如果认知及其成果发生了变化，原有的价值未发生相应的变化，就会出现比较差距，原来的合理性就会变得不合理。

第二，认知因素虽然本质上应服从并服务于价值因素，但由于其发展的相对独立性，在一定阶段即已有价值相对稳定的阶段，作为价值实现途径和手段的认知因素必然要被视为目的本身。如果这种作为手段的相对性目的被孤立于价值目的来理解或对待，甚至被置于价值目的这一原始目的之上，价值合理性就势必被忽视甚至遗忘，人的活动就会为了认知而认知，为了发展而发展，操作主义、技术主义和唯科学主义就会统治一切，人们就将迷失于创造、发展而不知其所为之故。

第三，价值本身具有层次性和阶段性，但社会发展本身并无目的性和意义可言．在一定意义上说，为了高层次的、长远的价值合理性而牺牲低层次的、暂时的价值合理性是必需的，但如果将长远的价值合理性推到极端，甚至视其为社会发展的某种抽象的、虚无缥缈的目的，真正现实中的价值合理性就会隐而不显甚至化为乌有。

价值合理性丧失的结果，不仅是降低人生存的意义，而且还会从根本上制约认知因素的发展，在通常情况下，价值不合理主要表现为两种情况：一是对大多数人的不合理，即伴随着认知及其成果的发展，不是大多数人而只是少数人得益。二是对少数人的不合理。在社会发展进程中常有这样的情况，少数先进分子在观念或行动上超越社会现实，因而遭到不公正的对待甚至迫害。这两种不合理性无论哪一种发生，都会挫伤人们认知的积极性和创造能力。

三

确立价值合理性既是必要的，也是可能的。

如前所述，价值和认知是相互渗透、相互作用的。与之相联系，价值的合理性与认知正确性同样是内在联系并能够相互促进的。一方面，合理的价值必须建立在正确认识的基础上，同时又要求以正确的认识来贯彻和实现。另一方面，从人类活动的总体上、趋势上看，认知的发展必然导致整个文明水平的提高，从而促进人类对正义、平等、人道等价值合理性的追求。这一点应予以充分注意。

以现代国际社会中谈论最多的人权价值为例。人权涉及人的生命权、自由权、平等权、幸福权等诸多方面，每一个方面从其本意上看都体现着价值合理性。然而，这些权利却不像一些人认为的那样，是天赋的。相反，正如黑格尔所说，人权是历史地产生的，其中每一项权利的发展和实现，都有赖于认识和实践的发展，有赖于社会进步。就拿生命权来说，通常被认为是天赋的、毋庸置疑的权利。但事实是：在原始时代，由于生产力发展水平极低，人们常常食不果腹，因而吃人（丧失劳动能力的老人和俘虏）是普遍存在的，也是无可非议的现象。在这种条件下，生命权作为一种合理的价值是不存在的。只是随着人认识和实践能力的提高，生产力发展到能为人们提供经常性的固定食物后，普遍性的食人现象才开始消失。摩尔根在《古代社会》一书中，就以自己亲身长期考察印第安原始社会状况对这一现象作过如下结论："由于有了谷物和其他作物，人类才第一次感觉到有可能获得丰富的食物。随着淀粉食物的出现，吃人现象便消失了。"[①] 至于其他较高层次人权的实现，更

---

① 转引自《马克思恩格斯全集》第45卷，第334页。

是依赖于社会经济、政治和文化条件的发展。

价值因素和认知因素既能够达到统一又不会自然而然地统一起来，因此，必须在认识和实践中自觉地统一两者。

价值因素与认知因素的分离或对立无非表现为两种情况：或是以价值合理性否定认知正确性，或是以认知正确性否定价值合理性。前一种情况在重视价值伦理而轻视科技的中国古代表现得非常明显。即使到了现代社会，这种倾向也不时出现，如不患寡而患不均，离开科技生产的发展而盲目追求价值合理性。其结果是阻碍了社会进步或陷入种种空想。后一种情况在理性并科技神工昭彰的现代则表现得更为明显：似乎科技就是一切，操作就是一切，增长就是一切，至于价值，则被认为自然地包含在前者之中，极言之，可以置之于不顾。就发达国家而言更值得注意的是第二种情况，而就正在走向现代化进程中的国家而言，则是以上两种情况交织。

前面已经指出，价值合理性与认知正确性在当今最突出的表现，是公平和效率的关系。公平问题本质上属于价值合理性问题，效率问题则属于认知正确性问题。

社会向现代化迈进，实质上是打破原有的社会平衡态而使之向更高层次跃迁。从理论上说，跃迁理应既是价值的也应是认知的，应同时在这两个方面的变化中体现出来，通过两方面的变化来实现。但是，在现实过程中，二者的变化是有轻重缓急或先后的。

正如历史上和现代一切成功的社会变革所表现的那样，社会的变化虽然发轫于价值因素，但一旦过程开始启动，价值因素便往往退居次位，认知因素则成了推动过程达到目标的关键，也就是说，在过程中，效率是决定性的因素。因为只有效率的提高，才能最终达到价值的要求，也才能为未来新的价值合理性的确立提供坚实的基础。

然而，重视效率并不意味着在过程中可以完全不顾及合理性而"手段就是一切"。应该说，在这一过程中，效率和价值（公平）两方面因素的发展的良性状态是同步不同时。所谓不同时,是指在侧重点上可以也应该有先后之别。而所谓同步,则是指两者必须协调发展,不能不顾及阶段性的价值合理性而仅诉诸终极目标的合理性。尤其是,如果阶段性合理性受到过大的损害,不仅不能为人们所承受,且原来确定的终极目标合理性也可能在过程中模糊起来,甚至被放弃。因此,在走向现代化过程中,效率优先、兼顾公平的提法是恰当的。只是这里始终应注意两点:效率和公平虽有主次之分,但并无必要和不必要之分,一方面有所侧重决不能理解为另一方面应该或可以放弃。公平虽然具有起点公平的含义,即意味着起点公平;同时更有价值合理性的含义,即结果上的公平(不是平均)。否则,价值合理性就只能流于空谈,这是在社会转型时期尤其值得注意的问题。

本文原载于《湘潭大学学报》1995年第2期

试论设定及其作用

一

人的一切自觉活动，无论是认识还是实践，都必有一定的逻辑或心理前提。对人的活动前提的确定，就是设定。设定就是确定认识和实践活动的出发点，就是确立认识和实践推理的元命题。

人的认识活动与实践活动从其外在表现形式上看，即从其与对象的关系及活动的结果上看，是有本质差别的。但从主体自身的逻辑或心理过程看，二者又有内在的联系，有内在的统一性，本质上都是一种推理过程。

认识本质上具有推理性，向来为学术界所公认并已有较透彻的研究。现代哲学研究表明，作为人有意识的自觉的物质性活动，实践本质上也具有推理性。实践不是一系列无意义的行为组合，也不是动物式的简单的条件反射。作为人的自觉活动，实践从过程上看具有延迟效应。在实践过程中，外在的或内在的（如生理的）刺激作用于人脑，人通常并不对之直接作出行为反应，而是将所获得的信息进行加工、储存，然后在自觉的情况下再以行为动作的方式输出加工过的信息，作出行为反应。从主体的方面看，实践行为本质上是一种信息的输出过程，其中贯穿着一系列的心理和逻辑推理。也就是说，任何自觉的实践行为，无论其最终结果是否与所预期的相符合，其过程的每一步都是在心理或逻辑推导下进行的，都是主体意识的外化过程。可以说，在实践中也像在认识中一样，心理或逻辑的推理也是环环相扣的。从主体的角度看，实践本质上也具有推理性。

人的自觉性活动都内含着推理，都奠立在一定的判断或判断体系基础上。而一切判断及推理都必有其最基本的心理或逻辑前提，都可以作出归因追溯。然而，这些作为推理最基本前提的判断，却不能只由推理而得出。

一般说来，推理是由一系列范畴（概念）、命题（判断）以一定关系构成的命题系统。在命题系统的诸多命题中，那些非推理性（不仅仅由推理而来）的命题，即那些不仅仅以他命题为根据，不全依赖于他命题而成立的原始命题，便是元命题。

元命题是前逻辑、前推理性的，是构成其他命题推理起点从而构成推理活动基础的命题。就这一点而言，元命题与罗素、维特根斯坦等人所说的"逻辑原子"有相似之处。但是，我们所理解的元命题与"逻辑原子"又有重要的区别。逻辑原子论致力于将一切复合命题分解为原子命题，认为原子命题描述的原子事实是一些彼此孤立的事件，它们之间并无任何逻辑关系。逻辑原子论对原子命题的这种理解是纯逻辑主义的，其根据在于一切事物的彻底可还原性。这显然是将本来复杂的问题简单化了。且不说能否将一切事物（尤其是社会生活中的事物）都分离为原子事实，也不说一切认识或实践活动的起点能否都归因于逻辑原子。单就这一理解的说服力来看，也是极为有限的，尤其是在说明价值问题时，显得十分乏力。逻辑原子论的失误，在于撇开了认识和实践活动中人的生存和发展需要的因素，从而离开了主体的因素来看问题，将事实、命题、逻辑等因素看作是与主体生存发展无关的、外在的东西。我们所理解的元命题正是在这一点上根本区别于逻辑原子论所说的逻辑原子。

元命题是对复合命题分析的结果，但却不一定是某种终极的逻辑单元。

分析对于追溯事物内部和事物间的逻辑关系，是一种有效的方法。然而，分析又是有限的。现实世界中的许多事实并非能够被彻底地还原为原子事实。客观世界尤其社会生活是十分复杂的，一切事物和事实都处于与他事物或事实的联系中，并通过一定的结构而组成为系统。现代系统论研究表明，系统由要素构成，但却不是要素的简单叠加。系统的性质和功能不能简单还原为其组成要素的性质和功能，因为要素以特定的结构组成为系统会产生不同于要素本身的新的性质和功能。然而，逻辑原子论的基本假定正是系统的可彻底还原性。抽象地看，原子事实是可以存在的，但在现实生活中，大多数事件、事物却不能还原为孤立的原子事实，社会领域尤其如此。因此，作为对事件或事实主观反映的基本命题，就不可能只是原子命题。或者说，元命题可以包含但却不能仅仅归结为原子命题或逻辑原子。在认识和实践推理中起着基础性作用的元命题，更多的不是逻辑原子，而是作为对综合性事物、事物整体系统、事物联系的反映的元命题。

元命题是主体推理中最基本的根据，是人自觉活动的主观出发点。在现实生活中，人们通常也能感觉到元命题在其活动中的基础性作用。不同的人或群体在对实践和认识中的分歧进行争论时，往往作出逻辑归因式的探讨，就是明证。

元命题所以是最基本的命题，是人自觉活动的出发点，是因为它基于人的需要、能力及其与客体的关系。人要有所为，必先有所欲，而人之所欲，则决定于他的需要。需要是人自觉活动的动机之源。毋庸置疑，需要是实践发展的产物并受到社会条件的制约。然而，它却并非实践或社会条件被动的表现。一定的需要决定于一定的实践和社会条件，同时又必然具有超越该实践水平和社会所能满足的需要的内在要求和趋势。需要本质上具有一种不满足性，具有一种超越客体现状并从人的内在要求出发来把握和规范客体的指向性。这种指向性同任何一种客体的矛盾，便成为主体能动性最深刻的根源。能力是人的活动的主体条件，是人的体力和智力因素之统一。人的需要要具有现实性，要在对象性活动中得到实现，就必须有相应的能力。能力是需要实现的条件和基础，同时又是需要实现的界限，它使一定的需要在特定范围内和一定程度上得以实现，同时，又限定着哪些需要能够实现及其实现的范围和程度。

需要使人欲有所为，能力使人能有所为。需要的"欲有所为"与能力的"能有所为"之统一，便构成为人活动的现实动机的目标和根据。然而，需要和能力并不会自然而然地成为人推理活动的元命题，而只有通过设定，才能根据需要、能力及其与客体条件的关系在观念上确立活动推理的元命题。

设定是一个体现主体能动性的过程，是选择需要、评价能力和判定主客体关系的统一。

首先是对需要进行选择。人的需要具有多样性，既有物质性需要、精神性需要，又有交往性需要，以下还可以逐层细分。需要因时因地因条件而异，也因人因群体而异。就每个人或群体而言，在任何时候其需要又总是多方面、多种类、多层次的。因此，人们在认识和实践中就有一个将何种需要确定为活动动机或追求目标的问题。一般说来，人们总是先要满足低层次的、基本的需要，然后再去满足较高层次的需要，[1]但情况也不尽然。中国自古以来有所谓"舍生取义"的说法和行为，就表明了需要与选择之间的复杂关系。需要的多样性和复杂性，决定了对需要进行选择的必要性和可能性。其次是对能力进行评估。在现实生活中，并非一切有必要（符合需要）的事就肯定是应该做的事，

---

[1]　参见马斯洛《动机与人格》第四章，华夏出版社 1987 年版。

因为往往许多有必要做的事却是人力所不能及的。至于哪些事为人力所能及，哪些力所不能及，却是因人而异的。这就要求人们在形成动机和目的过程中对自身的能力进行评价。再次是对主客体关系作出分析。人的主体性活动需借助于一定客体条件来进行，社会越发展，主体活动水平越高，人的活动对客体条件的依赖性越强。这种依赖性主要体现在两个方面：一方面是对以工具为核心的物质中介系统的依赖。另一方面，虽然人的认识和实践具有主体能动性，但却仍然要受到作为活动对象的客体条件即其性质和规律等等的制约。因此，分析并掌握客体的状况及主客体关系，是设定的又一题中应有之义。设定就是根据以上三者之统一而在观念上确立活动的现实动机和目标，确立活动推理的元命题。

二

设定在选择和确立价值取向上具有重要的作用。

对于价值问题向来存在着一种认识。即认为价值观或价值取向是有客观必然根据而无须追究的。许多价值观的倡导者或遵循者，都将自己所信奉的价值观看作是具有客观必然性的东西。公开诉诸信仰的宗教神学自不必说，其他许多价值观的信奉者亦是如此。无论进步的价值观还是落后的价值观，为了在地位上得以提高并使人们深信不疑，往往被宣布为源于某种永恒的或必然的根据。例如近代欧洲人道主义者在阐释自由、平等、人权的根据时，就认为它们是天赋的或上帝赋予的，是根源于某种抽象的永恒不变的人性。

传统价值观试图从人之外去寻找价值根据的做法，虽然在以往时代曾有其历史合理性，但从本质上说却是不成立的。价值是人的需要与外物性质的满足关系，一方面与客体及其性质相联系，另一方面又与主体及其需要和能力相联系，因而既具有客观性又具有主体性。从外在于人的某种永恒的、绝对的原因上说明价值的根据，虽然能起到加强人们对某种价值取向的信念（或信仰）的作用，但所寻找到的根据或原因却必然是虚假的。历史上和现实生活中，不同的个人或群体在价值取向上往往相去甚远甚至格格不入，而他们又大多声称其遵从的价值源于某种永恒、绝对的原因，是客观必然的、毋庸置疑的。由此可见，这种做法必然导致难以克服的矛盾。

价值既然是主体与客体之间的需要与满足的关系，就只能从主体的需要、能力及其与客体状况的关系中来确定，由人根据这些因素和关系来设定。

对人的价值行为溯源性分析表明，人的价值性行为和规范总是以一定的价值理论为根据，而价值理论又必然要奠立于一些初始性的价值元命题基础之上。设定正是人的生存发展需要转化为这些价值元命题即基本价值取向的中介。没有设定这一环节，任何需要都只能停留在欲望的层次上，而不可能形成为价值取向，更不可能导向人的自觉活动。

价值设定是人的价值理论和价值活动形成过程中关键的一环，在同样的条件下，正是不同的设定使各种价值取向显现出差异甚至对立。价值设定源于人的需要及其与客体条件的关系，但却不是需要及其与客体条件关系的简单主体意识再现。历史上及现实生活中不乏这样的事例：处于同样社会环境的人，价值观却截然不同。在过去的封建时代，有的人信奉"人不为己，天诛地灭"，"人为财死，鸟为食亡"，有的人则立志"先天下之忧而忧，后天下之乐而乐"，"舍生取义，精忠报国"。在现实生活中，有的人唯利是图、见死不救，有的人则无私奉献、见义勇为。由此可见，价值设定在价值观的形成及人的行为的定向过程中具有重要的地位和作用。

理解价值设定的作用，对于分析和处理价值问题，尤其对于在当前重建有利于社会发展的合理的价值观具有深刻的启迪意义。

首先，价值观或价值理论总是以一定的价值性元命题为立论基础的，价值性元命题是价值理论和实践的推理前提，价值理论和行为之是否合理、正确，取决于其所由以引出的元命题之是否合理、正确。因此，在重建价值的过程中固然要注意从各方面努力，固然有许多事情要做，但必须明确：关键的问题在于适应社会进步和人的发展需要而确立合理的价值性元命题，在于确立一种价值观最基本因而是最核心的认识。忽视元命题确定这一价值观的基本建设而将注意力放在一些枝节的、形式方面的问题上，无异于舍本逐末。

其次，价值是由设定而确立的，其本质上是非认知性的。在价值的重建、确定、转变、争论等问题上，主要不应从逻辑、认知的角度入手，而应追溯其价值设定。尤其应注意的是，对于某种价值观合理性的论证不应主要从体系和逻辑的方面入手，而应将重点放在说明其基本设定的合理性上。事实上，在价值问题上的种种争论和对立，要害并不在于认知理解方面的差异，而在于价值设定上的差异。这一点对于我们重建价值尤其具有启示性。重建价值重在正本，价值之本固然需要通过逻辑、认知的论证来展开并掌握，但价值的内核却来自设定。由设定进一步追溯，则是源于人的需要。因此，价值的重建工作应将首要任务放在确立适应且有利于社会进步、人的发展并与当前社会条件相符合的价值元命题上，即确立正确而又可行的价值内核。

三

设定在以获取真理、达到主观与客观相符合的认识活动中也具有重要的作用。

人的认识过程及作为其结果的知识体系，具有极为突出的逻辑推理性，而这一特点在认识的典型形式即科学认识中表现得尤为明显。科学认识极为明显的逻辑推理性表现在：科学知识以概念为基础，但又不是一系列概念简单的、随意的排列和组合，而是依照一定的规则使概念在思维中有机地组合起来而形成的系统认识。这些规则就是思维的逻辑规则。概念只有形成为判断并合乎逻辑地组合起来，才能成为正确反映事物本质和规律的系统的科学认识。

科学认识极为明显的逻辑性，往往使人产生这样的信念：在科学认识中，经验事实和逻辑就是一切。诚如英国科学史家丹皮尔所言，"科学可以说是关于自然现象的有条理的知识，可以说是对于表达自然现象的各种概念之间的关系的理性研究。"① 这种认识正确地看到了问题的一个方面，但却忽视了问题的另一方面，这就是从事实到理论之间的阶梯往往不是逻辑，而是设定。一般说来，是设定（及其结果）而不是经验事实构成逻辑推理的起点。

对于设定在认识中的作用，一些现代哲学家和科学家在研究中曾多有涉及。彭加勒、杜恒认为，科学认识是科学家之间的一种约定，是依据协商一致原则建立的框架系统。所谓约定，就是科学家们在研究中求得共识而形成定论。这种关于概念、判断的定论为大家共同认可，便构成继续研究的基础。库恩提出范式说，认为科学认识本质上是通过"范式"（Paradigm，又译"范例"）的转换来发展的。他认为，在任何科学中，总有一些基本的理论或思想框架，这就是范式。范式是一定群体的科学家们共同遵循的基本信念、规范、原则和研究方式，它规范着持同样信念的科学家的研究内容、理论基础和方法，并使这些科学家在研究中构成某种相对稳定的"科学研究共同体"。范式的作用在于，它是某一科学共同体"一定时期内进一步展开活动的基础"②。拉卡托斯提出科学研究纲领方法论，认为科学认识既不是经验的堆积，也不是相互

---

① 丹皮尔：《科学史及其与哲学和宗教的关系》，商务印书馆 1975 年版，第 9 页。
② 库恩：《科学革命的结构》，上海科学技术出版社 1980 年版，第 8 页。

并列的命题的组合，而是以一定理论内核为研究纲领的理论体系。科学研究纲领由硬核和保护带两个层次构成，硬核是理论的核心部分，是理论的基础性假设。硬核的改变便意味着整个研究纲领的改变，意味着原有理论向新理论的转换。

上述几种观点虽然存在着种种区别，但却无疑有一些共同之处，其间最为基本的共识是，认为科学认识本质上是一种主体性活动，主体的状况及以之为根据的设定（约定、范式、研究纲领等都体现出设定的作用）在科学认识中起着基础性的关键的作用。

设定所以在认识中具有基础性作用，是因为它是认识从概念上升为判断、从经验事实上升为命题的桥梁或阶梯，并又是认识系统（理论体系）的推理起点。人的认识从其简化了的逻辑进程看，是从概念到判断再到推理，从认识形态的层次上看，是从经验事实到命题再到认识或理论体系。这两个进程是内在统一的。在上述认识进程中，最关键的环节是从经验事实和概念上升为命题或判断。

从认识的逻辑进程看，判断是认识的基本构架。众所周知，判断是由概念以一定关系组成的。然而，概念本身不会自然而然地引出判断。概念和判断间的关系是非线性、非唯一性的。一定的概念究竟构成为怎样的判断，不可能由概念自身的状况而预先确定。也就是说，从概念到判断的转化具有多种可能性，一定的概念，既可以组成这样的判断，也可以组成那样的判断。例如在科学认识中，同样是地球、太阳和旋转等概念，既可以作出"地球绕太阳旋转"的判断，亦可作出"太阳绕地球旋转"的判断；在哲学认识中，同样是存在、思维和决定等概念，既可得出"存在决定思维"的唯物主义命题，亦可得出"思维决定存在"的唯心主义命题。此种情况在各种认识中是屡见不鲜的。

从认识形态的递进过程看，命题在理论的形成中具有至关重要的作用。在现代科学中，不同学科所运用的手段（尤其是数学手段）及其逻辑结构和推理方式往往是共同的或相似的，但其内容却各不相同，究其原因，就在于每一学科的理论都以自己特有的区别于他学科的命题为基础。命题是对经验事实的抽象、提升，要以一定的经验事实为基础。但是，任何经验事实，无论具有何等的确定性和清晰性，其自身也不会自动地引导出命题来。经验事实和命题之间并没一一对应的必然联系。从同样的经验事实中，往往可以作出不同的解释，得出截然相反的命题。在太阳中心说确立之前，不计其数的人从太阳东升西落这一经验事实中得出了太阳绕地球旋转的结论，而哥白尼则从这一事实中得出地球绕太阳旋转的认识。两个命题的差异显然并非由于事实的不同。从这同一个经验事实中，既可能得出地球中心说的认识，也可能得出太阳中心说的认识。哥白尼所以得出了与托勒密完全相反的结论，就在于他跳出了以地球为绝对参照系这一观念的束缚，而开始从地球与太阳相对运动的观念出发理解问题。

从概念上升为判断、从经验事实上升为命题的多种可能性表明，这种上升不是一个纯逻辑推论或引申的过程，而是一个能动的主体设定过程。从事实、概念到命题（判断）之间并没有必然的逻辑阶梯，但人类的千百万次认识又反复证明了这种上升是可能的。合理的解释是：这一上升过程的阶梯是设定。

设定既是对经验事实和概念进行整合、提升的结果，又是进行逻辑推论和理论建构的开端，因而在认识过程中具有承上启下的作用。

理解设定在认识中的作用，至少有如下两点启示：其一是，在对某种认识、理论进行分析、评价时，不能仅仅着眼于其逻辑的、结构的或形式的方面，不能只作出理性化的探讨，而要注重对其元命题进而对其设定的合理性进行分析。而考察设定的合理性，则必须进一步追溯到它的主体根据及其与客体条件的关系。其二是，认识获得突破和发展的关键往往是新的设定从而新的元命题的提出。这一点最为明显的表现是，提出假说已成为当代科学发展最普遍的形式之一。而任何假说，总是以一条或几条核心的元命题为立论基础的。设定是认识发展的突破口，因此，无论在科学研究还是社会生活中，要取得认识上的新突破和新发展，要超越已有的观念而使认识不断适应新的情况和新的实践，就应重视设定并正确地发挥其作用。

本文原载于《首都师范大学学报》1996 年第 5 期
人大复印报刊资料《哲学原理》1997 年第 2 期转载

哲学的转向与认识论的式微

　　强调超越"认识论（或知识论）模式"而实现哲学的转向（如生存论或实践论转向。以下简称"转向"），是当前学界对马克思主义哲学的一种解读，也是一种态度。一些论者认为，马克思在哲学上实现了"生存论路向"对"知识论路向"的超越，以及从传统知识论哲学形态向现代生存论哲学形态的转换，马克思哲学就是"历史生存论"。当代的马克思哲学研究，主要应从生存论向度展开，探究人的生存状态、生存实践活动，揭示人的本质及其存在状态的内在秘密，构建一种以人类世界为中心、以实践为本体的生存论哲学形态。应该说，这种解读具有返本开新的意味，拓展了马克思主义哲学的研究论域，彰显了马克思主义哲学的实践性和当代价值。然而，对"转向"的理解也存在着一些隐忧。因为从上述理解可见，在"转向"后的马哲中，认识论似乎已被悬置起来，失去了原有的地位。这种理解似将导致认识论的边缘化及其研究的式微。着眼于马克思主义哲学的当代建构，强调马哲的生存论或实践论意蕴虽然是合理的，但"转向"后的马哲是否仍应持有认识论路向，则有待于深究。

一

　　有待深究的第一个问题是：马克思本人是否因"转向"而放弃甚至拒斥认识论。

　　对于学界强调的马克思哲学转向，马克思本人确有明示。《关于费尔巴哈的提纲》第 11 条及《德意志意识形态》"全部问题都在于使现存世界革命化，实际地反对并改变现存的事物"① 的论断表明，马克思的主要哲学旨趣在于改造世界，尤其是人类社会，在于以诉诸实践的方式体现对人生存状态的深层关注，特别是对人的解放和发展的诉求。诚如许多论者所言，这种研究方式的转换及理论诉求的转向，无疑是对近代哲学的超越，开启了现代哲学研究的新路向。然而，这是否意味着马克思着意疏离甚至拒斥认识论？

　　超越"认识论模式"解读的一个重要依据是，马克思未曾专门探讨认识论问题。的确，马克思没有提出系统的认识论理论，后人梳理归纳出的"马克思主义认识论"观点，主要由恩格斯列宁等提出。其实，对此并不难理解：认识论在马克思哲学话语中的总体性缺位，是由当时的历史任务决定的。马克思面临的时代性问题主要是改造社会和人，因此，其哲学研究特别关注的是社会历史问题。学界关于马克思哲学研究肇始于社会历史观、马克思哲学论域主要在人和社会历史的看法，正说明了这一点，也正因为如此，才会有"转向"一说。然而，马克思缺乏对认识论的专门探讨，虽事出有因并可以理解，但应该看到，这并非马克思的本意，而是不得已为之，并非一件幸事，而毋宁是一种缺憾。此外更应看到，确立实践作为哲学的基础、关注人的生存发展，并不必然

---

① 《马克思恩格斯选集》第 1 卷，人民出版社 1995 年版，第 75 页。

排斥认识论。

马克思从未认为近代哲学对认识的反思是多余的，他对近代哲学的批判，包括对唯心主义和旧唯物主义认识论的批判，锋芒所指并非认识论本身，而是这些认识论的研究基础、视角和方式：离开实践理解人、自然和社会，否定或抽象理解认识中的主体能动性。马克思虽然没有专门的认识论著作，但不可否认的是，他曾多次直接或间接地涉及认识论问题。这里至少有两个例证：一是他对《反杜林论》的认可。《反杜林论》比较系统地论述了认识论问题，而恩格斯曾明确指出，"本书所阐述的世界观，绝大部分是由马克思确立和阐发的，……在付印之前，我曾把全部原稿念给他听"[①]。这表明，马克思对《反杜林论》包括其中对认识论的论述，即使没有参与意见，至少是认同的。二是他在《资本论》中提出并运用的有关研究方法，如从抽象到具体的方法及其他辩证方法，体现着对认识的深度理解，以至于列宁曾认为，"虽说马克思没有遗留下'逻辑'（大写字母的），但他遗留下《资本论》的逻辑"[②]，"辩证法也就是（黑格尔和）马克思主义的认识论"[③]。认为马克思的辩证法直接体现着（或"就是"）认识论，这一理解无疑是正确的也是深刻的，因为马克思正是将辩证法作为分析（以及叙述）问题的根本方法，马克思本人在论及《资本论》研究方法时，亦曾有类似理解。仅此可见，马克思并未着意回避甚或拒斥认识论。

二

有待深究的第二个问题是：怎样理解"转向"对"认识论模式"哲

---

① 《列宁全集》第 55 卷，人民出版社 1990 年版，第 290 页。

② 《列宁全集》第 55 卷，人民出版社 1990 年版，第 308 页。

③ 《马克思恩格斯选集》第 3 卷，人民出版社 1995 年版，第 347 页。

学的超越。

对此问题，可以从两个方面来分析。

一是生存论或实践论在何种意义上超越了认识论。认为"转向"终结了认识论，其暗含的潜理解是，认识论与生存论或实践论分属于不同时代的哲学，前者属于近代而后者属于现代。这种理解有待澄清。从实质上看，生存论或实践论对认识论的超越不是时代性的，而是论域和视角上的。二者并不是同一研究内容的两个阶段，而是以不同视角或方法对问题的研究，或是研究不同论域的问题。对于前者，将在下文解说。至于研究论域不同的理论，则不存在可比性，更不具有可替代性。一种研究论域的结束，有赖于所涉及问题的解决，就认识论而言，除非对认识的哲学反思不再必要，其研究就应继续下去，而人类认识的发展史表明，由于认识的复杂性和不可彻底还原性，对认识的前提性批判和认识过程、机制等等的反思是不可或缺的。当代科学对认识发生和发展过程的微观机制作出了许多新的解释，但却提出了更多的问题，需要有新的哲学理解。也就是说，科学的发展不仅没有结束认识论，反而为其提供了新的发展动力和契机。对于哲学的演进，黑格尔曾有高论，认为："哲学史的结果，不可与人类理智活动的错误陈迹的展览相比拟，而只可与众神像的庙堂相比拟。"① 生存论或实践论对"认识论模式"哲学的超越亦复如此，这种超越并未结束哲学对外部世界的深度思考，而是开启了哲学研究的新路向，新的思考路径，使哲学研究从人的生存实践切入，从关注外在世界进入到也关注人自身及人与世界的关系。抑或说，这拓展了哲学研究的领域，改变了哲学（包括认识论）研究的方式，而并非结束了认识论的研究。

二是区分认识论模式的哲学和哲学认识论。以"转向"回避或否定认识论，陷入了一个理解上的误区：混淆了"认识论模式"的哲学和

---

① 黑格尔：《小逻辑》，商务印书馆 1980 年版，第 191 页。

哲学的认识论。"认识论模式"的哲学即马克思以实践哲学取而代之的近代哲学传统。这种哲学模式的根本缺陷不在于研究论域，而在于研究方式和视角，在于离开实践抽象地理解人、对象以及人与对象的关系。对认识的反思批判并非是一种更高层次的认识（所谓"一般规律和性质的反映"），因而认识论并不必然等同于知识论模式或实证论。从生存论或实践论到认识论的转向，只是超越了近代认识论模式的哲学，使哲学以新的方式关注人自身及其与世界的关系。就认识论本身而言，也只是摈弃了近代认识论离开实践的研究理路，超越了"不是从主体的方面去理解"和"抽象地发展了能动的方面"的对立。事实上，"转向"并不是整个西方哲学总体上的转向。众所周知，当代西方哲学分野为人本主义和科学主义两大思潮，以科学哲学、认知科学、人工智能研究乃至于分析哲学、语言哲学和逻辑哲学为代表的科学主义思潮，正是现代形式的认识论，是休谟、康德哲学认识论的现代传承，并成为当代西方哲学的主流之一。

上述两点分析表明，哲学的转向并不意味着现代哲学摈弃了认识论。且不说马克思主义哲学并不是哲学的全部，其转向只是开启了现代哲学的新路向之一，即使仅就马克思主义哲学而言，也不能只有生存论或实践论一种样式。

三

有待深究的第三个问题是：如何理解马克思主义哲学及其研究论域。

对马克思主义哲学转向的片面强调，显然基于对马哲论域和功能的一种界定，即马哲只应研究在实践基础上形成的属人的世界，探究人的生存状态和生存实践。

对马哲的论域，可以有狭义和广义的两种理解。狭义的即生存论或实践论理解，广义的即认为马哲是哲学的一种，与其他哲学的区别不在于特定的论域而在于特定的视角和方法。对于马哲研究论域的不同预设，实质上涉及何为马哲的问题，而问题的关键，是对"马克思主义哲学"和"马克思哲学"的辨析从而对马哲的定位。近几年，学界在重释马克思文本时，参照西方学者提法而广泛使用的"马克思哲学"称谓，显然在内涵上不完全等同于"马克思主义哲学"。前者意在表征马克思主义哲学的"原生态"即马克思本人的哲学思想，而后者则涵盖其"原生态"、"次生态"和"当代形态"。这两种称谓的区分是有意义的：从诠释的视角看，马克思以后的各种梳理、解释与阐发，不仅存在着许多意义的遗漏，也存在着种种意义的添加，从而离开了文本的原意；从事实上看，马克思之后，以其命名的思想已朝着几个独立甚至于相互冲突的方向发展。就回到马克思并厘清其文本原意而言，将研究论域限定于马克思本人的思想并以"马克思哲学"表述，不仅是合理的，也是必要的，因为由于存在误读，建构马克思主义哲学的当代形态应以清理马克思的思想基础为前提。然而，着眼于马哲的发展，着眼于其当代性和当代价值的阐发，则应将研究论域定位于"马克思主义哲学"。原因在于，我们欲建构的马哲，既不是"原生态"的也不是"次生态"的，而是它的"当代形态"。如果承认这一前提，那么很显然，无论作为一个流派还是学科，当今语境中的马哲已不可能还原为马克思个人的思想，即使生存论或实践论的理解也并非严格意义上的还原，而是一种说明和发挥。况且，即使能还原，也只能是一种"照着讲"，而非"接着讲"。回到马克思，在厘定马哲出发点的层面是必需和可能的，在阐发马哲的意蕴从而发挥马哲并彰显其当代性的意义上，则绝无可能，因为在这意义上，时间间距和时代境遇决定了每个人都只能"回到"自己理解的马克思。

广义的马哲，即马克思主义哲学或马克思哲学的当代形态，研究的基本方法、视角和立论基础应是马克思哲学特有的，但研究的论域却不能限于当年的马克思，而应以宽广的视域，在马克思与当代问题的对话中阐释其意义，解释新问题并构建新理论。这个"当代问题"的范围是非常广大的，显然不能仅限于社会历史或人，而亦应包括认识问题，或者说，马克思主义哲学指向人自身、人与世界的关系，自然包含人的认识及其与对象世界的关系。事实上，以马哲的方法和视角研究认识问题，抑或说建构以人的生存和实践为基础的认识论，不仅是可能的，更是必要的，且必有其独到之处。

四

有待深究的第四个问题是：认识论缺失对马克思主义哲学有何种影响。

马克思缺乏对认识论的专门探讨，其影响广泛且深远。如果说马克思缺乏认识论研究是时代任务所限，那么当今一些学者在理解或倡导哲学转向时，则显然有意地回避或搁置认识论研究。这种回避在强化马克思哲学生存论特征、使其回归现实生活的同时，势将导致认识论研究的衰退。事实上，随着"转向"成为强势语言以及其他原因，马克思主义哲学中的认识论研究已趋于式微，正在从哲学研究的主流话语中退出，在当今的学界，即便仍有相关论文发表，也多限于认识论应用或阐释某些现实问题，学理性的讨论明显不足且缺乏力度。如果我们在哲学观的层面理解马克思主义哲学，亦即广义地看待马克思主义哲学，认识论的式微，至少会给其发展带来了如下问题：

其一，难以与当代西方哲学全面对话与沟通。有一个值得深思的事实是，当代西方哲学的科学主义思潮基本上与马克思哲学无涉，西方哲学界较多涉及马克思哲学的主要是西方马克思主义。此种情形看似令人疑惑，实则不难理解。这些流派所以少谈马克思，并不是或主要不是意识形态偏见所致，实是因为缺乏这方面对话的平台，没有多少谈资，因为在认识论领域，只是马克思以后的经典作家提出了一些认识论观点，这些观点虽然以其实践性和辩证性而具有一定创意并独具特色，但此后在对认识的微观解释方面并无实质性的展开和深入，未形成现代形态的认识论体系。西方马克思主义对马克思的解读，无疑体现着马克思哲学对当代西方哲学的深刻影响，但我们亦应看到，这并不意味着马克思哲学整体性地辐射到当代西方哲学，因为西方马克思主义只是西方哲学的一支而非全部。

其二，与当代人类主流话语脱节，难以回应当代科学的发展。20世纪以来特别是二战以后，自然科学发生了重大变化，不仅极大增强了人对自然的认识，使视通千里和入微探幽成为现实，而且从根本上改变了人的认识方式。科学认识已影响到社会生活的各个方面，深度渗透于日常意识之中，成为当今社会的主流话语。这既给传统的认识论提出了深刻的问题乃至挑战，也为认识论研究及其向现代形态的转变提供了契机。应该承认，西方的一些哲学—科学家对此作出了多层面和多角度的回应，因而有了科学哲学、认知科学、逻辑哲学、语言哲学等，实现了哲学认识论的转型和发展。列宁在20世纪初曾就回应科学的发展作出过努力，并提出了哲学家与自然科学家结盟的设想，但遗憾的是，此后的马克思主义认识论在回应科学发展并自我更新方面没有太多实质性的进展。其结果是，马克思主义哲学与作为当代人类主流话语的科学疏离。更为遗憾的是，这反而强化了一种错觉，似乎马克思主义哲学可以缺失认识论路向，可以无视科学发展而自说自话。片面强调"转向"，似与此不无关系，而仅仅强调马哲的生存论或实践论特质，又只会使其在科学面前的失语症加重。

其三，认知和分析的维度缺失。以往对马哲的理解，存在着将其归结为科学，即所谓最高层次科学的泛认知倾向。这种倾向不仅将马克思关于自然的看法理解为一种新的自然哲学，而且还渗透于唯物史观的阐释中，并尤显片面性。例如，在解释历史运动时，往往只见"社会"不见"人"，将"社会"主体化，并归结为某些物质条件和关系，这样，历史主要被理解为社会物质条件和关系的变化、发展过程，历史规律被等同于物质条件和关系变化发展的规律，人在历史中总体上处于被动（被决定）的状态。这种理解显然有悖于"历史不过是追求着自己目的的人的活动而已"①，"整个所谓世界历史不外是人通过人的劳动而诞生的过程，是自然界对人来说的生成过程"②的事实。如此人、实践和价值缺位的理解，是"认识论模式"在马克思主义哲学研究中的典型表现。然而，超越这种"认识论模式"，并不意味着应在马克思主义哲学中排斥认知向度，而在于应划定认识论论域，以及在非认识论论域中界定其认识维度及其限度，承认认识维度与其他维度如价值维度的互补性。哲学运思至少可以有三种样式：思辨的、诗化的（境界的）和分析的，对于马克思主义哲学，正像对于任何一种完整的哲学一样，三者缺一不可。作为对认识的反思，认识论集中体现着哲学的分析维度，认识论研究所提供的方法和方式，对于一种哲学体系的逻辑建构，对于确立研究问题（包括非认识论论域问题）的分析维度，具有潜移默化的影响。哲学不局限于认知和分析，但决然离不开认知和分析。分析维度的弱化，有可能导致研究理性的缺失，甚至使哲学研究走向非逻辑化和神秘主义，影响到马克思主义哲学当代建构的合理性、多向性和全面性。

本文原载于《哲学动态》2005 年第 8 期
《高等学校文科学术文摘》2005 年第 6 期转载

---

① 《马克思恩格斯全集》第 2 卷，人民出版社 1957 年版，第 118—119 页。
② 马克思：《1844 年经济学哲学手稿》，人民出版社 2000 年版，第 92 页。

超越"认识论模式"的几点辨析

关于马克思哲学转向的探讨，矫正了对马哲的一些误解，也深化了对马哲的认识。在以往对马哲特别是马克思历史观的阐释中，存在着重认识轻价值和将马哲知性化解读的倾向，而转向一说却拓展了马哲的研究论域，彰显了其实践性和当代价值，这无疑值得肯定。然而，某些有关转向的阐释，也存在可议之处，关于超越"认识论"模式的理解，即是一例。有的论者认为，马克思在哲学上超越了"认识论模式"，实现了从传统知识论向现代生存论的转换，因而马克思哲学就是"历史生存论"。在这里，"超越"的已不仅仅是"认识论模式"，而是认识论本身。这种理解，关系到马克思主义哲学的当代建构。因此，对于超越"认识论"模式，有几个问题应予辨析。

一、马克思在何种意义上超越了"认识论模式"

马克思哲学在何种意义上超越了"认识论模式"，是哲学观和方法论，还是研究论域？

将超越"认识论"模式视为超越认识论，潜含着一种理解：马克思哲学与近代哲学的主要区别在于研究论域的不同。这种理解不无缘由。

马克思"问题在于改变世界"①，"全部问题都在于使现存世界革命化，实际地反对并改变现存的事物"②的论断表明，其哲学的宗旨在于改造世界，尤其是人类社会，在于以诉诸实践的方式体现对人生存状态的深层关注，特别是人的解放和发展的诉求。的确，马克思哲学的诉求和旨趣，从近代哲学着重关注对认识的反思和探究，转向了人与世界的关系。这显然是其不同于近代哲学一个显著特征。但问题在于，马克思对近代哲学超越的实质及其意味究竟何在，是超越了近代哲学离开实践理解人及其与世界的关系，还是超越了对认识的研究？进一步说，马克思哲学对"认识论模式"哲学的超越究竟是哲学观和方法论上的，还是研究论域上的？这涉及对马克思哲学变革实质的判定，也涉及对马克思哲学研究重点的理解。

我们认为，相对于近代哲学而言，马克思在哲学观、方法论和研究论域上都实现了转换，但最本质的、标志着马哲特质及其与以往哲学根本区别的，是哲学观和方法论上的变革，而研究领域的转换却并不具有同等的意义。

在马克思哲学中，哲学观的革命直接体现为方法的变革。马克思哲学的变革特别是实践观的确立，既是一种哲学观的自觉，也是一种哲学方法的自觉。实践观的确立，立足于实际地反对并改变现存的事物，以及"社会生活在本质上是实践的"③，人周围的感性世界"是工业和社会状况的产物，是历史的产物"④，世界历史"不外是人通过人的劳动而诞生的过程"⑤等认识，使马克思特别注重从实践出发理解人与世界的关系，将认识世界纳入改造世界的范畴，既强调客体的先在性和对人的

① 《马克思恩格斯选集》第 1 卷，人民出版社 1995 年版，第 57 页。
② 《马克思恩格斯选集》第 1 卷，人民出版社 1995 年版，第 75 页。
③ 《马克思恩格斯选集》第 1 卷，人民出版社 1995 年版，第 56 页。
④ 《马克思恩格斯选集》第 1 卷，人民出版社 1995 年版，第 76 页。
⑤ 马克思：《1844 年经济学哲学手稿》，人民出版社 2000 年版，第 92 页。

制约性，又强调人的实践引起的客观世界的变化，肯定实践的能动性和超越性，克服了传统哲学的主客体分离甚至对立的思维方式，超越了只是从客体的方面看或只是从主体的方面看的对峙。实践观的确立，为构建新哲学特别是新历史观奠定了基础。马克思正是运用新的实践观和方法论研究社会历史，从而根本上改变了近代哲学的性质，强化了哲学改造世界的功能。

在研究论域上，马克思超越了以往"科学之科学"的理解，将哲学研究的重点放在社会历史领域。然而，这并非马克思哲学超越近代哲学的实质所在，因为一方面，近代哲学不乏对社会历史问题的探讨，形成了人性论、人道主义、历史哲学等形形色色的社会历史理论，丰富和深化了对社会历史的认识，虽然这些理论仍存在着种种缺陷。另一方面，马克思着力于社会历史研究，缘于当时的社会背景和他本人的经历及人生志向。正是改造社会的志向，深入探讨社会历史的诉求，引发了马克思哲学观和哲学方法的变革，进而创立了以实践为基础的新哲学，而不是哲学的变革促使马克思去研究社会历史。这个因果关系是清晰的。诚然，实践观的确立与马克思哲学致力于改造世界特别是社会的目标密切相关，实践观在马克思那里首先体现在社会历史的研究中，然而，这并不表明它只适用于社会历史，而无关于人的认识，更不意味着排斥其他问题包括认识论的研究。

马克思哲学超越"认识论模式"的实质在哲学观和方法论，所以马克思哲学的转向是总体性、全论域的，是整个哲学观和方法论的转向（因此，这种转向以"实践论转向"表述更为恰当和贴切），而非从哲学的某个领域转至另一个领域，或走出了哲学的某一论域。马克思的社会历史理论或曰生存论，与近代认识论并不是同一哲学内容的两个阶段，而是以不同视角或方法对问题的研究。马克思的哲学研究侧重于社会历史论域，却不排斥其他研究论域。也就是说，生存论对"认识论模式"的超越，并不意味着研究论域的替换，不意味着以社会历史研究取代认识论研究。

　　生存论与认识论，既然分别属于不同的研究论域，自然不存在可比性，更不具有互相替代性。一种研究论域的结束，有赖于所涉及问题的解决，就认识论而言，除非对认识的哲学反思不再必要，其研究就应继续下去，而人类认识的发展史表明，由于认识的复杂性和不可彻底还原性，对认识的前提性批判和认识过程、机制等等的反思便不可或缺。当代科学更深入地揭示了认识发生和发展过程的微观机制，也提出了更多的问题，需要有新的哲学理解。科学的发展不仅没有结束认识论，反而为其提供了新的发展动力和契机。马克思对"认识论模式"哲学的超越，并未结束哲学对外部世界的深度思考或反思，而是开启了哲学研究的新路向，新的思考路径，使哲学包括认识论的研究从人的生存实践切入。

二、"认识论模式"的哲学与哲学认识论

　　认定马哲从传统知识论转向"历史生存论"并超越了认识论，显然是混淆了"认识论模式"的哲学和哲学的认识论。从一些论者的使用可见，所谓"认识论模式"的哲学，当指以近代认识论为典范的近代哲学研究范式。然而有待厘清的是，这种"认识论模式"的哲学并不等同于认识论，而只是认识论的一种，即离开实践抽象地理解人、对象以及人与对象关系的学说。以脱离实践为特征的"认识论模式"，在近代认识论包括机械反映论和先验论中皆有体现。关于机械反映论离开实践，对对象"只是从客体的或者直观的形式去理解"[①] 的缺陷，马克思曾进行过揭示和批判。这里要指出的是，这种脱离实践的特征，在先验论中

---

① 《马克思恩格斯选集》第 1 卷，人民出版社 1995 年版，第 54 页。

亦有深刻的体现,康德哲学便是突出的一例。

  康德着眼于综合了经验论与唯理论,回答客观普遍性的科学认识何以可能的问题。他超越了近代唯理论否定认识的来源的看法,认为"我们的一切知识都从经验开始,这是没有任何怀疑的"①,肯定经验是认识形成不可或缺的条件。同时,又认为"尽管我们的一切知识都是以经验开始的,它们却并不因此都是从经验中发源的"②,即仅仅有经验还不能形成知识。为此,他设定了"先天知识"这一认识形成的主观条件,认为知识的形成既有赖于经验材料,又有赖于先天知识这种先天的认识形式,从而既解决了认识内容的来源问题,又解决了认识的普适性问题。他认为,先天的认识形式是人先天具有的主体系统,其本身不依赖于经验,从而具有普遍性和确定性。先天的认识形式的设定不仅解决了认识的普适性问题,而且真正显示了主体在认识中的能动性。在康德之前,笛卡尔、莱布尼兹等虽然分别以"天赋观念"说、"天赋观念潜存"说等显示了主体在认识中的能动性,但其"天赋观念"是先天的、既成的知识,是知识本身。康德的先天的认识形式则不然。它不是既成的知识,而是做成知识的主观条件。因此在康德看来,认识的形成是一个主体运用先天感性形式和认识范畴统摄感性经验而做成知识的过程。康德此说不仅揭示了认识形成的机理,既阐释了认识的来源,又确立了认识的普适性,在一定程度上弥补了经验论与唯理论各自的缺陷,而且真实地显现了主体在认识中的能动性。然而问题在于,先天认识形式如何可能,它在何种意义上是先天的,有无来源并来源于何处?康德并未就此作进一步追溯,而这正是问题的关键所在。如果康德诉诸实践,意识到作为人的主观意识系统的"先天"认识形式并非人先天具有,意识到人的智力是按照人如何学会改变自然界而发展的,认识到作为人主观

---

① 康德《纯粹理性批判》,人民出版社 2004 年版,第 1 页。
② 康德《纯粹理性批判》,人民出版社 2004 年版,第 1 页。

认识形式的"逻辑的格"是千百万次实践的产物,那么他对认识本质和机制的解说无疑将更具说服力。对康德认识论个案的剖析表明,无视实践,正是近代"认识论模式"哲学的根本缺陷。

"认识论模式"哲学的根本缺陷,在于离开实践解读主客体关系,抽象地从主体或客体看问题。《关于费尔巴哈的提纲》第1条对只强调从客体或主体方面看两种哲学倾向的批判,就包含着如下的理解:近代哲学只是看到或仅仅强调人与世界的认识关系,而忽视其实践关系;离开实践,对人与世界的关系,既可能只从客体的方面看(如旧唯物主义),也可能只从主体的方面看(如唯心主义)。脱离实践,是近代哲学共同的根本缺陷,也是"认识论模式"哲学的特质。马克思对近代哲学超越的实质正在于此。

认识论作为对认识的反思和批判,并不是一种更高层次的认识(所谓"对认识的一般规律和性质的反映"),因而认识论并不必然等同于知识论或实证论。认识论与生存论的差异并不是时代性的,不一定分属于两个时代,从研究论域来说,无论近代或现代,都可以有认识论,也可以有生存论。马克思超越"认识论模式"所摈弃的,是包括认识论在内的近代哲学疏离实践的研究理路,所超越的,是"不是从主体方面去理解"① 和"抽象地发展了""能动的方面"② 的对立。也就是说,马克思超越的是包括认识论在内的整个近代哲学的模式,而不是认识论本身。哲学由近代向现代的转变,不但就马克思哲学而言没有搁置认识论,就西方哲学而言,亦复如此。现代西方哲学早已超越了近代认识论,特别是摈弃了其思辨的形态,但却并未放弃对认识的研究。当代西方科学主义思潮的各种学科和流派(如科学哲学、认知科学、人工智能研究乃至于分析哲学、语言哲学和逻辑哲学等),正是认识论的现代形

---

① 《马克思恩格斯选集》第 1 卷,人民出版社 1995 年版,第 54 页。

② 《马克思恩格斯选集》第 1 卷,人民出版社 1995 年版,第 54 页。

态，标志着近代认识论的现代转换。

三、如何界定马哲并确定其研究论域

回避或搁置认识论研究，除上述原因外，也与对马哲性质和论域的定位密切相关。关于马哲的论域，有狭义的和广义的两种理解。狭义的即生存论或存在论理解，广义的即认为马哲是哲学的一种，与其他哲学的区别在于其特有的哲学观和方法论。关于马哲研究论域的不同预设，在一定意义上取决于对马哲的界定，而合理界定马哲涉及的一个关键问题，是对"马克思哲学"和"马克思主义哲学"的辨析。

近几年学界在重新解读马克思文本时使用的"马克思哲学"一词，在内涵上不同于以往常用的"马克思主义哲学"。前者专指马克思本人的哲学思想，后者则既包括马克思本人的思想，也包括后人对它的解释和发挥，还包括将要建构的马哲的当代形态。这两种称谓的区分是有意义的：从诠释的角度看，二者有诸多差异，因为在马克思以后，人们对他思想的各种梳理、解释与阐发，不仅有"意义"的遗漏，也存在着"意义"的添加。这些阐释在发展马克思思想的同时，又不同程度地离开了文本的原意。并且，马克思之后，以其名字命名的思想和理论已朝着几个独立甚至于相互矛盾的方向发展。既然存在误读，建构马克思主义哲学的当代形态理应以清理马克思的思想基础为前提。有鉴于此，为了回到马克思而尽可能厘清其文本原意，将马哲的研究论域限定于马克思本人的思想并以"马克思哲学"表述，是合理的，也是必要的。然而，阐释马克思本人的思想并不是马哲研究的全部。从时代性看，当今的马哲研究，应深度反映现实的变化，着眼于马哲当代性和当代价值的阐发。从马哲理论建构的目标看，我们所欲建构的，是马哲的"当代形态"。基于这两点，当今时代和语境中的马哲，无论作为一个流派还是学科，已不应该也不可能还原为马克思个人的思想，而必须是一种说明和发挥，即应定位为"马克思主义哲学"。马哲的含义从"马克思哲学"转换到"马克思主义哲学"，是现实发展的需要，也是理论演变之必然。

以上分析，是就"马克思哲学"与"马克思主义哲学"历经的时代差异而言的。从内在联系和继承发展的角度看，二者则具有根本上的一致性："马克思哲学"是"马克思主义哲学"的特定（初始的、原生的）形态，"马克思主义哲学"是"马克思哲学"的展开和发挥，因此，可以以"马克思主义哲学"统称之。接下来的问题是，马克思主义哲学是一种世界观，抑或仅仅是一种社会历史观，其研究应否仅限于社会历史领域？我们认为，从创立到当代，马克思主义哲学已成为一种具有独特哲学观和方法论的世界观，它包括社会历史观却又不限于此。

从历史的视角看，马克思并未回避认识论。马克思未曾专门探讨认识论问题，没有提出系统的认识论理论，这是由当时面临的主要时代性问题，即改造社会和人的历史任务决定的，而并非刻意，从一定意义上说，是不得已而为之，也是一种缺憾。然而，亦应看到，虽然马克思的主要哲学旨趣在于人、社会和历史，但他也关注到认识论，并有相关的阐述。例如，他曾肯定洛克关于人类理性的起源的著作"像一位久盼的客人一样受到了热烈的欢迎"[1]，肯定"唯物主义在它的第一个创始人培根那里，还在朴素的形式下包含着全面发展的萌芽"[2]。他对近代哲学的批判，包括对唯心主义和旧唯物主义认识论的批判，锋芒所指并非认识论本身，而是这些认识论的研究基础、视角和方式：离开实践理解人、自然和社会，否定或抽象理解认识中的主体能动性。马克思虽然没有专门的认识论著作，但不可否认的是，他曾多次直接或间接地涉及认识论问题。在《关于费尔巴哈的提纲》的第1、2条中，他从实践出发

---

[1] 《马克思恩格斯全集》第 2 卷，人民出版社 1957 年版，第 162 页。
[2] 《马克思恩格斯全集》第 2 卷，人民出版社 1957 年版，第 163 页。

对旧唯物主义和唯心主义认识论进行了批判，提出了对认识（包括真理）问题的理解。尤其在第 1 条中，他在批判旧唯物主义和唯心主义的同时，提出了对主客体关系的基本理解：肯定主体的能动性而又反对抽象地发展能动的方面，这实际上是提出了理解主客体关系（当然包括认识关系）的"实践性原则"。此外，马克思在《资本论》中提出并运用的有关研究方法，如从抽象到具体的方法及其他辩证方法，体现着对认识的深度理解，以至于列宁曾认为："虽说马克思没有遗留下'逻辑'（大写字母的），但他遗留下《资本论》的逻辑。"①"辩证法也就是（黑格尔和）马克思主义的认识论"②。马克思本人在《〈政治经济学批判〉导言》等文中，亦曾有类似的理解。

从现实的视角看，作为当代的哲学形态，马克思主义哲学的理论内核特别是哲学观和方法论虽然是独特的，但对它的研究范围则不应设限。当代的马克思主义哲学，应以宽广的视域，在理论与现实的对话中解释新问题，构建新理论。也就是说，它的问题域非常广大，不限于社会历史或人，而应包括认识在内的诸多问题，或者说，马克思主义哲学指向人自身、人与世界的关系，自然包含人的认识及其与对象世界的关系。

如果说马克思缺乏对认识论的系统研究是时代任务所限，那么当今一些论者强化这一点则是基于以上谈到的种种误解。这些误解弱化了马克思主义哲学中的认识论研究，导致马哲界对认识论的学理性讨论明显不足且缺乏力度，甚至使之开始从马克思主义哲学的主流话语中退出。从发展的视野看，认识论的式微，将导致马克思主义哲学认知和分析维度的缺失，使马克思主义哲学难以展开与其他哲学的全面对话和沟通，难以回应当代科学的发展，从而与当今社会的主流话语脱节。这表

---

① 《列宁全集》第 55 卷，人民出版社 1990 年版，第 290 页。
② 《列宁全集》第 55 卷，人民出版社 1990 年版，第 308 页。

明：在马克思主义哲学研究中，不仅应从实践出发理解社会历史，亦应从实践出发探讨认识问题；着眼于建构马克思主义哲学的当代形态，认识论研究非但不应弱化甚或舍弃，反而有待深化和拓展。因此，我们认为，在当代，以马哲的方法和视角研究认识问题，建构以人的生存和实践为基础的认识论，无论对于深化认识的研究，还是对于马克思主义哲学自身的发展，都是必要的。

本文原载于《浙江学刊》2005 年第 6 期

人大复印报刊资料《哲学原理》2006 年第 3 期全文转载

第 三 篇

人的发展理论与实践

人文素质与人文精神

　　对于人文素质，可以从不同角度和层面来理解，如理解为人文知识素养、传统文化修养、思想道德素质等。但从哲学的层面看，人文素质的核心是关注人的生存意义和价值的人文精神。马克思曾指出：所谓彻底，就是抓住事物的根本，但人的根本就是人本身。这一说法对于理解人文素质问题亦具有启发意义。

　　人文素质所以为人们关注，是与人文精神的失落进而与社会现代化进程的影响密切相关的。在西方，当社会现代化进入高潮时，一方面，科技、经济迅猛发展，社会财富高速增长；另一方面，工具理性张扬，操作主义、消费主义、拜金主义盛行，传统价值被遗弃，人的生存片面化。于是，便有了对现代化的反思，出现了一些非现代化甚至反现代化的观念和行为。在我国，随着社会现代化进程的展开，西方社会曾出现的"现代化问题"亦已复现，作为对这些问题的回应，出现了"人文精神的失落"的感叹和对人文精神的呼唤。人文素质问题正是在这一背景下提出的。

　　要弄清当前人文素质问题的症结所在，应对人文素质、人文精神与现代化的关系有一个全面的理解。

　　在西方近代史上，人文精神与社会现代化进程曾经是相互促进的。西方现代化进程在思想上导源于人文精神。文艺复兴时期的人文主义和启蒙运动中的人道主义，确定了与神道相对立的人道，确立了人的生命、自由、平等及追求幸福的权利，为现代化进程的启动提供了理论准备特别是价值论证，从封建、宗教的羁绊中解放了人，释放了人的能量。人文主义和人道精神还开阔了人的胸襟、拓展了人的视野，为科学的发展提供了思想自由的环境，正如丹皮尔所说："人文主义者毕竟为科学的未来和振兴铺平了道路。"① 从人文主义到人道主义所倡导的关注人自身、尊重人的价值和个性的人文精神，一开始就引导着西方的现代化进程，而现代化进程则作为最有效的手段和方式体现并实现着这一精神。

现代化进程肇始于对人的关怀，却又导致了人文精神的失落和人文素质问题，这看似矛盾，却是事实。理解这一矛盾的关键，是确定现代化背景下人文精神失落和人文素质缺乏的具体含义，确定了其含义，也就明确了当前人文精神建设和人文素质培养的主要内容。

对于人文精神的失落，不应一概而论，而应作具体的分析。应该肯定，社会现代化进程给人文精神和人文素质注入了新的内容，带来了正面的影响，如增强了人的主体意识、个性意识、创新意识等。因此，所谓人文精神的失落，不能简单地理解为人文精神和人文素质的全面滑坡，更不能由此而断定现代化具有反人文性。当前的人文精神失落和人文素质滑坡是有特定含义的，主要表现在两个方面：一是目的与手段倒置，人们对生存发展手段的追求甚于对生存发展目的和意义的关注；二是人的精神生活受到忽视或片面化发展。

目的与手段是贯穿于人类活动过程的一对矛盾。从理论上说，二者是统一的：目的是手段的导向，手段由目的规定而又服从和服务于目的；手段的加强，有利于目的的实现。但在现实中，目的与手段又往往存在着矛盾，在社会现代化过程中，这种矛盾较以往任何时代都更为突

---

① ［英］W. C. 丹皮尔：《科学史》，商务印书馆 1975 年版，第 157 页。

出。现代化的目的是人的发展，但由于现代化自身的逻辑和特点，却往往会造成目的与手段错位的现象。当西方国家社会现代化进入高潮时，一方面，生产力加速发展，物质财富迅速膨胀；另一方面，由于这些原因及其他不同时期或地区的特殊原因，在社会现代化过程中，人生存发展的目的往往被手段遮蔽，手段反过来成了目的，甚至成了唯一的、终极的目的。对许多人来说，经济增长就是一切，金钱成了人的价值尺度，物质财富成了至高无上的追求目标，一些人拥有了财富，却丢失了自己，其结果是，人的发展片面化，人文关怀意识——对社会公正和道德境界的追求，对人生目的和意义及人的发展前景的关注等缺乏。这正是人文精神失落和人文素质缺乏最本质的内容。

与上述问题相联系的，是精神生活的片面化。社会现代化是社会的全面进步，但其最基本的要求和最明显的标志是科技和经济的发展及物质财富的增长。现代化的一切活动，首先是围绕这一中心来进行的。因此，人们在现代化过程中自然要将主要注意力置于物质条件的改善和物质生活需要的满足上，而较少关注精神生活的满足与发展。诚然，人们在谈论现代化时也谈及甚至强调观念的现代化，但究其内容，则主要是围绕着科技和经济的发展来理解的，即主要是在手段的意义上来理解的，而较少涉及人文素质方面的内容。此外还应该看到，文化的商品化运作和市场化取向，一方面，促进了文化市场的繁荣，为人们提供了大量喜闻乐见的大众文化产品，满足了人们调节生活、愉悦精神的需要；另一方面，也导致了文化的简单化、快餐化和商业化。由于利润的驱使，文化产品的生产批量化、程序化，抑制了文化的创造性和多样化。更有甚者，为迎合市场，一些媚俗的、低层次的、非历史的甚至反文化的"文化产品"充斥于市，既误导了人们对文化的理解，降低了人们的文化品位，更使人产生了一种文化充实的幻觉，弱化了人们对高雅文化品质和高层次精神生活、精神境界的需要和追求。这是人文精神失落和人文素质缺乏的又一个重要方面。

上述两方面问题是密切相关的，前一问题是根本，后一问题则是前一问题的重要表现。从对这两个问题的初步分析可见，提高人文素质，应着重于培养人们关注人自身、关注人的自由全面发展的人文精神，其中尤其应着力于丰富人的精神生活、提升人的文化素养和精神境界。早在古希腊时期，苏格拉底就曾指出：不加思考的生活等于徒费时光。虽然人生的意义和人的发展在不同时代会有不同的含义，但思考人生的意义并关注人的发展却应是一个长久的话题。《增长的极限》的作者在该书中提供的最后一个思想是："人必须探究他们自己——他们的目标和价值——就像他们力求改变这个世界一样。献身于这两项任务必然是无止境的。因此，问题的关键不仅在于人类是否会生存，更重要的问题在于人类能否避免在陷入毫无价值的状态中生存。"① 这一思想显然不仅仅适用于理解环境资源问题，因为无论在何种意义上，我们都不应该在无价值的状态中生存。

关注生存的价值和意义，是提高人文素质之根本。只有确立以关注人的发展为核心的人文精神，才能为人们提供正确的目标导向，才能使人们在现代化进程中应对各种问题而避免陷入无价值的生存状态，才能从根本上提升人的精神境界，丰富人的精神生活，才能从整体上提高人的素质，促进人的全面发展。

本文原载于《北京师范大学学报》2003 年第 1 期

人大复印报刊资料《哲学原理》2003 年第 4 期转载

---

① ［美］丹尼斯·米都斯：《增长的极限》，吉林人民出版社 1997 年版，第 152—153 页。

马克思人的发展理论的二重维度

通常在阐释人的发展问题时，比较强调其价值取向的方面，这是可以理解的，因为人的发展本质上是一个目的论命题，是人的追求和理想。然而，作为人的发展问题理论表现的马克思人的发展理论，却是科学认识和价值取向二重维度的统一，既体现着合目的性，又体现着合规律性。其中，价值取向引领科学认识，科学认识为价值取向的深化和实现提供理论支撑。对于马克思人发展理论二重维度的统一，可以通过其形成过程的梳理和反思来理解，而这种反思，又将为人的发展理论的当代建构提供启示。

一

马克思人发展理论的价值取向，经历了一个从提出到深化和展开的过程。这一过程大致经历了三个阶段：对专制制度压抑人性的批判，对政治解放与人的解放的辨析和人类解放目标的提出，个人的自由全面发展理念的确立。

马克思对人的关注，既受到近代欧洲价值传统的影响，更缘起于现实生活的切身感受。大学毕业后接触社会生活时间虽然不长，但其间所亲历的书报检查制度、关于林木盗窃法的辩论、对摩塞尔河地区农民状况的研究等事件，使他痛感普鲁士国家制度对人性的压制，深切同情劳动者的悲惨处境，并由此开始萌发人的解放的意识和追求。他早期的一系列文章，抨击了专制政府对思想和言论自由的限制，强调了人类的精神的多样性，揭露了普鲁士国家的反人民性。在《摘自"德法年鉴"的书信》中，他对专制制度进行了严厉的批判，认为，专制制度的唯一原则是轻视人类，使人不成其为人，使世界不成其为人的世界，专制制度必然具有兽性，并且和人性是不相容的。鉴此，他提出要对现存的一切进行无情的批判。这一阶段，马克思对人的关注主要是政治层面的，尚未正面阐释人的解放内容，但就其批判的尺度和目标看，则已蕴含着人的解放诉求。值得注意的是，马克思在批判中使用了"自由的人，真正的人"①的提法，当可视为"自由全面发展的人"概念最初的思想萌芽。

在《论犹太人问题》、《〈黑格尔法哲学批判〉导言》和《1844年经济学哲学手稿》等文本中，马克思的批判锋芒转向资本主义制度，并在批判中对政治解放和人的解放作了区分，明确了人的解放的基本要求。他通过对资产阶级政治解放的剖析认为，政治解放本身还不是人类解放，"任何一种解放都是把人的世界和人的关系还给人自己"②，为此，他揭示了人类解放的深刻意蕴："只有当人认识到自己的'原有力量'并把这种力量组织成为社会力量因而不再把社会力量当作政治力量跟自己分开的时候，只有到了那个时候，人类解放才能完成。"③他还以复归人性、全面占有人的本质为尺度，剖析了资本主义生产中劳动异化的成因及后果，阐释了扬弃异化的途径和目标，认为，共产主义是私有财产即人的自我异化的积极的扬弃，因而是通过人并且为了人而对人的本质

---

① 《马克思恩格斯全集》第1卷，人民出版社1956年版，第412页。
② 《马克思恩格斯全集》第1卷，人民出版社1956年版，第443页。
③ 《马克思恩格斯全集》第1卷，人民出版社1956年版，第443页。

的真正占有，是人向自身、向社会的即合乎人性的人的复归。从区分两种解放到揭示人类解放的含义，马克思拓展了社会批判的理论视域，深化了对人的价值关怀；从政治批判到经济学—哲学思考，马克思预设了资本主义批判的逻辑前提，开启了对人的哲学层面思考，包括对人性、人的本质、人的存在方式、人与自然的关系、人的本质的实现途径的思考。这些文本虽然在用语上存在着明显的费尔巴哈痕迹，却已提出了人的发展的核心要求，即从社会关系特别是经济关系中解放人和实现人的活动的自由自主性。

《德意志意识形态》（以下简称《形态》）是马克思和恩格斯全面确立人的发展价值取向的经典文本，它从多角度阐释了人的发展的基本内涵，系统地论述了个人自由全面发展问题。《形态》明确提出了"个人的全面发展"、"全面发展的个人"、"自由的生活活动"、"个人的独创的和自由的发展"等概念；确定了"个人向完整的个人的发展"[①]，"任何人的职责、使命、任务就是全面地发展自己的一切能力"[②] 等人的发展要求；展望了未来共产主义社会中个人自由、全面发展的情景；揭示了人的发展的社会制约性及个人发展与集体和社会的关系；对人的发展条件进而社会发展机制和规律进行了深入的探讨。可以认为，至《形态》，马克思对人的关注已从人类解放的诉求上升到人的发展理想，形成了比较完整的人的发展价值取向，此后的《共产党宣言》、《资本论》及其手稿等的阐述，是其进一步的展开和补充。

在价值维度上，马克思对人的发展的基本理解是：其一，将人的发展确立为人类活动的根本价值目标。他认为，人的发展以人的解放和社会进步为前提，又是人的解放的价值延伸，是人类追求的最高理想。其二，将发展的主体定位在个人。在马克思那里，人的发展的主体是个

---

① 《马克思恩格斯全集》第 3 卷，人民出版社 1960 年版，第 77 页。
② 《马克思恩格斯全集》第 3 卷，人民出版社 1960 年版，第 330 页。

人，且是每一个个人。《形态》论及人的发展时多以"个人"为主词，不是偶然的。此后，《共产党宣言》提出了"每个人的自由发展是一切人的自由发展的条件"[①]的著名论断，《资本论》及其手稿又多次使用了"个人全面发展"、"个人的全面性"等概念，并预测了未来社会人的状况：建立在个人全面发展和他们共同的社会生产能力成为他们的社会财富这一基础上的自由个性。其三，强调自由全面的发展。马克思认为，完整的具有自己个性的个人，应是自由全面发展的。如上述，《形态》中多有"全面发展"和"自由发展"的提法，这里的自由和全面是相辅相成的，是一种状态的两种表现。对于人的发展而言，全面才能自由，自由亦才能全面。自由全面发展的核心是发展自己的一切能力（天赋），为此，《形态》形象地描述了共产主义社会中人自由全面发展的情形，并指出，"在共产主义社会里，没有单纯的画家，只有把绘画作为自己多种活动中的一项活动的人们。"[②]也就是说，在理想的社会中，人的发展具有无限多样的可能性，劳动成为自由自主的活动，成为发展和发挥人的本质力量的方式，成为人的本质的对象化（自我实现）的需要。

二

马克思人发展理论所以超越前贤们对人的种种理解，不仅在于价值取向的彻底性，还在于将价值取向奠立于科学认识的基础之上，抑或说，正因为以科学认识为基础，马克思人的发展理论才具有价值取向上的彻底性和现实性。马克思对人的发展认识最具创意之处，在于科学地界定了人的发展主体，阐明了人的发展的条件和途径。

---

① 《马克思恩格斯全集》第3卷，人民出版社1960年版，第294页。
② 《马克思恩格斯全集》第3卷，人民出版社1960年版，第460页。

马克思通过阐述人的类特性和人的本质，科学地界定了人的发展的主体。

马克思在《1844年经济学哲学手稿》中认为，"人的类特性恰恰就是自由的有意识的活动"①，被异化劳动贬低为手段的劳动本应是"自主活动、自由活动"。他通过与动物活动的比较，论证了人的活动的自由自主性和超越现实性，论证了人的活动改造外物的对象化特征，并认为，整个所谓世界历史不外是人通过人的劳动而诞生的过程，是自然界对人来说的生成过程。对人的类特性（人性）的界定，为确立人的发展目标设定了依据，实际上，《手稿》中"对人的本质的真正占有"、"向合乎人性的人的复归"、"一切感觉和特性的彻底解放"等表述，《形态》中"随我自己的心愿今天干这事，明天干那事"的说法，本质上都标志着人的活动真正成为自由自主的活动。"人的类特性"表征着人活动及生存的根本特征和意义，是人区别于动物的特质。对人的活动自由自觉性的认定和分析，实际上包含着对实践活动本质的理解，在此基础上，马克思确立了科学的实践观，并从实践的观点出发，揭示了人的社会性，提出了关于人的本质的理解。对于"人的本质不是单个人所固有的抽象物，在其现实性上，它是一切社会关系的总和"②的命题，无论怎样解读，其在社会关系中确定人的本质之意蕴都是确定无疑的。这一认识表明，人是社会的也是历史的存在，或者说，作为研究前提的人，是现实的、从事实际活动的人。"现实的人"是人的发展理论的基础性概念，马克思对人的发展的全部理解，都是以此为前提的。

马克思强调生产力是人的发展的基本条件，不仅是基于"人们所达到的生产力的总和决定着社会状况"③，而且还因为，生产力发展有助于消灭旧式分工和节约劳动时间，直接促进人的发展。分工和劳动时间

---

① 《马克思恩格斯全集》第3卷，人民出版社1960年版，第246页。

② 《马克思恩格斯选集》第1卷，人民出版社1995年版，第56页。

③ 《马克思恩格斯全集》第3卷，人民出版社1960年版，第33页。

是制约人的活动乃至于生存质量的两大因素。马克思认为，资本主义的分工推动了生产进步，又束缚着人，不仅使人从属于机器，而且恶化了工作条件，使工作中"缺乏一切对工人来说能使生产过程合乎人性、舒适或至少可以忍受的装置"[①]。由此而导致了人的活动片面化、被动化，使人的活动缺乏自由自主性。他还认为：时间是人类发展的空间，"自由王国只是在由必需和外在目的的规定要做的劳动终止的地方才开始；因而按照事物的本性来说，它存在于真正物质生产领域的彼岸。……在这个必然王国的彼岸，作为目的本身的人类能力的发展，真正的自由王国，就开始了。"[②] 人们为维持生存所需要的必要劳动时间越少，其活动的自由度就越大，且越是能够享受闲暇并利用于发展自己的爱好和能力。针对这两个问题，马克思敏锐地洞察到，生产力发展是消除旧式分工和缩短劳动时间的必由之路。他指出，"劳动生产力向前发展，而达到这样的程度，以致一方面整个社会只需用较少的劳动时间就能占有并保持普遍财富，另一方面劳动的社会将科学地对待自己的不断发展的再生产过程，对待自己的越来越丰富的再生产过程，从而，人不再从事那种可以让物来替人从事的劳动。"[③] 也就是说，生产力的发展将提高劳动效率，改变劳动的性质，当生产力高度发展，消灭了使人的活动固定化、被动化、单一化的旧式分工，并极大地缩短了为维持生存所必需的劳动时间时，人的活动才能真正成为自由自主的活动，人充分发展和展示自己能力的理想才能转化为现实。

马克思认为，社会关系尤其是生产关系变革是人的发展的另一基本前提。他和恩格斯在《形态》中指出，"社会关系实际上决定着一个人能够发展到什么程度。"[④] "个人对一定关系和一定活动方式的依赖

---

① 《马克思恩格斯选集》第 2 卷，人民出版社 1995 年版，第 412 页。

② 《资本论》第 3 卷，人民出版社 1975 年版，第 926—927 页。

③ 《马克思恩格斯全集》第 46 卷上册，人民出版社 1979 年版，第 287 页。

④ 《马克思恩格斯全集》第 3 卷，人民出版社 1960 年版，第 295 页。

恰恰是由物质生产和物质交往决定的。"① 在《经济学手稿（1857—1858年)》中，他又进一步认为，生产力的普遍发展和交往的普遍性是个人全面发展的可能性的基础，"个人的全面性不是想象的或设想的全面性，而是他的现实关系和观念关系的全面性。"② 对马克思而言，人的解放是其发展的社会关系前提，他特别强调通过社会关系（社会制度）变革，消灭私有制，使社会自觉地调节生产，实现按劳分配和最终实现按需分配，消除不合理的经济关系对人的束缚，使人从劳动中从而从整个社会关系中得到解放。为此，他曾满怀信心地预言：在共产主义社会高级阶段，在迫使个人奴隶般地服从分工的情形已经消失，从而脑力劳动和体力劳动的对立也随之消失之后；在劳动已经不仅仅是谋生的手段，而且本身成了生活的第一需要之后；在随着个人的全面发展，他们的生产力也增长起来，而集体财富的一切源泉都充分涌流之后，——只有在那个时候，才能完全超出资产阶级权利的狭隘眼界，社会才能在自己的旗帜上写上：各尽所能，按需分配！

上述认识，以及对个人和他人、集体、人类关系的分析，将人的发展的价值取向置于了合规律性的基础之上。由此，人的自由全面发展不再只是一种理想的境界，而且是一个可以通过人们长期努力去实现的目标。

三

对马克思人发展思想创立过程及其二重维度的梳理和反思表明：推进当代人的发展理论研究，要着眼于体系的建构，更要以问题为导向，

---

① 《马克思恩格斯全集》第 3 卷，人民出版社 1960 年版，第 460 页。

② 《马克思恩格斯全集》第 46 卷下册，人民出版社 1980 年版，第 36 页。

结合时代语境和实践特征，从对社会和人的发展现实问题的分析入手，推进人的发展理论研究，应以深化价值取向、阐释价值取向与科学认识的关系两个方面作为主要的切入点。

在当代，拓展和深化人的发展价值取向，有三个问题尤应予以关注。

一是个人的发展。毋庸置疑，马克思确立了人的发展根本要求，并将人的发展主体界定为个人。然而，由于历史任务和研究逻辑所限，他对个人发展的内涵等未能作更具体的揭示。实际上，由于对个人发展社会制约性的自觉，他在具体谈及人的发展时，主要关注对外在条件限制的超越，关注如何创设实现人（人类）发展的自然特别是社会环境，关注"使现存世界革命化，实际地反对和改变事物的现状"①。由于这一缘故，以及由于后人因时间间距或时代境遇而引起的误读，个人在人的发展理解中被淡化甚至遮蔽了。当代的社会现代化进程表明，人的发展并不仅仅有赖于外部条件的变化，抑或说，制度的变革、经济文化进步等社会条件的改善，虽为人的发展的必要条件，但并非充分条件，不可能自然而然地带来人的发展。在西方以及在我国，社会现代化进程中的许多现代性问题都缘起于人自身，导源于人的生存态度、精神境界、价值取向、需要定位等。在这时，个人的发展才真正成为现实的问题。对于属于个人论域的"人的问题"，一些西方学者进行了深度反思，他们超越了对人与外部条件的关系等前提性考察而直面人的本身，以个体的人及其存在为对象，分析人的存在境遇，关注人的生存前景，试图通过对工具理性、技术统治的批判以及对现代性及其文化和传统的解构、消解和颠覆，消除人的异化和本能的压抑，拯救人的"存在"。虽然他们对"人的问题"的破解不无可议之处，但这种直面个人、关注个体问题的研究路向是应予借鉴的。此外，市场经济导致人的利益分散化，使独

① 《马克思恩格斯全集》第3卷，人民出版社1960年版，第48页。

立的个性成为可能，又使个人与他人相分离。如何理解人的个性及其与社会的关系，如何区分公共生活领域与私人生活领域，如何在促进社会进步中最大限度地确立和发展人的个性，也是值得关注的问题。

二是培育类意识，确立普遍价值。有学者认为，人类正走向类本位时代。无论这一说法是否成立，至少反映了这样一个事实，随着现代化进程特别是全球化的深入，人类面临的共性问题日趋增多：经济发展、文化交流、和平期望、可持续发展……人类从古至今，还没有哪一个时代有诸多共同的问题受到如此广泛的关注，也没有哪一个时代有这样多的问题需要通过人类共同的努力来解决。共性问题凸显不仅标志着共同利益的增长，也反映了人们生存态度和价值取向的趋同性。在人囿于比较狭小的活动范围和利益群体的情况下，既无确立普遍价值的需要，也难以在价值取向上形成共识。在当代，虽然世界上仍存在着种种利益冲突而必须予以正视和应对，但与此同时，不同国家民族和社会集团间的共同利益也在增加。经济全球化带来的普遍交往，使确立共同的价值理念成为必要，并为普遍价值的形成提供了可能。在人类社会进入世界历史时期的当代，确立普遍价值，不仅有利于解决人类共同面临的问题，也是人的发展的内在要求，它将从根本上增强人的类意识和类认同，加深人们之间超越地域性的普遍交往，提升人的社会性，丰富人的时代感，开阔人的历史视野。

三是人与自然的协调发展。马克思曾提出人类从自由王国进入必然王国的理想。所谓必然王国，对于自然而言，当然首先是指人在生产力的高度发展的基础上，摆脱了盲目的自然力量的摆布，但是，又不能仅仅理解为人对自然的控制甚至征服，而应理解为人与自然的和谐发展。马克思认为，共产主义，作为完成了的人道主义＝自然主义，它是人和自然界之间、人和人之间的矛盾的真正解决。这表明，人的发展不仅意味着人与社会和他人关系的合理化，也意味着人与自然关系的合理化，即人与自然和谐相处、协调发展。可持续发展问题的提出表明，人对待自然的态度，应是改造与保护的统一。保护自然，是人和社会永续发展的前提，也是人的生存方式的重大变化。人与社会、人与人、人与自然三方面的和谐，是人生存的理想境界，因此，人与自然的良性互动、协调发展，不仅具有手段性意义，也是人生存状态上的一种追求。建设全面、协调和可持续发展的和谐社会，人与自然的关系当是题中应有之义。

在当代，科学地说明人的发展，特别是深化对人的发展条件和途径的理解，关键在于从认识与价值的统一上阐明与人的发展相关的一系列时代性问题。

马克思认为，生产力发展从而生产关系和上层建筑变革，是社会进步和人的发展的根本动力和途径，揭示了人的发展的合规律性，指出了人的发展的根本途径。然而，合规律性与合目的性在一定情形下会发生矛盾。在当代，社会现代化在促进经济文化发展的同时，也引发了一系列问题，如拜金主义盛行，需要定位片面，生活方式畸形，人文精神式微，人的存在片面化，科技的双重效应显现，资源和环境危机等等。这些被称为"现代化通病"的问题，实质是"人的问题"，既由人的因素引起，又直接影响着人的发展。毋庸置疑，现代化的价值指向是人的发展，但由于固有的逻辑和特点，在其过程中必然张扬科学精神，追求效率、效益和功利，推崇功利原则和工具主义，注重经济发展和物质财富增长，相应地，一些人文的、精神的、价值方面的因素往往被忽视或边缘化。这些问题从哲学层面看，涉及对一系列关系的理解和处置，如生产力尺度与人的发展尺度的关系、工具理性与价值理性的关系、科学精神与人文精神的关系、物质生活与精神生活的关系、效率与公平的关系、经济发展与社会全面进步的关系等，归根到底，导因于社会发展亦即人的发展合规律性与合目的性的分裂。这表明，在当代，深化对人的发展规律、机制和现实途径的认识，关键在于从价值取向与科学认识的统一上，正确理解和处理人的发展合规律性与合目的性的关系。既要将人的发展的价值取向置于科学认识的基础上，又要自觉地以人的发展的价值取向引领科学认识；既要注重合规律性而弘扬科学精神，追求效率、效益，注重经济发展，又要以人的发展的价值诉求规范个人行为和社会走向。这是一个看似简单实则复杂的问题，但可以认为，对这一问题的探讨，是推进人的发展科学认识的新路向。

本文原载于《学习与探索》2005 年第 1 期

人大复印报刊资料《哲学原理》2005 年第 5 期转载

人的发展的世界视野和中国特色

马克思主义人的发展理念，具有鲜明的世界视野。全球化带来了普遍交往，孕育了世界意识，为人的发展提供了新的平台，也带来了一些新的问题和挑战。全球化背景下，人的发展体现着国家民族性与世界性的统一。当代中国人的发展既应因势利导、趋利避害地适应全球化大势，又须具有自身的特色，体现制度、环境和文化特征。

一、人的发展的世界视野

马克思主义人的发展理论形成于历史向"世界历史"转变时期。在马克思恩格斯的理解中，人的发展就其目标及最终实现途径和范围而言，根本上是一个"全人类"的问题。

作为全球化理论源头之一的马克思主义世界历史理论，不仅敏锐地洞察到资本主义经济和文化的发展趋势，揭示了历史向世界历史转变的事实及其必然性，开启了理解资本主义及其历史作用的新视角，而且明确了在这一背景下无产阶级解放的条件，指明了共产主义（社会主义）革命的途径。这后一层意思，对于确立当代人的发展的世界视野，颇具启示性。

马克思恩格斯在《德意志意识形态》中精辟地指出："无产阶级只有在世界历史意义上才能存在，就像共产主义——它的事业——只有作为'世界历史性的'存在才有可能实现一样。而各个人的世界历史性的存在，也就是与世界历史直接相联系的各个人的存在。"① 在《共产主义原理》中，恩格斯否定了单独在一个国家发生革命的可能性，理由是："单是大工业建立了世界市场这一点，就把全球各国人民，尤其是各文明国家的人民，彼此紧密地联系起来，以至每一国家的人民都受到另一国家发生的事情的影响。此外，大工业使所有文明国家的社会发展大致相同，以至在所有这些国家，资产阶级和无产阶级都成了社会上两个起决定作用的阶级，它们之间的斗争成了当前的主要斗争……共产主义革命也会大大影响世界上其他国家，会完全改变并大大加速它们原来的发展进程。它是世界性的革命，所以将有世界性的活动场所"②。在《共产党宣言》中，马克思恩格斯进一步认为，"联合的行动，至少是各文明国家的联合的行动，是无产阶级获得解放的首要条件之一"③。

在他们看来，由于资本主义超越国家民族的世界性，作为其对立面的无产阶级，只有在世界历史意义上才能存在，其利益、运动和目标，只有超越国家民族范围，成为世界历史的事业，才是可能的。他们断定无产阶级解放有赖于各文明国家联合的行动，共产主义是世界性的革命，是基于如下事实和逻辑：大工业建立了世界市场，资产阶级已通过世界性交往而在根本利益上联为一体，一荣俱荣，一损俱损，以至于各国资产阶级必然会相互支持，镇压单个国家中无产阶级的革命。毋庸置疑，上述看法是以西欧（以及美国）为蓝本基础上的推论，并且，他们重在强调阶级间根本利益的冲突，而未能充分估价当时尚未凸显的国家民族间（特别是各国资产阶级之间）的利益差异及冲突，因而其结论

① 《马克思恩格斯选集》第1卷，人民出版社1995年版，第87页。
② 《马克思恩格斯选集》第1卷，人民出版社1995年版，第241页。
③ 《马克思恩格斯选集》第1卷，人民出版社1995年版，第291页。

后来为列宁所超越。

　　基于对社会主义革命必然性的论证，以往在评价马克思恩格斯上述思想时，多侧重其局限性，这是可以理解的，也是合理的。但在承认这一点的同时亦应看到，上述结论所依从的理论逻辑并非杜撰，而是具有普遍意义。从当代视角反思，上述结论的缺陷在于，其一，对时代的判定有所超前，抑或说，当时"世界历史"进程初露端倪，人类尚未真正进入"全球化"时代。其二，国家民族矛盾和阶级矛盾的关系甚为复杂，阶级利益并不能完全覆盖或替代国家民族利益。在一定时期或一定条件下，阶级利益往往次要于国家民族利益，阶级矛盾往往要服从于国家民族间矛盾的解决。也就是说，马克思恩格斯关于单个国家不能取得革命胜利的结论，问题在于超前了当时的情势，而并非基本理论路径失当。

　　从社会发展的长远趋势看，马克思恩格斯上述思路无疑极富洞察力，对于理解当今的社会进步和人的发展问题，尤为恰当且深刻。在当代世界各国经济逐渐联为一体、文化相互激荡、政治相互渗透的环境中，任何国家或地区要获得发展，都不能自外于全球化进程。在不同社会制度并存且其他制度处于强势地位以及超级大国军事势力扩张的态势下，一个国家可以建设社会主义，不断推进人的发展，但不可能完全实现经典作家所企望的人的自由全面发展。这正是我国社会主义现代化建设必须对外开放、扩大交往的缘由所在。正如一些学者所指出的，社会主义按其内在要求和实现条件来说，与全球化的总体趋势是一致的。全球化是机遇与挑战并存。在融入全球化进程中趋利避害，加速我国经济、政治和文化条件建设，是推进社会进步并实现人的发展的必由之路。放眼未来，"每个人的自由发展是一切人的自由发展的条件"① 的自由人联合体，必将是世界性的存在，因而人的自由全面发展所依凭的经

―――――――――

① 《马克思恩格斯选集》第 1 卷，人民出版社 1995 年版，第 294 页。

济、政治、文化条件，必然是世界范围的。

全球化拓展了人的视野和发展空间。马克思恩格斯曾指出，"每一个单个人的解放的程度是与历史完全转变为世界历史的程度一致的。……只有这样，单个人才能摆脱种种民族局限和地域局限而同整个世界的生产（也同精神的生产）发生实际联系，才能获得利用全球的这种全面的生产（人们的创造）的能力。"① 人的发展与其交往范围和程度密切相关。交往的普遍性是个人全面发展的前提，因为"个人的全面性不是想象的或设想的全面性，而是他的现实关系和观念关系的全面性"②。关系的全面性取决于交往的全面性，从而有赖于交往范围的扩大和程度的加深。全球化从而普遍交往，将不同国家民族内在地联系起来，极大地拓宽了人们的活动领域。其结果是，一方面，交往已成为当代人的基本活动形式，成为其他活动的中介条件，另一方面，交往又改变了人们的生存方式，丰富了人们的生活内容和意义，既拓展人自由发展的空间，也为人的发展注入了新的、更为全面的内涵。

社会主义建设不能脱离人类文明的大道，人的发展亦不例外。全面发展的人，应自觉接受人类文明成果的滋养，立足于人类文明的制高点，具备世界意识和眼光，具有全面的社会关系和普遍的交往。

以世界视域观，当代社会呈现三个相互关联的特点：一是全球化，二是国家和地区间发展的不平衡，三是文化发展的多样化。全球化将不同国家和地区的经济活动联为一体，加快了交往的频率，加深了交往的程度，使不同国家和地区在社会生活各个领域的相互学习、相互借鉴成为可能，各国家和地区发展的不平衡，以及经济、政治和文化的多样化，又使相互交往和借鉴成为必要。由于历史及现实的因素，当今各国家或地区在参与全球化进程中，起点、条件、地位极不均衡，追求的目

① 《马克思恩格斯选集》第 1 卷，人民出版社 1995 年版，第 89 页。
② 《马克思恩格斯全集》第 46 卷下册，人民出版社 1980 年版，第 36 页。

标也大相径庭。就发展中国家而言，恰当地参与全球化进程，可以改变经济结构，引入资金和技术，提升和发展自身。文明的多样性，意味着不同国家、民族在经济、社会和文化方面各具特点和优势，意味着人们只有通过相互学习、相互借鉴、取长补短，才能超越地域和视域的限制，意味着人们在保存本民族特色的同时，应广泛吸收其他民族的优秀文化资源，才能充实发展自身，成为当代意义上的更为全面发展的人。

全球化使我国人的发展深受世界环境的影响，也使我国人的发展具有世界性意义。新世纪的中国正在和平崛起。和平崛起的中国应对人类有更大的贡献，这贡献不仅在经济、制度和文化上，亦应在人的发展层面。马克思主义创始人曾指出，共产主义社会作为"以人的全面而自由的发展为基本原则的社会形式"①，不再有任何阶级差别，不再有对个人生活资料的忧虑，在这种制度下第一次能够谈到真正的人的自由。到这时，"人终于成为自己的社会结合的主人，从而也就成为自然界的主人，成为自身的主人——自由的人。"② 社会主义是共产主义的初级阶段，二者在价值取向上是根本一致的。社会主义归根到底是为了每一个人的幸福，促进人的全面发展，是建设社会主义新社会的本质要求，亦是社会主义优越性的集中体现。确立"以人为本"的科学发展观，在建设社会主义物质文明和精神文明的基础上，积极提高人民的物质生活水平，满足人民的精神文化需要，保障人民的民主权利和各项人权，提升人的素质，就能不断推进人的全面发展。当代中国人的发展理论与实践，正如中国特色社会主义现代化建设一样，应该也必将具有世界的意义。

---

① 《马克思恩格斯全集》第 23 卷，人民出版社 1972 年版，第 649 页。
② 《马克思恩格斯选集》第 3 卷，人民出版社 1995 年版，第 760 页。

二、全球化对人的发展的影响

全球化始于经济领域，却又必然地波及社会生活的各个方面。全球化对人的影响是全方位、全领域的，而其效应又是双重的。

全球化为人的发展提供了新的平台。马克思恩格斯在《共产党宣言》中指出，"资产阶级，由于开拓了世界市场，使一切国家的生产和消费都成为世界性的了。……过去那种地方的和民族的自给自足和闭关自守状态，被各民族的各方面的互相往来和各方面的互相依赖所代替了。物质的生产是如此，精神的生产也是如此。各民族的精神产品成了公共的财产。民族的片面性和局限性日益成为不可能，于是由许多种民族的和地方的文学形成了一种世界的文学。"① "资产阶级由于一切生产工具的迅速改进，由于交通的极其便利，把一切民族甚至最野蛮的民族都卷到文明中来了"② 这一论述，精辟地揭示了资产阶级开拓世界市场给各民族国家物质生产和精神生活带来的变化，极富前瞻性。从工业革命到今天，资本主义通过奔走于全球的交往（扩张），开拓了世界市场，将现代化推向世界，引起了整个社会的巨大变化。历史向世界历史转变以来，尤其是近几十年来世界性的普遍交往表明，全球化促进了经济发展、科技进步和文化的交流，极大地推进了社会的转型与变动，为人的活动提供了更为广阔的空间，更大的平台和更多的机遇。

全球化拓展了人的视野和眼光，促进了世界意识的形成。随着全球化进程的深入，人类面临的共性问题日趋增多：经济发展、文化交流、和平期望、可持续发展……有史以来，还没有哪个时代有如此之多

---

① 《马克思恩格斯选集》第1卷，人民出版社1995年版，第276页。
② 《马克思恩格斯选集》第1卷，人民出版社1995年版，第276页。

共同的问题受到人们一致的关注，需要通过全人类共同的努力来解决。在人囿于狭小的活动范围和利益群体的境域中，既无确立共同利益的需要，也难以在价值取向上形成共识。共性问题凸显，既意味着人们之间利益博弈的日趋频繁，也在一定程度上反映了人们共同利益的增加，从而要求确立具有普遍性的合理的生存态度和价值取向和行为规则。全球化加深了国家民族间的交往和联系，使人类意识和世界眼光的确立成为必要，并成为可能。在维护和扩大国家民族利益并维系和发展传统文化的同时，确立人的类意识和类认同，不仅将从根本上加深人们之间超越地域性的普遍交往，增强人类应对共同面临的问题（如安全、可持续发展等），也是人自身发展的内在要求，是提升人的社会性，丰富人的时代感，开阔人的历史视野的重要途径。

全球化为人的发展提供了新的空间和条件，也带来了新的问题和挑战。愈益汹涌的反全球化浪潮表明，随着全球化进程的深入，其负面效应日趋突出。全球化不仅导致利润流向西方，扩大了世界范围的贫富差距，加深了南北国家和地区间的对立，使一些发展中国家经济、文化安全乃至于国家主权受到威胁，也进一步加深了发达国家和发展中国家内部的贫富分化，引发了腐败盛行、失业加剧、环境危机等一系列社会问题，同时，还恶化了许多发展中国家的社会环境和社会风气。

全球化对人的发展的负面影响不可小觑。作为现代性的世界扩张，全球化在将现代化进程延伸和推向全球的同时，也使与之相伴的"现代化问题"在世界范围进一步扩展并放大。"现代化问题"是伴随现代化过程出现的制约人的发展诸问题的总称，在全球化背景下，它已成为一切现代化进程必然的"副产品"。现代化问题集中表现在以下几点：一是价值缺失，拜金主义、消费主义盛行。随着物质财富的增长，人们对金钱的渴望和追求达到了前所未有的程度，金钱成了一切事物围绕之旋转的中心，人的思想和行为取向逐步单一化为金钱，金钱成了衡量人的价值的唯一尺度。二是人的发展片面化。现代化生产及其专业分工有力地推动了经济的发展，同时也对人的活动及生存产生了深刻的负面影响。在人的活动中，目的与手段错位，功利原则和工具理性被推崇至极端。三是科技的负面效应趋显。科技在现代化过程中显现出双刃剑效应，在增强人改造世界能力的同时也放大了人的破坏能力，并带来了一系列社会的、伦理的问题，其中有的问题如处理不当，将给人类造成灾难性的后果。

现代化问题肇始于西方，但随着资本的全球扩展，已超越地域的限制而具有世界性。一些学者在谈及现代化问题时，形象地称之为"现代化通病"，是不无深意的，可谓准确地指明了问题的普遍性，即首先出现于西方资本主义国家的现代化病，会"传染"给其他国家或地区。其所以如此，外因在于，西方强势国家通过经济、文化的全球交往，甚至通过军事和政治扩张，将现代化及其问题一并强加于其他国家；内因在于，现代化问题不仅与政治经济制度相关，也与现代化自身的运行逻辑和规则相关，或者说，现代化问题为一切现代化进程所固有。问题的世界性决定了其解决路径的普遍性。我国现代化的制度特征和国情，决定了现代化反思应以马克思社会发展理论为指导，而不同国家现代化问题一定程度上的同质性，又要求我们在应对和解决问题时，自觉参照并借鉴别国的理论和实践。从国情出发，广泛借鉴其他国家的相关理论以及现代化建设的经验和教训，是医治"现代化通病"、推进人的发展的有效途径。

早在 18 世纪，卢梭即觉察到经济和科技进步的负面效应，认为"随着科学与艺术的光芒在我们的地平线上升起，德行也就消逝了"①。"使人文明起来，而使人类没落下去的东西，在诗人看来是金和银，而在哲学家看来是铁和谷物。"② 马克思在继承前人的基础上，对早期现代化唯一样本的资本主义展开了深入的剖析，包括对资本主义私有制的批

① 卢梭：《论科学与艺术》，商务印书馆 1963 年版，第 11 页。

② 卢梭：《论人类不平等的起源和基础》，商务印书馆 1962 年版，第 121 页。

判，对商品（货币）拜物教的批判，对机器生产中人的能力和个性片面化的批判，对劳动过程及结果异化的批判。马克思资本批判的重点指向政治、经济制度和相关的意识形态，但同时也体现出现代化反思意蕴，为现代性批判的最初尝试。遵循马克思资本批判的思路，全球化所以制约人的发展，原因在于其通行的是资本、市场的逻辑，并将其深度地渗透到政治、文化和整个社会生活领域，成为社会生活的基本规则，从根本上规范着人的心理和行为取向。马克思开创的资本批判迄今仍应是我们反思现代化问题的根本路径。值得指出的是，与卢梭不同，马克思的社会批判立足于进步观，以肯定现代化的历史意义为前提。

现代化问题的显现引起了西方思想家的反思。例如西方马克思主义就从上述问题切入，试图通过对工具理性、技术统治的批判以及对现代性及其文化和传统的解构和颠覆，消除人的异化和本能的压抑，拯救人的"存在"。他们直言：现代化推动了物质财富的增长，却忽视甚至损害了人的精神自由，人们只注重物质享受，成了畸形发展的片面化的人。一些思想家借鉴马克思人的发展理念，探讨了需要定位及生活方式的合理化问题，并特别强调人的精神解放。这些反思虽然回避了制度性因素从而具有明显的局限性，却深化了对现代境域中人生存状态的体认，揭示了人的现代存在困境之因由，从问题角度凸显了人的发展之必要。在我国，现代化反思亦日趋深入。这启示我们：应趋利避害，在积极利用全球化机遇推进人的发展的同时，自觉地克服全球化给人的生存和发展带来的各种消极影响。

三、人的发展的中国特色

时代变化使人的发展问题在我国受到广泛关注。一是现代化建设使我国的经济总量和人均 GDP 上了一个新的台阶，为人的发展奠定了物质基础。二是"现代化问题"已经并将愈益深刻地影响人的生存状态、价值选择和生活方式，使"人自身"的问题日趋突出。由于这两方面因素，对人的关注不再只是理论探讨的出发点或逻辑起点，而成了亟待应对的现实问题，成为全社会关注的焦点，人的发展开始从理想目标转变为现实追求。

马克思提出了人的自由全面发展的理想，指明了实现人的发展的根本途径。人的发展是共性与个性的统一。在我国当前推进人的发展，应遵循马克思所确定的人的发展的基本原则和目标，又应从具体的国情出发，体现自身的特色。明晰我国当代社会的特点或国情，是确定人的发展的中国特色从而现实地推进人的发展的前提。

人的发展之中国特色可以有多角度或层面的理解，择其要者，主要体现在社会制度和文化传统两个方面。

当代中国人的发展应体现社会主义的价值取向。

马克思主义认为，建设社会主义从而实现共产主义，目的是实现人的自由全面发展。中国特色社会主义建设，要着眼于满足人民现实的物质文化需要，又要促进人民素质的提高，推进人的发展。在现代化建设中坚持社会主义价值取向，须切实贯彻"以人为本"理念。

贯彻"以人为本"理念，应正确理解个人与社会的关系，着力构建和谐的社会关系。人的社会性表明，人的发展以社会进步为条件，有赖于与他人交往的环境和程度。现代化拓展了人的交往范围，又在一定程度上淡化甚至扭曲了人之间的关系，人际关系的一些方面，如亲情关系、朋友关系等，为金钱关系所冲击或取代，导致相互之间的冷淡和隔膜。马克思曾提出"任何一种解放都是把人的世界和人的关系还给人自己"①。恩格斯也诉求"在社会方面把人从其余的动物中提升出来"②。两种说法

---

① 《马克思恩格斯全集》第 1 卷，人民出版社 1956 年版，第 443 页。
② 《马克思恩格斯选集》第 4 卷，人民出版社 1995 年版，第 275 页。

既是指变革不合理的社会关系，也蕴含着社会关系和谐之意。构建和谐的社会关系，需要有合理的制度安排和行为规则，同时又要有和谐的人际关系。社会关系和谐是社会和谐的基础，也是社会和谐主要的标志，它不仅有助于人展示和发展自己的能力，还将优化人们的生活环境，提升人的生存质量。

贯彻"以人为本"理念，应关注每一个个人的利益和发展。这里有两个关键词：一是"个人"。以人为本的"人"，是个性与共性的统一，人的发展应体现并落实于个人，在维护国家、集体、社会利益的同时，切实关注个人需要和利益，保障个人的合法权益，在促进社会进步中最大限度地发展人的个性。二是"每一个人"。仅仅一部分人的发展，不是真正意义上的人的发展。经济增长不会自然体现价值合理性，不会直接达到人的共同发展，反而有可能加剧人们在权利和利益上的不平等。一部分人占有较多甚至很多财富而另一部分人相对甚至绝对匮乏，是现代化的普遍现象。我国的现代化建设尚处于初步阶段，但类似的问题业已出现。虽然在社会现代化过程中出现差异是必然的，但如果任其发展而不加调控，社会的贫富分化将愈趋严重，更远离共同富裕的目标。没有经济上的平等，一切人的共同发展和素质提高就无从谈起。为此，要特别注意人的发展的平衡性，注重社会公平。

通常讨论当代中国人的发展问题，是在一个假设的整体平台上进行的，较少考虑到地域性、群体性等差异。现实中，人的发展是不平衡的：地域上，东、中、西部社会发展程度差异颇大，东部沿海地区一些省市人均GDP已接近甚至达到中等发达国家水平，西部地区的人均GDP则只有前者的几分之一；群体上，社会各阶层分化日趋明显，收入差距、生活方式、生活质量差距拉大，分别处于现代化、小康、温饱和贫困层面。这种不平衡性，决定了我们在讨论人的发展问题时，既要统而言之，从总体上把握，又不能一概而论，而要做具体的分析。从社会进步或人的发展的大尺度上看，我国人的发展面临的问题分属于前现代、现代和后现代性质，因而问题的表现、原因和解决途径各不相同。讨论人的发展要注意现代和后现代性问题，也要关注前现代问题，在反思现代化问题、避免现代化陷阱的同时，更要注重一些地区和人群如何早日进入现代化，拥有现代的生活条件。通过反思进而政策的调整，缩小不同地区和群体经济文化等方面的差距，最大限度地实现社会公平，是社会主义的现代化建设的题中应有之义，也是推进每一个人共同发展不可或缺的、核心的内容。

当代中国人的发展应注重精神生活，充分体现中国文化的特色和优势。

人的发展是由必然王国走向自由王国的过程。自由王国不仅在于摆脱了盲目自然力的控制，与自然和谐相处，协调发展，还在于超越物欲的羁绊，确立合理的生存态度、需要定位和生活方式。

西方一些有识之士指出：享受物质财富的数量并不与人的幸福完全成正比，在占有和消费财富方面，"更多并不意味着更好"[1]。就我国而言，这一点尤为重要。人口众多、资源短缺、环境脆弱是我们的基本国情，是我们选择人的发展路径和目标的立足点。人的发展应与资源环境状况相适应，充分考虑自然界的承载能力。从可持续发展的观点看，物质资料的消费是有限的，无止境地追求物质生活享受，消耗自然资源的生活方式将难以为继。因此，未来人的发展的主要方向应是精神需要的充分满足和精神生活质量的提高。马克思认为，"人以其需要的无限性和广泛性区别于其他一切动物"[2]。与物质生活相比较，精神生活内容更加丰富，具有更为广阔的发展空间。着眼于未来，虽然物质生活水平将会有新的提高，但由于环境资源因素的制约，相对来说是比较有限的，随着社会的进步，人的发展将在更大程度上取决于精神生活的丰富及其

---

[1] 艾伦·杜宁：《多少算够》，吉林人民出版社 1997 年版，第 7 页。

[2] 《马克思恩格斯全集》49 卷，人民出版社 1980 年版，第 130 页。

质量的提升；精神生活质量将成为衡量人们整体生活水平的主要标志；促进人的全面发展，将在更大程度上要通过改善精神生活来实现；丰富精神生活、提升精神生活质量，将是今后人的发展的主要方向。

精神生活建设，应充分体现中国文化的特色和优势。同社会发展一样，人的发展物质方面的共性较多，精神方面的差异较大。全球化赋予人的发展世界性，而人的身份认同及生存境域始终具有国家民族性。全球化与民族性的关系，集中表现在精神文化方面。精神文化建设既不应闭关自守、故步自封，又不能照搬他人、生吞活剥，而须融会中西，贯通古今。当代中国的精神价值和文化建构，要以马克思主义为指导，根植于中国特色社会主义实践，面向世界和未来，又要充分吸收优秀的传统文化思想资源。悠久深厚的历史和文化传统，决定了我国人的发展的精神方面应具有鲜明的特点。中国独特的人文精神，如气节、崇德、宽恕、谦敬、乐群、重义、慎独、善良、达观、宁静、兼善，以及和而不同、自强不息、厚德载物等，具有鲜活的生命力，是建构当代中国精神价值的重要资源。在与现实的对话中阐发中国传统文化的人文意义，并给予马克思主义的理解，是当代精神生活建设的基本路径，对于确立人们积极向上的理想信念和精神追求，提升人们的精神境界和精神生活质量，促进人的发展，具有重要的意义。

本文原载于《马克思主义研究》2007年第9期

以人为本的人学意蕴

以人为本理念的确立，是实践和时代的反映，也是马克思主义人学理论的继承和发展。这一理念蕴藏着丰富的理论内涵特别是深刻的人学意蕴，表达了对人的类特性或普遍人性的肯定和对人的价值优先性的确认。

一

以人为本理念的确立，是对人的类特性或普遍人性的肯定。

以人为本理念内在地蕴含着对人的类特性亦即普遍人性的认同和肯定。以人为本即肯定人这个"类"具有不同于他物的普遍（共同）价值，而承认人的普遍价值，当然就意味着将人作为一个整体的"类"加以确认，也就是说，承认所有的人具有本质上的相同或相似性，这就是人自身的类特性，亦即普遍人性。从另一角度看，只有确定人之为人的共性，才可能导出人皆具有的普遍价值，才有必要特别地重视人、关心人和尊重人，肯定人的人格、个性、权利等，才会有以人为本的要求。因此，肯定人的类特性或普遍人性，是以人为本理念的立论前提和学理基础。

以人为本理念不能等同于以往的一些提法，就在于其中的"人"是普遍意义上的，是指称所有的人或每一个人，而并不限于人类的某一部分。无论从提出的实践根据还是理论逻辑看，以人为本都并非旨在对人作出群体性的区分，而是旨在强调对人自身的关注，强调人不同于他物（如金钱、财富及其他社会因素）的地位和价值。从现实看，确立以人为本理念，是为了克服现代化建设中单纯追求经济增长、重物不重人的弊端，从理论逻辑看，以人为本理念主张"人"或"人类"本位，确认了人相对于其他世间万物在价值上的优越地位。

马克思提出了对人的本质和人性问题的科学理解，但长期以来，由于种种原因，对马克思思想的阐释中存在着一些误读，其中之一，便是将人性与人的本质绝对对立起来。这种误读消解了马克思主义人的理论的彻底性，弱化了马克思主义人学理论的解释力。

近代西方思想家提出了普遍（抽象）的人性和人性论，并以之为尺度，对封建专制和等级制度进行了批判。虽然他们对人性的解释和描述各不相同（或认为是追求自由平等，或认为是追求幸福和快乐，或认为是自我保存和怜悯同类，或认为是"理性、意志、心"），但根本的共同之处在于，主张人性是人所普遍具有的、与生俱来的、永恒不变的"类"本性，是人之为人的根据。马克思主义创始人曾对这种抽象的人性论作出了尖锐的批判，并在此基础上提出了关于人的本质的理解。但应该指出的是，后人对他们对于人性和人的本质的理解作出了片面的诠释，特别是得出了马克思主义只承认人的本质而否定人性的"定论"。这种"定论"实际上存在着误读。

马克思主义创始人是否承认人性的存在？我们认为回答应是肯定的。马克思的批判针对的是人性论者以抽象的人性代替或遮蔽人的具体历史的本质，而并不否定普遍人性的存在。阅读马克思的文本不难发现，马克思本人并没有否定人性的存在，而是提出了对人性的新理解。他在《1844年经济学哲学手稿》中认为，"自由的有意识的活动恰恰就

是人的类特性。"① "有意识的生命活动把人同动物的生命活动直接区别
开来。正是由于这一点，人才是类存在物。"② "通过实践创造对象世界，
改造无机界，人证明自己是有意识的类存在物。"③ "正是在改造对象世
界中，人才真正地证明自己是类存在物。"④ "有意识的生命活动"这种
人的类特性就是实践，就是人作为人而区别于动物的内在规定性即人
性。因此，他和恩格斯在《德意志意识形态》中又进一步指出，"可以
根据意识、宗教或随便别的什么来区别人和动物。一当人开始生产自己
的生活资料的时候，这一步是由他们的肉体组织所决定的，人本身就开
始把自己和动物区别开来。人们生产自己的生活资料，同时间接地生产
着自己的物质生活本身。"⑤ 将人与动物区别开来的，当然就是人的类特
性或内在规定性，这就是实践。

马克思向来认为历史是人的活动史，是人类实践的产物。他曾分
析了人的本质力量的对象化特征，论述了实践在社会历史发展中基础地
位，并形象地指出，"工业的历史和工业的已经生成的对象性的存在，
是一本打开了的关于人的本质力量的书，是感性地摆在我们面前的人的
心理学。"⑥ 也就是说，人的活动是一种构造性的、对象化的活动，活动
的结果——无论是自然还是社会的变化——具有为人的意义，与主体的
状况密切相关。由于实践的对象化特征，经过人改造过的自然已不同于
先于人类存在的天然的自然，而是人活动的结果，打上了人意识和意志
的烙印，是人的本质力量的体现，人们可以从中读出人的思想，他的
知、情、意。在确认实践的创造性和对象化的基础上，马克思提出了劳
动创造历史的著名论断："整个所谓世界历史不外是人通过人的劳动而

① 马克思：《1844 年经济学哲学手稿》，人民出版社 2000 年版，第 57 页。
② 马克思：《1844 年经济学哲学手稿》，人民出版社 2000 年版，第 57 页。
③ 马克思：《1844 年经济学哲学手稿》，人民出版社 2000 年版，第 57 页。
④ 马克思：《1844 年经济学哲学手稿》，人民出版社 2000 年版，第 58 页。
⑤ 《马克思恩格斯选集》第 1 卷，人民出版社 1995 年版，第 67 页。
⑥ 马克思：《1844 年经济学哲学手稿》，人民出版社 2000 年版，第 88 页。

诞生的过程，是自然界对人来说的生成过程”①。

实践、自由的有意识的活动，是马克思扬弃近代抽象人性论而达到对普遍人性和人的本质科学认识的中介。马克思对人性的实践指认，根本上超越或优越于近代西方思想家的人性理解，因为一方面，实践作为有意识的活动，无疑蕴含着人的理性、意志和情感，体现着人对生存发展追求的价值取向，具有极大的包容性，另一方面，实践又直接关联着社会历史和现实生活，构成为社会历史研究的逻辑起点。总之，马克思对人性的理解虽然迥异于西方近代思想家，但在承认普遍人性（人的类特性）存在这一点上却与其并无二致。

马克思承认人的类特性是“自由的有意识的活动”即实践，这是他对人性理解上与近代西方思想家根本不同之处。但应予强调的是，人性问题并不是他关注的重点，而只是其社会历史研究的起点。基于“全部问题都在于使现存世界革命化，实际地反对和改变现存的事物”②的使命，他关注的重点是由于实践这一人性所必然引出的人的社会本质、人的具体历史的规定及其条件（尤其是生产力状况、社会关系和制度等）。或许正因为对人的本质而不是人性的分析和强调，正因为强调人生存发展的社会制约性，才有了后人所谓马克思否定人性（人的类特性）的误解。

肯定人的共性，必然要涉及人性与人的本质的关系。抽象人性论的错误，不在于确认人作为类存在的共性，而在于以这种人的类特性取代了人的社会特性即其本质，只承认人的共同的抽象本性而否定人的具体历史性，反之，我们以往在此问题上的片面性则在于，由于肯定了人的社会特性、人的本质的具体历史性而排斥了人的类特性。两种理解所以陷入了片面性的原因，从方法论角度看是共同的，就在于未能区别人

---

① 马克思：《1844年经济学哲学手稿》，人民出版社2000年版，第92页。
② 《马克思恩格斯选集》第1卷，人民出版社1995年版，第75页。

性与人的本质，或以人性代替人的本质，或以人的本质取代人性。普遍的人性表征着人与他物的区别，具体的人的本质则表征着在特定社会关系中人与人的区别。进一步说，现实的人的本质并不排斥普遍的人性，反而是以之为前提的。人的社会历史性存在，人的现实性，人所以成为从事实际活动的人，就在于人的实践的类特性。否定了人的类特性，也就否定了人的实践特征，人从事实际活动的社会历史性从而人的社会本质就无从谈起。

以人为本理念的确立表明，通过历史运行的否定之否定，制度性因素和经济文化条件初步具备的情况下，现代语境的"人"又回到了当初马克思恩格斯在《共产党宣言》中指认的"每个人"。

二

以人为本理念的确立，是对人的价值优先性的确认。

人对自身价值的肯定和确认，经历了一个从最初的人的自我意识到近代的人道主义和康德的"人是目的"理念，再到马克思人的自由全面发展诉求的演变过程。早期的人类并没有自我价值的意识，原始的图腾崇拜和万物有灵观念便是例证，后来的多神宗教以至于一神论宗教，正是以往自我意识缺失的遗迹。人类的价值意识起源于人对自我的肯定。西方思想史上对人的价值系统、自觉的肯定始于文艺复兴时期的人文主义，盛于18世纪的人性论和人道主义。在人道主义对人的价值作出政治法律层面肯定的基础上，康德提出了"人是目的"原则，认为"人就是创造的最后目的"①，在哲学层面确认了人的价值。

马克思主义创始人在批判继承前人的基础上，从实践出发，系统

---

① 康德：《判断力批判》（下卷），商务印书馆1964年版，第100页。

地提出了关于人的发展的理解。根据马克思主义的观点，人的类特性亦即实践性，决定了人在改造外部世界的同时也改造自身，在对象化的过程中也不断丰富着人的本质。实践的生存方式赋予了人不同于他物的价值。基于对人的肯定，马克思恩格斯系统地提出了人的发展理论，确立了关于人的发展的价值取向和科学认识，将对人的关注和价值肯定提升到了一个新的境界。马克思主义的社会历史理论充分体现着合规律性与合目的性的统一，体现着认识、遵从历史规律和促进人的发展的统一。毋庸置疑，人的自由全面发展是马克思主义创始人基本的、一以贯之的价值取向，是他们确立的人类历史活动及社会进步的根本目标。人的发展追求正是对人的价值优先性的充分肯定和现实表达。

在当代，社会制度背景的置换和经济文化的发展以及"现代化问题"的彰显，既为人的发展提供了现实条件，也使关注人自身的发展成为必然。随着现代化进程中拜金主义、GDP至上以及可持续发展等问题的凸显，传统的价值观受到了价值二元论或多元论的挑战。现代性境遇中工具理性的张扬和拜金主义盛行，使得一些人重占有甚于重生存，人的价值被物（财富和金钱）的价值所遮蔽甚至取代；生态学（以及生态伦理学、生态哲学）提出自然具有独立于人的"内在价值"和权利的主张，认为人类无权改造自然而必须"走出人类中心主义"。诸如此类的现象，必然导致价值二元或多元的取向。

价值二元论或多元论的实质是对人类价值优先性的质疑。价值应当是一元的还是二元或多元的？回答这一问题的关键，是厘定价值设定的本意或旨归。上述历史回顾表明，价值不是从来就有的，而是人的自我确认和肯定的表征，是人的实践中自我意识发展的结果。价值认定和定位的原始视角只能是人。从人的角度看，在人与他物所构成的价值体系中，只有人的价值是初始的、第一性的价值，人的价值不依赖于其他任何事物的价值而存在，是本原意义上的价值或"元价值"，其他事物（如自然）的价值都是这种价值的延伸，是在与人的关系中形成的，因而是第二性的价值。这就是说，人的价值与其他事物的价值是不对称的，人的价值高于物的价值。

人的价值高于物的价值，是自然进化使然，又是实践的结果。劳动将人从自然中提升出来，决定了人的生存方式不是适应型而是变革型的，人不能简单地顺应自然，而须改变自然物的天然形态即变革自然。从发生学的视角看，人与自然的关系基于人的实践和生存方式，实践造就了人的生存方式，也造就了特定的"人与自然的关系"。实践和人生存方式的互动，是人改造自然最深刻的根源，也是人的价值高于自然价值最充足的理由。因此，在人与他物的关系上坚持以人为本理念，坚守价值命题意义上的人类中心主义，根本上在于人的价值具有优先地位。

人的价值的优先性，首先是就人的自为的价值而言的。现代价值学研究表明，人的价值形态可分为"为他"的价值和"自为"的价值。人为他的价值是人在与他人或社会的关系中的价值，是相对于他人、群体和社会而言的，是主体间的价值。此种价值不仅取决于人自身的情况，还取决于他所要满足的他人的情况，这即是通常在社会意义上所理解的"人的价值"。所谓人的价值在于对社会的贡献、人活着是为了他人生活得更幸福等等，便是在这个意义上说的（这当然是应当坚持的）。人"自为"的价值，则是人作为主体自身的价值，是人自有的、指向自身的价值存在，只需要由作为价值载体的人自身来确定。如亚里士多德曾指出："有一些思想家说，除了已经提到的这些善事物，还有另一种善，即善自身，它是使这些事物善的原因。"① 诚然，自为价值的实现也要依赖于他人和社会，但这种依赖是一种手段指向性关系而非目的指向性关系。自为的价值是自然进化特别是社会进化的产物，是人长期社会生活和社会实践的结晶，是人自己的创造。生活、实践丰富人的主体性，也充实着人的价值。自为的价值是人的价值之本，也是人的为他价

---

① 亚里士多德：《尼各马可伦理学》，商务印书馆 2003 年版，第 9—10 页。

值得以成立的根据。

"以人为本"为核心的科学发展观的确立，正是对当代社会变化的积极因应。着眼于社会的转型及人的生存境遇和条件的变化，人的发展被确定为社会发展的核心理念和目标，成为衡量社会运行、制度安排、行为规范以及人的实践的现实尺度。从哲学的层面看，以人为本所以是科学发展观的核心，就在于它确立了社会发展和现代化建设的根本价值尺度。这一尺度的要义，正是肯定人对于他物在价值上的优先性。以人为本之"本"，是本位、本体，也是根本。由此可见，承认人自为价值的存在及其合理性，是肯定人之主体性的必然结论，又是确立以人为本理念、肯定人的权利和利益的前提。对人的价值的重新解释，进一步开放了价值论的研究空间，凸显了价值论研究的当代性及当代意义，也为以人为本理念的确立提供了学理支撑。

本文原载于《北京行政学院学报》2008 年第 1 期

人大复印报刊资料《社会主义论丛》2008 年第 4 期转载

人的发展的新路向

马克思确立了人的发展的价值取向和科学认识，不仅揭示了人的发展的本质特征，设定了自由全面发展这一人的发展的理想目标，也初步指明了未来社会人的发展的主要内涵及实现路径。马克思的有关论述和预见，对于理解当代及未来人的发展方向和领域具有重要的启示意义。

一、人的发展路向的选择

在社会现代化进程中推进人的发展，重要的问题是超越消费主义误区，确定人的发展的主要方向。

毋庸置疑，物质条件的改善是人的发展的前提，物质生活质量的提升是人的发展的重要标志，但这并不是人生活追求的全部，更非未来人的发展之主要方向。追求物质财富、满足物质需要的欲望是与人类长期短缺经济的基本状况相联系的。由于需要的层次性从而需要满足的顺序，又由于长期以来生产力水平低下并物质财富的短缺，物质需要在人的诸种需要中向来处于显著地位，丰衣足食一直是人们由来已久的愿望，被视为幸福的主要内涵，久而久之，就演变成了一种心理定式：将占有财富的多寡作为衡量幸福的尺度，将理想社会的特征主要理解为物质财富的丰盈，直至将人的发展等价于物质需要的满足。

社会现代化进一步强化了上述观念，并逐渐形成了无限地追求物质享受的"更多即更好"的重占有的生存态度。在西方社会现代化进程中，人们对财富的渴望和追求达到了前所未有的程度，金钱成了一切事物围绕的中心，消费成了衡量人的价值的标准。"在这个社会里，生活的中心就是对金钱、荣誉和权力的追求。"[1]"消费的价值就等于自我价值"[2]。消费从以往的生活手段变成了一种时代潮流、一种生活方式，不仅渗透于社会生活的各个方面，而且成为一种普遍的心理享受和经常性的文化活动。"在美国，购物已经变成了一种首要的文化活动。"[3] 消费不仅仅是甚至主要不是为了满足消费者生理上的物质性需要，而是为了满足其品位、虚荣、炫耀等心理需要，"在消费社会，需要被别人承认和尊重往往通过消费表现出来。……买东西变成了既是自尊的一种证明，又是一种社会接受的方式"[4]。需要的增长从既往的自发扩张转为企业、媒体乃至于政府人为的有意"制造"。在这种社会里，许多人不是为了生存而消费，而是为了消费而生存，消费俨然已成为时代的标志性符号，以至于从学界到大众都以"消费社会"称呼所处的时代。正如詹明信所指出的："一种新型的社会开始出现于二次大战后的某个时间（被五花八门地说成是后工业社会、跨国资本主义、消费社会、媒体社会等等）。新的消费类型；有计划的产品换代；时尚和风格转变方面前所未有的急速起落；广告、电视和媒体对社会迄今为止无与伦比的彻底渗透；市郊和普遍的标准化对过去城乡之间以及中央与地方之间紧张关系的取代；超级高速公路庞大网络的发展和驾驶文化的来临——这些特点似乎

---

① 弗罗姆：《占有还是生存》，三联书店 1989 年版，第 24 页。
② 艾伦·杜宁：《多少算够》，吉林人民出版社 1997 年版，第 20 页。
③ 艾伦·杜宁：《多少算够》，吉林人民出版社 1997 年版，第 97 页。
④ 艾伦·杜宁：《多少算够》，吉林人民出版社 1997 年版，第 20 页。

都可以标志着一个和战前旧社会的彻底断裂。"①

随着社会现代化进程的深入，消费主义生活方式已经悄然流行于我国，追求物质享受开始在一部分人中蔚然成风，许多高档商品已远远超出了人们正当的生活需求，一些为人津津乐道的消费根本上就是奢侈乃至于畸形的。在拉动需求的呼声中，社会并未对需要本身的合理性作出应有的分类，更未限制那些不合理的需要，其结果是，许多低收入者的正当需要由于种种原因尚未得到应有的满足，一些富裕阶层却在大肆挥霍，许多低收入者居住的空间极为狭窄，一些高档楼盘却长期空置。

消费主义生活方式在唤起人们对金钱贪婪的同时，也造成了资源浪费和环境恶化，给人与自然的关系带来严重损害。"假如在不久的将来70亿人都想要同欧洲人或日本人一样地生活，那将会是一个什么样的情况呢？假如他们追求同美国人一样的标准使用汽车，那就将有35亿辆汽车的一氧化碳增加到空气中和人肺里，那又将会是一个什么样的情况呢？假如他们中间四分之三的人口迁移到城市居住，并在那里追求同发达国家一样的标准使用能量和消耗物质，那将会产生什么样的情况呢？没有办法能使这类问题得到答案。"② 显然，人类仅有改变世界的愿望是不够的，还应有改变自身的愿望；人不能超越环境的制约，却可以超越自身，改变自己的需要定位。面对有限的资源环境条件，只有合理地定位需要，才能超越消费主义的误区，选择健康文明的生活方式，确定人的发展的新路向。

需要具有多样性，只有合理的需要才应当满足。需要的合理性可以从两个方面来确定。首先是质的规定。合理的需要是人生存发展要求和趋势的体现，反之，有害社会、有损人身心健康的需要则是不合理的。其次是量的规定。需要就其自发的倾向而言具有无限膨胀的趋势，

---

① 詹明信：《晚期资本主义文化逻辑》，三联书店1997年版，第418页。

② 芭芭拉·沃德、勒内·杜博斯：《只有一个地球》，吉林人民出版社1997年版，第15—16页。

即使是合理的物质需要，一旦超出了某种界限，正当就会变为奢侈甚至畸形或贪婪。需要的满足是有条件的，"与需要相对而言，一切资源都是稀缺的。"① 无止境的需要必然会受到有限的资源和环境的制约。通常认为，未来理想社会的基本特征是物质产品的极大丰富，分配方式是各取所需，对此应作合理的理解。所谓"极大丰富"只能是相对于人合理的需要而言的，"极大"不是也不可能是"无限大"，抽象意义上的物质产品"极大丰富"是不可能的，因为任何时候生产相对于无限制的需要都是短缺的，又因为基于可持续发展理念，资源的支撑能力和环境的承载能力是有边界的。

需要具有拓展性，可以分为基本的和拓展的。基本的需要为人生存所必需，拓展的需要是基本需要满足基础上不断生成和发展着的需要，亦即享受性的需要。拓展的或享受性的需要又可分为合理的或者至少将来是合理的需要，以及不合理的如奢侈的或贪婪的需要。

基于上述理解，需要定位应遵循三个原则：一是优先满足基本的需要；二是限定不合理的拓展性需要；三是发展并满足合理的拓展性需要。

优先满足基本的需要以及限定不合理的拓展性需要，是人道和社会公正的表现，也是可持续发展的要求。梭罗曾以亲身体验告诫人们："大部分的奢侈品，大部分的所谓生活的舒适，非但没有必要，而且对人类进步大有妨碍。所以关于奢侈与舒适，最明智的人生活得甚至比穷人更加简单和朴素。"② 有关调查表明，现代以来，人们的幸福程度与其占有并享受财富的数量并不完全成正比，在基本生活条件得到满足之后，"降低我们的消费不会使我们丧失真正重要的物品和服务。"③ 经济收入和物质财富并非决定人们幸福程度的充分条件，更非唯一因素，它们只是在物质短缺的情况下才对人们的幸福程度起着决定性的作用，发

---

① 丹尼尔·贝尔：《后工业社会的来临》，商务印书馆 1984 年版，第 515 页。

② 亨利·梭罗：《瓦尔登湖》，吉林人民出版社 1997 年版，第 12 页。

③ 艾伦·杜宁：《多少算够》，吉林人民出版社 1997 年版，第 102 页。

展并满足合理的拓展性需要是人的发展的必然要求。

艾伦·杜宁指出，"消费者社会不能兑现它的通过物质舒适而达到满足的诺言，因为人类的欲望是不能被满足的。人类的需要在整个社会中是有限的，并且真正个人幸福的源泉是另外的东西。"① 他还就"另外的东西"写道："我们能够培养深层的、非物质的满足，这种满足是幸福的主要心理决定因素；它包括家庭和社会关系，有意义的工作以及闲暇。"② "最值得优先去做的事情……是无限可持续的。宗教实践、社交、家庭和集体集会、剧院、音乐、舞蹈、文学、体育、诗歌，对艺术和创造的追求、教育的以及欣赏自然全都容易适应一种持久的文化，这种文化是一种能够持续无数代人的生活方式。"③ 正是基于类似理解，一些有识之士重新定义了幸福的含义，设立了"幸福指数"这一衡量生活质量和幸福程度的综合性指标，意在改变仅强调物质享受和占有物质财富的发展取向，改变人们对生活方式的理解和对社会发展评价的标准。根据对幸福的重新定位，在物质需要基本满足之后，人们幸福感的增长将主要取决于非物质需要的满足和发展。非物质需要的内容极为丰富，发展空间十分广阔，将是未来需要拓展的主要方向。

对幸福的重新定义，特别是对社会关系、有意义的工作和闲暇等因素的强调，与马克思对人的发展的理解是相通或相似的。依据马克思人的发展理论，基于当代及未来社会的演进趋势和可持续发展要求，人的发展应是创造性发展与合理的享受性发展的统一，人的发展的新路向，应是创造能力的提升和实现、休闲生活的拓展以及精神生活的充分发展。

---

① 艾伦·杜宁：《多少算够》，吉林人民出版社 1997 年版，第 26—27 页。

② 艾伦·杜宁：《多少算够》，吉林人民出版社 1997 年版，第 102 页。

③ 艾伦·杜宁：《多少算够》，吉林人民出版社 1997 年版，第 102 页。

二、创造活动与人的发展

人的发展的主要方向，是创造能力的全面发展、充分展示和实现。

马克思认为，人的发展主要不是享受意义上的，而是能力的提升和发挥，是创造和自我实现，其所以如此，是因为创造性的实践、劳动是人的类特性的表现，是人的本性自我确证的过程。

马克思指出，"生产生活就是类生活。这是产生生命的生活。一个种的整体特性、种的类特性就在于生命活动的性质，而自由的有意识的活动恰恰就是人的类特性。"① 这种把人同动物的生命活动直接区别开来的"自由的有意识的活动"就是实践，就是创造性的劳动，它是人的本性，是人之为人的本质规定，由此，人生存的意义就在于充分实现这一本性，在对象化的创造性活动中意识到并确证自我，确证自己的能力、情感和审美。基于这一认识，马克思恩格斯提出了"自由的生活活动"② 概念，认为"任何人的职责、使命、任务就是全面地发展自己的一切能力"③，并预言，共产主义社会将是"个人的独创的和自由的发展不再是一句空话的唯一的社会"④。"在共产主义社会里，任何人都没有特殊的活动范围，而是都可以在任何部门内发展，社会调节着整个生产，因而使我有可能随自己的兴趣今天干这事，明天干那事，上午打猎，下午捕鱼，傍晚从事畜牧，晚饭后从事批判，这样就不会使我老是一个猎人、渔夫、牧人或批判者"⑤。"在共产主义社会里，没有单纯的

---

① 马克思：《1844 年经济学哲学手稿》，人民出版社 2000 年版，第 57 页。
② 《马克思恩格斯全集》第 3 卷，人民出版社 1960 年版，第 516 页。
③ 《马克思恩格斯全集》第 3 卷，人民出版社 1960 年版，第 330 页。
④ 《马克思恩格斯全集》第 3 卷，人民出版社 1960 年版，第 516 页。
⑤ 《马克思恩格斯选集》第 1 卷，人民出版社 1995 年版，第 85 页。

画家，只有把绘画作为自己多种活动中的一项活动的人们。"① 这些具体的描述虽然不无历史局限性，却指明了未来人的活动超越了分工限制的、自由自主的根本特征。

基于上述理解，马克思认为，人的发展前提是劳动者从异化劳动中解放出来，使劳动由外在于人的尺度转变为内在于人的尺度，由作为增值资本等外在目的的手段转变成劳动者充分发挥自己能力和创造性、充分展示自己个性从而实现自己本质力量的过程。他尖锐地指出，在资本主义生产中，"劳动对工人来说是外在的东西，也就是说，不属于他的本质；因此，他在自己的劳动中不是肯定自己，而是否定自己，不是感到幸福，而是感到不幸，不是自由地发挥自己的体力和智力，而是使自己的肉体受折磨、精神遭摧残。……他的劳动不是自愿的劳动，而是被迫的强制劳动。因此，这种劳动不是满足一种需要，而只是满足劳动以外的那些需要的一种手段。"② 扬弃劳动异化必须改变生产资料与劳动者分离的状态，使劳动从为他者的、否定自身的活动转变成自为的、肯定自身的活动。他和恩格斯认为，"在资产阶级社会里，活的劳动只是增殖已经积累起来的劳动的一种手段。在共产主义社会里，已经积累起来的劳动只是扩大、丰富和提高工人的生活的一种手段。"③ 在未来，随着劳动性质的改变，当生产力发展到消灭了旧式分工、极大地缩短必要劳动时间、优化劳动环境并根本上改善了劳动条件时，劳动将成为自由自主、充满创造性的活动，既创造财富又发展人自身，既发展人的体力更发展人的智力和个性，增强人的主体性，满足人自我实现的需要，在那时，人的自由全面发展就能成为现实。

马克思认为，"自由王国只是在由必需和外在目的的规定要做的劳

---

① 《马克思恩格斯全集》第 3 卷，人民出版社 1960 年版，第 460 页。
② 马克思：《1844 年经济学哲学手稿》，人民出版社 2000 年版，第 54—55 页。
③ 《马克思恩格斯选集》第 1 卷，人民出版社 1995 年版，第 287 页。

动终止的地方才开始；因而按照事物的本性来说，它存在于真正物质生产领域的彼岸。……在这个必然王国的彼岸，作为目的本身的人类能力的发展，真正的自由王国，就开始了。"① "劳动生产力向前发展，而达到这样的程度，以致一方面整个社会只需用较少的劳动时间就能占有并保持普遍财富，另一方面劳动的社会将科学地对待自己的不断发展的再生产过程，对待自己的越来越丰富的再生产过程，从而，人不再从事那种可以让物来替人从事的劳动。"② 他还明确指出，"时间是人类发展的空间。"③ 作为人类发展空间的时间就是自由时间，而"所有自由时间都是供自由发展的时间"④。自主的、创造性的活动只能在"自由时间"中才能实现，因而人维持生存所需的必要劳动时间越少，他的自由时间就越多，活动的空间和自由度也就越大，所以人的发展有赖于必要劳动时间的缩短，"节约劳动时间等于增加自由时间，即增加使个人得到充分发展的时间"⑤。正是在这个意义上，马克思认为，自由时间是未来财富的尺度，"社会生产力的发展将如此迅速，以致尽管生产将以所有的人富裕为目的，所有的人的可以自由支配的时间还是会增加。……那时，财富的尺度决不再是劳动时间，而是可以自由支配的时间。"⑥ 以自由时间作为财富的尺度，表明马克思对人的自由全面发展的向往，表明了他对理想的人生价值和意义、对幸福的理解超越了那个时代通行的资本逻辑的限制。

马克思将作为财富尺度的"自由时间"分为"闲暇时间"和"从事较高级活动的时间"⑦。对于何为"从事较高级活动"，他没有详细地

① 马克思：《资本论》第 3 卷，人民出版社 1975 年版，第 926—927 页。
② 《马克思恩格斯全集》第 46 卷上册，人民出版社 1979 年版，第 287 页。
③ 《马克思恩格斯选集》第 2 卷，人民出版社 1995 年版，第 90 页。
④ 马克思：《1844 年经济学哲学手稿》，人民出版社 2000 年版，第 139 页。
⑤ 马克思：《1844 年经济学哲学手稿》，人民出版社 2000 年版，第 225 页。
⑥ 马克思：《1844 年经济学哲学手稿》，人民出版社 2000 年版，第 222 页。
⑦ 《马克思恩格斯全集》第 3 卷，人民出版社 1960 年版，第 460 页。

说明，但从相关的论述中可以看到，他认为"从事较高级活动"是人的发展的题中应有之义，且是其重要内容。他写道，"把社会必要劳动缩减到最低限度，那时，与此相适应，由于给所有的人腾出了时间和创造了手段，个人会在艺术、科学等等方面得到发展。"① "在艺术、科学等等方面得到发展"，可视为对"较高级活动"的一种理解。从这里可以推断，所谓"较高级活动"，并非指活动的智力或技术含量，而应从两个方面来界定：其一：就其目的而言，活动不是手段性的或维持生存所必需的，而是活动者为着兴趣并愉悦自身的自觉自愿的行为；其二，就其效果而言，乃是直接有益于活动者的身心健康、有利于他的才能的发挥和发展。

人的发展是创造能力的充分实现和发展的观点在现代得到了新的阐释：马斯洛在对需要层次的分析中认为，人在满足了生理、安全、爱和自尊等需要之后，还要求满足"自我实现需要"这一更高层次的需要。弗洛姆则认为，"创造性是一种性格取向，每个感情健康的人都能够具有这种性格取向。"② "我们人生来就有一种要求真正地生存的深刻愿望：去表现我们的能力、有所作为、与别人联系在一起以及摆脱利己欲的束缚。"③ 这两种看法与马克思关于劳动本身是生活第一需要的论断是完全一致的。"自我实现需要"、"性格取向"、"深刻愿望"和"第一需要"的基本含义是相通的，都表明，通过劳动、实践证实自己是人的本性，是人须臾不可或离的生存方式，非此，人就不能作为完善的人而存在，他的精神与情感、他的人格就会退化，正如弗洛姆所说，"一个过着生产性生活的人在他衰老前是不会退化的。相反，在生产性生活的过程中，他所发展起来的精神与情感继续成长，尽管体力已有所衰退。然而，非生产性生活的人当他的体力——他从事活动的主要源泉——衰

---

① 《马克思恩格斯全集》第 46 卷下册，人民出版社 1980 年版，第 218—219 页。

② 弗洛姆：《占有还是生存》，三联书店 1989 年版，第 97 页。

③ 弗洛姆：《占有还是生存》，三联书店 1989 年版，第 107 页。

退时，他的整个人格的确退化了。"①

应当指出的是，超越了手段性的活动并不一定与生存无关，"较高级活动"与必要劳动在一定条件下具有统一性。马克思恩格斯曾设想"较高级活动"可以是生产活动：在未来，"劳动已经不仅仅是谋生的手段，而且本身成了生活的第一需要"②，"生产劳动给每一个人提供全面发展和表现自己全部的即体力的和脑力的能力的机会，这样，生产劳动就不再是奴役人的手段，而成了解放人的手段，因此，生产劳动就从一种负担变成了一种快乐。"③ 也就是说，未来的生产劳动可以成为人的第一需要或一种快乐。既然是生产劳动，当然属于谋生的手段，但却又不仅仅是谋生的手段，同时还是一种自由自主的、充满创造性的"较高级活动"，是出于人的兴趣爱好、使人愉悦、有利于人的身心健康和自由全面发展的过程。由此可见，较高级活动与必要劳动在一定条件下是相通的，人的发展就是一个必要劳动不断转化为较高级活动的过程。

从事较高级活动并在其中丰富和发展自己，至少需要如下条件：消灭生产资料与劳动者分离的状况；消除现代化生产带来的人的活动片面化和异化；显著地提升生产效率，改善劳动条件并缩短劳动时间。只有具备了这些前提，劳动才能转化为"较高级活动"，人才能从劳动中解放出来。

从劳动中解放即将传统劳动转变为高级活动须经历一个长期的过程，经历由量变到质变的积累，不可能一蹴而就。须知，"较高级活动"并不是某种终极的、不变的状态，而是在不同时期会存在着程度的差异，如在"较高级"之前可以有次"较高级"等。从这个意义上说，我们不能期望"较高级活动"在当下甚至可以预见的将来成为普遍性事

---

① 弗洛姆：《为自己的人》，三联书店 1988 年版，第 155 页。
② 《马克思恩格斯选集》第 3 卷，人民出版社 1995 年版，第 305 页。
③ 《马克思恩格斯选集》第 3 卷，人民出版社 1995 年版，第 644 页。

实。但同时又应看到，随着科学技术的发展及其他条件的具备，劳动变为较高级活动的进程已经开始。早在100多年前恩格斯就预言，"正是由于这种工业革命，人的劳动生产力才达到了相当高的水平，以致在人类历史上破天荒第一次创造了这样的可能性：在所有的人实行明智分工的条件下，不仅生产的东西可以满足全体社会成员丰裕的消费和造成充足的储备，而且使每个人都有充分的闲暇时间去获得历史上遗留下来的文化——科学、艺术、社交方式等等——中一切真正有价值的东西；并且不仅是去获得，而且还要把这一切从统治阶级的独占品变成全社会的共同财富并加以进一步发展。"[1] 在知识经济初露端倪的当代，随着制度的变革、高新科技的发展和生产力的进步，人们的劳动条件和环境较以往已有很大改善，劳动强度逐渐降低，劳动时间趋于缩短，这已经是不可逆转的趋势，问题就在于自觉地顺应这一趋势，不断地将劳动转化为较高级的、创造性的活动，在创造性的活动中提升人的素质，发挥和展示人的能力，推进人的发展。

三、休闲活动与人的发展

人的发展的主要方向，是休闲生活的充分发展。

马克思视自由时间为财富尺度的又一原因，是认为自由时间表征着人休闲生活的空间。他在阐释自由时间时，颇有预见性地认为包括"闲暇时间"。囿于时代条件和历史任务的限制，他没有对闲暇时间作出更为详细的说明，但可以肯定的是，他认为闲暇时间是用于休闲的时间，并且，他将自由时间部分地界定为闲暇时间绝不是偶然的，体现出对于未来人们理想或应然生活状态的预想和期待。联系到当代人类生活

---

① 《马克思恩格斯选集》第3卷，人民出版社1995年版，第150页。

方式发展的新趋势，"自由时间"包含"闲暇时间"的论断无疑颇具前瞻性和启示性。

休闲作为一种生活状态古已有之，但遗憾的是，长期以来，休闲权利一直为少数人所垄断，绝大多数人缺乏基本的生活资料，衣不蔽体、食不果腹、终日辛劳，不得不将所有的时间和精力用于谋生，以维持最低程度的生存，并为他人创造剩余产品，在此情形下，既没有放松身心的物质条件，也没有相应的闲暇时间。摆脱无休止的繁重的劳动，拥有自由自在的时光，在身心各方面放松自己，干自己愿意干的事情，对他们来说只能是一种幻想。即使在19世纪，欧美的工人阶级还在为争取八小时工作制而不懈斗争。此外，在西方现代化的过程中，无论是基于新教伦理的资本主义精神的驱使还是出于追求金钱和财富的欲望，人们总是将人生的主要目标和精力放在对金钱和财富的追逐上，不停地工作、不懈地奔波。

休闲成为一种基本的生活方式、消费方式和享受性发展，前提是生产力发展从而基本生活资料满足基础上"自由时间"的增多。近几十年来科技进步和经济发展改善了人们的生存条件并缩减了必要劳动时间，人们的生活理念也随之有了很大改观，对生活质量的重视程度与日俱增。主客观条件的改善使人们的生活内容和生活方式发生了新的变化。在西方发达国家，休闲已经成为生活的基本内容，许多商界人士正在摆脱对高科技事物无休止的疯狂竞争，这些人的数量比以往更多。厌倦了累人的工作周，公司经理和秘书都愿意花更多的时间和家人在一起，在大自然中寻找慰藉①。在我国，随着工作和生活条件的改善以及法定劳动时间的缩短，休闲开始进入许多普通人的生活领域，正在成为大众的基本需求和生活方式，成为愈趋普遍的消费项目。

①《参考消息》2000年9月6日。

通常认为,休闲是人们在社会必要劳动时间之外进行的一种自由的、享受性的活动。积极健康的休闲活动具有不同于其他生产和生活活动的特征:一是超越了谋生的需要,摆脱了日常工作的限制。休闲的具体方式和内容是丰富多样的,健身娱乐、游戏消遣、观光旅游、阅读作品、欣赏文艺表演以及文学书画创作,乃至于作为爱好的体力劳动等,都属于其范围。休闲所以为休闲,关键在于无关谋生,不是必需的劳作,不受功利的驱使,更不受异己力量的控制而服从于外在的目的,而是随人们的意愿所为,出于消遣时光、放松心情或愉悦精神之需要。二是时间、方式和内容上的自主性。由于所作所为是出于自愿,因而人们可以随自己的兴趣、需要和方便兴致所至地、任意地安排时间,选择活动内容,确定活动方式。人们可以做任何自己想做的有益于身心健康又无碍于他人的事情。在这里,每个人都可以在所感兴趣的领域活动,或娱乐、或欣赏、或体验,或发展自己的兴趣及天赋、培养和展示自己的能力,这是真正体现人的意志和愿望的自由自觉的活动,是确证自己知、情、意水平的积极的精神享受,是人的身心和谐的实现。

休闲与"较高级活动"在一定意义上具有统一性。同一种活动,在不同境域中意义会大相径庭,例如种花养鱼、文学或书画创作以及其他一些脑力或体力劳作,在以往是属于谋生之需,在闲暇时间充裕的条件下则可以转变为"较高级活动"并休闲活动。研究表明,休闲是一个身心放松的过程,是一种有益于身心健康的心态或内心体验,休闲质量的高低不仅仅取决于物质条件,甚至不取决于从事什么活动。例如,一个人即使在度假中,如果仍然为工作或其他事情所困扰,也不会感到轻松和愉快,反之,即使处于工作状态或正在做家务,如果环境良好,心情没有压力且放松、愉悦,也会以休闲的心态去享受劳动的过程。本质地看,在迄今为止劳动作为谋生手段的情况下,休闲的确只能是必要劳动时间之外的纯享受性活动,但在未来,当劳动成为人的需要和享受时，休闲将会与作为"较高级活动"的劳动统一起来。休闲所以能与积极的劳动相通，是因为二者统一于人确证自己本质、实现自己价值的需要。正是在这个意义上我们认为，在未来，劳动和休闲将是人不可分割的存在和发展方式。

信息技术的使用极大地改变了人们传统的工作方式，模糊了工作和休闲的界限。信息技术在其发展的不同阶段对人们工作和生活的影响是迥异的：在信息化有所发展而又相对发展不足的初期，其模糊工作和休闲界限的结果，往往是使休息时间成为工作时间的延伸，导致休息时间为工作所侵占；在信息化高度发达的将来，随着工作节奏和强度趋于缓和，一方面，工作时间将逐渐缩短而自由时间相对延长，休息和休闲余地更大，另一方面，工作强度大为降低且工作内容可选择空间增大，从而有可能达到工作与兴趣的融合，到那时，工作状态与休闲状态之间的界限将更趋于模糊，工作真正与休闲融为一体，工作本身将具有休闲和享受的性质。

休闲作为一种享受性需要，表征着人们生活质量的提高，有助于人的自由全面发展。休闲是一种身体放松、精神愉悦的过程，在休闲活动中，人们可以尽情地欣赏、体验和享受，或沉醉于文学、艺术作品之中获得美的享受，或陶冶于自然美景之间放松身心，或在健身锻炼中振作精神，或根据自己的爱好和情趣充分发挥和展示自己的才华……作为一种积极的享受性发展，健康快乐、积极向上、悠然自得的休闲，可以使人在其中赏心悦目，获得乐趣，也可以陶冶人的性情，提升人的修养，升华人的境界。因此，休闲提升了人的生活质量，扩大了人活动的范围，丰富了人的生活内容，促进了人的发展。罗尔斯曾经指出，"如果闲暇时间包含在基本善的指标中，社会就必须确保每个人一般来说都有机会能得到富有成果的工作。……关键在于，如果这样做是可行的，是表达这种思想的最好方式，即所有公民都应该在社会合作工作中承担他们应分担的那部分任务，那么我们就可以把闲暇时间包括在基本善的指标中。"① 也就是说，在一定意义上，可以将休闲作为人的一种基本生活需要和社会权利。可以预见，随着时间的充裕、条件的改善及内容的丰富，休闲活动将成为促进人的身心健康和自由全面发展的主要方式之一。

休闲作为人的发展的新路向，顺应了需要演进的趋势和可持续发展的要求。据最新报道，由于经济衰退，美国人的生活习惯已经发生了显著改变，更重体验，更轻物质。许多人花在购买非必需品上的时间变少，且花更多时间与家人相处，或从事园艺、烹饪、阅读、看电视等业余爱好。心理学家认为，诸如假期这样与人共享的体验，可以比那些时尚物品带来更持久的愉悦②。休闲是一种典型的资源节约型和环境友好型的绿色消费方式，表征着由改变自然环境、消耗自然资源向欣赏和维护自然的转变。休闲固然要以一定的物质条件为基础，但却不同于以消耗物质资料为主的消费方式，即使在与自然相关的休闲活动中，人也主要不是为满足物质需要而消耗性地享用自然物，而是在欣赏和体验中享受自然，与自然进行认知的、情感的和审美的交流。在这一过程中，人们融入自然，而非与自然对立并改变自然。由于将自然作为认知、怡情和审美的对象，就会自觉维护自然的原生状态，保护自然，就此而言，人们称以休闲为主要内容的旅游业为"无烟工业"或"无烟产业"，是颇为形象且名副其实的。休闲活动的发展将收到促进人的发展与可持续发展一举两得的双赢效果。

---

① 约翰·罗尔斯：《作为公平的正义——正义新论》，上海三联书店 2002 年版，第 294 页。
② 《参考消息》2010 年 1 月 5 日。

四、精神生活与人的发展

人的发展的主要方向，是精神生活的充分发展。

马克思认为，"人以其需要的无限性和广泛性区别于其他一切动物"①，马斯洛在《动机与人格》一书中则揭示了需要的层次性以及各层次需要之间的关系。如果简要地区分，可以将需要分为物质的和精神的。两种需要密切相关：就必要性从而满足顺序看，需要层次是依次递增的，一般是先物质后精神，满足物质需要是满足精神需要的前提；就演变的趋势看，是从侧重物质到侧重精神，当物质需要得到比较充分的满足时，精神需要将取而代之成为需要的主体部分，物质需要是有限的，精神需要则具有无限发展的可能。

精神需要是相对于物质需要而言的，是对精神性对象的需求。与物质生活相比较，精神生活具有更加广阔的深化和拓展空间。从发展的趋势看，虽然物质生活水平在将来仍然会有新的提高，但提高的程度和范围是有限的，至少在量上是如此。在主体方面，人的必要或基本的物质需要相对来说是有限的；在客体方面，资源环境的边际愈趋清晰，无止境地消耗资源的生活方式将难以为继。精神生活则不然。一方面，精神需要具有无限扩展的特点，"人的身体有许多需要，比如说饥饿，这些需要是受生理条件限制的，总有一个极限。然而心理上的欲望——每一种欲望都是心理上的——是无止境的，即使这种欲望通过身体而得到满足。"② 另一方面，精神生活的资源不仅不会在消费中枯竭，反而将随着时代的进步而无限扩展，当代知识爆炸现象的出现就是明证。有学者

① 《马克思恩格斯全集》第49卷，人民出版社1982年版，第130页。
② 弗罗姆：《占有还是生存》，三联书店1989年版，第120页。

指出，物质财富服从于不变的守恒定律：消费不能超过生产，在信息方面的生产则不一样，迄今为止还看不到非物质财富增长的限制性因素及限度。从人的需要总体平衡的角度看，在将来，精神生活的发展程度将与物质性消耗成反比，精神需要将是拓展性需要的主要领域，非物质财富应是今后社会生产的主要方向。在发达国家，这种转向已经初露端倪，在发展中国家，精神生产的权重也趋于加大。既然人的心理欲望无止境，既然精神生活的内容更为丰富，既然精神资源不会在消费中枯竭，未来人的需要拓展和满足的重点当然应在精神的方面。

正如一些学者所指出的，在物质资料匮乏、文化不够发达的时代，人们通常将主要注意力放在物质生活的改善和物质需要的满足上，精神生活则处于次要的甚至可有可无的地位，而在物质需要得到较好满足时，物质消费与个人幸福之间的关系是微乎其微的，人的幸福程度并不完全与他占有和享受物质财富的数量成正比，相反，人们应将对生活幸福的追求转向精神生活方面。也就是说，当社会发展到一定程度时，精神生活质量将成为衡量整体生活水平的主要标志；人的发展将在更大程度上有赖于精神生活的充实。在当代，人们对精神生活的渴求较以往更显突出，关注和丰富精神生活已成为提升生活质量的关键环节。

人的发展概括起来不外乎身心两个方面，精神生活的丰富和精神素质的提高与物质需要的满足和身体素质的提高对于人来说同样是不可或缺的，没有精神生活的充实和精神素质的提高，人的生存就会片面化，人的全面发展就无从谈起。比较而言，无止境地追求物质需要的满足，占有和享用更多的物质财富，本质上只是低层次需要的量的扩张，对于人的发展并无实质性推进，而拓展和丰富人的精神生活从而推进人的发展则是没有止境的。精神生活是人的主观性的求知、体验和审美活动，是意识、理性、意志、情感等精神因素活动的过程，也是满足人的精神需要的过程。精神生活关乎人的发展，因为它关系到人的个性、人的知、情、意的丰富，关系到人的情趣、修养、能力的养成，也关系到人们在生活中获得愉悦、感受熏陶、丰富情感。精神生活的发展不仅将不断满足人们日趋增长的精神需要，提升人们的精神境界和整体素质，亦将转变人们的生存态度，改变以消费物质资料为主的生活方式，扭转迄今仍在延续的无限追求物质财富的倾向，使人们自觉地选择健康文明的绿色生活方式，构建新的生态文明，在与自然的和谐及协调中永续发展。从这个意义上说，精神生活体现着可持续发展与人的发展之统一，随着未来社会的进步，精神生活将逐渐超越物质生活，在人的整个生活领域中占据更为显著的地位，成为未来人的发展的主要方向。

精神生活的内容丰富多样。关注精神生活，既要满足人们日常的、享受性的精神文化需要，又要充实人的精神世界，提升人的精神境界。

关注精神生活应当满足人们的日常文化生活需要，丰富和充实人们的精神生活内容。现代化的人不仅是创造和享受现代化物质生活的人，亦应是创造和享受现代化精神生活的人。精神生活可以将人带入充满情趣和意境的世界，使人体验和享受真善美，对美好的事物和情感充满期待和追求。满足日常的、享受性的精神文化需要，就是使人们在文化娱乐生活中达到愉悦、怡情、审美的效果，获得精神享受。在社会现代化背景下，关注人们的精神生活具有特别重要的意义：一方面，现代化改变了长期以来经济短缺的状况，引发了需要由低级向高级变迁的态势，在物质需要基本得到满足，人们不必终日为解决温饱、实现衣食足而奔波后，精神生活的需求便更加凸显、日益增长，成为生活的主要领域；另一方面，现代化极大地提升了社会运行的速度，使人们置身于高度紧张的生活节奏之中，同时，现代化机器生产导致了人们的活动的单一化和片面化，这些因素使得放松精神、愉悦心情、调节生活节奏成为维护身心健康、改善生活状态之必需。在社会现代化进程中，为了满足日常的、享受性的精神需要，从主体的方面说，应当提高人们的科学文化素质，提升人们的文明修养和文化品位，培育人们的感情、爱心和审美能力；从社会环境或外部条件方面说，必须在建设物质文明的基础上推进文化建设，繁荣文化事业，发展文化产业，生产更多高质量的、人们喜闻乐见的、丰富多彩的大众文化产品，活跃文化生活，使人们在文化消费中充分地获取知识、丰富情感、愉悦精神、受到熏陶。

关注精神生活应当提升人的精神境界，构建与人的发展相适应的精神价值。精神生活对人来说不仅具有消遣、愉悦、怡情的价值，还具有充实精神世界，提升精神境界的意义。当然，上述两个方面可以是相通的，同一种精神生活可以既是一种精神享受、愉悦或消遣的过程，又是精神境界的提升过程。精神生活所以能提升人的精神境界，是因为它能开阔人的胸怀，纯洁人的心灵，引发人们对他人和世界万物的爱心和责任，人们在其中可以丰富自己的情感、培育自己的信念、确立自己的理想。精神境界的依托是精神价值，它是人类精神生活与人文素质发展的积淀，是人生存意义的核心，关乎人的精神追求，他的人格、个性、自我意识和主体性的发展。古往今来，仁人志士们皆注重精神修养，极力倡导优秀的品格、美德和气节，在建构精神价值中彰显了人类生存的意义。

在社会现代化进程中，精神境界的提升、精神价值的建构尤为重要。一些西方学者在反思现代化问题时，主张借鉴马克思的思想。他们认为，马克思哲学的价值取向源于人道主义哲学传统，这个传统的本质就是对人的关怀；马克思哲学抗议工业化过程中人的异化，充满着对人的信念，其目标是使人从经济需要的压迫下解放出来，使人的个性得到解放，在精神上恢复完整的人性，与他人及自然处于和谐的关系中。这种看法虽不无可议之处，却凸显了马克思哲学追求精神解放的意蕴。马克思虽然没有专门讨论人的精神发展问题，却提供了构建精神价值最核心的东西：在哲学尤其是历史观的层面确立了人的解放和发展的价值取向。人的解放和自由全面发展诉求理当包括精神的解放和发展，即精神生活的充实，精神世界的和谐以及精神境的提升。

马克思主义人的发展理论是构建当代精神价值最重要的思想资源。当代及未来精神境界的提升、精神价值的建构要以马克思人的发展理论为引领，设定和追求人生存的理想目标，确立人的内在信念和精神追求，又要直面并回应现代化的双重影响，直面并回应制约人的发展的现代性问题，在理论与现实的对话中为人的生存发展提供坚实的精神基础和价值支撑。

本文原载于《马克思主义与现实》2010 年第 2 期

《中国社会科学文摘》2010 年第 9 期转载

人大复印报刊资料《哲学原理》2010 年第 7 期转载

人性与人的本质及人的发展

马克思人的发展理论与对人的哲学理解直接相关。关于马克思人的本质学说与人的发展科学认识的关系，学术界已有深入的解读，而关于马克思人性理解与人的发展价值取向的关系，尚有待深入探究。肯定并重新解释马克思对人性的理解，将为人的发展价值取向提供理论支撑，也有助于理解人的发展的本质含义。

一、马克思对人性的理解

马克思指出，"理论只要彻底，就能说服人。所谓彻底，就是抓住事物的根本。但是，人的根本就是人本身。"[①] 这一说法对于理解人的发展问题尤为贴切。在当代，人的发展受到广泛关注，"以人为本"已成为社会生活的主题词和流行语，人性化设计、人性化安排、人性化举措等提法甚至成了时尚，但毋庸讳言的是，有关人的发展的一些基本理论问题却尚未真正透解，而如果没有学理上的彻底性，如果缺乏哲学层面的理论依据和支撑，人的发展的理论和实践就可能止于表面和暂时。

---

① 《马克思恩格斯选集》第 1 卷，人民出版社 1995 年版，第 9 页。

人的发展基本理论问题中一个有待探讨的重要问题，是其价值取向的立论基础——人的发展诉求和目标基于怎样的理论依据，或者说，马克思为什么要、又何以能够确立人的发展的价值取向？对于马克思人的发展价值取向的理论依据，可以从不同视角来理解，其中之一，是人性的视角。从一定意义上说，马克思人的发展诉求是以其对人性的理解为基础的。

一直以来有一种误解，认为马克思只承认人的本质而否认人性，这一"定论"有待重新解释和探究。为了澄清相关误解，本文将从文本分析和当代性重释的结合上对马克思关于人性及其与人的本质关系的理解作出重新考察。这种考察将从两个路径来进行：一是马克思是否承认人性；二是马克思对抽象人性论的批判是否意味着否定人性。

关于马克思是否承认人性，回答应是肯定的，因为对人性的论述在其著作中并不鲜见，他不仅多次正面地提及人性，还对人性作出了新的、独特的理解。

在《摘自"德法年鉴"的书信》中，马克思就指出，"专制制度的唯一原则就是轻视人类，使人不成其为人。"① "专制制度必然具有兽性，并且和人性是不相容的。"② 这里已经在与"专制制度"和"兽性"等相对立的意义上肯定性地提到了"人性"，将其视为人之成其为人的根据，作为批判专制制度的尺度。在《1844年经济学哲学手稿》中，他明确地提出了"复归人性"的诉求，指出，"共产主义是私有财产即人的自我异化的积极的扬弃，因而是通过人并且为了人而对人的本质的真正占有；因此，它是人向自身、向社会的即合乎人性的人的复归。"③ 此后，他在《神圣家族》中再次提到"合乎人性"及"适合人性"，并在《资

---

① 《马克思恩格斯选集》第1卷，人民出版社1995年版，第411页。
② 《马克思恩格斯选集》第1卷，人民出版社1995年版，第414页。
③ 马克思：《1844年经济学哲学手稿》，人民出版社2000年版，第81页。

本论》中提出"最无愧于和最适合于他们的人类本性"①。马克思一再提到合乎人性或适合人性，表明"人性"一说在他那里绝不是偶然的，反映了他关于所有的人都应当并同样具有普遍的人的类本性的主张，表明他肯定人性的存在；至于将"人性"、"天性"与"合乎"、"最适合于"等词连用，则表明他对人性持正面的、赞同的态度，以合乎人性表达了对人的应然状态的诉求或对理想的人的期望。

马克思在批判资本主义异化劳动时，为了说明异化劳动使人的生命活动同人相异化以及使类同人相异化，提出了对人的类特性即人性的理解，指出："生产生活就是类生活。这是产生生命的生活。一个种的整体特性、种的类特性就在于生命活动的性质，而自由的有意识的活动恰恰就是人的类特性。"②"有意识的生命活动把人同动物的生命活动直接区别开来。正是由于这一点，人才是类存在物。"③"通过实践创造对象世界，改造无机界，人证明自己是有意识的类存在物。"④"正是在改造对象世界中，人才真正地证明自己是类存在物。"⑤ 这些论述有两点值得注意。其一，"人的类特性"即人这个类特有且共有的规定性。作为人这个类的特性，对内乃人皆共有，对外则使人区别于他物特别是其他动物。人所共有而又区别于他物的规定性无疑是也只能是人性。其二，"自由的有意识的活动"或"有意识的生命活动"，就是人的实践、劳动、生产，是理想和本真意义上的实践，在马克思看来，这种实践是人作为人的内在规定性，是人区别从而高于动物之所在。由此两点可以认为，马克思肯定人性并将其理解为人的实践。

对于上述观点，马克思和恩格斯此后曾有展开的论述，《德意志意

① 《马克思恩格斯全集》第46卷，人民出版社2003年版，第928—929页。
② 马克思：《1844年经济学哲学手稿》，人民出版社2000年版，第57页。
③ 马克思：《1844年经济学哲学手稿》，人民出版社2000年版，第57页。
④ 马克思：《1844年经济学哲学手稿》，人民出版社2000年版，第57页。
⑤ 马克思：《1844年经济学哲学手稿》，人民出版社2000年版，第58页。

识形态》指出，"可以根据意识、宗教或随便别的什么来区别人和动物。一当人开始生产自己的生活资料的时候，这一步是由他们的肉体组织所决定的，人本身就开始把自己和动物区别开来。人们生产自己的生活资料，同时间接地生产着自己的物质生活本身。"①肯定了生产实践是人区别于动物的特性，是人成为自身的根据。《劳动在从猿到人中的作用》则指出，"动物仅仅利用外部自然界，简单地通过自身的存在在自然界中引起变化；而人则通过他所作出的改变来使自然界为自己的目的服务，来支配自然界。这便是人同其他动物的最终的本质的差别，而造成这一差别的又是劳动。"②再次确认了劳动是人与动物相区别的标志，是人之成为人的本质规定。

马克思对人性的理解只是对人性诸种可能的理解之一种（当然还可以有其他的理解），但应当强调的是，他的这种理解是对以往人性论的继承和超越。

所谓继承，就在于马克思承认人皆具有某种共同的类特性亦即类本性，承认普遍的人性，这种观点显然是受到了近代人道主义者或许还有康德目的论的影响，或者与其有相通之处。人性乃人皆具有的同质的类本性，因而也可以说在本质上是普遍的，同时，人性体现在每个现实的人身上又是特殊的，从这个意义上说，人性是普遍与特殊的统一。

马克思的人性理解又超越了以往的人性论并与之有根本的区别。他对人性理解本质上不同于前人之处主要在于两点：其一是如上所述，认为人性是"自由的有意识的活动"即实践、劳动、生产。这一理解的优越之处在于，实践包含了以往所理解的人性的诸种规定而具有开放性。其二是，认为人性是人应然的而非既有的规定性。对于向"合乎人性的人的复归"，可以有两种解释，一种是：向历史上曾经存在过的、

---

① 《马克思恩格斯选集》第 1 卷，人民出版社 1995 年版，第 67 页。

② 《马克思恩格斯选集》第 4 卷，人民出版社 1995 年版，第 383 页。

后来被异化的"合乎人性的人"复归，这种理解显然不能成立，因为历史上从未出现过卢梭所谓的"黄金时代"一类的理想社会，从而未出现过"合乎人性的人"，因而根本谈不上复归。另一种也是唯一可能的解释是，所谓"复归"，实为人性的建构或人的培育，也就是说，"合乎人性的人"是马克思对共产主义社会中应然的、理想的人的基本理解，向"合乎人性的人"复归，则是他所设定的人的解放和发展的目标，而这里的"人性"，就是指人作为人应有的、使人成其为人、使人的生存成其为人的规定性。这种应然的人性是人皆具有从而普遍和抽象的，是人作为最高价值和最终目的应有的禀赋和对待。同时，这种应然的人性又不同于以往人性论者假定的人既有的本性，它不是从来就有的，也不是一成不变的或无关社会和历史的，而是在生活、实践中不断生成、丰富和发展的。

二、人性与人的本质

问题是，既然马克思多次肯定人性，为何一直以来却被认为是对人性持根本否定的态度？我们认为，形成此种误解的原因在于两个方面。一方面，马克思没有对人性问题作进一步展开的论述。另一方面，后人将马克思对抽象人性论的批判直接等同于否定人性。

前一方面原因较易于理解，因为经近代人道主义者的充分论证与强调，人性在那个时代已成为共识而无须赘言。与此相关并由于以实际地改变世界为旨归，肯定人性并非马克思对人的问题研究的重点，其重点是阐释现实的人的本质的社会历史性，进而探究人与社会的关系、揭示社会发展的规律和机制。这种研究与对人性的研究属于不同的范畴。

对抽象人性论的批判是否意味着否定人性，是一个有待澄清的问题。马克思和恩格斯曾对抽象人性论作出了尖锐的批判，问题是，这种批判是否意味着否定人性？这一在以往似乎不言而喻的问题，事实上却是有待深究的，而深究的关键在于：抽象人性论的失误何在以及马克思是在怎样的意义上批判抽象人性论的？

通常对抽象人性论的批判认为，抽象人性论离开人的社会性去解释人的共同本质，把人的本质归结为抽象的、永恒不变的人性，否定人的本质的社会历史性。并认为，人的本质是由社会关系决定的，在阶级社会中表现为阶级性，因此，不存在超社会历史的抽象人性。这种批判切中了抽象人性论否定人的社会历史性的要害，但其结论却有待辨析。抽象人性论离开人的社会关系而把人的本质归结为抽象人性无疑是错误的，但批判这一观点并不能得出否定抽象人性的结论来。

抽象人性论的失误不在于肯定普遍或抽象的人性，不在于确认人作为类存在物的共性，而在于以这种普遍、抽象的类特性取代了人的社会特性即其本质，从而否定了人及其生存发展的具体性和社会历史性，费尔巴哈即是典型的一例。他在《基督教的本质》中指出，"人的异于动物的本质，不仅是宗教的基础，而且也是宗教的对象。"[1] "人自己意识到的人的本质究竟是什么呢？或者，在人里面形成类、即形成本来的人性的东西究竟是什么呢？就是理性、意志、心。"[2] 仔细分析这两段论述可以看到，费尔巴哈混淆了人性与人的本质并以前者取代了后者。因为其一，人异于动物的规定性是人性而非人的本质，而"人的异于动物的本质"一说却将"本质"误用于指称"人性"。其二，在后一段论述中，他更是用"或者"一词将人性与人的本质直接等同了起来。由于这种混淆，人的本质被归结为人性，人只剩下抽象的规定性而失却了现实的规定性。正是针对这一失误，马克思指出，"人的本质不是单个人所

---

[1] 费尔巴哈：《基督教的本质》，商务印书馆 1984 年版，第 30 页。
[2] 费尔巴哈：《基督教的本质》，商务印书馆 1984 年版，第 30、30—31 页。

固有的抽象物"①，并批评在费尔巴哈那里，"本质只能被理解为'类'，理解为一种内在的、无声的、把许多个人自然地联系起来的普遍性。"②马克思这两段论述从不同角度讲述了同一个道理。前者是一个否定句，但否定的并非"单个人所固有的抽象物"，而是将本应属于人性范畴的"单个人所固有的抽象物"视为人的本质的观点。所以这句话实质上是强调人的本质不是人性。后一论述同样是批评费尔巴哈将人的本质理解为实质上是人性的"把许多个人自然地联系起来的普遍性"，而并非否定这种普遍性本身。这两段论述表明，在马克思看来，费尔巴哈的问题不在于承认抽象人性，而在于以之代替或置换了具体的人的本质，在于仅强调从抽象的人性出发去理解社会历史问题，从而陷入了宣扬不分阶级的抽象的"爱"的唯心史观。正是针对这一点，恩格斯强调"对抽象的人的崇拜，即费尔巴哈的新宗教的核心，必定会由关于现实的人及其历史发展的科学来代替。"③

　　上述分析表明，抽象人性论错误的实质是以人性代替人的本质，因而马克思对抽象人性论的批判旨在反对这一做法，而并非否定人性，这才是批判抽象人性论的本意所在。因此，从批判抽象人性论并不能推论出不存在人性的结论来。

　　马克思恩格斯在批判费尔巴哈时指责他"设定的是'一般人'，而不是'现实的历史的人'"④，并坚持认为不存在抽象的孤立的个人而只存在从事实际活动的人。问题在于：否定抽象的个人是否等同于否定抽象人性？我们认为回答是否定的。抽象的孤立的个人和抽象的人性是不同的概念，前者是对人的整体规定性的理解，后者则指的是人的一方面规定性。与此相联系，主张抽象的孤立的个人，必然意味着仅仅承认人

---

① 《马克思恩格斯选集》第 1 卷，人民出版社 1995 年版，第 56 页。

② 《马克思恩格斯选集》第 1 卷，人民出版社 1995 年版，第 56 页。

③ 《马克思恩格斯选集》第 4 卷，人民出版社 1995 年版，第 241 页。

④ 《马克思恩格斯选集》第 1 卷，人民出版社 1995 年版，第 75、56 页。

的抽象的类特性即人性而否定人的其他方面的规定性，特别是否定具体的人的本质和人的社会历史性。与之不同的是，承认人性却可以同时承认人的其他方面的规定性，例如承认人的本质，也就是说，承认抽象人性并不必然导致否定人的社会本质。从抽象的个人与抽象的人性之区别不难看到：否定抽象的孤立的个人并不能等同于否定人性。

这里涉及对人性与人的本质关系的理解，而这种关系只有在二者的对比中才能清晰地呈现。

马克思对人性和人的本质的标志性表述分别是："自由的有意识的活动恰恰就是人的类特性。"① "人的本质……在其现实性上，它是一切社会关系的总和。"虽然"类特性（人性）"和"人的本质"都属于人的规定，但二者的含义却大相径庭：人性表征着人作为类的规定性从而表征着人与他物的区别，人的本质则表征着人作为具体历史的社会存在的现实规定性从而表征着在特定社会关系中人（群体）与他人（群体）的区别。正如人们所共识的，人的本质作为社会关系的总和、作为人的现实的规定性，是具体的、历史的。但人性则不然，人性在人与他物的关系中属于人独有的"特性"，而在人这个类之中则属于人皆有之且同质的共性，从这个意义上说，人性既是"特性"又是"共性"，人性在人这个类之中就是也必然是普遍的、抽象的。只要承认人具有共性就必然要承认人性，只要承认人性就必然要承认其普遍性和抽象性，虽然抽象的人性要体现在每个现实的具体的人之中。

由于具有显著的区别，绝不能将人性与人的本质等同起来，并且还应当看到，人性与人的本质是共存的，承认人的本质并不必然否定人性，反之亦然。由此观之，以往抽象人性论的失误就在于以人性代替了人的本质，与之相对应，一直以来在此问题上存在着的另一种片面性是，以人的本质、人的社会历史性排斥人的类特性即人性，在事实上将

① 马克思：《1844 年经济学哲学手稿》，人民出版社 2000 年版，第 57 页。

人性问题悬置了起来甚至消解于无形。

稍加深究，否定人性和否定人的本质从方法论上看原因是相同的，都是混淆了人性和人的本质，这种混淆使对人的认识从不同的方面陷入了片面性。抽象人性论否定人的本质造成的负面影响，学界已有透彻的论述。而否定人性同样会造成理论上的失误：使马克思人的理论特别是人的发展理论失去立论依据，使之不具备彻底性进而缺乏解释力，比如不能说明为什么所有人皆应具有"合乎人性"的权利，为什么应当推进一切人的自由全面发展，又为何要将"以人为本"确立为社会发展的基本理念，以及为何要让人民生活得更有尊严，等等。

在强调人性与人的本质相区别的同时又应看到两者的内在联系。承认人现实的本质并不意味着排斥普遍的人性，反而是以之为前提的。人所以能够成为现实的、社会历史性的存在，就是因为他是从事实际活动的人，而所以是从事实际活动的人，就在于人具有自由的有意识的类特性，在于人的实践性生存方式。没有实践的类特性，人从事实际活动的社会历史性就不复存在；否定了人这一类特性，人的社会本质就无从谈起。从这个意义上说，肯定并科学地说明人性与肯定并科学地说明人的本质一样，是马克思人的发展理论的立论基础。

应当看到，在早期的文本中，马克思思想正处在形成阶段，一些概念及用词尚未定型，在某些论述中还没有明确区分人性和人的本质，甚至会在相同的意义上使用这两个概念。由于这一原因亦由于长期以来后人的误读，对人性和人的本质概念的辨析至为重要，对于理解马克思人的发展思想具有前提性意义。

三、人性与人的发展

肯定并重新解释马克思对人性的理解，将为人的发展诉求提供价值支撑。

人的自由全面发展是马克思的基本价值诉求。在理论研究的早期，马克思就针对专制制度对人性的压制而提出了"自由的人、真正的人"概念①，并确立了"把人的世界和人的关系还给人自己"②的人的解放要求。作为人的发展思想最为丰富的著作，《德意志意识形态》提出了"个人的全面发展"、"全面发展的个人"、"个人的独创的和自由的发展"等概念；确定了"个人向完全的个人的发展"③，"任何人的职责、使命、任务就是全面地发展自己的一切能力"④等人的发展要求，并预言，共产主义社会将是"个人的独创的和自由的发展不再是一句空话的唯一的社会"⑤。"在共产主义社会里，任何人都没有特殊的活动范围，而是都可以在任何部门内发展，社会调节着整个生产，因而使我有可能随自己的兴趣今天干这事，明天干那事，上午打猎，下午捕鱼，傍晚从事畜牧，晚饭后从事批判，这样就不会使我老是一个猎人、渔夫、牧人或批判者。"⑥在此后的著作中，马克思还鲜明地提出了"代替那存在着阶级和阶级对立的资产阶级旧社会的，将是这样一个联合体，在那里，每个人的自由发展是一切人的自由发展的条件"⑦。"建立在个人全面发展和他们共同的社会生产能力成为他们的社会财富这一基础上的自由个性"等人的发展目标⑧。

人的发展是马克思一以贯之的思想，然而是什么理念支撑马克思提出了人的发展诉求，人的发展价值取向的立论前提是什么？有学者认

① 《马克思恩格斯全集》第1卷，人民出版社1956年版，第412页。
② 《马克思恩格斯全集》第1卷，人民出版社1956年版，第443页。
③ 《马克思恩格斯选集》第1卷，人民出版社1995年版，第130页。
④ 《马克思恩格斯全集》第3卷，人民出版社1960年版，第330页。
⑤ 《马克思恩格斯全集》第3卷，人民出版社1960年版，第516页。
⑥ 《马克思恩格斯选集》第1卷，人民出版社1995年版，第85页。
⑦ 《马克思恩格斯选集》第1卷，人民出版社1995年版，第294页。
⑧ 《马克思恩格斯全集》第46卷上册，人民出版社1979年版，第104页。

为，"人的一切活动，人类社会和人类历史的一切现象都是建基于人的本性、表现着人的本性。"① 这一说法对于回答上述问题具有启示性。借鉴这一思路，我们认为从一定意义上可以说，复归或实现人性是马克思追求人的解放和发展的动机之一，是其人的发展价值诉求的理论依据。这一看法可以从文本分析中得到支持。

继《1844 年经济学哲学手稿》"向社会的即合乎人性的人的复归"命题之后，《神圣家族》更是明确地指出：无产阶级"完全丧失了一切合乎人性的东西，甚至完全丧失了合乎人性的外观……如果它不消灭它本身的生活条件，它就不能解放自己。如果它不消灭集中表现在它本身处境中的现代社会的一切违反人性的生活条件，它就不能消灭它本身的生活条件"②。"既然人是从感性世界和感性世界中的经验中汲取自己的一切知识、感觉等等，那就必须这样安排周围的世界，使人在其中能认识和领会真正合乎人性的东西，使他能认识到自己是人。……既然人的性格是由环境造成的，那就必须使环境成为合乎人性的环境。既然人天生就是社会的生物，那他就只有在社会中才能发展自己的真正的天性。"③《资本论》又进一步强调，"社会化的人，联合起来的生产者，将合理地调节他们和自然之间的物质变换，把它置于他们的共同控制之下，而不让它作为一种盲目的力量来统治自己；靠消耗最小的力量，在最无愧于和最适合于他们的人类本性的条件下来进行这种物质变换。"④

马克思关于"丧失了一切合乎人性的东西"和"真正合乎人性的东西"的对比，以及"必须使环境成为合乎人性的环境"的要求，皆表明对实现人性的肯定和倡导。其"合乎人性的人"、"真正合乎人性"、

---

① 高清海：《论人的"本性"——解脱"抽象人性论"走向"具体人性观"》，《社会科学战线》2002 年第 5 期。

② 《马克思恩格斯全集》第 2 卷，人民出版社 1957 年版，第 45 页。

③ 《马克思恩格斯全集》第 2 卷，人民出版社 1957 年版，第 45、167 页。

④ 《马克思恩格斯全集》第 46 卷，人民出版社 2003 年版，第 928—929 页。

"真正的天性"、"最适合于他们的人类本性"等提法，一以贯之地体现着对人性的坚持。从这种肯定和坚持中可以看到，他将实现人性视为社会发展的目的并衡量社会进步的尺度。同样地，他也将人的发展视为社会进步的尺度。更值得注意的是，马克思对合乎人性的理解和对人的发展的理解存在着共同的价值取向，那就是对人的生命活动自由自觉性质的强调，从肯定作为"自由的存在物"①的人的"自由的有意识的活动"到倡导人的"自由发展"皆是如此。正是在这个意义上我们认为，在马克思那里，复归及合乎人性与人的解放和发展的价值取向是一致的，从复归及合乎人性诉求以及对资本主义的批判中，可以直接推论出人的解放和发展诉求来。文本梳理表明，马克思在理论研究的后期关于人性的提法明显地较前期为少，这并不难理解，因为当其理论逻辑由复归及合乎人性诉求过渡到人的解放和发展的目标后，关于人性的提法在多数情况下就为后者所代替。鉴此，如果可以认定"复归及合乎人性"与"人的解放和发展"的内在联系，就应当认定前者乃后者的思想萌芽，后者乃前者的逻辑结论。

从学理上看，人的发展所以被视为社会发展的核心及衡量社会进步的最高尺度，是因为它根本上体现着"真正合乎人性"的要求。追求人的发展是对人的价值优先性的充分肯定和现实表达，旨在强调人对自身这个"类"的关注，这种肯定和关注所以必需并可能，就是因为其中的"人"是普遍意义上的人即所有的人，是对人的类特性亦即人性的抽象。质言之，只有承认人性即认定人这个"类"具有不同于他物的共同性，才可能肯定人皆具有高于他物的独特价值从而将人"作为目的本身"；正因为承认人性，才有必要追求每个人的平等和幸福，才会有每个人自由全面发展的要求，也才应当确立以人为本的社会发展观，应当让人民生活得更有尊严。

---

① 马克思：《1844年经济学哲学手稿》，人民出版社2000年版，第56页。

肯定并重新解释人性，有助于理解人的发展的本质含义。

马克思对人的发展的定位主要不是享受意义上的，而是创造意义上的，是能力的自由发展和充分实现，这是与他对人的类特性即人性的理解直接相关的。他认为生产生活就是类生活，自由的有意识的活动（实践）就是人的类特性即人性。既然实践是人之为人的本质规定，人就应当在对象化的创造性活动中确证自己的能力、情感和审美，实现这一本性。为此，马克思强调人应当从异化劳动中解放出来，使劳动由外在于人的尺度转变为内在于人的尺度，由否定自身的活动转变成肯定自身的活动，由谋生的手段转变成劳动者实现自己本质力量、发展自己能力和个性的过程。他在论及"自由时间"时曾将其分为"闲暇时间"和"从事较高级活动的时间"①，并预言，"把社会必要劳动缩减到最低限度，那时，与此相适应，由于给所有的人腾出了时间和创造了手段，个人会在艺术、科学等等方面得到发展。"② 恩格斯亦认为，当生产力达到相当高的水平时，"每个人都有充分的闲暇时间去获得历史上遗留下来的文化——科学、艺术、社交方式等等——中一切真正有价值的东西；并且不仅是去获得，而且还要把这一切从统治阶级的独占品变成全社会的共同财富并加以进一步发展。"③"较高级活动"就是人在必要劳动时间之外的自由自觉的活动，例如"在艺术、科学等等方面得到发展"等，这种活动之所以是较高级的，就因其属于非谋生的、自由的、发展性的活动。马克思和恩格斯曾预言，在未来，当改变了生产资料与劳动者分离的状态，生产力发展到消灭了旧式分工、极大地缩短必要劳动时间、优化劳动环境并根本上改善了劳动条件时，"劳动已经不仅仅是谋生的手段，而且本身成了生活的第一需要"④，"生产劳动给每一个人提供全面

① 《马克思恩格斯全集》第 46 卷下册，人民出版社 1980 年版，第 25—226 页。
② 《马克思恩格斯全集》第 46 卷下册，人民出版社 1980 年版，第 25—226、219 页。
③ 《马克思恩格斯选集》第 3 卷，人民出版社 1995 年版，第 150 页。
④ 《马克思恩格斯选集》第 3 卷，人民出版社 1995 年版，第 305 页。

发展和表现自己全部的即体力的和脑力的能力的机会，这样，生产劳动就不再是奴役人的手段，而成了解放人的手段，因此，生产劳动就从一种负担变成一种快乐。"① 在那时，劳动将成为"最适合于人性"的"较高级活动"，这种活动既创造财富又发展人自身，既发展人的体力更发展人的智力和个性，增强人的主体性，满足人自我实现的需要，成为使人愉悦、有利于人的身心健康和自由全面发展的过程。

马克思对人的创造性发展的理解在现代得到了新的阐释。马斯洛指出，人在满足了生理、安全、爱和自尊等需要之后还有更高层次的"自我实现的需要"②。弗洛姆则认为"创造性是一种性格取向，每个感情健康的人都能够具有这种性格取向"③。"我们人生来就有一种要求真正地生存的深刻愿望：去表现我们的能力、有所作为、与别人联系在一起以及摆脱利己欲的束缚。"④ "自我实现需要"、"性格取向"、"深刻愿望"与"第一需要"、"一种快乐"的基本含义是一脉相承的，都表明实践是人证实自己本性的活动，是人须臾不可或离的生存方式。

劳动所以在未来将成为一种快乐甚至人生活的第一需要，自我实现所以是更高层次的需要，创造性所以是一种性格取向，人所以生来就有一种表现能力、有所作为的深刻愿望，等等，原因就在于劳动在本真的意义上是一种自由自觉的活动，是人的类特性即人性。正因为这样，"一个过着生产性生活的人在他衰老前是不会退化的。相反，在生产性生活的过程中，他所发展起来的精神与情感继续成长，尽管体力已有所衰退。然而，非生产性生活的人当他的体力——他从事活动的主要源泉——衰退时，他的整个人格的确退化了。"⑤ 离开劳动实践、离开创造

① 《马克思恩格斯选集》第 3 卷，人民出版社 1995 年版，第 644 页。
② 马斯洛：《动机与人格》，华夏出版社 1987 年版，第 53 页。
③ 弗罗姆：《占有还是生存》，三联书店 1989 年版，第 107 页。
④ 弗罗姆：《占有还是生存》，三联书店 1989 年版，第 107 页。
⑤ 弗洛姆：《为自己的人》，三联书店 1988 年版，第 155 页。

活动，人既将失去其作为人的本性，亦将失去其作为人的现实规定性，人的发展也就无从谈起。这从另一个方面表明，人只有在实践中才能确证自己的类特性，也只有在实践中才能发展自己。

本文原载于《哲学研究》2010年第10期

人大复印报刊资料《哲学原理》2011年第2期转载

市场经济与当代中国人的发展

市场经济是当代中国人的发展最重要的时代背景。厘清市场经济与人的发展的关系，是理解当代中国人的发展所处阶段及其特征的前提，也是在当代中国正确应对市场经济对人的发展影响的前提。

一、从市场经济看当代中国人的发展阶段

探究当代中国人的发展问题之重要方面，是定位当代中国人的发展阶段。这一定位必须从人的发展与市场经济的关系入手，而理解人的发展与市场经济关系的理论范式之一，则是马克思关于社会发展的"三形态"理论。

由于社会作为有机体的多面性和多层次性，对于社会发展阶段及社会发展形态的划分往往见仁见智。在诸多的理解中，马克思的理解独树一帜，他从人的发展角度区分社会形态、划分社会发展阶段，提出了"三形态"说。从历史演进的大尺度看，"三形态"说最恰当地描述了社会发展与人的发展的内在关联。以人的发展程度界定社会形态和发展阶段，是马克思的创见，以"三形态"理论为研究框架分析当代中国人的发展问题，可以从宏观上深刻地把握当代中国人的发展的状况，判定当

代中国人的发展阶段，展望当代中国人的发展的前景。

马克思在《经济学手稿（1857—1858 年）》中提出了社会发展"三形态"说，即"人的依赖关系（起初完全是自然发生的），是最初的社会形态，……以物的依赖性为基础的人的独立性，是第二大形态，……建立在个人全面发展和他们共同的社会生产能力成为他们的社会财富这一基础上的自由个性，是第三个阶段"①。认为社会发展经历了"人的依赖关系"、"以物的依赖性为基础的人的独立性"、"建立在个人全面发展和他们共同的社会生产能力成为他们的社会财富这一基础上的自由个性"三种形态或者说三个阶段。

直接地看，这一论述的要义是以人的发展为尺度来衡量社会发展、划分社会发展阶段。以人的发展为尺度衡量社会发展，既具有高度的理论统摄性也具有大尺度的历史覆盖性。一方面，人的发展是衡量社会进步的最高指标和终端显示，人的发展目标包含着社会发展的各项指标，涉及经济、政治、文化、科技、教育等社会发展的各个方面，是社会生活各要素、各部分发展的综合体现。在当代，人们愈益倾向于以综合性指标（例如"幸福指数"、"人类发展指数"、"国民幸福总值"等）反映社会发展的状况和程度，而这些综合性指标都是直接或间接地围绕着人的发展来确定的。另一方面，人的发展是一个长期的过程，从人的依赖关系到物的依赖关系，再到人的自由全面发展，都从历史的大尺度上深刻地反映和标志着社会的全面转型和进步。

间接地看，这一论述又揭示了社会发展与人的发展的对应关系，从社会发展的角度定位了人的发展阶段。

第一个阶段"人的依赖关系"，是前资本主义的社会形态。在这一阶段，不仅普遍地存在着人身依附关系而没有人身自由，没有人的独立性和个性，而且人的生产能力只是在狭窄的范围内和孤立的地点上发展

---

① 《马克思恩格斯全集》第 46 卷上册，人民出版社 1979 年版，第 104 页。

着。第二个阶段即以物的依赖性为基础的人的独立性阶段。以物的依赖性为基础的人的独立性是与私有制和市场经济相联系的资本主义社会，在这一阶段虽然人有了一定的独立性，但这种独立性却是不完整的，是建立在对物的依赖性基础之上的，因而与上一阶段相比较，是从一种依赖性转变成了另一种依赖关系，依赖性的本质并未去除。其所以人没有完整的独立性，是因为人与人之间相互关系表现为物与物之间的关系，人与物（金钱、财富）异化。在这一社会中，人被物的因素所制约，他的活动和生活被资本、金钱、商品等物质性因素所控制。第三个阶段"人全面发展和他们共同的社会生产能力成为他们的社会财富这一基础上的自由个性"，是消灭了阶级和阶级对立（消灭了私有制和市场经济）的共产主义社会（社会主义社会是其第一阶段）。

在马克思的理解中以及在他之后的许多研究者看来，上述三个阶段是依次递进的，后一阶段对前一阶段的超越必然意味着社会的进步和人的发展。其中第三阶段对第二阶段的超越从社会形态更替的角度看就是社会主义和共产主义代替资本主义。这就暗含着如下的理解："物的依赖性"是资本主义的典型特征，也是其独有的特征，社会主义社会是超越"物的依赖性"的，也就是说，社会主义消灭了私有制并告别了市场经济。

就所处的时代和环境而言，马克思和恩格斯作出这种判断是不无道理的，因为根据他们当时的设想，社会主义将建立在西欧和美国等"文明国家里"[①]。如果以西欧和美国为范例，"物的依赖性"的确只能是与资本主义相联系，因为现实表明（亦即马克思恩格斯认为），在西欧，三大社会形态与生产力发展程度是一一对应的关系，在那里，资本主义之后的社会阶段必然并应当是超越"物的依赖性"的。正是基于这一理解，马克思恩格斯认为，资本主义之后未来社会人的发展的理想状态，

---

① 《马克思恩格斯选集》第 1 卷，人民出版社 1995 年版，第 241 页。

是每个人的自由全面发展，相应地，与之匹配的社会只能是生产资料完全公有以及计划经济基础上的社会主义和共产主义社会。

由于中国的社会主义制度以及它所建立于其中的社会环境迥然不同于马克思设想的西欧和美国，在中国这个经济文化落后的东方国家建设社会主义必须实行社会主义市场经济，所以在中国特色的社会主义社会中，就产生了马克思未设想到的、社会主义社会中的市场经济与人的发展的关联。

由此就引出了如何根据三形态理论理解当代中国人的发展阶段的问题。

依据三形态理论，对当代中国人的发展阶段可以作出这样的描述：当代中国人的发展处于两个过程并行的态势。一方面，由人的依赖性向物的依赖性过渡，另一方面，由物的依赖性开始走向人的自由全面发展。

所谓由人的依赖性向物的依赖性过渡，是与当代中国社会处于前市场经济阶段向市场经济过渡相联系的。按照马克思的理论模式，社会主义应当超越了市场经济和物的依赖性，更是早已超越了人的依赖性，但当代中国社会的现实并非如此，而是两种依赖性依然存在。原因在于，一方面，由于中国社会主义产生的历史条件，特别是由于反封建不彻底，长期封建社会形成的许多传统的东西，包括体制上的、观念上的以及社会风尚等方面的，如等级制度、裙带关系、封建思想等，不同程度地遗留了下来，构成对人思想行为的限制，使人的依赖性深刻地影响着社会面貌和人们的生活，制约着人的发展；另一方面，由于中国进行现代化建设的基础比较薄弱特别是生产力不够发展，要求实行市场经济体制，进而必然会要求以物的依赖性代替人的依赖性。

所谓由物的依赖性开始走向人的自由全面发展，是指当代中国社会就其走向来看，处于物的依赖性和人的自由全面发展两个阶段之间，并在价值取向上要限制物的依赖性而趋向于人的自由全面发展，虽然其间还要经历一个漫长的过程。这是由中国特色社会主义的现实环境和发展趋势决定的。

当代中国人的发展阶段概括地说，就是三种形态或者说是三种形态的特点并存：既遗存人的依赖关系，又处于物的依赖性阶段，还面向并将走向人的自由全面发展。这就有一个如何对待三种形态及其关系的问题。我们认为，对三种形态应分别持如下的态度：其一，人的依赖性是"过去时"的社会形态，完全失去了合理性与必然性，对之必须从观念到制度予以彻底去除；其二，物的依赖性是"正在进行时"的社会形态，对物的依赖性，既要加以肯定，又要加以限制。也就是说，既要着眼于在未来超越物的依赖性、超越市场经济，又要在当下暂时地保留它；既要适当地保留物的依赖性和市场经济并充分发挥其作用，又要自觉地限制其自发的负面影响。其三，人的自由全面发展是"未来时"的社会形态，是理想和目标。在追求人的自由全面发展过程中，既要心向往之、尽心尽力，又不能超越阶段，期望一步到位。

二、市场经济对人的发展的影响

判定市场经济对人的发展的影响，关键在于确定它与私有制及物的依赖性之间的关联，而由于私有制即意味着物的依赖性，所以只要确定市场经济与私有制之间的关联，就可以从本质上判定市场经济对人的发展的影响。

为了论证中国应当搞社会主义市场经济，有一种经典的论断认为，计划和市场都是经济手段，计划经济不等于社会主义，市场经济不等于资本主义。一些学者在阐释此一论断时，进一步断言市场经济与私有制没有必然的联系，并批评，将市场经济与私有制相联系，是用西方传统的市场经济观念来看问题，这种西方传统的市场经济观念认为，市场经济的基本原则是私有财产制度、契约自由的原则和自我负责的原则。还有人据此进一步强调，把市场经济与私有制挂钩，是完完全全的误解。

从现实意义上看，主张市场经济与私有制无涉的说法之要义在于为市场经济论证和辩护，在于突破传统观念的束缚以解放和发展生产力，并且在事实上也在很大程度上解除了将搞市场经济等同于搞资本主义的担忧，为进一步改革开放和发展生产力扫清了思想障碍，显然具有历史合理性。但是从学理或理论逻辑上看，认为市场经济价值中立且与私有制无涉的观点却是难以成立的，对此，可以依次分为两个问题进行辨析。

一个问题是，市场经济与私有制有无必然的联系。

回答应当是肯定的。市场经济是产品生产及销售完全由市场的自由价格机制所引导的经济体系，在这种经济体系中，市场分配成为最基本的分配形式，所有市场资源和劳动产品，都要通过市场交换来进行分配。市场经济对于经济活动有两个显著的优点：一是由市场配置资源，使市场对资源配置起基础性作用，使经济活动遵循价值规律的要求，适应供求关系的变化。正是由于可以实现资源的最佳配置，人们才主张实行市场经济体制。然而，问题的关键在于，在一个社会中，由市场来配置资源是有前提的，这前提就是清晰地区分人们的利益，将人们的利益分散化，而利益分散化则必然意味着或必然要求生产资料私有。也就是说，只有生产资料私有，才能将人们的利益分散化，而只有将人们的利益分散化，才能由市场来配置资源。市场经济的另一个显著的优点，是能够更充分地调动人们的积极性而促进生产力发展，其所以如此，是因为这种经济体制能促进人们之间的竞争，而要有竞争，就要有不同的利益主体，也就必须有一定程度、一定范围的生产资料私有。

综上表明，市场经济的前提是确认财产私有，包括民营经济和外资经济等显在的私有和潜在的私有。在以公有制为主体、多种所有制经济共同发展的市场经济环境中，即使公有制甚至国有制经济，也只是多种利益主体之一方。由此可见，市场经济与私有制之间具有必然的联系。我们不能想象存在于非私有制环境中的市场经济，因为在一个消除了私有制从而人们之间的利益完全一致的社会中，亦即在一个单一利益主体的社会中，必然是社会有计划地安排生产和经济活动，根本不需要也不可能由市场来配置资源，也无须通过不同利益主体之间的竞争来调动积极性并促进生产力发展，当然也就无须市场的存在及其发生作用，不会存在市场经济体制。

另一个问题是，市场经济与私有制的联系同实行市场经济的合理性这两个问题是否直接等价。

回答应当是否定的。众所周知，根据马克思恩格斯的理解，由于市场经济与私有制的关联，在社会主义社会实行市场经济是不必要且不应当的。但是，在经济文化落后因而发展是第一要义的当代中国，市场经济与私有制是否有联系，与在现阶段实行市场经济是否合理，就不是或至少不完全是一回事。把这两个问题混为一谈，是一些人不能正视实行市场经济的必然性与必要性的盲点所在。我们认为，市场经济与私有制及物的依赖性有必然的联系，但这并不意味着在我国当代以公有制为基础的制度环境中搞市场经济是不必要或不应当的，因为判定当代中国采用市场经济是否合理的标准并非是所有制形式，而是能否更快地发展生产力、增强综合国力，能否更快地提高人民的物质文化生活水平。

为此，我们没必要否认市场经济与私有制及物的依赖性之间的内在关联。众所周知，西方学者往往将他们实行的市场经济视为资本主义的同义词，这不是没有道理的，因为市场经济是资本主义的支撑条件之一，否则，资本主义制度就不能运行。中国的情况与西方国家不完全一样，但承认市场经济与私有制及物的依赖性的联系，有助于增强我们警惕并克服市场经济对人的负面影响的自觉性。

社会主义怎样与市场经济有效结合迄今仍是时代难题，而关于市场经济和私有制对社会主义基本制度会有怎样的影响则是见仁见智。主张市场经济与私有制无涉的人认为，计划经济和市场经济不属于社会基本制度范畴亦即不会影响到社会基本制度。这一说法的合理性有待具体分析。在西方，人们所以将市场经济等同于资本主义，是因为私有制经济在社会中占主导地位且具有绝对的控制力。在我国，情况则不一样，由于政治制度制约以及公有制经济的主导地位，市场经济和私有制的存在并不能从根本上改变社会主义基本制度。但与此同时又应看到，不能从根本上改变社会基本制度并不意味着对社会生活没有影响。正相反，影响是深刻的，尤其是对人的发展具有深刻的影响。我们认为，无论加上何种限定词，市场经济对人的影响本质上都是一样的（正因为如此，本文在相关讨论中，在一般意义上不加区分地使用"市场经济"一词）。就对人的影响而言，市场经济和私有制及物的依赖性三者之间存在着内在的关联，可以在等价的意义上看待市场经济、私有制及物的依赖性。

澄清上述两个问题，有助于理解市场经济对人的发展的双重影响。

市场经济对人的发展有正面的影响。相对于人的依赖性，市场经济对人的发展具有积极的意义。市场经济确立的物的依赖性相对于人的依赖性是实质性的进步。一方面，物的依赖性社会是建立在商品经济基础之上的，在这种形态下，人脱离了以往那种超经济的人对人的依赖关系，具有了主体性亦即独立性，具有了政治法律意义上的自由和权利，形成了普遍的社会物质交换，多方面的需求，以及较以往更全面的能力。另一方面，物的依赖性对人的依赖性的取代，使"自由"劳动力成为现实，使现代商品经济从而市场经济成为可能，为经济的发展和财富的积累，并将为社会进步以及未来人的自由全面发展创造条件。正如马克思所指出的，物的依赖性阶段是自由个性的准备阶段。所谓准备，就是为走向更高层次的阶段创造条件，特别是积累物质财富、提高科学技术和文化水平等。从现实状况看，物的依赖性是当代中国社会主义事业发展的时代基础，从长远的视角、从未来的走向看，社会主义应当超过资本主义物的依赖性的历史阶段。但是，要超越首先就必须经历，这就决定了当代中国采取市场经济体制具有历史合理性。

市场经济对人的发展又有负面的影响。市场经济所以会对人的发展产生负面的影响，是因为它既使人摆脱了对人的依赖关系，获得了一定的独立性，又使人陷入"物的依赖性"之中。从本质上看，市场经济最核心的特点并不像一些经济学家所说的那样，仅仅是合理地配置资源，而是确认利益的分散化，是在人们之间清晰地划定利益边界，即确定哪些是你的，哪些是我的，并且，你的不是我的，我的不是你的。在现实中，市场经济、私有制和物的依赖性对社会和人的影响是共生的。市场经济决定了采取生产资料私有制形式，而生产资料私有不仅造成了人对人的剥削，也导致人们之间利益的分化、对立和博弈，决定了人对物的追求和物对人的支配，亦即物的依赖性。在市场经济的条件下，物的依赖性集中表现为两种形式：一是资本对人的统治（实质是人对人的剥削即人与人的异化），二是人与物地位的转换，物支配人，如出现"商品拜物教"和"金钱拜物教"，引发拜金主义和享乐主义等。

市场经济环境中人的活动具有显著的逐利本性。早在 18 世纪，亚当·斯密就指出，"我们每天所需的食物和饮料，不是出自屠夫、酿酒家或烙面师的恩惠，而是出于他们自利的打算。我们不说唤起他们利他心的话，而说唤起他们利己心的话。我们不说自己有需要，而说对他们有利。"[①] 揭示了经济活动追求利益最大化的行为特征。此后，马克思更是一针见血地指出，"资本来到世间，从头到脚，每个毛孔都滴着血和肮脏的东西。"[②] 凯恩斯也认为市场机制有缺陷，需要政府通过宏观干预的方法来补救。在当代西方，市场经济的缺陷也常被提及，在最近的经济危机中，许多人都尖锐地指出了这一点，一些人甚至针对性地提出了"有道德的资本主义"理念。

---

① 亚当·斯密：《国民财富的性质和原因的研究》（下），商务印书馆 1972 年版，第 27 页。
② 《马克思恩格斯选集》第 2 卷，人民出版社 1995 年版，第 266 页。

由于财产私有，由于利益的分化和对立，市场经济本质上是竞争性经济。在财产私有及利益分化和对立的环境中，人们必然重占有甚于重生存，人与人之间会普遍地存在利益博弈、你争我夺甚至尔虞我诈，其中优胜者发财致富，失利者亏本破产，竞争的结果必然是人们收入差别的扩大，是阶层和阶级的分化。即使在社会主义条件下，情况也不能例外。市场经济由于确认了显在的私有和潜在的私有，也就确认了资本的逻辑，并且使资本的逻辑不仅畅行于经济领域，也通行于整个社会生活，加上现行市场经济缺乏相应的政治体制配套和法律约束，使得对其自发性的负面影响缺乏限制，导致了社会发展的失衡，特别是产生了严重的贫富分化和腐败现象。

总之，市场经济能较好地解决经济效率问题，却不能自动解决社会公平问题，更不能实现个人利益与社会利益的统一。这是市场经济的根本缺陷所在。显而易见，在市场经济从而物支配人以及人与人处于利益对立与博弈的环境中，人的发展既受到物的制约也受到他们之间关系的相互制约，质言之，在这一环境中绝不可能有人的自由全面发展。

三、如何应对市场经济对人的发展的影响

应当看到，我国改革开放以来实行市场经济不是原有经济体制的细枝末节的修补，而是经济体制的根本性变革，涉及社会生活的方方面面，深刻地影响到人的生存和发展。因此，在当代中国讨论人的发展问题，关键就在于理解并应对市场经济对人的发展的影响。

关于在当代中国如何对待市场经济，存在着一些不同的看法。有人认为，私有制和市场经济是社会不公、道德沦丧以及一切社会丑恶现象的原因，反之，如果实行公有制和计划经济，就不会有这些丑恶的现象，因而主张取消市场经济。这种说法看到了私有制和市场经济引人贪

婪、导致社会不公并阻碍人的发展的一面，有一定的道理，但是，因其负面效应而主张取消市场经济，显然存在着因噎废食的偏颇。我们认为，在当代中国，对待市场经济应当采取辩证的态度。

一方面，应当充分肯定市场经济在现时代的合理性。

市场经济是我国现阶段发展生产力不可逾越的体制。这是由历史和现实两方面因素决定的。历史地看，中国社会主义是在东方经济文化落后的国家建立的，没有经过完整的资本主义阶段。也就是通常说的，中国已经进入社会主义社会，但又处在社会主义的初级阶段，就是生产力发展水平还不高的不发达的阶段。现实地看，虽然东方经济文化落后的国家可以不经过完整的资本主义阶段而直接进入社会主义社会，但在资本主义处于强势地位的背景下，在社会主义初级阶段，在中国这样一个地域广阔、国情复杂、人口众多、经济和文化不发达的国家建设社会主义、实现现代化、提高人民生活水平，必然面临着尽快发展生产力的任务，而现阶段发展生产力的最佳经济体制就是市场经济。有利于生产力发展是市场经济的优势所在，也是其被选择为当代社会经济体制的原因所在。改革开放前后的大量事实从正反两方面表明，市场经济是与我国当代生产力发展水平和要求最相适应的经济体制，它能够有效地配置资源并最大限度地调动人的活动积极性，能够促进科技进步、经济发展和财富增长。

从人的发展角度看，市场经济虽然在一定时期中会导致物的依赖性并制约人的发展，但从根本上说，在中国实行市场经济，可以更快地发展生产力，从而有利于现阶段的经济发展并可以为未来社会进步和人的发展创造条件。走向未来社会理想社会的现实路径是发展生产力，是先富带共富，最终实现共同富裕，因而发展生产力本身就蕴含着人的发展的诉求。由此可见，市场经济从而物的依赖性在当代中国是不能超越的。

另一方面，应当充分估量市场经济对人的发展的负面影响并加以应对。

如上所述，市场经济是一柄双刃剑，在促进社会发展的同时，也会给人的发展造成障碍。优势和缺陷并存的特点，使得市场经济既具有现实的合理性又缺乏长远的、道义上合理性。也就是说，市场经济是当代社会最合适的经济制度，却又并非未来人类社会最合理的经济制度。

社会进步和人的发展往往是有代价的。关于这一点，马克思曾有深刻的论述："当文明一开始的时候，生产就开始建立在级别、等级和阶级的对抗上，最后建立在积累的劳动和直接的劳动的对抗上。没有对抗就没有进步。这是文明直到今天所遵循的规律。到目前为止，生产力就是由于这种阶级对抗的规律而发展起来的。"[①]"'人'类的才能的这种发展，虽然在开始时要靠牺牲多数的个人，甚至牺牲整个阶级，但最终会克服这种对抗，而同每个个人的发展相一致，因此，个性的比较高度的发展，只有以牺牲个人的历史过程为代价。……因为在人类，也像在动植物界一物，种族的利益总是要靠牺牲个人的利益来为自己开辟道路的，其所以会如此，是因为种族的利益与特殊个体的利益相一致，这些特殊个体的力量，他们的优越性，也就在这里。"[②]在社会发展中个体的牺牲所以具有合理性，是因为这种牺牲从人的发展的长远目标看是必要的，将为社会的进步从而人的更高层次的发展创造条件、奠定基础。从这个意义上说，马克思的论述对于理解市场经济的历史合理性问题尤为贴切。

社会进步必然要付出代价，但在承认这一事实的同时又应强调两点。一是这种代价的付出只是在特定阶段是必需的，因而只是暂时的。二是这种代价必须是有限度的。虽然社会发展的代价在特定条件下不可避免，但绝不能对此心安理得、放任自流甚至任其扩大，而是应当尽可

---

① 《马克思恩格斯全集》第 26 卷 Ⅱ，人民出版社 1973 年版，第 124—125 页。

② 《马克思恩格斯全集》第 4 卷，人民出版社 1958 年版，第 104 页。

能地降低、减轻它给人们带来的痛苦。

由于实行市场经济以及相关配套措施尚不健全等原因，我国当代社会发展很不平衡，这种发展的差异性及其所带来的后果不仅有违我国社会主义现代化建设的目标，也背离了每个人自由全面发展的目标。这就要求在实行市场经济时必须趋利避害，充分估计到它的双重影响，既尽量发挥其有效配置资源、调动人积极性从而促进经济发展的优势，又自觉限制其引人贪婪、博弈的负面效应。基于人的自由全面发展的目标和趋势，在实行市场经济、肯定物的依赖性的过程中，必须对其负面影响有清醒的认识和有效的应对。

鉴此，在实行市场经济的过程中，要特别注重社会建设，特别注重社会公平。一是随着经济增长，应当着力解决社会发展中的一些涉及人们切身利益的民生方面的突出问题，如劳动就业、社会保障、教育卫生以及居民住房等。这些问题的解决，关系到人们能否过上正常的、有尊严的生活，关系到能否满足人们日益增长的物质文化需要和提升人们的生活质量，关系到人们能否过上更舒适、更美好的生活。二是始终以社会公平的价值取向和共同富裕的目标调控和规范市场行为，针对城乡和区域发展不平衡特别是不同群体收入分配差距悬殊等问题，着力实现社会公平。经济增长本身并不直接涉及价值合理性，不会自然而然地决定增长的社会效果，不会自发地带来财富的共享以及大多数人生存条件和环境的改善。经济增长是社会发展最基本的条件，但不是也不应当是其全部，衡量社会发展的尺度还应包括公平正义的价值诉求。确立体现公平正义价值诉求的社会关系和制度安排，是实现共同富裕、社会和谐及人的发展的必要条件，因此，应当在促进社会整体进步的同时尽可能地维护弱势群体的利益，最大限度地保障每个人的权益，实现每个人的发展。

基于人的发展目标和市场经济的负面影响，更为重要的是，要清醒地认识到中国实行市场经济是一种阶段性的做法，并明确市场经济的未来走向。

超越市场经济而实行公有制、计划经济并达到共同富裕，是人的自由全面发展的前提。从常识的角度看，人要达到自由全面发展状态，必然要求人们之间以及人与社会之间根本利益一致，要求摆脱利益的纠缠、追逐和博弈，要求社会关系合理化。这些要求表现在经济领域，就是要求生产资料公有制，要求实行计划经济。马克思曾从正反两方面指出公有制是支撑人的发展的制度条件，指出，"以个人自己劳动为基础的分散的私有制转化为资本主义私有制，同事实上已经以社会的生产经营为基础的资本主义所有制转化为社会所有制比较起来，自然是一个长久得多、艰苦得多、困难得多的过程。前者是少数掠夺者剥夺人民群众、后者是人民群众剥夺少数掠夺者。"[①] "以一种集体生产方式为基础的资本主义所有制只能转变为社会所有制。"[②] 他还指出，未来经济制度的基本特征，是"以现代生产资料的本性为基础的产品占有方式：一方面由社会直接占有，作为维持和扩大生产的资料，另一方面由个人直接占有，作为生活资料和享受资料"[③]。

由于透彻地认识到私有制和市场经济对人生存发展的负面影响，马克思恩格斯曾多次提到按计划生产是未来社会人自由全面发展的基本条件。他们认为，"社会调节着整个生产"[④] 是未来理想社会的经济制度基础，是人的自由全面发展的前提。在未来，"一切生产部门将用最合理的方式逐渐组织起来。生产资料的全国性的集中将成为自由平等的生产者的各联合体所构成的社会的全国性的基础，这些生产者将按照共同的合理的计划进行社会劳动。"[⑤] "这时社会的每一成员不仅有可能参加

---

① 《马克思恩格斯全集》第 44 卷，人民出版社 2001 年版，874—875 页。

② 《马克思恩格斯选集》第 3 卷，人民出版社 1995 年版，第 341 页。

③ 《马克思恩格斯选集》第 3 卷，人民出版社 1995 年版，第 630 页。

④ 《马克思恩格斯选集》第 1 卷，人民出版社 1995 年版，第 85 页。

⑤ 《马克思恩格斯选集》第 3 卷，人民出版社 1995 年版，第 130 页。

社会财富的生产，而且有可能参加社会财富的分配和管理，并通过有计划地组织全部生产，使社会生产力及其成果不断增长，足以保证每个人的一切合理的需要在越来越大的程度上得到满足。"① 他们认为，只有在公有制或社会所有制条件下的自由人联合体中，物支配人以及人们之间的利益博弈和相互争斗的状况才会彻底改变。"它是各个人的这样一种联合（自然是以当时发达的生产力为前提的），这种联合把个人的自由发展和运动的条件置于他们的控制之下。"② 在未来的自由人联合体中，生产将由社会以自觉的方式进行控制和调节，人们将根据社会需要来分配社会总劳动时间，将根据需求制订合理的计划并自觉地组织和实施。

很显然，在马克思恩格斯看来，没有生产资料公有制，就没有有计划的生产，没有有计划的生产，就不会有自由全面发展的"自由人"和"自由人联合体"。

计划经济所以被经典作家认为是未来理想的经济体制，既是因为在未来，计划经济将最能有效地配置资源、自觉地调节生产、保障生产力发展、满足人们的物质文化及其他需要，还是因为在未来，计划经济可以最合理地分配社会产品、实现社会公平。从当代的可持续发展要求看，计划经济还可以最有效地保障自然的持续发展。也就是说，在未来，计划经济将为人的发展提供最合适的制度环境和社会条件。

有人可能会提出这样的问题：实行计划经济就一定能为人的自由全面发展创造条件吗？这种质疑并非空穴来风，因为以往我们曾实行过计划经济，其结果不仅未导致人的自由全面发展，反而严重制约了生产力发展和社会进步，阻碍了人的发展。这正是有待澄清的问题。问题的关键，是实行怎样的计划经济。应当看到，我国改革开放之前实行的计划经济，并非马克思设想的未来生产力高度发展基础上的真正的计划经

---

① 《马克思恩格斯选集》第 3 卷，人民出版社 1995 年版，第 336 页。
② 《马克思恩格斯选集》第 1 卷，人民出版社 1995 年版，第 121 页。

济，而是一种不符合生产力发展水平和要求的计划经济。在生产力发展相对不足的情形下超越阶段实行的计划经济，只能是不合格的计划经济。这种不合格并且僵化的计划经济体制，既损害了生产效率，制约了经济的发展，从而妨碍了社会进步，也过分操控个人的思想和行为，束缚了人的自由和创造性，导致人的主体性和个性丧失，妨碍了人的发展。

与这一问题相关，当前对市场经济负面效应的反思和批判主要有两个向度：一是以改革前的计划经济体制为尺度来否定市场经济，这种做法显然是倒退，是不可取的。毋庸置疑，克服市场经济负面效应的目标绝不是恢复到低水平的、与人的依赖性相关联的计划经济，因为这种做法违反了生产力发展的要求，或者说与当代生产力发展方向背道而驰。另一种是以人的发展要求和目标为尺度，在实行市场经济的过程中尽可能地限制其负面影响。后一种向度的反思和批判本质上是矫正而不是取消市场经济，所限制的是市场经济的负面效应而不是市场经济本身。这是辩证的也是正确的态度。

马克思恩格斯设想的计划经济是生产力高度发展基础上的计划经济，它是人自由全面发展的现实基础。恩格斯曾对这一设想作出过展开的论述："一旦社会占有了生产资料，商品生产就将被消除，而产品对于生产者的统治也将随之消除。社会生产内部的无政府状态将为有计划的自觉的组织所代替。个体生存斗争停止了。于是，人在一定意义上才最终地脱离了动物界，从动物的生存条件进入真正人的生存条件。人们周围的、至今统治着人们的生活条件，现在受人们的支配和控制，人们第一次成为自然界的自觉的和真正的主人，因为他们已经成为自身的社会结合的主人了。人们自己的社会行动的规律，这些一直作为异己的、支配着人们的自然规律而同人们相对立的规律，那时就将被人们熟练地运用，因而将听从人们的支配。人们自身的社会结合一直是作为自然界和历史强加于他们的东西而同他们相对立的，现在则变成他们自己的自由行动了。至今一直统治着历史的客观的异己的力量，现在处于人们自己的控制之下了。……只是从这时起，人们才完全自觉地自己创造自己的历史；只是从这时起，由人们使之起作用的社会原因才大部分并且越来越多地达到他们所预期的结果。这是人类从必然王国进入自由王国的飞跃。"①

从指向未来的意义上说，中国特色社会主义作为社会主义，内在地包含着超越"物的依赖性"并向个人全面发展和自由个性阶段迈进的要求和趋势。当然，这将是一个相当长的过程。超越市场经济并实行计划经济是就社会发展的趋势而言的，有赖于社会条件的成熟，这些条件现在尚不具备，因而由市场经济向计划经济转变不是当下而是未来的事情。

根据这一理解以及上文有关当代中国人的发展阶段的分析，对当代中国市场经济与人的发展的关系似应作如下两点判断：其一，社会主义初级阶段是一个相当长的时期，在这一时期中市场经济体制的负面影响不会消除，所以要始终关注人的发展，警惕并克服物的依赖性对人的制约。其二，由于在一个相当长的时期内还要实行市场经济体制，所以必须充分考虑到人的发展的复杂性，充分考虑到我国当代人的发展的目标、内容、要求和途径都不应过于理想化，都会有一些特殊性。有鉴于此，对于人的发展问题既要特别关注，又不能有过高的要求，尤其是不能超越阶段、制定并试图实现未来才能达到的目标，不能把未来才应当做的事不分时机地提前到现在就做，否则就会欲速不达。

为此，就有一个如何理解人的自由全面发展在当代的实现程度和步骤的问题。从实现程度看，与生产力发展水平从而与实行市场经济体制相联系，由人的依赖性向物的依赖性过渡，以及由物的依赖性开始走向人的自由全面发展的阶段要经历一个相当长的时期。从实现步骤看，

---

① 《马克思恩格斯选集》第 3 卷，人民出版社 1995 年版，第 757—758 页。

在这个时期中，人的发展会呈现出阶段性，人的发展程度的提升只能是逐渐的、循序渐进的。为此，必须合理地理解自由全面发展的含义，要看到"自由"、"全面"本身就是相对的概念，包括较"自由"和"全面"，更"自由"和"全面"等不同的程度。与此相关，必须动态地理解人的发展，要看到人的发展不可能一蹴而就，而需经历一个长期的过程，即随着经济、社会和文化的发展，人的发展将不断趋向于更加自由、更加全面。

本文原载于《哲学研究》2014 年第 8 期

人的发展研究的问题意识和理论自觉

随着以人为本成为社会发展的基本理念以及人的发展问题研究的深入，当代中国马克思主义人的发展理论建构正在提上日程。在这一背景下，当代中国人的发展研究要有问题意识，直面并解答人生存发展面临的现实问题，又要有理论自觉，确立人的发展理论的基本原理，构建人的发展理论的理论体系。

一、人的发展研究的问题意识

当代中国人的发展研究要有问题意识。

所谓问题意识，即从制约人生存发展的现实问题出发。"历史从哪里开始，思想进程也应当从哪里开始，而思想进程的进一步发展不过是历史过程在抽象的、理论上前后一贯的形式上的反映。"[①] 人的发展理论的形成和演进历程表明：生活实践是人的发展理论创新的源头活水。人的发展思想一开始就是从现实问题出发的，无论人的发展价值取向和科学认识的形成，还是人的自由全面发展目标的确立，都是基于资本主义

---

① 《马克思恩格斯选集》第 2 卷，人民出版社 1995 年版，第 43 页。

现实中人的生存状况的分析，是对社会现实特别是资本逻辑批判的结果，体现着实际地反对和改变人受剥削、被奴役状况的诉求。问题意识是人的发展研究及人的发展理论建构的根基。当代社会较马克思时代已发生了全方位的、深刻的变化，只有强调问题意识，直面人的发展面临的现实问题，才能进一步深化并拓展人的发展理论研究。

强调问题意识，应当直面当代中国人生存发展面临的现实问题。

改革开放特别是社会主义市场经济体制的建立，极大地促进了中国社会的进步，给人的发展提供了新的条件，同时也衍生出一些制约甚至阻碍人生存发展的问题。一是社会矛盾凸显，社会公平受到挑战，人们之间贫富差距扩大，在劳动权利、受教育机会、医疗服务、法律、职业选择等社会生活的诸多方面出现了不公平现象；社会建设缺位，老百姓住房难、上学难、就业难、看病难等民生问题突出；二是人与自然矛盾激烈，资源和环境危机愈趋加深，并达到触目惊心、积重难返的境地，正在深刻地危及人们的当下生存和未来的发展；三是人自身心灵矛盾凸显，传统价值失落，社会诚信缺失，人际关系紧张，信仰危机、道德失范、心理失衡以致焦虑感增强等现象趋于普遍。既然人与人、人与自然以及人自身心灵的矛盾是当代中国人生存发展面对的主要问题，那么对这些问题及其原因作出合理的解释，提出应对问题的基本原则和思路以促进人与人、人与自然以及人自身的和谐发展，就是当代中国人的发展研究面临的重要任务，也是当代中国人的发展研究观照现实所应有的担当。

强调问题意识，应当从当代人的发展要求与现实的矛盾出发。

人的发展问题来源于现实，是基于生活实践的经验性判断，又是人主体意识的体现，基于人的主观要求和理想。人的发展要求是在现实生活中历史地形成的。人们的生活史是人应对外物与主体意识生长两者相互促进的过程，人对外物的改变一方面满足了衣食住行等生存需要，另一方面又增强了人的能力，提高了人的主体性和主体意识，并催生了人的发展意识。人的发展要求源于人追求幸福的本性，又超越这些本性。人以人的方式生存，同时也就开始追求自身的发展，这种追求随着人实践能力增强从而生存条件的改善而逐渐从自发转为自觉。当实践创造了一定的物质、制度和文化条件，并且人的主体意识达到相当程度时，便有了人的发展的自觉要求和理论。从自我认识意识和主体觉醒到马克思主义创始人提出人的解放和发展要求，人的发展理念经历了一个漫长的形成过程。

作为人的主观意识、人自觉的价值取向，人的发展要求是以人的价值预设为前提的。人的自我理解和价值预设作为人的主体方面的因素，涉及对人的一些基本规定如人性、人格、人的本质、人的价值、人的素质、人的能力等的理解，也涉及对人的发展的本质含义、人的发展的可能性、人的发展的合目的性与合规律性，人的发展的总体目标等一些基本问题的理解。这些理解是确定人的发展主要内容如人的发展要求、目标、任务、途径等等的主体性根据。

人的发展之理想，就是马克思主义创始人设定的人的自由全面发展的要求和目标，正是这种理想与现实之间的差距或矛盾，才构成为"人的发展问题"：因为一方面，人的发展的价值取向、目标和要求是理想的，反映着人们的美好愿望和诉求，另一方面，现实却往往是非理想的，与理想之间存在着距离甚至相背离，这就出现了需要解决的问题。从这个意义上说，人的发展研究之从问题出发，实质上是从制约人的发展的因素及其与人的发展目标和要求之间的差距和矛盾出发。也正是从这个意义上说，人的发展要求与制约人的发展障碍之间的矛盾，是当代人的发展理论研究的切入点。

强调问题意识，应当对制约人生存发展的问题及其原因作出透彻的分析。

当代中国人生存发展面临的现实问题由人自身的因素所致，又直接制约着人的生存发展，因而要通过人自身的改变来解决，而解决之前提，则是对问题的实质及其根由的把握。从理论反映的角度看，现实问题可以分为两个层面，一是直接、具体的现实问题，二是现实问题之后间接的、深层次的基本问题。当前制约人生存发展的问题虽然表现各异，但从哲学的视角看，却都蕴含着一些深层次的关系，如合规律性与合目的性的关系、生存与占有的关系、效率与公平的关系、物质生活与精神生活的关系、市场取向与价值取向的关系，如此等等。这些关系又涉及人们对其生存意义、价值取向、需要定位、生活方式以及消费方式等的理解和选择。在这些问题上理解和选择的错位，正是当前制约人生存发展问题的根本原因。

随着以人为本被确立为社会发展观的核心，成为当代最重要的社会政治理念甚至社会的流行语，一些论著已对人的发展、以人为本和人性化等问题进行了专题的探讨，人的发展问题受到前所未有的重视。但这种重视中仍存在着一个比较显著的缺憾，就是有关人的发展的基本理论问题尚未得到哲学层面深入系统的阐述和透彻的说明，其中有的说法或做法往往知其然而不知其所以然，缺乏哲学层面的论证，而如果没有学理上的彻底性，如果缺乏哲学层面的理论支撑，人的发展的理论和实践就可能止于表面和暂时。这就意味着强调问题意识不能就事论事，而是要就事论理。理论与现实具有对应的关系，现实越复杂，作为其思想把握的理论就应当越深刻、越系统。当代社会人的发展面临着极其复杂的环境和问题，涉及许多深层次的矛盾，这就要求对人的发展的深层次问题进行理论的分析，作出深刻的解释和说明。所谓深入，就是要反映时代和实践的"深流"，从学理上对人的发展的一系列深层次的基本问题给予深度的追究和阐释。

强调问题意识，应当在分析和回答现实问题的过程中激活理论。

直面时代和实践中的问题是激活并发展马克思主义人的发展理论的基本路径。生活、实践是人的发展理论创新的源头活水，当代社会全方位的深刻变化，给人的生存发展提出了新的挑战和新的问题，将有效地激活马克思主义经典作家人的发展思想。例如，马克思曾将作为未来财富尺度的"自由时间"分为"闲暇时间"和"从事较高级活动的时间"。① 由于生产力及其他社会条件的束缚，这一前瞻性的认识以往未受到重视，在当代，随着人类生活方式的新变化，随着"从事较高级活动"即个人在艺术、科学等等方面得到发展以及休闲成为现实，这一说法所体现的对于未来人们理想生活状态预期的意义和启示性便得到凸显。可见，人的发展理论研究应当在与现实问题的对话中引出新话题，得出新认识，并将人的发展的现实问题转化为人的发展的理论问题，在解决人的发展现实问题的过程中深化和拓展人的发展理论研究。中国特色社会主义建设是当今世界最具代表性的推进人的发展的伟大实践，理应为马克思主义人的发展理论的当代发展作出独特的贡献。对当代中国人的发展现实问题的解答，是当代中国人的发展研究的根本出发点，也将成为马克思主义人的发展理论新的生长点。

二、人的发展研究的理论自觉

当代中国人的发展研究要有理论自觉。

所谓理论自觉，首先在于确立人的发展的基本理论。正如前文所指出的，当前制约人生存发展的问题虽然表现各异，但这些问题都蕴含着一些深层次的关系，因此，人的发展研究要追究这些深层次的关系，而这种探究的分析和表达，便是基本理论。基本理论作为人的发展的价值和认识根据，涉及对人及其发展问题的根本性、总体性理解。从理论建构的视角看，对人的发展问题可以由不同学科运用不同理论来研究，例如可以从经济、政治、法律、社会、文化、科学、教育等方面来研究，这些研究各有自身的特色而不可相互替代。但问题在于，在各门具

---

① 《马克思恩格斯全集》第46卷下册，人民出版社1980年版，第225—226页。

体社会科学之外，还需对人的发展一般的、深层次的问题进行理论的分析和论证，这种论证只有在哲学的层面才是可能的，为此，必须对人的发展的深层次问题进行哲学层面的分析，这种分析既将为人生存发展现实问题的解决或缓解提供坚实的理论支撑，也将确立人的发展的基本理论，从而为人的发展理论研究和理论体系的建构提供基础。

所谓理论自觉，还在于在人的发展基本理论探讨的基础上，致力于建构人的发展理论的当代形态——具有时代特征和中国特色的当代中国马克思主义人的发展理论。

从历史上看，马克思主义创始人提出了人的发展的价值取向和科学认识，确立了自由全面发展的总目标。马克思在《摘自"德法年鉴"的书信》中就以"自由的人，真正的人"[1]表达过对人理想状态的理解，在《1844年经济学哲学手稿》中又以"人向自身、向社会的即合乎人性的人的复归"[2]再次表明了对人的应然状态的理解。马克思和恩格斯在《德意志意识形态》中明确提出了"个人的自由发展"[3]、"个人的全面发展"[4]等人的发展概念，以及"个人的独创的和自由的发展"[5]、"实现自己的个性"[6]、"个人向完全的个人的发展"[7]、"全面地发展自己的一切能力"[8]等人的发展要求，他们在《共产党宣言》中又明确提出了"代替那存在着阶级和阶级对立的资产阶级旧社会的，将是这样一个联合体，在那里，每个人的自由发展是一切人的自由发展的条件"[9]的著

---

[1]　《马克思恩格斯全集》第1卷，人民出版社1956年版，第412页。

[2]　马克思：《1844年经济学哲学手稿》，人民出版社2000年版，第81页。

[3]　《马克思恩格斯全集》第1卷，人民出版社1956年版，第121页。

[4]　《马克思恩格斯全集》第3卷，人民出版社1960年版，第330页。

[5]　《马克思恩格斯全集》第3卷，人民出版社1960年版，第516页。

[6]　《马克思恩格斯全集》第1卷，人民出版社1956年版，第121页。

[7]　《马克思恩格斯全集》第1卷，人民出版社1956年版，第130页。

[8]　《马克思恩格斯全集》第3卷，人民出版社1960年版，第330页。

[9]　《马克思恩格斯选集》第1卷，人民出版社1995年版，第294页。

名论断。在《资本论》及其手稿中，马克思还提出了"建立在个人全面发展和他们共同的社会生产能力成为他们的社会财富这一基础上的自由个性，是第三个阶段"①"把社会必要劳动缩减到最低限度，那时，与此相适应，由于给所有的人腾出了时间和创造了手段，个人会在艺术、科学等等方面得到发展"② 等重要观点，并提出了"时间是人类发展的空间"③、生产力的普遍发展和交往的普遍性"是个人全面发展的可能性"④ 的基础，"个人的全面性不是想象的或设想的全面性，而是他的现实关系和观念关系的全面性"⑤ 等关于人的发展的科学认识。

马克思恩格斯确立了人的发展的核心理念，为人的发展理论建构提供了丰富的思想来源，但由于处于理论的初创时期，囿于时代特点和任务以及尚未直接面临人的发展的诸种现实问题，他们没有对人的发展理论进行系统的、展开的研究，没有对人的发展理论的基本概念和逻辑结构等作出专门的探讨，更未能建构人的发展的理论体系。在当代，随着人的发展问题凸显、人的发展条件初步具备，以及人的发展实践深入，人的发展的一系列现实和理论问题已进入社会话语体系的中心，得到大量深入和展开的研究，积累了丰富的文献资料。然而相对来说，对人的发展基本理论的研究却难称系统和深入，对人的发展理论体系建构问题的探讨尤为欠缺，例如迄今为止，尚未确立比较得到共识的人的发展理论的研究框架和体系结构，更谈不上建成较为成熟的人的发展理论体系。

对于任何有价值的理论来说，当其理论内容比较丰富并成熟时，理论体系的建构便十分必要，人的发展理论也不例外。只有建构人的发

① 《马克思恩格斯全集》第46卷上册，人民出版社1979年版，第104页。
② 《马克思恩格斯全集》第46卷下册，人民出版社1980年版，第219页。
③ 《马克思恩格斯选集》第2卷，人民出版社1995年版，第90页。
④ 《马克思恩格斯全集》第46卷下册，人民出版社1980年版，第36页。
⑤ 《马克思恩格斯全集》第46卷下册，人民出版社1980年版，第36页。

展理论体系，科学地说明人的发展理论各部分之间的关系，使人的发展理论的内容更加丰富、理论的层次和逻辑更加清晰，才能为理解人的发展问题、推进人的发展实践提供更强有力的学理支撑。近些年来，随着对人的发展问题探讨的展开和深入，随着马克思主义人的发展思想的重新发掘、梳理和阐释，以及随着对西方有关人学理论的介绍和借鉴，人的发展研究的理论积淀趋于深厚，构建当代马克思主义人的发展理论体系的条件已经基本成熟。

在当代中国，人的发展基本理论研究和理论体系建构主要有四个基本路径：

一是前文所述对人的发展现实问题的分析，这是人的发展理论建构的基础。

二是经典文本的再阐释。构建当代中国马克思主义人的发展理论的一项前提性工作，是对马克思主义经典文本中关于人的发展思想进行重新梳理、分析、整合与提升，通过重新阐释马克思主义理论特别是马克思主义哲学，发掘和阐释相关文本中丰富的人的发展思想，并在系统梳理的基础上，结合时代特征和实践需要，作出新的、深入的阐发，揭示马克思人的发展理论的主要思想内涵，阐释马克思人的发展理论的当代价值和意义。其所以要对经典文本中人的发展思想进行重新梳理和阐释，是因为由于时间间距、时代境遇以及立场和任务的差异，一直以来在对马克思主义的阐释中，人的发展思想没有得到足够的重视，甚至一度被遗漏了。为此，就应清晰地厘定文本原意，弄清何为马克思主义人的发展思想的本真面貌，特别是从中阐发马克思主义人的发展思想的"真精神"即理论内核，确定马克思主义人的发展思想所蕴含的基本原理。

三是借鉴西方人学研究的成果。人的问题进入现代哲学的话语中心始于西方，20世纪以来，在对"现代化问题"反思过程中，一些西方哲学家因深感现代性对人性的挤压，对工具理性、技术统治、文化专制以及现代性的其他负面影响进行了系统的批判，提出了现代人的生存境遇问题，拓展和加深了对人生存状态的体认，揭示了人的现代存在之困境及其因由，从问题及其反思的角度显现了现时代人的发展之必要。通过系统地译介并借鉴西方有关的人学理论，有助于反观我国现代化进程中人的问题，深化对现代化境遇中人生存所面临的困扰和危机的反思，有助于彰显马克思主义的精神解放价值和人文意义，凸显马克思主义关注人的生存前景和追求人的发展的思想特质。

四是吸取中国传统人学思想资源。当代中国马克思主义人的发展理论要有效地反映并引领中国的社会实践和社会生活，应当深植于中国民族文化土壤之中，内化于中国的环境和语境之中，成为真正意义上的"中国的"理论，中国的时代精神精华，中国的主流文化精神，这就要吸取中国传统人学的思想精髓。中国传统文化尤其是传统哲学中，蕴含着大量优秀的人学思想资源，如气节、崇德、宽恕、谦敬、乐群、重义、慎独、善良、达观、宁静、兼善等人文理念，其中一些理念与马克思主义人的发展理论多有相通或相似之处，这些理念迄今仍然有独特的价值及鲜活的生命力，可以通过现代转换融入当代中国马克思主义人的发展理论中。此外，"语言是最切近于人之本质的"①，是思想内容和特质的直接表征。马克思主义人的发展理论要具有中国特色和中国风格，还应当采取中国语言和文化的表达方式，运用中国的概念术语，只有这样，才能为中国人在情感上所理解、所认同，甚至所喜闻乐见。

三、人的发展研究的理论论域

基于马克思主义丰富性、开放性和包容性的特点，对马克思主义人的发展理论当代建构的具体内容、方式及路径可以有不同的理解和多

---

① 海德格尔：《在通向语言的途中》，商务印书馆 2004 年版，第 1 页。

样性的尝试，例如可以先构建体系框架，然后逐渐填充内容，也可以从具体内容研究开始，待各部分理论积累到一定程度时再构建体系，等等。我们认为，基于问题意识和理论自觉，人的发展理论体系建构之关键是确定理论论域亦即基本问题域。依据经典作家对人的发展之基本理解并面向当代中国人生存发展的现实，当代中国马克思主义人的发展理论应当涉及如下主要论域：人性、人的本质、人的生存、人的价值、人的素质、人的个性、人的能力、人的需要、人的利益、人的交往，等等。这些因素深刻地影响到人的发展，必须作出系统深刻的阐释。为此，应当在人的发展理论体系中建构人性论、本质论、生存论、价值论、素质论、规律论、目的论、能力论、需要论、利益论、交往论，等等。下文试以生存论、价值论、素质论和个性论说明之。

生存论。生存论是关于生存意义和生存态度的理论。生存意义体现着人对生活的理解、期望和追求，是人的自我认识和理解及人对自己与他物关系的根本看法。对生存意义的定位，决定着人的生存态度、理想信念、价值取向、需要定位、行为方式和生活方式，因而既影响着人的发展状况，人对生活的感受，人的生活质量和人自身的完善，又规制着人在社会中的作用。

在社会现代化的环境下，生存态度的选择和定位尤为重要。这是因为，现代化显著地增强了人的主体性，极大地释放了人的能量，促成了社会生活的开放性和多样化，既提升了人应对环境的能力，为生存态度的选择提供了更多的可能和更为广阔的空间，使人生存的意义更丰富等，也可能使人们陷入生存态度的误区，从而既妨碍人自身的发展也影响他人和社会。反思当代社会制约人的发展的一系列问题，深层次的根源就在生存态度上。正是对生活意义理解上的偏差，正是以金钱和财富作为生存的意义，才导致了人的无限制的占有和享乐欲望，导致了不合理的生活方式，同时也引起了环境的恶化和资源的危机。正如西方有识之士所指出的，现代化问题的主要原因，是人们重占有甚于重生存的生存态度以及由此形成的不合理的生活方式和消费观念。这就要求确立正确的生存态度。对于何为正确的生存态度以及如何确立正确的生存态度，没有现成的、一成不变的模式，但却应当有一些基本的要求。例如，正确的生存态度应是既有益于个人自身又有益于他人和社会的，应是既有利于人物质生活的满足又有利于人精神生活的丰富和精神境界的提高，应是既有利于人当前利益的满足又有利于人类长远的发展，如此等等。

作为人的发展理论之一部分，生存论还应当研究人生存发展的条件，包括人生存发展所依赖的物质文明条件、精神文明条件以及社会关系和制度条件等，特别是研究人的生存发展与这些条件之间的关系，即怎样的条件是有利于人生存发展的，怎样的条件是有碍于人生存发展的，这些条件是如何制约人的，人应当怎样通过改变或改善这些条件以促进自身的发展，等等。

价值论。价值论是关于价值取向和价值选择的理论。价值取向和价值选择是生存态度在心理和行为取向上的体现，是人的活动的主观依据，决定着人的活动的基本方向，构成了人的生存活动的一般规则和秩序，决定着人们之间的相互关系，它不仅使人们之间能够"人同此心心同此理"、遵循同样的心理和行为规范，使人们的活动在目标和方向的确立上能够有所依凭，使人们的活动的目标和方向能够一以贯之，而且决定着人的发展的方向和程度。

随着社会转型，传统价值的失落已经深刻地影响到人的发展。与历史上的社会转型相比较，现代化进程给社会生活带来的变化之广泛和深刻，都有过之而无不及。科技和经济的发展、市场经济体制的建立，从根本上动摇了传统价值观所赖以依存的社会关系和条件，颠覆了传统价值观中一些基本的理念，一方面，告别了传统价值观中落后的成分，另一方面，也抛弃了一些长期以来形成的、具有一般意义的优良的价值因素。其结果是对金钱、财富的追逐和崇拜盛行，社会在一定程度上跌入了价值缺失或半缺失的状态，人生活本身的意义被边缘化甚至被湮灭了。正如罗马俱乐部报告《增长的极限》所言："人必须探究他们自己——他们的目标和价值——就像他们力求改变这个世界一样。献身于这两项任务必然是无止境的。因此，问题的关键不仅在于人类是否会生存，更重要的问题在于人类能否避免在陷入毫无价值的状态中生存。"①为了避免在传统价值失落的背景下陷入毫无价值的状态中生存，为了在价值多元的环境中更好地推进人的自由全面发展，人们必须进行合理的价值选择和价值定位。

素质论。是关于理解及提高人的素质的理论。人的素质包括身心两个领域，其中精神领域又主要包括认识和价值或者能力和品德两个方面。从人的发展视角看，作为完整的现代人的素质，必须是健康的身体与精神的统一、高水平的知识与能力的统一。因此，提高人的素质包括提升人自身的内在修养（德智体美等）和培养人的爱好、潜质和能力。

提高人的素质具有重要的社会意义，因为随着科技进步和知识经济时代的来临，人的主体性和主体能力大为增强，人的素质对社会发展的影响日趋显著，直接决定着一个国家或地区社会发展的快慢和代价，以至于当今不同国家和地区间综合国力的竞争，归根到底是人才的竞争，是人的素质的竞争。

提高人的素质的又一重要意义，是有利于人的发展。将提高人的素质纳入人的自由全面发展范畴，是因为提高人的素质既是人力资源建设的需要，更是人自身发展的要求。社会进步是人发展的条件，却不会自然而然地带来人的发展。社会现代化进程对人的素质具有双重影响：一方面，提升了人的主体性、增强了人的能力，另一方面，也会使人们在其过程中面临着许多问题和困惑，造成人的生存发展片面化，包括

---

① 丹尼斯·米都斯：《增长的极限》，吉林人民出版社 1997 年版，第 152—153 页。

价值取向、需要定位、生活方式、活动领域以及能力发展的片面化。其所以如此，是因为在社会现代化进程中，作为个体的人的素质的提升不一定会与社会变化特别是经济发展同步。从哲学上看，以往对提高人的素质的讨论较少关注作为目的的人自身，比较忽视人自身内在修养的提升、人的能力和个性的发展。如果说有利于提升人改造社会、适应社会的素质和能力，有利于现代化建设等，是提高人的素质的为他的、外在的目的，那么为了人自身的完善和发展就是提高人的素质的自为的、内在的目的。也就是说，衡量人的素质高低的尺度不仅在于是否有利于社会进步，还在于是否有利于人自身的发展。针对既往的片面性，提高人的素质应当更加注重有利于人自身发展这一内在的目的。

个性论。个性论是关于人的个性发展的理论。心理学认为，个性是指人类个体的独特性，是个人在心理行为上区别于他人的特征。从人的发展的视角看，个性是个人成为其自身的诸种内在规定性的统一，是个人主体性亦即人性丰富性的体现，也是个人独特价值的表征。人的自由全面发展，是指人不受他人的支配而具有意志与行为自由，也是指人确立并充分展示和发展自己的个性。个性的确立是人自我确证和自我实现，个性的完善和发展是人的发展的突出表现，没有个性的充分发展，就谈不上自由全面发展。

个性发展是人自身发展的要求，也是人的社会性发展程度的标志，是社会进步的需要，是个人创造性从而社会贡献力的基础。一个没有个性的人不可能有主动性和创造力，一个缺乏个性的社会将丧失创新的活力和持续发展的动力。

发展个性是消除现代性异化并实现人自由全面发展的要求。在我国，现代化在促进个性发展的同时也造成了对个性的压抑，例如市场经济带来的人的利益的分散化，既使独立的个性及其发展成为可能，又在一定程度上使个人与他人相分离；又如在现代化生产中，"高度集中、分工严密的企业导致一种新的劳动组织，在这一组织中个人失去了个性，而成为机器中一个可以随时调换的齿轮。"① 人的活动完全围绕着机器运转，在生产体系中成了机器、流水线的附属物，受到机器的控制而失去了活动自由、工作兴趣和创造欲望，生产过程湮没了人的劳动个性，人在劳动成果中难以辨识和确认自己独立的个性印记。

发展个性又是消除传统文化对人的束缚并实现人自由全面发展的要求。发展个性对于当代中国人尤为重要，是因为中国传统文化和制度环境总是单向度地强调人的社会角色、职责和义务，缺乏对个性的倡导，淡化甚至湮灭个体生存的独特意义、价值和权利，将人的个性湮灭于忠孝君臣等纲常关系中，遮蔽于宗族、血缘、家国等整体认同之下，极大地束缚了人的个性及天性的发挥和发展。在这种文化和制度环境中，人们往往缺乏个体意识、个性意识和自由意志，缺乏思想和行为的多元化取向，缺乏选择生活的可能性，缺乏敢为天下先的创新精神。虽然这种状况在改革开放后已经有了改观，但人们个性的发展程度与全球化、现代化背景下人的发展要求相比，还远远不够。倡导个性、确立个性、丰富个性、发展个性，仍任重道远。

以上所述表明，理论论域是人的发展理论体系的主体，确定理论论域是构建当代中国马克思主义人的发展理论体系的前提。

本文原载于《学习与探索》2014 年第 9 期
《中国社会科学文摘》2015 年第 3 期转载

① 弗洛姆：《爱的艺术》，上海译文出版社 2011 年版，第 103 页。

人的发展研究的理论范式

　　人的发展研究要有理论范式的自觉，因为理论范式对于人的发展研究具有重要的意义，会影响到人的发展研究的视角、内容及其结果。回溯人的发展研究历程，人的发展研究的理论范式主要有人性论范式和唯物史观范式，这两种范式各有优越性也有局限，只有两种范式的相互补充，才能对人的发展问题给予科学而合理的说明。

一、人性论范式

　　人性论范式，就是基于人性（人的类特性）理解人的发展的理论范式，即从人性出发探究人的发展的动机和愿望、确立人的发展的内容和目标。人性论范式本质上属于价值取向的理论范式，其对于人的发展研究的意义在于：回答为什么要推进人的发展，人的发展的根据是什么，内容是什么，目标是什么等人的发展的动机或目的问题。

　　人性论范式既具有文本依据，又可以彻底地说明人的发展的价值根据。

　　人的发展理念间接渊源于古代哲学对人生存的关注和理解，直接渊源于近代的人性论和人道主义。西方哲学上对人生存发展状态和意义的关注始于苏格拉底。早期希腊哲学家泰勒斯、阿那克西曼德、阿那克西米尼、赫拉克利特等，主要关注外部自然世界，着眼于对世界本源等问题的认识，即"倾听自然的声音"。苏格拉底一反前人注重自然知识的传统，以"认识你自己"作为哲学的宗旨，认为"美德即知识"，认识的中心任务是"照顾自己的心灵"，开启了哲学的人学路向。经历中世纪之后，欧洲文艺复兴时期开始了人的重新发现，斯时的人文主义者反对封建禁欲主义，提倡与神道相对立的人道精神，主张追求人的现世生活的幸福，尊重人的价值和个性。作为"人文主义之父"的佩德拉克认为，不认识自己决不能认识上帝。蒙田则主张享乐是人生的最高目的。薄伽丘更是一针见血地指出：人的全部生活的目的就是幸福，幸福是发乎人性的崇高欲望！

此后，在人文主义基础上形成的人性论和人道主义，从根本上肯定了人，提升了人的自我意识，确立了人之为人最基本的权利。人性论假定所有人都具有共同的本性，人性是人之为人之根据，是人在价值上高于其他事物之根据。人道主义在此基础上认为，由于每个人都具有共同的人性，由于人性使人在价值上高于他物，所以应当确立关怀人、尊重人、以人为中心、人格平等、互相尊重的人道原则，提倡"自由"、"平等"、"博爱"。作为近代资产阶级最主要的价值取向，人性论和人道主义理念不仅是对人生存权利的肯定，更是对人的价值优先性的认可和主张，这种主张后来被康德确立为"目的论"或"人就是创造的最后目的"①的原则。

人性论和人道主义曾对马克思主义的创始人产生过深刻的影响，是马克思主义人的发展理论的重要理论来源。正如麦克莱伦在《马克思传》中所说，"马克思1818年5月5日出生于特利尔城。……在拿破仑战争时期，这座城市连同莱茵河畔的其他地区都划归为法国，并且依照

---

① 康德：《判断力批判》下卷，商务印书馆1964年版，第100页。

法国大革命的基本原则进行管理，因此在足够长的时间里，这座城市都浸润在言论自由和立宪自由氛围中。"① 一方面，马克思的父亲"深深地沉浸在 18 世纪的法国关于政治、宗教、生活、艺术的自由理想里"②。另一方面，马克思在就读的中学里"受到了典型而纯粹的人道主义的教育"③。由于深受人道主义的影响，他在 17 岁时所写的《青年在选择职业时的考虑》中表达了"为人类幸福而工作"的崇高志向，并体现出对"人类的幸福和我们自身的完美"以及"人类的天性"的赞美。正如麦克莱伦所评价的，"在主题和结构上，马克思的这篇文章和他同学的一样，基本理念是德国启蒙运动和古典时期的人道主义者的理想观念——个人的全面发展和相互依赖的人群共同体的全面发展。"④

正是在继承人性论和人道主义优秀价值并克服其认识上的局限性和价值取向上的不彻底性的基础上，马克思和恩格斯确立了人的彻底解放和自由全面发展的价值追求。在关注人、尊重人、为了人、肯定人的价值优先性、追求人的发展这一基本价值取向上，马克思主义人的发展理论与以往的人道主义者显然有相通之处。进一步说，马克思主义人的发展理论和人道主义（人性论）是相互关联的，人道主义（人性论）是人的发展理论的立论基础，人的发展理念则是人道主义的继承和发展。

文本分析表明，马克思不仅提出了复归人性的要求，且将复归人性确定为人的发展诉求的根据。早在《摘自"德法年鉴"的书信》中，马克思就在与"兽性"相对立的意义上肯定性地提到了"人性"，将人性视为人之为人的根据，并批判"专制制度必然具有兽性，并且和人性是不相容的"⑤。在《1844 年经济学哲学手稿》中，他提出了"共产主义

① 麦克莱伦：《马克思传》，中国人民大学出版社 2006 年版，第 2—3 页。

② 麦克莱伦：《马克思传》，中国人民大学出版社 2006 年版，第 7 页。

③ 麦克莱伦：《马克思传》，中国人民大学出版社 2006 年版，第 10 页。

④ 麦克莱伦：《马克思传》，中国人民大学出版社 2006 年版，第 14 页。

⑤ 《马克思恩格斯全集》第 1 卷，人民出版社 1956 年版，第 414 页。

是私有财产即人的自我异化的积极的扬弃，因而是通过人并且为了人而对人的本质的真正占有；因此，它是人向自身、向社会的即合乎人性的人的复归"①的诉求。在《神圣家族》中，他尖锐地指出：无产阶级"完全丧失了一切合乎人性的东西，甚至完全丧失了合乎人性的外观……如果它不消灭它本身的生活条件，它就不能解放自己。如果它不消灭集中表现在它本身处境中的现代社会的一切违反人性的生活条件，它就不能消灭它本身的生活条件"②。"既然人是从感性世界和感性世界中的经验中汲取自己的一切知识、感觉等等，那就必须这样安排周围的世界，使人在其中能认识和领会真正合乎人性的东西，使他能认识到自己是人。……既然人的性格是由环境造成的，那就必须使环境成为合乎人性的环境。既然人天生就是社会的生物，那他就只有在社会中才能发展自己的真正的天性。"③在《资本论》中，他又进一步强调，"社会化的人，联合起来的生产者，将合理地调节他们和自然之间的物质变换，把它置于他们的共同控制之下，而不让它作为一种盲目的力量来统治自己；靠消耗最小的力量，在最无愧于和最适合于他们的人类本性的条件下来进行这种物质变换。"④"合乎人性的人"、"真正合乎人性"、"真正的天性"、"最适合于他们的人类本性"等提法，"丧失了一切合乎人性的东西"和"真正合乎人性的东西"的对比，以及"必须使环境成为合乎人性的环境"的要求，皆体现着马克思对人性的肯定、倡导和坚持，将实现人性视为社会进步和人的发展的目标。

确立人性论理论范式将还原马克思曾受到人性论和人道主义影响的历史事实，恢复马克思以符合或复归人性作为追求人的发展起点的理论逻辑：在马克思那里，合乎人性、复归人性与人的解放和发展的价值

① 马克思：《1844年经济学哲学手稿》，人民出版社2000年版，第81页。
② 《马克思恩格斯全集》第2卷，人民出版社1957年版，第45页。
③ 《马克思恩格斯全集》第2卷，人民出版社1957年版，第166—167页。
④ 《马克思恩格斯全集》第46卷，人民出版社2003年版，第928—929页。

取向是一以贯之的，复归人性是人的解放和发展的根据和立论基础，从合乎及复归人性诉求以及对资本主义人性异化的批判中，可以直接推论出人的解放和发展诉求来。合乎、复归人性是人的解放和发展的前提，人的解放和发展则是合乎、复归人性的结论。质言之，从复归人性到人的发展的推演，正是马克思人的发展研究的人性论范式。

正因为如此，在现代，一些西方哲学家特别强调马克思主义的人学意蕴，特别是其中包含的人道主义旨趣，正如宾克莱所指出的，"许多马克思著作的读者现在相信，他应当被看作人道主义者、哲学家或宗教预言家，而不应当被看作经济学家。不过，对于我们的目的更具有重要性的是许多人的发现：马克思对我们今天来说，也许还有许多有价值的东西，特别是关于他对异化的概念和他关于全人类自身的经典的人道主义的理想方面。"[1] 其中有代表性的，例如萨特责备一些马克思主义者早就把人丢掉、抛弃或消融了，认为这些马克思主义者缺乏对人的研究，特别是缺乏对个人的研究，以至于马克思主义今天是个无人地带，出现了人学的空场。又如弗洛姆认为，"马克思的哲学也代表一种抗议，抗议人的异化，抗议人失去他自身，抗议人变成为物。……他的哲学，来源于西方人道主义的哲学传统，……这个传统的本质就是对人的关怀，对人的潜在才能得到实现的关怀。"[2] "马克思的哲学是一种抗议；这种抗议中充满着对人的信念，相信人能够使自己得到解放，使自己的潜在才能得到实现。"[3] "马克思的目标是使人在精神上得到解放，使人摆脱经济决定论的枷锁，使人的完整的人性得到恢复，使人与其伙伴们以及与自然界处于统一而且和谐的关系之中。"[4] "马克思的学说并不认为人的

---

① 宾克莱：《理想的冲突：西方社会中变化着的价值观念》，商务印书馆1983年版，第95页。

② 佛洛姆：《马克思关于人的概念》，旭日出版社1987年版，第1页。

③ 佛洛姆：《马克思关于人的概念》，旭日出版社1987年版，第2页。

④ 佛洛姆：《马克思关于人的概念》，旭日出版社1987年版，第8页。

主要动机就是获得物质财富；不仅如此，马克思的目标恰恰是使人从经济需要的压迫下解脱出来，以便他能够成为具有充分人性的人；马克思主要关心的事情是使人作为个人得到解放，克服异化，恢复人使他自己与别人以及与自然界密切联系的能力。"①

确立人性论理论范式不仅有文本的依据，而且符合马克思主义追求理论彻底性的原则。只有从人性论出发，才能追根究底地说明为什么要追求人的发展、从根基上说明人的发展价值取向方面的根据。

哲学史上对于人性众说纷纭。我们认为，人性的含义是多样的，在不同的层面、相对于不同的问题，对人性可以有不同的理解。作为马克思所说人的"真正的天性"或"人类本性"意义上的人性，就是人满足需要、追求幸福、实现自我的本性，这是人作为人之最根本的心理和行为趋向。这种意义上的人性既是抽象的又是具体的。所谓抽象的，是指在任何时代、任何情况下，人都有满足需要、追求幸福并在此基础上实现自我的愿望和行为，这一点是不变的；所谓具体的，是指在不同的时代、不同的条件下，人对需要、幸福、自我实现的理解以及需要、幸福和自我实现的实现程度是不同的，因而人性又是不断变化的。这种意义上的人性既是实然的又是应然的。所谓实然的，是指这种人性根源于现实，基于现实条件及对现实中人的生存状态的不满足，所谓应然的，是指这种人性是对现实的否定而指向理想的，是理想的诉求。正是基于理想的诉求，马克思才要求复归人性、符合人性，要求使环境成为合乎人性的环境，要求创造条件满足人的这种根本的心理行为趋向，实现人性。

合乎、复归人的本性与追求人的发展之间具有内在的关联，从合乎、复归人性出发，可以逻辑地推论出人的发展要求：人性论和人道主义认定了人的价值同一性，即所有的人无论种族、性别、年龄及其他先

---

① 佛洛姆：《马克思关于人的概念》，旭日出版社1987年版，第9页。

天的或后天（社会）的差别，其作为人的存在价值是完全一样的，既无高下之分，亦无贵贱之别；在此基础上，人性论和人道主义又认定了人的价值优先性，即在世间万物之中，人具有最高的价值（或如康德所言"人是最后的目的"）。这两个认定，确立了追求人的发展的前提，因为追求人的发展是对人的价值优先性的充分肯定和现实表达，旨在强调人对自身这个"类"的关注，这种肯定和关注所以必需并可能，就是因为其中的"人"是普遍意义上的人即所有的人，是对人的类特性亦即人性的抽象。换一种说法，只有承认人性即认定人这个"类"具有不同于他物的共同性，才可能肯定人皆具有高于他物的独特价值从而将人"作为目的本身"，只有承认人性，才有必要追求每个人的平等和幸福，才会有每个人自由全面发展的要求。也就是说，人性论和人道主义作为对人的价值同一性及人的价值优先性的认定，内在地包含着每个人发展的要求；人的发展所以是必需的也是必然的，是因为它根本上体现着"合乎人性"的要求。

二、唯物史观范式

唯物史观范式，就是基于唯物史观的原理和视角理解人的发展的理论范式，本质上属于一种科学认识的范式。人的发展有赖于社会的进步，正如马克思恩格斯所指出的，"生产力和社会关系——这二者是社会的个人发展的不同方面"。①"在共产主义社会中，即在个人的独创的和自由的发展不再是一句空话的唯一的社会中，这种发展正是取决于个人间的联系，而这种个人间的联系则表现在下列三个方面，即经济前提，一切人的自由发展的必要的团结一致以及在现有生产力基础上的个

---

① 《马克思恩格斯全集》第 46 卷下册，人民出版社 1980 年版，第 219 页。

人的共同生活方式。"① 因此，必须从社会条件和社会关系入手理解人的发展。唯物史观范式对于人的发展研究的意义就在于：从社会的物质生产和物质关系出发理解人的发展的现实基础和社会条件，从社会基本矛盾出发理解人的发展的规律性和社会历史性，揭示人的发展的宏观过程和机制，指明人的发展的现实途径。

根据唯物史观范式，生产力发展是人的发展的前提和基础。

唯物史观认为，虽然社会发展是多种因素相互作用的结果，但"历史过程中的决定性因素归根到底是现实生活的生产和再生产"②，在社会生活的诸因素中，经济的前提和条件归根到底是决定性的，"物质生活的生产方式制约着整个社会生活、政治生活和精神生活的过程。"③ 物质资料的生产和再生产是历史的前提，是社会进步最根本的动力，人们所达到的生产力的总和决定着社会状况，因而生产力的发展是人的发展的基础，生产力水平从根本上决定着人的发展的状况。"唯有借助于这些生产力，才有可能实现这样一种社会状态，在这里不再有任何阶级差别，不再有任何对个人生活资料的忧虑，并且第一次能够谈到真正的人的自由，谈到那种同已被认识的自然规律和谐一致的生活。"④

生产力是人的发展的基础，因为生产力的发展将缩短劳动时间，增加自由时间从而拓展人的自主活动的空间。

马克思认为，劳动时间是制约人的活动乃至于人们生活质量的重要因素。"时间是人类发展的空间。"⑤ "正像单个人的情况一样，社会发展、社会享用和社会活动的全面性，都取决于时间的节省。"⑥ 必要劳动时间的减少从而自由时间的增加是人的发展之前提。长期以来，由于生

① 《马克思恩格斯全集》第3卷，人民出版社1960年版，第516页。
② 《马克思恩格斯选集》第4卷，人民出版社1995年版，第695页。
③ 《马克思恩格斯选集》第2卷，人民出版社1995年版，第32页。
④ 《马克思恩格斯选集》第3卷，人民出版社1995年版，第456页。
⑤ 《马克思恩格斯选集》第2卷，人民出版社1995年版，第90页。
⑥ 《马克思恩格斯全集》第46卷上册，人民出版社1979年版，第120页。

产力不发达、劳动生产率低下，人们为了维持基本的生存，往往要花费一生中的绝大部分时间和精力投入物质资料的生产中，日出而作，日落而息，终日为生计奔波，几乎没有自由支配的时间，从而既无休闲的机会，更谈不上培养、发展和实现自己的能力及个性。资本主义生产力的发展缩短了劳动时间，但并没有增加劳动者的自由时间，因为工人的自由时间被资本主义生产所侵占："在资本主义生产中，发展劳动生产力的目的，是为了缩短工人必须为自己劳动的工作日部分，以此来延长工人能够无偿地为资本家劳动的工作日的另一部分。"①"资本家是窃取了工人为社会创造的自由时间"②，而"一个人如果没有自己处置的自由时间，一生中除睡眠饮食等纯生理上必需的间断以外，都是替资本家服务，那么，他就还不如一头载重的牲畜。他不过是一架为别人生产财富的机器，身体垮了，心智也犷野了"③。就根本谈不上发展自己。与资本主义社会相反，在未来共产主义社会，缩短必要劳动时间是为了拓展人的发展空间。自由时间的增加取决于必要劳动时间的减少。"自由王国只是在由必需和外在目的的规定要做的劳动终止的地方才开始；因而按照事物的本性来说，它存在于真正物质生产领域的彼岸。……在这个必然王国的彼岸，作为目的本身的人类能力的发展，真正的自由王国，就开始了。"④"这个自由王国只有建立在必然王国的基础上，才能繁荣起来。工作日的缩短是根本条件。"⑤缩短工作日（必要劳动时间）从而增加自由时间的前提，就是生产力的发展、劳动生产率的提升。随着生产力水平从而劳动生产率的提高，人们为维持生存所需要的必要劳动时间将减少，供自己支配的自由时间将相应地增加，这样，人们活动的自由

① 《马克思恩格斯选集》第 2 卷，人民出版社 1995 年版，第 206 页。
② 《马克思恩格斯全集》第 46 卷下册，人民出版社 1980 年版，第 139 页。
③ 《马克思恩格斯选集》第 2 卷，人民出版社 1995 年版，第 90 页。
④ 《马克思恩格斯文集》第 7 卷，人民出版社 2009 年版，第 928—929 页。
⑤ 《马克思恩格斯文集》第 7 卷，人民出版社 2009 年版，第 929 页。

度将进一步扩大，将能够充分享受闲暇时光并发展自己的能力、爱好和个性。

生产力发展是人的发展的基础，因为生产力发展将改善劳动环境，将人从繁重的、异化的劳动中解放出来。

作为人类满足自己的生存需要改造自然的活动，劳动一直以来就只具有维持生存的手段的意义，缺乏自主性而具有被迫性。在生产力低下的时代，劳动异常艰辛，对人是一种严酷的折磨和损伤。资本主义的分工推动了生产进步，却又使人从属于机器，这必然地导致了人的活动片面化、被动化，使之丧失自由自主性，从而以另一种方式束缚着人。劳动要成为人发展自身的"自由的有意识的活动"①，有待于劳动强度的极大降低和劳动环境的根本改善。马克思在展望未来社会生产力发展前景时曾做过如下的预言："劳动生产力向前发展，而达到这样的程度，以致一方面整个社会只需用较少的劳动时间就能占有并保持普遍财富，另一方面劳动的社会将科学地对待自己的不断发展的再生产过程，对待自己的越来越丰富的再生产过程，从而，人不再从事那种可以让物来替人从事的劳动。"② 在未来，生产力发展将改变劳动的方式和性质，改善劳动的条件，降低劳动的强度，"只有在这个阶段上，自主活动才同物质生活一致起来，而这又是同各个人向完全的个人的发展以及一切自发性的消除相适应的。同样，劳动向自主活动的转化，同过去受制约的交往向个人本身的交往的转化，也是相互适应的。"③ 当生产力发展到消灭了旧式分工、极大地缩短必要劳动时间、优化劳动环境并根本上改善了劳动条件时，人才能在劳动中充分发展自己的能力，在其所擅长的活动领域自由地发挥和展示自己的才能，劳动才能真正成为人自由自主的活动，成为人的第一需要，成为一种享受。

---

① 马克思：《1844 年经济学哲学手稿》，人民出版社 2000 年版，第 57 页。

② 《马克思恩格斯全集》第 46 卷上册，人民出版社 1979 年版，第 287 页。

③ 《马克思恩格斯选集》第 1 卷，人民出版社 1995 年版，第 130 页。

根据唯物史观范式，人的发展有赖于社会关系的合理化。

马克思恩格斯基于对人的社会性及人与社会关系的辩证理解以及实现自由人的联合体的理想，认为"单个人的历史决不能脱离他们以前的或同时代的个人的历史，而是由这种历史决定的。"① "社会关系实际上决定着一个人能够发展到什么程度。"② 人的发展的前提是人的解放，是通过社会关系（制度）的变革消灭私有制、消除现存经济关系对人的束缚，使社会自觉地调节生产，实现按劳分配和最终实现按需分配。正因为认识到生产关系对人的发展至关重要的意义，他们将人的发展理想追求转换成了对资本主义制度的批判，以毕生精力致力于彻底变革现存的社会制度。他们坚信，扬弃私有制即物的依赖性，将人从旧的社会关系的束缚中解放出来，必将促进人的自由全面发展。为此，马克思曾满怀信心地预言消灭了私有制后未来社会的美好前景："在共产主义社会高级阶段，在迫使个人奴隶般地服从分工的情形已经消失，从而脑力劳动和体力劳动的对立也随之消失之后；在劳动已经不仅仅是谋生的手段，而且本身成了生活的第一需要之后；在随着个人的全面发展，他们的生产力也增长起来，而集体财富的一切源泉都充分涌流之后，——只有在那个时候，才能完全超出资产阶级权利的狭隘眼界，社会才能在自己的旗帜上写上：各尽所能，按需分配！"③

基于以上认识，唯物史观范式揭示了人的发展的历史性，认为"全面发展的个人——他们的社会关系作为他们自己的共同的关系，也是服从于他们自己的共同的控制的——不是自然的产物，而是历史的产物。"④ 因而现实的、具体的个人的发展要经历一个长期的过程。因此，人（及社会）发展要经历人的依赖关系、物的依赖性、个人全面发展三

---

① 《马克思恩格斯全集》第 3 卷，人民出版社 1960 年版，第 295 页。
② 《马克思恩格斯全集》第 3 卷，人民出版社 1960 年版，第 515 页。
③ 《马克思恩格斯选集》第 3 卷，人民出版社 1995 年版，第 305—306 页。
④ 《马克思恩格斯全集》第 46 卷上册，人民出版社 1979 年版，第 108 页。

个阶段。只有到了第三个阶段即共产主义社会，才能进入"每个人的全面而自由的发展为基本原则的社会形态"①，"它是个人的这样一种联合（自然是以当时发达的生产力为前提的），这种联合把个人的自由发展和运动的条件置于他们的控制之下。"②

三、两种范式的互补

以上所述表明，人性论范式作为价值取向范式，从主观的角度回答了人的发展的动机、目的问题；唯物史观范式作为科学认识范式，从客观的角度回答了人的发展的基础、条件和途径等问题，因而两种范式在解释人及人的发展问题时各有其特点和功能，从而各有其优势，同样的道理，两种范式它们在解释人及人的发展问题时也都存在各自的缺陷。

由于人的发展问题既涉及价值取向又涉及科学认识，运用唯物史观理论范式或者人性论理论范式，都能够但也只能说明人的发展问题的一个方面，而不能全面地说明人的发展问题：单是唯物史观理论范式只能对人的发展的条件、机制和现实途径等作出科学的说明，单是人性论理论范式则只能对人的发展的动机和目的等作出合理的解释。

唯物史观范式揭示了人的发展的条件和机制，指明了人的发展的现实途径，揭示了人的发展的合规律性及其历史性，这是其在解释人的发展问题上的优势。但从另一方面看，唯物史观范式在解释社会历史时也存在着一些缺陷：例如，仅仅是唯物史观范式，只能讲通社会发展道理的一半：只能说明人的发展的社会历史性，而不能说明人的发展的动

---

① 《马克思恩格斯全集》第 23 卷，人民出版社 1972 年版，第 649 页。
② 《马克思恩格斯选集》第 1 卷，人民出版社 1995 年版，第 121 页。

因问题，不能说明人的发展价值取向方面的问题，例如不能说明理想的社会应当是怎样的？为什么人们期望社会朝着这个方向而不是那个方向发展？为什么社会总的趋势是由低级向高级发展？社会发展为什么要以人的发展为目标？为什么在社会生活中要确立一系列价值原则？为什么社会既要更快地发展又要更合理地发展？怎样的生活才是幸福的？引领和规范社会发展的主要价值原则应当有哪些？为什么在推进经济发展和财富增长的同时还要追求社会公平、社会和谐以及自由民主？如此等等。

人性论范式回答了为什么要推进人的发展，人的发展的根据、要求和目标是什么等人的发展动机方面的问题，这是其在解释人的发展问题上的优势。但从另一方面看，人性论范式在解释社会历史时也存在着一些缺陷：例如，仅仅从人性论入手，不能解释人的发展的历史性，不能解释决定社会发展的现实条件是什么，不能解释为什么社会会以这种方式而不是那种方式发展？不能解释如何使社会有利于人的生存和发展？不能解释人的发展与社会进步在具体历史进程中的矛盾，以及不能解释社会发展的效果与其代价的关系，如此等等。

两种范式各有优势及缺陷的事实表明，二者不能相互替代，而是应当各自发挥作用。根据以往的经验，这里的主要障碍，是对人性论范式的认可，其所以如此，是因为一直以来在马克思主义语境中总是讳言人性。因此，确立人性论范式必须解决的一个前提性问题，是澄清人性论范式与抽象人性论从而与唯心史观的关系。

通常有一种误解，认为马克思对抽象人性论进行了批判，马克思主义只承认人的本质而否认人性，从而将承认人性等同于抽象人性论和唯心史观。由于这一误解，在解释社会历史和人的问题时，往往本能地回避甚至拒斥人性论范式，似乎从人性出发分析理解问题就必然会陷入唯心史观。与此相关，只看到唯物史观范式在解释社会历史时的优势而没看到其在解释社会历史时的缺陷，只看到人性论范式在解释社会历史时的缺陷而没看到其在解释社会历史时的优势。澄清这一误解的关键在于如何正面地理解人性，以及厘清批判抽象人性论是否必然意味着否定人性。

这里首先要明晰人性与人的本质的区别。所谓人的本质，是人的社会特性，它是具体的历史的，将不同的人（群体）区别了开来。所谓人性，则是人之为人的规定性，它将人与他物区别了开来。人性在人与他物的关系中属于人特有的"类特性"，而在人这个类之中则属于人皆有之的共性。从前一种关系上看，人性是特殊的，从后一种关系上看，人性则是普遍的、抽象的。只要承认人具有共性就必然要承认人性，只要承认人性就必然要承认其普遍性和抽象性，虽然抽象的人性要体现在现实的具体的人之中。

欧洲近代史上的抽象人性论的失误，不在于肯定普遍或抽象的人性，不在于确认人作为类存在物的共性，而在于以这种普遍、抽象的类特性取代了人的社会特性即其本质，从而否定了人及其生存发展的具体性和社会历史性。马克思恩格斯在批判费尔巴哈时指责他"设定的是'一般人'，而不是'现实的历史的人'"①，并认为不存在抽象的孤立的个人而只存在从事实际活动的人。他们对抽象个人的否定并不等于否定抽象人性，因为抽象的孤立的个人和抽象的人性是不同的概念，前者是指人的整体规定性，后者则是指人的某一方面规定性。与此相关，主张抽象的孤立的个人，便意味着仅仅承认人的抽象人性而否定人的其他的规定性，特别是否定具体的人的本质即人的社会历史性。与之不同的是，承认人性却可以同时承认人的其他方面的规定性，例如承认人的本质。从抽象的个人与抽象的人性之区别不难看到：承认抽象人性并不必然导致否定人的社会本质，否定抽象的孤立的个人并不能等同于否定人性。由此可见，马克思对抽象人性论的批判旨在反对其以人性取代或遮

---

① 《马克思恩格斯全集》第 3 卷，人民出版社 1960 年版，第 516 页。

蔽人的本质的做法，而并非否定人性，这才是批判抽象人性论的本意所在。

那么人性论范式与唯物史观范式是何种关系呢？我们认为，人性论范式和唯物史观范式虽然特点和功能不同，但二者却不是对立的，不是非此即彼、相互排斥的关系，因为它们不在同一个论域，涉及并回答的是不同方面的问题，而并非对同一问题的两种不同的回答或主张。事实上，与唯物史观对立的是唯心史观，唯心史观在关于人的问题上的失误，不在于从主观的方面看问题，而在于仅仅从主观的方面看问题，例如将人性的实现仅仅归结于人的主观意愿，否认其与客观条件及社会关系的关联，否认人性实现的历史性，未能指明人性实现的现实途径。

由于人性论范式与唯物史观范式并不对立且各有特点，由于人的发展问题的综合性，为了既回答人的发展合目的性方面的问题，又回答人的发展合规律性方面的问题，应当在人的发展研究中实现两种范式的互补，即采用唯物史观与人性论两种理论范式相互补充的方式全面地说明人的发展问题。

一方面，应当以人性论范式引导唯物史观范式，以人的发展的价值取向引领对社会历史发展规律和机制的探寻。实现人的发展首先要解决为什么要推进人的发展，人的发展的根据、要求、目标是什么等前提性问题。根据人性论范式，人的发展亦即人追求幸福、实现自己的价值，是人的本性，是人的一切活动的动机之源泉，从而理应是人类所有活动的根本出发点。有了这个动机之源泉的驱动，人们才有意愿和动力去探寻人的发展的条件、机制和途径，进而去认识社会、调整社会关系、建构社会制度和推动社会发展的根本导向。例如，从符合人性从而每个人发展的要求，可以进一步推论出社会发展的目标，推论出应然的合理的社会环境，推论出社会生活应当确立和遵循的基本制度、原则和政策。而这些，正是运用唯物史观范式研究人的发展条件、机制和途径的前提。

另一方面，应当以唯物史观范式支撑人性论范式，以科学认识支撑价值取向的发展。人性论范式提出了人的发展的根据、要求和目标，但人的发展的实现却有赖于一定的社会条件，也有赖于人们有效地解释和解决制约人的发展的现实问题，从而有赖于人们正确认识社会生活的各种问题以及社会发展的机制和规律。只有运用唯物史观范式正确认识社会发展的机制和规律，解释和解决社会发展中制约人的发展的各种现实问题，才能切实有效地推进人的发展，实现人的发展的要求和目标。

为此，既不能离开人性论范式谈论人的发展，又不能离开唯物史观范式理解人的发展。离开人性论范式，就不能透彻地说明人的发展的主体根据，不能彻底说明人的发展的根据、要求和目标，就不能解释为什么要追求人的彻底解放和自由全面发展，为什么要以人为本，为什么要尊重人的权利，为什么要维护人的尊严，为什么要实现社会的公平正义，如此等等。离开唯物史观范式，则不能科学地说明人的解放和发展的客观条件，确定人的发展的现实途径，解释和解决人的发展面临的实际问题，人的发展就只能停留于空想。

本文原载于《马克思主义与现实》2016 年第 1 期

《新华文摘》2016 年第 13 期转载

人大复印报刊资料《哲学原理》2016 年第 8 期转载

人的发展价值取向的总体性

在马克思主义的价值体系中，人的发展价值取向是一种总体性的价值取向，具有高度的统摄性和包容性。人的发展价值取向包含着人类历史上优秀的价值取向，蕴含马克思主义价值取向的本质含义和主要内容，是马克思主义价值取向的根本出发点，是马克思主义的根本价值尺度。

一、人的发展价值取向是人类优秀价值取向的继承和发展

马克思主义具有丰富的价值意蕴。对马克思主义的价值取向，经典作家作出过很多表述，有代表性的，如"共产党人可以把自己的理论概括为一句话：消灭私有制"，"每个人的自由发展"，"各尽所能，按需分配"，人们"成为自己的社会结合的主人"，以及"消灭剥削，消除两极分化，最终达到共同富裕"等等。以此为依据，在不同的时代、基于不同的社会条件及面临不同的任务，人们所强调或侧重的马克思主义价值诉求的具体内容是有所不同的。问题是，在这些价值取向中，是否有一种最根本的亦即总体性的价值取向？回答是肯定的，这就是实现人的

彻底解放和自由全面发展，简称人的发展。人的发展是马克思主义总体性的也是根本性的价值取向，是马克思主义价值诉求最集中、最简洁的表达。

作为总体性的价值取向，人的发展价值取向具有价值本原性以及最大限度的理论统摄性和包容性：它是马克思主义所有价值取向的价值起点，既包含着历史上优秀价值取向，又蕴含着马克思主义的所有价值内涵。

人的发展价值取向的总体性首先体现在，它是对历史上优秀价值取向的继承与超越，是人类优秀价值取向的结晶，包含着历史上优秀的价值取向，特别是欧洲近代的人性论和人道主义价值取向。

对于马克思主义与欧洲近代的人性论和人道主义之间的关系，我国学术界一直未有充分的讨论和认定，与之相关，以往对马克思主义理论来源的阐述中往往存在着一种片面性，就是忽视价值取向方面的思想遗产，特别是忽视人性论和人道主义与马克思主义之间的内在联系，在分析马克思主义相关理论来源时，往往只注意其认识方面的合理因素，强调其在社会历史认识方面的启示性和借鉴价值，而较少揭示其价值取向上的合理因素，更没有对其合理性进行肯定并对其价值作出展开性的阐释。

通常认为，马克思主义有三个理论来源，即德国古典哲学、英国古典经济学和空想社会主义学说。此说法有充分的根据，因为马克思恩格斯的确曾反复谈到这三方面理论对他们的影响，并阐明了他们对三者的批判继承。但问题在于，这一说法并不意味着否定马克思主义还有其他理论来源，特别是价值取向方面的理论来源，否则，便意味着断定马克思主义价值取向乃无源之水，这显然是不成立的。事实上，马克思主义具有价值取向方面的理论来源，其中最主要的，就是近代欧洲的人道主义和启蒙思想。

形成于欧洲 18 世纪的以人性论为基础的人道主义和启蒙思想，反对封建禁欲主义和教会专制制度，承认人具有共同的本性，主张关怀人、尊重人、以人为中心和人格平等，要求充分发展人的个性。人性论和人道主义从根本上解构了愚昧专制桎梏，确立了人在世界万物之中的价值优先性，肯定了人的自由、独立与尊严，开启了人类现代文明的进程。这种主张后来在康德的目的论哲学中得到了透彻的、哲学的论证和确认，康德用目的论哲学表达和证明了人作为最终（最高）目的和最高价值之地位。

人道主义和启蒙思想曾通过直接的和间接的两个路径对马克思主义的创始人产生过深刻的影响。

一方面，马克思恩格斯直接吸收了人道主义和启蒙思想的价值取向。这在马克思身上体现得尤为明显。正如麦克莱伦在《马克思传》中所指出的，马克思青少年时代所处的德国特利尔城依照法国大革命的基本原则进行管理，浸润在言论自由和立宪自由氛围中，并且一方面，他的父亲"深深地沉浸在 18 世纪的法国关于政治、宗教、生活、艺术的自由理想里"[①]。另一方面，他在就读的中学里"受到了典型而纯粹的人道主义的教育"[②]。这一特殊的境遇使马克思青少年时期深受近代人道主义和启蒙思想的影响，初步产生了资产阶级革命民主主义思想，这集中体现于他在 17 岁时写的《青年在选择职业时的考虑》中以追求"人类的幸福和我们自身的完美"[③] 志向表达了对人道主义价值的认同，"马克思的这篇文章和他同学的一样，基本理念是德国启蒙运动和古典时期的人道主义者的理想观念——个人的全面发展和相互依赖的人群共同体的全面发展。"[④] 此后，虽然他实现了向共产主义者的转变，但仍然确认了一些近代人道主义倡导的普遍价值，例如多次使用"人的本性"、"对

---

① 麦克莱伦：《马克思传》，王珍译，中国人民大学出版社 2006 年版，第 7 页。

② 麦克莱伦：《马克思传》，第 10 页。

③ 《马克思恩格斯全集》第 1 卷，人民出版社 1995 年版，第 459 页。

④ 麦克莱伦：《马克思传》，第 14 页。

人的本质的真正占有"等表述，并以"真正的人道主义"、"合乎人性"、"自由个性"、"最无愧于和最适合于他们的人类本性"①概念表达自己的价值理想，甚至以人道主义表征共产主义，认为"共产主义则是以扬弃私有财产作为自己的中介的人道主义"②。

另一方面，人道主义和启蒙思想的价值取向通过近代社会主义特别是空想社会主义渗透于马克思主义理论中。

经典作家以及后来的马克思主义研究者曾经反复提到空想社会主义是马克思主义的重要思想来源，然而有待深究的是，空想社会主义究竟为马克思主义提供了哪些思想资源？我们认为，空想社会主义为马克思主义提供的思想资源主要就是社会主义的价值取向，包括废除私有制，消灭阶级差别，共同劳动，平均分配产品，建立社会平等。那么近代社会主义特别是空想社会主义的这些价值取向又是来自哪里？恩格斯曾明确回答过这一问题，认为"现代社会主义，就其内容来说，首先是对现代社会中普遍存在的有财产者和无财产者之间、资产者和雇佣工人之间的阶级对立以及生产中普遍存在的无政府状态这两个方面进行考察的结果。但是，就其理论形式来说，它起初表现为18世纪法国伟大的启蒙学者们所提出的各种原则的进一步的、据称是更彻底的发展"③。也就是说，空想社会主义既是对资本主义社会现实矛盾的反映，又渊源于欧洲近代人道主义和启蒙思想。从马克思主义继承了空想社会主义的价值取向而后者却继承了人道主义和启蒙思想的价值取向这一逻辑关系可见，马克思主义通过直接批判继承近代社会主义特别是空想社会主义的价值取向而间接地批判继承了人道主义和启蒙思想的价值取向。

这种批判继承既表现为将其置于科学认识的基础之上，又表现为在价值取向上的新超越，即将近代人道主义和启蒙思想关怀人、尊重

① 《马克思恩格斯全集》第46卷，人民出版社2003年版，第928—929页。
② 《马克思恩格斯全集》第3卷，人民出版社2002年版，第331页。
③ 《马克思恩格斯选集》第3卷，第391页。

人、以人为中心等要求进一步提升为人自由全面发展的诉求。从价值取向的层次递进看,人的自由全面发展目标超越了人道主义和启蒙思想的价值诉求,因为人的发展不仅意味着人应当在现实生活中获得生存权利、尊严和作为人应有的对待,而且意味着应当在此基础上追求更加理想的生存状态,也就是说,人的自由全面发展是比人道主义和启蒙思想更高层次的价值诉求。

人的自由全面发展在价值取向上高于人道主义和启蒙思想,还体现在二者实现条件的差别上。历史事实表明,人道主义和启蒙思想的价值诉求可以与市场经济体制及生产资料私有制相容或者并行不悖,可以在资本主义条件下成为现实,人的自由全面发展则不然,它的实现要求有高于资本主义和市场经济的社会条件,即要求社会真正成为没有阶级和阶级对立的"每个人的自由发展是一切人的自由发展的条件"① 的自由人联合体。其所以如此,是因为实现人的自由全面发展必然要求人与社会及人与他人之间根本利益完全一致,要求人从以往社会关系的异化状态中彻底解放出来,而毋庸讳言的是,只要存在市场经济和生产资料私有制,整个社会就必然会按照资本的逻辑运行,就必然意味着人们利益的分散化,意味着人与人之间存在着利益差异或对立,意味着人与人之间的利益博弈和争斗,意味着人与社会关系的异化,因而就不可能实现"社会调节着整个生产"②,也就不可能有人的自由全面发展。

以上论述表明,人的发展价值取向作为人类优秀价值取向的结晶,继承和发展从而包含了历史上一切优秀的价值取向,站在了人类价值取向的制高点上。

---

① 《马克思恩格斯选集》第 1 卷,人民出版社 2012 年版,第 422 页。
② 《马克思恩格斯选集》第 1 卷,第 165 页。

二、人的发展价值取向是马克思主义
价值取向的出发点

人的发展价值取向的总体性又体现在，它是马克思主义价值取向的根本出发点，在马克思主义价值取向中具有统摄性的地位和作用。

以"改变世界"为宗旨的马克思主义具有鲜明的价值取向，其主要内容包括消灭私有制、消灭剥削、消除人与人之间的不平等、实现共同富裕，使人民生活得幸福美好，以及追求民主、自由、公正等，这些价值取向归根结底指向人的彻底解放和自由全面发展，即指向人的发展，也就是说，作为总体性的价值，人的发展价值取向具有丰富的理论含义。

人的发展是马克思恩格斯一以贯之的、根本的价值追求。马克思恩格斯在《德意志意识形态》、《共产党宣言》、《经济学手稿（1857—1858 年)》、《资本论》、《反杜林论》等论著中，对人的发展问题作出了多向度的论述，提出了人的发展概念，确定了人的发展目标，并以"每个人的自由发展是一切人的自由发展的条件"一语表达了对未来理想社会的理解和憧憬。《共产党宣言》中的"每个人的自由发展"决不是一个偶然的提法、一个手段性的或阶段性的目标，而是马克思恩格斯所确立的根本价值取向，恩格斯在 1894 年曾将这句话作为即将在日内瓦出版的《新纪元》周刊的创刊号题词，认为这句话最适合于用来表述未来的社会主义纪元的基本思想，即认为没有比"每个人的自由发展"更适合于作为区别但丁所说的"一些人统治，另一些人受苦难"的旧时代的根本标志。

人的发展作为马克思主义总体性的价值取向，是马克思主义一切价值诉求的根本出发点，是马克思主义的价值之源。对于人的发展在马克思主义价值取向中的这一地位和作用，可以从逻辑和历史两个方面来理解：

从逻辑上看，马克思主义的所有价值诉求，都是从人的自由全面发展出发并以之为根本目的的。马克思主义是关于人的解放条件的学说也是关于人的发展条件的学说。马克思恩格斯一生致力于对资本主义制度的批判和对社会主义理论及制度的构建，归根结底就是为了追求人的解放并最终实现人的发展，是以人的发展为价值旨归的。从理论逻辑上看，人的解放是人的发展的前提和基础，人的发展则蕴含着人的解放的价值追求，是人的解放的最终目的。这一理论逻辑表明，人的自由全面发展的前提是人的彻底解放，即消灭剥削，实现共同富裕，在经济、政治和社会生活所有领域消除人与人之间的不平等，实现民主、自由、公正，而实现人的彻底解放不仅有赖于发展生产力，还要求改变不合理的社会制度，要求消灭私有制、建立有利于人的自由全面发展的公平正义的经济、政治制度。正是基于对人的发展理想状态的理解和追求，马克思明确提出要"推翻那些使人成为被侮辱、被奴役、被遗弃和被蔑视的东西的一切关系"①，"对现存的一切进行无情的批判"②，要"使人的世界和人的关系回归于人自身"③，"彻底揭露旧世界，并积极建立新世界"④。

历史事实完全印证了理论逻辑。以马克思为例。从上文引用的麦克莱伦的说法可见，马克思最早形成的价值信念就是追求"人类的幸福和我们自身的完美"即"个人的全面发展和相互依赖的人群共同体的全面发展"，这一信念贯穿于其一生之中。投入社会生活后，他在最早的批判性文本《评普鲁士最近的书报检查令》中，极力倡导思想自由和言

---

① 《马克思恩格斯全集》第 3 卷，第 207—208 页。
② 《马克思恩格斯全集》第 47 卷，人民出版社 2004 年版，第 64 页。
③ 《马克思恩格斯全集》第 3 卷，第 189 页。
④ 《马克思恩格斯全集》第 47 卷，第 63 页。

论自由，在致阿尔诺德·卢格的书信中，以"自由的、真正的人"①一语表达对理想状态的人的理解，在《科隆日报第179号的社论》中，认为"哲学要求国家是合乎人性的国家"②，在《1844年经济学哲学手稿》中，提出了向"合乎人性的人的复归"的要求，在《共产党宣言》中更是明确地确立了"每个人的自由发展"的目标。由此可见，追求人的发展是马克思主义的价值起点，正是以实现人的发展为目标，马克思展开了对资本主义制度的批判和对未来理想社会制度的构建，以毕生的精力"参加推翻资本主义社会及其所建立的国家设施的事业，参加现代无产阶级的解放事业"③。

人的发展价值取向所以能作为马克思主义最根本的价值取向，是因为这一价值取向具有历史观的意蕴。回溯马克思主义发展史，人的发展理论一开始就是生成于唯物史观体系之中的，此后又伴随唯物史观的发展而不断丰富和深入，因而一方面，人的发展价值取向是以对社会历史的唯物主义理解为立论基础的，是历史观层面的价值取向，另一方面，人的发展价值取向又构成为唯物史观的基本价值维度。

人的发展价值取向所以具有历史观的意蕴，就在于它从根本上体现着人的行为以及社会发展的合目的性。从学理上看，追求人的发展是对人的价值优先性的充分肯定和现实表达，旨在将人的价值确立为世间万物的最高价值，即认定人在世间万物中具有价值优先性，强调所有人皆具有高于他物的独特价值从而将人作为"目的"本身来看待。就此而言，人的发展价值从根基上体现着对人的崇高地位的认定，并由此衍生出一系列肯定人的价值要求和目标，例如正是基于人的自由全面发展从而对人的最高价值或价值优先性的肯定，才要求保障每个人追求幸福的权利，才应当让人民生活得更有尊严，才要求消灭私有制、消灭剥削、

① 《马克思恩格斯全集》第47卷，第60页。

② 《马克思恩格斯全集》第1卷，第225页。

③ 《马克思恩格斯选集》第3卷，第1003页。

实现共同富裕、消除人与人之间的不平等，才要求追求民主、自由、公正，等等。

人的发展价值取向所以具有历史观的意蕴，又在于它确立了社会进步的主体根据，回答了社会进步的根本原因等深层次问题。从追根溯源的意义上说，社会进步的根本原因就在于人总是要追求更好的生活，在当代及未来，就是要追求自由全面的发展。这里的关键是辩证理解人的活动与物质条件的关系。从实践的观点看，人的活动与物质条件是互为因果的：人的活动要以一定的物质条件为基础，但任何时代的物质条件和关系又是以往人们活动的结果，并将是未来人们活动改变的对象。在历史过程中，人的活动要依赖于一定的物质条件和社会关系，但这些条件和关系却是人创造的，因为人们"周围的感性世界决不是某种开天辟地以来就直接存在的、始终如一的东西，而是工业和社会状况的产物，是历史的产物，是世世代代活动的结果"[1]，"自然界没有造出任何机器，没有造出机车、铁路、电报、自动走锭精纺机等等。它们是人的产业劳动的产物"[2]，"任何生产力都是一种既得的力量，是以往的活动的产物。"[3] 由于物质条件以及社会关系本质上是人们以往活动的结果，因而物质条件以及社会关系的"先在性"是相对于特定时代的人而言的，它们对人的活动的制约归根到底是以往人们的活动对未来人们的活动的制约。就此可见，推动社会进步的根本动力就是人改变环境的活动及其背后的动机。诚然，人们行为的动机是在一定的物质和关系条件下形成的，但动机显然又是基于人趋利避害、追求幸福的本性，即为了更好地生存和发展，正如马克思所指出的，"人们为之奋斗的一切，都同他们的利益有关"。[4] 从这个意义上说，不仅一定的物质和关系条件

[1] 《马克思恩格斯选集》第 1 卷，第 155 页。
[2] 《马克思恩格斯全集》第 31 卷，人民出版社 1998 年版，第 102 页。
[3] 《马克思恩格斯选集》第 4 卷，人民出版社 2012 年版，第 409 页。
[4] 《马克思恩格斯全集》第 1 卷，第 187 页。

是以往人的活动的结果，而且在这种条件下形成的动机又会作为新的始因而引发人的行为，改变自然和社会环境，推动社会进步。

综上可见，人的发展之所以成为历史观层面的价值取向，归根结底是因为从人性这一始因上说明了人的一切行为从而社会生活、社会进步最深层次的根据。

三、人的发展价值取向总体性的启示

确认人的发展价值取向在马克思主义价值取向中的总体性地位，具有重要的现实意义。

人的发展价值取向的总体性启示我们，马克思主义价值取向和社会主义核心价值观建设应当充分吸收人类的优秀价值观念。

马克思主义是开放的理论，具有不拒外来和与时俱进的品质，这一品质在价值取向上亦不例外。从前述人的发展价值取向形成和发展的过程可见，人的发展价值取向是对历史上特别是18世纪启蒙思想和人道主义优秀价值取向的继承和超越。正因为继承并包含着人类历史上优秀的价值取向，而不是与之相隔离甚至相背离，马克思主义价值取向才能与时俱进、始终保持先进性，才能具有普遍的意义和长久的生命力。历史经验启示我们，在当代，无论是丰富和发展马克思主义价值取向还是进行社会主义核心价值观建设，都必须自觉地吸取人类优秀的价值观念。

当前，一些人对马克思主义价值取向和社会主义核心价值观与人类历史上优秀的价值观念之间的关系存在着一些误解，不仅否认社会主义核心价值观与人类历史上一些优秀价值观之间的继承关系，而且还将二者截然对立起来，以马克思主义价值取向和社会主义核心价值观来否定西方历史上特别是近代人道主义和启蒙思想家提出的价值观的合理性和普遍适用性，拒斥甚至诋毁一些人类优秀的价值，认为凡是西方历史上和现实中倡导的为西方社会所遵循的价值观都是不适用于中国，都是有害的、是必须加以抵制的。我们认为，其所以有此误解，主要原因是未能正确理解价值的普遍性和特殊性的关系，以及缺乏价值自信从而回避价值的先进性。为澄清误解，应当弄清楚这三个相互关联的问题。

一是价值的普遍性和特殊性的关系问题。从哲学的视角看，马克思主义价值取向和社会主义核心价值观建设要注重普遍性和特殊性的统一。所谓注重特殊性，就是马克思主义价值取向和社会主义核心价值观建构要从国情出发。任何一种优秀的价值在移植到其他国家民族时都要适应该国的国情和文化，由此才能生根发芽结果，就我们的价值观建设而言，就是要将普遍价值与国情和传统文化相结合，充分吸收中国历史上的优秀价值，体现中国的民族文化特色。对于价值观建设要注重特殊性，人们已有清晰的共识，这里只是强调两点：一是吸收传统文化价值，必须吸收其中合理的、进步的、先进的因素，而摒弃不合理的、落后的因素。二是适应国情决不是顺从既有的历史和现实，而应当是导向现实并引领人们的实践。

所谓注重普遍性，就是马克思主义价值取向和社会主义核心价值观建设要自觉吸收人类优秀的价值观念和价值文化。毫无疑问，强调价值的普遍性并不意味着排斥特殊性，而是以之为前提的，但同样重要的是，强调价值的特殊性也不应当排斥普遍性。社会主义核心价值观本身就是普遍性与特殊性的统一，其内容要么是对近代人道主义和启蒙思想家提出的价值观的继承和发展，如民主、自由、平等、公正、法治，要么是对中国传统优秀价值观的继承和发展，如富强、文明、和谐、爱国、敬业、诚信、友善。这些传统的价值观念所以被纳入当代中国的社会主义核心价值观中，就是因为具有普遍的意义。

二是价值的先进性问题。不同民族国家之间的价值有没有先进与落后之分？回答当然是肯定的。从本质上说，我们肯定价值普遍性的实质，就是承认价值的先进性。其中的道理在于：承认价值的普遍性则意

味着承认各种价值之间具有可比较性，而承认价值的可比较性则意味着
承认价值有先进与落后之分。反过来说，否认价值的普遍性则必然会否
认价值的可比较性，而否认价值的可比较性则必然会否认价值有先进与
落后之分，即认为每一种价值都只是特殊的，各有各的好，相互不能比
较，更不能借鉴和吸收。这显然是对价值先进性问题的回避。我们认
为，价值既有普遍与特殊之别，更有先进与落后之分，强调价值的特殊
性绝不意味着抹杀价值先进与落后的区别而回避比较，而是使先进的普
遍价值与特殊的国情、文化和时代特征相结合而真正得以确立。

三是价值自信的问题。是否承认价值的先进性，归根结底是价值自
信的问题，因为回避价值的先进性，显然是一种缺乏价值自信的退缩。
毋庸讳言，当前之所以对马克思主义价值取向和社会主义核心价值观建
设要注重普遍性未形成共识，主要的原因就是缺乏价值自信。而解决这
一问题的关键，就是充分认识马克思主义和社会主义价值取向的先进性。
马克思主义和社会主义以人的彻底解放和自由全面发展为核心的价值取
向，在当代人类各种价值中最具有合理性和先进性。我们之所以要坚持
马克思主义和社会主义价值取向，要倡导社会主义核心价值，根本原因
就是源于对马克思主义和社会主义的价值合理性与先进性的自信。

马克思主义和社会主义价值取向所以具有合理性与先进性，一个
重要原因就是它从不拒斥而是充分吸取人类优秀的普遍价值，是对人类
优秀价值的继承和超越，并且推进着人类优秀价值的发展，不断在反映
新的时代和实践的基础上为人类的优秀价值增添新的内容，具有普遍的
甚至普世的性质和意义。历史和现实已经表明，充分吸收人类的优秀价
值成果是确立并保持马克思主义和社会主义价值取向先进性的基础，为
此，马克思主义和社会主义核心价值观建设应当有海纳百川的胸怀，充
分吸收人类优秀的价值观念和价值文化，沿着人类文明大道前行，成为
文明的主流价值观。只有这样的社会主义核心价值观，才能作为中国特
色社会主义理论和实践的价值支撑，才能塑造适应现代社会发展的公序

良俗，才能培育具有人类基本良知、基本素养、基本道德水准的合格的文明人。

民主、自由、平等、公正、法治，以及人权、正义、宽容等，迄今仍是人类优秀的价值观念，是具有普遍意义的人类共同的价值。这些价值虽然主要形成于西方，但它们是人类共同追求的价值，而非西方所专有，此外，虽然西方国家并非人类共同价值的完美体现者，其行为也有许多背离之处，但我们不能因此而否定这些人类共同价值及其普世性。正如上文所指出的，马克思主义人的发展价值取向包含着且又超越了这些人类优秀的价值，而不是与之相背离。现实地看，这些价值正是市场经济条件下人的发展价值的具体体现，是当下市场经济条件下最为合理、最具生命力的价值观念。社会主义核心价值观当然不能拒斥而应充分吸收这些价值观念，不仅如此，我们还应自觉地将自己的价值取向提升为具有普遍意义的人类共同价值。以人的发展为核心的马克思主义价值观是当代人类最先进的价值观，这一价值观生长于西欧，但像任何一种世界历史性的思想一样，可以也应该以不同的语言来思考、表达和发展，应当在非西方的国度和民族文化语境中获得新的生机。基于这一点，当代中国的马克思主义和社会主义价值观研究，理应为当代世界的优秀价值观建构和发展作出独特的贡献。

人的发展价值取向的总体性还启示我们，人的发展价值取向是判断社会主义理论和现实问题是非曲直的根本价值尺度。

总体性的特点表明，人的发展价值取向是马克思主义和社会主义价值取向中的"元价值"，在马克思主义的价值取向中具有统摄性的地位和作用，统领和总辖着马克思主义和社会主义的价值取向，是其根本的价值尺度。作为根本的价值尺度，人的发展价值取向为当代社会主义理论和实践提供了价值依据，为当代社会生活提供了最大的价值公约数，是看待并解决一切社会问题最基本的出发点，也是判断社会生活中各种行为是非曲直的根本价值尺度。

作为根本的价值尺度，人的发展价值取向是当代社会生活中各种价值排序的根本依据。所谓价值排序，就是在多种价值中依次选择并确定优先的和次优先的价值。由于当代社会生活、社会活动和社会现象日趋复杂，在现实中，人们的各种行为和目标之间、各种社会事物和社会问题之间，各种制度安排和政策取向之间，往往会发生矛盾甚至冲突，从而会面临价值排序的问题，基于人的发展的价值优先性，我们的一切工作，无论是处理人与人的关系还是处理人与自然的关系，无论是改革还是发展，无论是政治、经济、文化、社会建设还是其他事务，都应当从有利于人的发展目标出发，将人民的利益作为最高诉求和优先选项。

在现实生活和工作中，人们经常遇到且最为重要的价值排序问题，是处理手段与目的的关系。为了达到最终目的，往往需要强化手段，将某些手段性的因素设定为阶段性目的，这是必然的也是必需的。但问题在于，有时候会出现手段崇拜，出现手段与目的的异化，即作为手段的阶段性目的会遮蔽甚至代替最终目的而导致手段与目的的错位。这就要求我们始终铭记最高目的，随时以之为尺度调整认识并矫正行为。在社会主义社会，社会运行的最高目的是促进人的发展，是将人民群众对美好生活的向往作为奋斗目标，是满足人们合理的需要、保障人们正当的社会权利、发挥和发展人们创造精神和能力，这是所有制度安排和政策取向的根本目标，相对于这一目标，其他的一切，无论是机制体制还是政策策略都只是手段。为此，绝不能将手段性的目标作为最终目标，不能将手段性的因素凌驾于人的发展这一目的之上。一切以促进人的发展为目的，一切从人民的利益出发，这是一切制度安排、政策取向和行为始终不能忘却的"初心"。

本文原载于《北京大学学报》2017 年第 1 期

《新华文摘》2017 年第 11 期转载

《中国社会科学文摘》2017 年第 5 期转载

第 四 篇

唯物史观与人的发展

社会形态问题的再思考

在何种意义上界定社会形态，一直是颇有争议的问题。经济全球化和新技术革命的发展，我国市场经济体制的确立，使社会形态的重新理解成为必要，也为理解该问题增添了新的变数，提供了新的视角。

一

重新理解社会形态问题，应充分注意到讨论背景的置换，特别是注重从全球化和时代性两个角度切入研究。

全球化是理解社会形态问题的横向坐标。在马克思时代，世界历史进程初露端倪，他即敏锐地抓住了这一事实，并力图以此为据把握社会的整体特征和规律。研究表明，马克思总是从世界历史角度解读社会结构和社会发展，对于社会形态的理解亦是在世界历史的意义上提出的。诚然，马克思社会研究的考察对象和研究范本虽然主要是西欧，其他国家或地区在他的探讨中仅处于边缘地位，且仅为间接证据，但他仍力图将其纳入研究视野，特别是，他的考察对象虽然是有限的，却致力于从中得出一般性结论，他所提出的被后人称为"三阶段论"和"五阶段论"的观点即是如此。也正因为这样，这些观点遭到诸多质疑，且最大的质疑正在于其结论的普适性和历史覆盖性。虽然马克思关于社会形态的认识不无可议之处，但其致力于普遍地阐释社会历史的追求以及从整个世界（全球）角度理解社会形态的方法却无疑是值得称道和借鉴的。在当代，全球化已成为普遍性的经验事实，各个国家和地区从未像今天这样相互渗透和影响，世界已成为一个多样性的各国家和地区内在关联的整体，虽然其中充满着矛盾甚至碰撞，但现代化、科技发展及经济全球化不仅将一切文明囊括于其中，而且在不同程度上改变着几乎所有文明的形式及其走向。全球化使国家、地区间愈趋紧密的联系成为必然，不断消解各国家和地区的个性（不管人们是否愿意或在事实上出现一些不和谐因素），导致不同文明的趋同化，从而使普遍性的社会形态界定成为可能和必要。

时代性是理解社会形态问题的纵向坐标。就社会整体或社会形态而言，时代性既可以是世界范围意义上的，亦可以是国家或地区意义上的。全球化背景下的时代性，首先是世界范围意义上的。当今世界的时代性可以从不同方面来把握，然而对理解社会形态影响最甚者，无疑是新技术革命特别是信息技术的发展。以信息技术为标志的新技术革命，不仅推动了经济的飞速发展、极大地改变着人们的生活方式和思维方式，也将从根本上改变物质财富和精神财富的创造方式。从某种意义上说，以信息技术为标志的新技术革命为社会发展增添了新的动力，已经并将继续在很大程度上改变社会的发展模式、社会体系的内部结构、社会体系各要素的作用及相互之间的关系。时代性的另一个方面，是我国社会主义市场经济体制的基本确立及其可能的走向。由于经济在社会发展中的基础性作用及根本性影响，市场经济体制的确立，特别是多种经济成分共同发展格局的形成，将长期、深刻地影响到我国社会的结构和发展。

上述变化对以往的社会解释范式和解释框架提出了挑战，也为构建新的社会解释范式和解释框架提供了可能。这些变化无疑会给社会形态研究带来深刻的影响。应对这些变化，在社会形态研究范本的选择上，应有开放的视野，既要顾及我国的社会现实，亦应放眼世界大势，理论范式和框架之确立，要从我国国情出发，更要顾及其解释力的普遍适用性或普世性；在社会形态的研究路径上，要从我国实际出发，又要从世界性反观我国现实，以普世性之理论阐释我国社会现实并给予合理的定位，其中尤其要注意到发展这一当代世界的主题，以社会发展、多种社会制度长期并存的视野观察和分析社会形态及其嬗变，并反观我国社会形态之定位，研究我国社会形态发展的趋势；在社会形态划分标准的选择上，应重新考虑各要素在社会发展中的作用，超越囿于比较社会制度优劣而仅仅从制度层面理解社会形态的模式，充分重视新技术革命特别是知识经济在当代社会发展中的重大作用，重视由于经济全球化和文化普遍交往对人类未来价值取向的深刻影响。

时代背景的变化，特别要求在研究模式上超越对社会形态单一的理解，承认社会形态的多样性。事实上，以何种因素标志社会形态固然重要，但更重要的是超越社会形态界定具有唯一性的理解模式。随着社会的发展，社会的多方面和多层次性愈趋明显，一些以往在社会发展中隐性的或次要的因素逐渐显性化并日趋重要，这使得在界定社会形态时，不能仅着眼于某一种因素，而应从不同因素、角度或层面反映社会整体特征、标志社会类型和社会发展基本阶段。

社会形态是多因素的复合体，具有多种结构和多层次性，对之可以作总体性把握，也可以在不同层面或从不同视角来理解。社会的极端复杂性决定了以某种或几种要素从总体上反映其整体特征、标志其基本阶段殊为不易。形成总体性社会形态范畴固然必要，但更为现实的，或许是先对社会进行不同角度或方面的把握，从不同层面对社会形态作出界定，这是当今重新认识社会形态的第一步。对社会形态的多样性理解，可以是经济层面的，可以是人的发展层面的，也可以是政治制度层面、社会—文化层面甚至人与自然关系层面的。

　　"五阶段论"和"三阶段论"一度是对社会形态的两种基本看法。技术社会形态是西方一些学者提出并在国内引起反响的社会形态观。从社会—文化层面综合地把握社会，是认识社会整体特征和类型的又一重要视角，这一理解迄今尚无典型的代表，但学界在讨论现代化问题时以现代化为坐标而对社会作出的前现代社会、现代社会和后现代社会之区分，可以归入此类。从人与自然关系上界定社会形态，是理解社会形态又一个可能的视角，以之可以将社会划分为人与自然原始统一、浑然一体，人的生存满足并依赖于天然自然物的社会发展阶段；人以自我为中心，与自然分离、对立，从自己的需要和利益出发干预自然进程、对自然进行改造的社会发展阶段；人在改造自然的同时也保护自然，在满足人自身生存发展要求的同时又促进自然的可持续发展，人与自然长期共处、和谐发展的社会发展阶段。至于从政治制度层面界定社会形态，虽然曾由于误用而为一些人所拒斥，实际上仍不失为一种观点，只是应给予科学的定位和运用。

　　对社会形态多层次、多角度理解的根据在于社会要素和结构的复杂性。然而也正因为如此，从每一个方面或视角对社会的把握、对社会形态的界定都是不完全的。在关于社会形态的多样性理解中，在经济发展层面和人的发展层面界定社会形态，对于反映社会整体特征、标志社会类型和社会发展基本阶段，比之于其他尺度的界定，具有更为基本的意义。当然，对以往相关的关于社会经济形态和人的发展层面社会形态的界定，应作出新的合理的解释。

二

　　无论社会发展到何种程度，社会经济形态始终是社会形态的基本构成部分，这是因为，经济因素是社会各要素中的核心要素，经济状况是社会发展基本阶段的主要标志，可以从根本上反映社会的整体特征。

以社会经济形态表征社会整体特征、标志社会类型和社会发展基本阶段，无疑有其合理性，问题在于如何重新阐释社会经济形态。对社会经济形态的重新界定可以通过整合"五阶段论"和技术社会形态论来达成。"五阶段论"认为社会形态是社会经济基础与上层建筑之统一，其中又特别强调经济基础的决定性地位，这种观点所秉承的社会形态划分标准显然主要是生产关系，特别是生产资料所有制关系，技术社会形态论所秉承的社会形态划分标准是生产力（以技术为核心），二者都属于经济的范畴。从这两个角度综合定位社会经济形态，有助于弥补以往对社会经济形态理解的片面性，建构真正意义上的社会经济形态范畴。从马克思对社会发展过程的理想设定来看，这样确定社会经济形态显然是最为合理的，这可以从"五阶段论"和技术社会形态论两者的解释缺陷及所导致的相关问题来理解。

"五阶段论"将社会经济形态主要理解为经济基础即生产关系，特别是以所有制结构为主要依据确定社会形态并划分社会发展阶段，对于从制度层面把握社会性质、确定社会发展阶段有其历史合理性。在以往时代，物化工具在生产中具有决定性作用，社会财富的增长乃至于整个社会进步在很大程度上取决于生产力各"硬件"要素配置的情况，特别是取决于生产资料的发展程度和占有状况，与之相关，生产资料的占有方式及多寡对人的生存发展具有决定性的意义，从根本上决定着人们的社会地位和相互关系，决定着社会发展的状况。在这种情形下，生产工具、生产资料从而生产关系对社会结构和社会发展具有至关重要的作用。知识经济的出现正在并将进一步改变社会财富的内涵、社会财富的创造方式甚至占有方式，弱化生产关系在社会各要素中的地位和对社会发展的作用。从现实的角度看，生产力发展程度已愈益真正被理解为社会发展的标志。在这种情形下，仅仅以生产关系界定社会经济形态显然是不全面的。

　　一些学者在阐释技术社会形态时，将技术社会形态界定为"以生产力和技术发展水平以及与此相适应的产业机构为标准划分的社会形态"①，同时又将技术社会形态与社会经济形态相并列，认为技术社会形态独立于社会经济形态，这样理解确有其理由。但换一个角度看，也可以对二者的关系做另一种理解，将技术社会形态理解为社会经济形态之一部分。事实上，技术的社会作用首先是经济上的，属于生产力范畴。很显然，无论从现实还是理论上看，上述技术社会形态所涉及的因素，都属于经济的范畴，可以理解为重新阐释的社会经济形态的有机组成部分。将技术社会形态纳入社会经济形态系统，不仅可使社会经济形态涵盖技术社会形态，而且可使其涵盖知识社会形态。知识社会固然有许多新特点，但择其要者，当数其从根本上改变了社会财富的创造方式，更新了人类改造外部世界并获取物质和信息生产及生活资料的方式，拓展了生产力的内涵。因此，知识经济无疑属于大"经济"的范畴，知识社会形态应是本文所理解的社会经济形态的一个阶段。

　　通过对传统的社会经济形态与技术社会形态的整合，所确立的将是完整的社会经济形态概念。由是，此处社会经济形态之"经济"已是广义的理解，既包括生产力亦包括生产关系，抑或说，这里的社会经济形态被理解为生产关系与生产力之统一。特别要指出的是，在这种社会经济形态中，生产力而非生产关系具有核心的地位和基本的作用。

　　从生产力和生产关系之统一上界定社会经济形态，不仅具有理论上的合理性，还具有现实意义，因为将社会经济形态等同于生产关系，在判断社会经济形态从而社会形态发展程度时，显然会导致一系列问题。

　　从我国的情况看，以往在理解社会主义发展程度时，往往将生产

---

① 赵家祥、李清昆、李士坤主编：《历史唯物主义原理》，北京大学出版社1992年版，第426页。

关系特别是生产资料所有制关系作为最重要甚至唯一的衡量标准，仅仅以是否有利于公有制的发展判断是非得失，似乎可以离开生产力的发展来衡量生产关系之优劣，可以仅仅从生产关系的状况判断社会之先进与否，其结果是割裂了生产关系与生产力的内在联系，否定了生产力对于社会发展的决定作用，生产关系超越阶段，离开生产力发展片面强调生产关系的"发展"，制约了生产力从而整个社会的进步。以"三个有利于"为代表的生产力标准的确立，将生产力而不是生产关系作为衡量社会发展（当然也包括社会主义社会发展）程度之核心标准，实质上已从实践上突破了以往对社会经济形态的理解。实践表明，生产力标准的确立以及以此为基础的政策的实施，极大地促进了我国经济的发展和社会进步。对社会形态的理解不能无视这一重要事实，而需作出相应的理论阐释。

从世界范围看，如果仅仅以生产关系特别是生产资料所有制关系界定社会形态，势必将许多第三世界国家与一些西方国家置于同一社会形态，这显然是说不通的。因为许多第三世界国家虽然占主导地位的所有制关系是私有制，但其生产力发展水平与西方国家差距甚大，由此决定了这些国家在社会结构的各个方面不同于西方国家，在对待国际事务的许多重大问题上与西方国家利益和立场迥异。离开生产力发展水平，这些问题显然难以解释。

广义的社会经济形态对于理解我国社会发展具有明显的合理性，但在对不同国家或地区社会形态进行解释和比较时，却会遇到一个严重的问题，就是生产力发展与生产关系发展的不平衡性。马克思当年在以西欧为范本提出社会经济形态理论乃至于阐释社会发展时，事实上假定生产力与生产关系的发展是同步的，即生产关系的每一步发展、生产资料所有制的每一次进步都意味着生产力的同时提高，正是基于这一点，他特别强调生产关系的变革。然而在现实中，情况并非如此甚至恰恰相反，在许多国家或地区生产力发展程度与生产关系发展程度不同步。这就使得综合地以生产力和生产关系判定一个国家或地区的社会经济形态非常困难，或者说，仅仅从生产力或生产关系都难以从广义的"经济"意义上标志社会的类型、确定社会发展的基本阶段。

在上述问题解决或解释之前，在对不同国家或地区社会形态进行解释和比较时，可以权且参照"五阶段论"和技术社会形态的思路并稍加变通，将社会经济形态暂分为经济制度形态和经济发展形态来理解。经济制度形态即经济制度层面的社会形态，亦即以往所理解的以生产资料所有制为核心的社会经济形态；经济发展形态则是以生产力为核心的社会经济形态。虽然生产力与生产关系有内在联系，但在生产力与生产关系发展不同步，难以从二者之统一上来表征社会整体特征、标志社会类型和社会发展基本阶段的情况下，分别以经济制度形态和经济发展形态来从不同角度表征社会经济形态，对于把握不同国家和地区的社会特征和发展阶段，既是可能的，也是必要的。

三

以人的发展程度界定社会形态，即马克思在《经济学手稿（1857—1858 年）》中提出的"三阶段论"理解："人的依赖关系（起初完全是自然发生的），是最初的社会形态，……以物的依赖性为基础的人的独立性，是第二大形态，……建立在个人全面发展和他们共同的社会生产能力成为他们的社会财富这一基础上的自由个性，是第三个阶段"[1]。以人的发展程度作为划分社会历史阶段的尺度，实质上确定了人的发展层面的社会形态。在人的发展层面界定社会形态，比之于其他角度或层面的社会形态界定，具有理论上的优越性和重要的现实意义。

---

[1] 《马克思恩格斯全集》第 46 卷（上），人民出版社 1979 年版，第 104 页。

以人的发展界定社会形态论在理论上的优越性，首先在于其统摄性和解释力。社会发展以人的发展为目的，人的发展是社会进步的最高的指标，是社会发展状况的终端显示。人的发展至少包括人的素质的提高、人的能力的发展、人的交往的顺畅和交往范围的扩大、人的物质与精神生活质量的提升等，而这些内容显然涉及社会发展的各方面，必以社会经济、政治、文化、科技、教育、交往等各要素的整体发展为条件，抑或说，人的发展目标包含着社会发展的其他各项指标，是社会各要素、各方面发展的综合体现。判定社会发展的程度、确定社会发展的阶段虽然可以有许多不同的标准，但人的发展状况和程度无疑是最综合也是最真实的标准。它体现了包括价值标准在内的诸种社会发展指标的统一，人的发展的每一方面内容，都从一定角度体现着社会的进步。就人的素质提高、人的物质和精神生活质量提升而言，这一关系是十分明显的，而即使是人能力的提高、交往的发展，也直接或间接地表征着社会的发展。如人的能力的发展。人的能力是一个综合性范畴，能力的提高集中表现在两个方面：对象化的工具的改进和智力特别是知识的进化。工具尤其是生产工具是人应对外部世界能力的客观标志，人猿揖别以来，工具一直是人改造世界、从自然获取生活资料的载体，是人肢体器官的延长和人能力的放大，因而在以往时代，工具一直是人能力的主要甚至唯一表征物。知识经济的出现在一定程度上改变了这一格局，但工具作为人能力客观标志的地位却仍是不可否认的。智力或知识的进化，是人的能力的主观标志，这一点随着社会的发展将愈趋明显。在知识经济时代，知识逐渐取代资本（包括生产资料）成为经济增长乃至整个社会进步的主要因素，"知识就是力量"从未像今天这样成为直观的、普遍的事实。又如人交往的通畅与扩大。交往是人与人之间物质、能量、信息和情感的交换和互动过程，交往不仅为人的物质生产和精神生产所必需，是人一切活动得以进行的条件，也是人生存的基本方式，是人生存的基本需求，交往的程度和范围是人的发展的重要标志。交往作为主体间关系，是最具社会性的活动，要在一定的社会关系中进行。人自由全面地发展，既以一定的物质条件为基础，亦以合理的社会关系为前提，顺畅、深入、广泛的交往，内在地包含着社会制度和规则合理性的要求。

以人的发展界定社会形态论在理论上的优越性，又在于其历史覆盖性。社会形态是反映社会整体特征、标志社会类型和社会发展基本阶段的范畴，因而对社会形态的界定既要着眼于当下的情形，反映时代特征，符合我国的现实，又要考虑其长久的普适性，能够大尺度地覆盖历史，涵盖历史的总过程，区分历史发展的基本阶段。鉴此，以人的发展程度标志社会发展的整体特征、划分社会类型和社会发展基本阶段具有独特之优势。"历史不过是追求着自己目的的人的活动而已"①，社会发展最本质的内涵是人的发展。广义的人的发展进程自有人类以来就已开始，并将贯穿于社会发展的始终。人的发展是一个持续的过程，同时又是一个长期的过程，社会发展综合地、集中地体现为人的发展，但这种体现并非直接地、亦步亦趋地，只有当社会各因素的发展积累到相当程度，才会在人的发展上有所体现，反过来看，人的每一次实质性发展，如马克思所谓从人的依赖关系到物的依赖关系，再到人的自由全面发展，都从大尺度上反映和标志着社会的全面转型和进步。社会发展受到多种因素的影响，在不同时期，各因素对社会发展的作用是不同的，因此，以其他因素界定社会发展的整体特征，往往有历史局限性，例如生产资料所有制形式最能表征以往社会的性质，而社会财富的创造形式（如知识、信息等）则更易于标志当代社会发展的整体特征。而只有人的发展，可以作为社会发展的永恒尺度。无论社会发展到何种程度，都可以在人的发展上体现出来，也可以以人的发展水平来衡量。

以人的发展界定社会形态还具有重要的现实意义。以何种因素界

① 《马克思恩格斯全集》第 2 卷，人民出版社 1957 年版，第 118—119 页。

定社会形态，涉及如何评价社会发展的问题。社会发展的多因素性决定了其评价指标的多样性，时代不同，指标的取舍和权重也不一样。近代以来，人们往往以经济发展作为社会进步的主要甚至唯一指标，20世纪中叶以后，评价指标又加上了科技进而文化维度的因素。在当代，随着社会的变化、现代化问题的凸显及其反思，社会评价模式发生了重大变化，人们愈益倾向于以综合性指标（综合指数）反映社会发展的状况和程度，不仅在评价中加上了人文方面的指标，而且这些综合性指标都是直接或间接地围绕着人的发展来确定的。以人的发展界定社会形态，可以避免社会形态划分与社会评价脱节，可以把以人的发展为核心的社会进步宏观尺度和社会发展微观指标有机地结合起来，确立统一的社会评价标准，并从人的发展要求出发，分析社会发展面临的问题，认识社会发展的阶段和特点，确定社会发展的目标。

本文原载于《河北学刊》2004年第1期

《中国社会科学文摘》2004年第2期转载

唯物史观与人的发展理论

　　唯物史观作为开创性的社会历史观，不仅提出了系统的社会历史宏观解释框架，还确立了以人的发展为核心的价值取向。揭示唯物史观科学认识和价值取向的统一，确定人的发展作为唯物史观基本价值维度的地位，在唯物史观框架中探讨人的发展问题并以人的发展理念诠释唯物史观，有助于提升人的发展理论的研究层面、建构人的发展理论的当代形态、丰富唯物史观的理论内涵、扩展和深化对唯物史观当代性特别是当代价值的理解。

一

　　对于唯物史观的内容，马克思在《〈政治经济学批判〉序言》中做过精练的概括。恩格斯在此基础上进一步指出，作为马克思的第一个伟大发现，唯物史观的重要意义在于：揭示了人类历史发展规律，找到了一条"用人们的存在说明他们的意识，而不是像以往那样用人们的意识说明他们的存在"①的道路。这显然抓住了唯物史观超越以往历史观的

---

① 《马克思恩格斯选集》第 3 卷，人民出版社 1995 年版，第 365 页。

特质。唯物史观所以在人类思想史上具有开创性意义，甚至被认为是现时代不可超越的社会历史理论，首先就在于它是一种科学认识。由此，其创始人及后人在谈到唯物史观之创见和意义时，往往强调其科学认识的方面，甚至将唯物史观主要界定为对社会历史的科学认识。这是可以理解的。然而，也正因为这个缘故，一直以来，存在着一种对唯物史观的误读：将唯物史观归结为对社会历史的认识，轻视甚至忽视其价值取向。这种看法，关系到对唯物史观总体性质、主要内容及其当代价值的理解，也关系到人的发展理论的定位和建构。

唯物史观是一个伟大发现，但这"发现"不仅是认识意义上的，也是价值意义上的。唯物史观是一种科学认识，又是一种价值取向，蕴含着合规律性与合目的性，体现着认识、遵从历史规律和促进人的发展的统一。价值取向是唯物史观中与科学认识维度相关联的另一基本维度，随着时代背景的转换，对于唯物史观的创新和发展而言，价值取向至少与科学认识具有同等重要的意义。

然而，需要追问的是，既然人的发展理念贯穿于马克思社会历史理论中，构成唯物史观的基本价值取向，为何又一度在唯物史观中丧失了应有的地位，即或在后来被重新提及，也只是处于边缘的位置？为何人们在论及唯物史观的核心内容、价值和意义时，往往强调甚至仅仅提及其科学认识的方面，而置价值取向的方面于不顾，或只是附带地提及？很显然，在唯物史观中，以人的发展为核心的价值取向曾经被淡化甚至被遮蔽了。这种状况，不能完全归结为后人在理解上的因素，而是在马克思主义创始人那里，在原初的文本中就埋下了伏笔。人的发展理念之最初被淡化，似与以下因素相关：

其一，与唯物史观在社会历史认识领域的开创性相关。如恩格斯所说，正像达尔文发现了有机界的发展规律一样，马克思发现了人类历史的发展规律。这一发现超越了以往一切社会历史理论，确立了全新的社会历史观，一种前无古人的、科学的社会历史解释框架，在社会认识史上具有破天荒的意义。这一认识上的独创性及其巨大的理论和实践意义是如此突出，以至于经典作家及其同时代的人们，无论是其拥护者还是反对者，在理解唯物史观时，往往更注意问题的这一方面，马克思的《〈政治经济学批判〉序言》、恩格斯的《反杜林论》等便是正面的代表，至于反对者，在非难唯物史观时，也主要将注意力集中于科学认识的方面，如将唯物史观贬低为"经济决定论"等。

其二，历史任务决定了马克思的社会历史研究经历了一个转向的过程，从关心人的本身转为对社会历史及其规律的认识。唯物史观的创立始于对人的关注，在早期，马克思从人的解放和人的本质复归等出发批判当时的社会制度，这种批判着重于人的解放的观念性诉求，因而是抽象的。实践观的确立、对人的本质的科学理解、"现实的人"概念的形成特别是对人与社会关系的把握，使马克思认识到，个人的解放有赖于阶级的解放，个人的发展有赖于社会的进步，认识到人的解放和发展的前提条件是改变现有的社会关系和制度，进而从关注人本身，着力于探讨人的解放及发展的要求、含义和目的等，转向探求人的解放及发展的途径和条件，转向对社会制度的批判和研究。这种转向是马克思的研究逻辑本身使然，它并不意味着马克思放弃了对人的发展的关注或离开了人的发展目标，而只是表明他将人的发展追求置于了现实的合规律性的基础之上。抑或说，它表面上似乎离开了人的发展主题，实质上是使问题的探讨和解决进一步具体化了。从本质上看，人的发展在马克思的研究中并未"退场"，而是以某种潜在的方式一直"在场"。

其三，马克思主义创始人在论及唯物史观的意义时，总是特别强调其科学认识的方面。这首先是因为，无论出于研究还是宣传的需要，对于唯物史观独创性的社会历史认识，都需花极大的精力进行反复、周详的阐释和说明，以使人们准确全面地把握其实质，避免引起歧义或误解。此外，就是出于回应论敌非难和攻击的需要。唯物史观因其彻底性和革命性，从诞生之日就受到种种非难，这些非难主要集中于科学认识的方面。为了应对和反驳这些非难，马克思和恩格斯不得不经常在论战中为自己的科学认识辩护，再三从正反两方面论证唯物史观科学认识的开创性和正确性。正如恩格斯所说，"我们在反驳我们的论敌时，常常不得不强调被他们否认的主要原则"①。

以上原因加之后人在理解、阐发、运用唯物史观时因时间间距或时代境遇所引起的误读，唯物史观逐渐被注释为一维的社会历史认识理论，其应有的价值取向被淡化甚至湮没了。

近些年来，人和人的发展问题回归哲学视野，许多论者从不同角度谈及人的发展与唯物史观的关系，一些论著已给予人的发展理论在唯物史观体系中一席之地。然而，人的发展理论作为唯物史观基本价值维度的地位并未得到确认，人的发展理论与唯物史观的基本关系仍待澄清。对此问题的探讨，既关系到唯物史观理论的发展，也关系到人的发展理论形态的建构。对于唯物史观与人的发展理论的关系，可以有两种基本的理解：将二者视为相互关联又相对独立的两种理论体系，或将人的发展理论理解为唯物史观的内在组成部分。在不同理解的基础上，可以作出不同的理论建构。我们认为，两种理解及理论建构都是可行的。

对人的发展理论与唯物史观关系的探讨，要注重文本的依据及历史语境的体认，或至少应有文本引申意义上的根据，又不必拘泥于文本的具体内容和表述，而应根据马克思的基本思想和方法，在与时代的对话中呈现人的发展理念的当代性，在文本解读与时代"解读"的结合上阐释现实中人的问题。实际上，在最深层的本意上，马克思思想的特质在于其坚不可摧的批判性和对人的发展的价值追求。这或许正是德里达所谓的马克思的"某种精神"②。从这一视角看，将人的发展理论理解为唯物史观的内在组成部分，在唯物史观体系中确立人的发展理论且以

---

① 《马克思恩格斯选集》第 4 卷，人民出版社 1995 年版，第 698 页。

② 德里达：《马克思的幽灵》，中国人民大学出版社 1999 年版，第 21 页。

人的发展理念诠释唯物史观，似更有利于唯物史观和人的发展理论的建构。

对于将人的发展理论纳入唯物史观体系的合理性或优越性，可以从唯物史观理论体系建构和人的发展理论体系建构两个角度来考察。

二

从唯物史观理论建构的角度看，将人的发展理论定位于唯物史观体系中，有助于确立唯物史观体系的完整性，深化对唯物史观本质及其当代性的理解，开启唯物史观发展的新路向。

论及唯物史观的完整性，首先涉及对其性质的把握。对唯物史观原生态的文本研究表明，唯物史观从创立起就蕴含着以人的发展为核心的价值取向。诚然，经典作家在叙述唯物史观时，曾将其界定为关于社会历史及其发展规律的学说。然而，他们亦曾认为，唯物史观是"关于现实的人及其历史发展的科学"①。两种表述含义不同，却并不矛盾。可以认为，前一种表述是对唯物史观科学认识的概括，后一种表述则是对唯物史观的总体理解。

在唯物史观创立时期，为突出在当时最重要的方面，将其主要看作一种科学认识是合理的，但着眼于唯物史观的完整性，特别是着眼于唯物史观理论的当代发展，则应将其理解为关于现实的人及其历史发展的科学。这种理解可以在唯物史观研究对象的厘定中得到支持。唯物史观是以唯物主义为基础的关于社会历史的根本观点和总的看法，而唯物史观所理解的"历史"，则是人的活动史。马克思恩格斯曾指出："历史什么事情也没有做，……创造这一切、拥有这一切并为这一切而斗争的，

---

① 《马克思恩格斯选集》第4卷，人民出版社1995年版，第241页。

不是'历史'，而正是人，现实的、活生生的人。'历史'并不是把人当作达到自己目的的工具来利用的某种特殊的人格。历史不过是追求着自己目的的人的活动而已。"① 这是对"历史"最根本的理解。历史是人的活动史，人的活动综合表现为社会运动，因此，通常将历史理解为社会运动过程。然而，人们在阐释这一看法时，却往往只见"社会"不见"人"，将"社会"主体化，并归结为某些物质条件和关系，这样，历史主要被理解为社会物质条件和关系的变化、发展过程，历史规律被等同于物质条件和关系变化发展的规律，人在历史中总体上处于被动（被决定）的状态。这种理解显然有悖于"历史什么事情也没有做"及"人们自己创造自己的历史"的事实。

历史是社会运动过程，但本质上是人的活动史。作为对社会历史根本观点和总体看法的唯物史观，自然不仅应探究人活动的机制和规律，亦应确定人及其活动的价值取向。将以人的发展为核心的价值取向确立为与科学认识相对应又相互融通的唯物史观基本维度，从人的发展角度诠释唯物史观，可以从理论上还原唯物史观形成的历史进程和逻辑结构，在新的层面上展现唯物史观体系上的完整性和内容上的丰富性。

在唯物史观中确立人的发展价值维度，是理解唯物史观本质及其当代性之关键。

唯物史观所以能对社会历史作出正确把握，不仅在于它比其他历史观对"历史"的反映更为全面、准确，更为接近"历史"本身，还在于它从根本上改变了应对和把握历史的方式：不是像以往那样外在地观察历史，致力于在理论上还原历史进程、揭示历史既定的本质和规律，而是以介入历史的姿态内在地审视历史，从历史中揭示人活动的本质和规律，进而引导人的活动和历史进程。在马克思看来，研究历史和干预历史是一个过程的两个方面。他既注重社会历史的实然状态，更着眼于

① 《马克思恩格斯全集》第 2 卷，人民出版社 1957 年版，第 118—119 页。

社会历史的应然状态和趋势。社会历史是人活动既定的条件和前提，更是人活动的结果及超越的对象。的确，马克思曾明确指出生产力特别是生产工具对人的活动和社会发展的制约性，甚至认为"手推磨产生的是封建主的社会，蒸汽磨产生的是工业资本家的社会"①。然而，他亦曾认为，"新生产力的获得"本身就是人活动的结果。揭示唯物史观变革之根本，在于理解"社会生活本质上是实践的"之深意，唯物史观变革的关键，在于从实践出发理解社会历史。与自然界相比较，社会历史具有更为鲜明的人为性。作为人活动对象的自然物虽然是实践的产物，但整个自然界的先在性是确定无疑的。社会历史则不然，它对于人的实践并无发生意义上的先在性，而是人活动的结果。唯物史观从实践出发理解社会历史，不是停留于对既有事实的认定和解释，而是在此基础上企求和导向历史，"使现存世界革命化，实际地反对和改变事物的现状。"②在唯物史观中，认识具有二重性，是客观反映和主观阐释的统一。以实践为基础的唯物史观，是认识的学说，更是行动的理论。即如卢卡奇所说，"历史唯物主义的首要功能就肯定不会是纯粹的科学认识，而是行动。"③价值取向在唯物史观中的作用，正在于引导对社会历史的解释，使其不仅表征着认识，亦体现着企望。价值取向最直接体现着唯物史观的实践性、批判性和革命性，体现着唯物史观乃至整个马克思主义哲学改造世界的使命和功能。唯物史观之不可超越或具有持续的当代性，根据主要即在于此。

确定人的发展理论在唯物史观中的地位，将开启唯物史观当代建构的新路向。

历史观的嬗变和发展源于社会现实的变化，具有鲜明的时代性，根植于实践的唯物史观尤其如是。在当代，探讨唯物史观与人的发展理

---

① 《马克思恩格斯选集》第 1 卷，人民出版社 1995 年版，第 142 页。

② 《马克思恩格斯全集》第 3 卷，人民出版社 1960 年版，第 48 页。

③ 卢卡奇：《历史与阶级意识》，商务印书馆 1992 年版，第 307 页。

论的关系，必须考虑到讨论背景的根本性置换。这种背景的变化主要体现在两个方面：一是制度背景的转换。与一百多年前不同，随着社会制度的根本改变，人发展的一些前提性条件已初步具备，人的发展在当代已不仅是一种理想和对未来的期望，而是成了现实的追求和目标，反映在理论上，对人的关注不再只是某种理论探讨的出发点或逻辑起点，而应是需要展开研究的问题本身。二是社会经济、文化、科技状况的重大变化。社会现代化进程的深入，市场经济体制的确立，物质财富的增长，高新技术的发展，知识经济的出现，网络文化的扩张和经济全球化趋势，既为人的发展创造了条件，也给人的发展带来了新的问题，已经并将愈益深刻地影响人的生存状态、价值选择和生活方式。现实条件的变化，人驾驭环境能力的提升及其双重效应的彰显，使"人自身"的问题日趋突出。对人特别是人的发展问题研究的扩展和深入，为解决现实社会问题提供了理论依据和方法论原则，也开启了唯物史观当代建构的新路向，拓展了唯物史观研究的新空间。现时代，随着人的问题凸显，对人的研究渐成为社会历史研究的主流，当然也就成为唯物史观发展的主要理论生长点，成为唯物史观当代建构的关键所在。人的发展问题从唯物史观体系的边缘进入中心已势在必然。

三

从人的发展理论角度看，将其定位于唯物史观体系中，上升至历史观的层面，是人的研究趋势使然，并将促进人的发展理论的建构。

人的问题进入现代哲学话语中心始于西方。在对现代化反思的过程中，一些西方哲学家重续对人的思考，其思考超越了对人与外部条件的关系等前提性考察而直面人的本身，以个体的人及其存在为对象，追问人的存在之根，分析人的存在境遇，关注人的生存前景。无论是海德格尔"人不是存在者的主人。人是存在的看护者"①的论断，马尔库塞、弗洛姆对马克思"人道主义"思想的阐扬，还是福柯"人之消亡"的命题，抑或德里达的反"逻各斯中心主义"，都体现了对人生存处境的深度忧虑与关注。他们试图通过对工具理性、技术统治的批判以及对现代性及其文化和传统的解构、消解和颠覆，消除人的异化和本能的压抑，拯救人的"存在"。由于西方社会率先进入现代化进程，一些学者较早认识到社会由物的依赖性向人的发展转变的要求，因而这些思考拓展和加深了对人生存状态的体认，揭示了人的现代存在之困境及其因由。虽然此类思考因回避制度性因素而较少正面提及人的发展，但却从问题而非目标的角度显现了现时代人的发展之必要性。

对人的发展现实问题的研究，要针对性地分析具体问题，又要进行理论的剖析。社会现代化进程为人的发展提供了新的平台，也给人的发展带来了新的挑战，凸显了其面临的一些重要甚至根本性问题。总体上看，现代化进程与人的发展应是良性互动的关系，但在现实中，二者却常常发生矛盾，产生所谓的"现代化问题"。弗洛姆在反思西方"现代化问题"时曾指出："人征服了自然，却成了自己所创造的机器的奴隶。他具有关于物质的全部知识，但对于人的存在之最重要、最基本的问题——人是什么、人应该怎样生活、怎样才能创造性地释放和运用人所具有的巨大能量——却茫无所知。"②类似的问题在我们的现代化进程中亦有表现。当前的"现代化问题"表现在社会生活的各个领域和方面。这些问题虽然产生的原因及对人和社会发展的影响各不相同，却都内含着一些深层次的关系，如生存与占有的关系、效率与公平的关系、物质生活与精神生活的关系、科学精神与人文精神的关系、市场取向与价值取向的关系、可持续发展与人类中心主义的关系、交往普遍性与民

---

① 海德格尔：《路标》，商务印书馆 2000 年版，第 403 页。
② 弗洛姆：《为自己的人》，三联书店 1988 年版，第 25 页。

族性的关系等等。这些关系的错位，是当前人的发展现实问题的深层次原因。这些关系源于现实，却是现实生活具体问题的抽象，属于哲学特别是历史观论域的问题，应给予唯物史观的解释。

基本理论作为人的发展的价值和认识根据，涉及对人及其发展问题的根本性、总体性理解。人的发展要求是在实践活动中形成的，又是人主体意识的体现，只有在历史过程中、在人与外部世界的关系中才能得到说明。

人的发展要求是实践活动的结论，是人的发展实际历程的理论表现。广义地说，人以人的方式生存，同时也就开始追求自身的发展，这种追求随着实践能力增强、生存条件改善和主体意识觉醒而逐渐从自发转为自觉。历史是人改造外物与主体意识生长互动的过程。人成为人，便改造外物以为己用，对外物的改造满足了人生存的需要，也增强了人的主体性和主体意识。实践活动与人主体自觉的互动构成为整个人类历史进程的动力。当这种互动发展到一定阶段，即一方面，实践创造了一定的物质、制度和文化条件，另一方面，人的主体意识达到相当程度时，便有了人的发展的自觉要求和理论。人的发展要求并非天赋，而是人赋。人的发展要求及其理论的合理性只有在人的活动史中才能得到确证。

人的发展作为人自觉的价值取向，既是现实生存状况的反映，是基于生活实践的经验性判断，又是人作为主体的自觉意识和内在要求，以人对自身的基本理解和价值预设为前提。人的自我理解和价值预设涉及一些基本问题，如人的主体性、人的生存方式、人性、人格、人的本质、人的价值、人的素质、人的能力、人的发展的本质含义、人的发展的可能性、人的发展的合目的性与合规律性，人的发展的总体目标等。对这些问题的理解，是确定人的发展各方面内容如人的发展要求、目标、任务、途径等等的主体性根据，也就是说，人的发展需要有前提性考察为依据。

人的发展是主体性价值取向，其实现却有赖于外部条件。人的发展要求和理论基于其自我认识和价值追求，又涉及人对自己与世界总体关系的理解和应对。现实的人的发展或人的现实的发展，是一个理解并处理人与自然和社会关系的过程，这一过程体现人的理想意图，超越客观条件的限制，又要以客观条件为基础，受到其制约。人对客观条件的每一次超越，都会引起新的主体性扩张，引发新的需要和实践，而新的需要之满足和新的实践之实现，又要依赖于并超越新的客观条件。如此循环往复，人的主体性自觉、人的发展要求的每一次演变，皆是人与自然和社会交互作用的结果。人只能在现有客观条件的基础上确定自己发展的要求、目标和途径，人的发展理论及实践须以正确把握人与世界的关系为前提。

以上所论，不仅表明基本理论研究在人的发展理论建构中具有前提性的意义，而且还表明，这种研究只有在唯物史观的框架中、在历史观的层面上才是可能的，才具有普适性和相应的解释力，才能对人的发展之根本性、总体性问题作出合理的解释。

运用唯物史观分析人的发展问题，亦即以人的发展价值取向阐释唯物史观；在唯物史观体系中建构人的发展理论，亦即唯物史观理论自身的建构。人的发展理论的建构和唯物史观的建构是一个过程的两个方面。这种建构，不仅将提升和充实人的发展理论，而且将开拓马克思主义社会历史研究的新视域，确立科学认识和价值取向两个维度交叉融合、相互渗透的唯物史观理论新形态。

本文原载于《哲学研究》2004 年第 2 期

人大复印报刊资料《哲学原理》2004 第 4 期转载

《新华文摘》2004 第 5 期论点摘要

唯物史观价值维度的当代建构

　　唯物史观的形成，经历了从确立人的发展的价值取向，到实际地探索阶级解放条件和途径的研究重点转向过程。近些年来，人的发展问题回归哲学视野，成为讨论的热点，一些论著已给予人的发展理论在唯物史观体系中一席之地，但不足的是，尚未在唯物史观中确立以人的发展为核心的价值维度。着眼于唯物史观的当代建构，人的发展理论在唯物史观中的总体地位，还有待进一步研究。在坚持唯物史观科学认识的基础上，肯定人的发展作为唯物史观基本价值维度的地位，从人的发展视角诠释唯物史观，有助于在实践中确立和实现"以人为本"理念，在理论上深度解读唯物史观的当代价值，开启唯物史观当代建构的新路向。

一

　　唯物史观缘起于对人的关注，这是由其创始人社会历史研究的基本态度决定的。马克思在谈到科学研究时，曾不止一次地强调要诚实和冷静，然而，这并不意味着他对社会历史研究持"价值中立"的旁观态度，正相反，其研究一开始并始终体现着对人类幸福、人的解放和发展执着的关注与追求。他在《青年在选择职业时的考虑》中，即表明了要为人类的幸福而工作的崇高志向，这一志向贯穿于一生，包括理论研究。对唯物史观的探求正是在这一志向促动下展开的，从一定意义上说，对人的解放和发展的追求，一直激发着马克思社会历史研究的创作冲动，引导着马克思理论探讨的深入和展开。他的研究一开始便紧紧地抓住了人这一"根本"，从关心人展开社会政治批判，逐步深入到经济领域的探讨，上升至哲学层面的分析。追求人的解放和发展，是马克思创立唯物史观的出发点。

马克思早期的社会历史研究直接体现着对人的关注，这种价值追求启动并引领着他的社会批判和研究。19 世纪 40 年代初亲历书报检查制度、关于林木盗窃法的辩论等事件，使马克思痛感普鲁士国家制度对人的压制，由此开始对专制制度的批判和对市民社会与国家关系等"苦恼的疑问"的思考。《评普鲁士最近的书报检查令》、《关于林木盗窃法的辩论》、《摩塞尔记者的辩护》等文，抨击了政府对思想和言论自由的限制，强调了人的精神自由权，揭露了普鲁士国家的反人民性，表现出对劳动者的深切同情。《黑格尔法哲学批判》，揭示了"市民社会"对国家和法的决定作用。《摘自"德法年鉴"的书信》是马克思批判专制制度的代表作。《书信》以"自由的人，真正的人"为尺度，尖锐地指出："专制制度的唯一原则就是轻视人类，使人不成其为人"①，使世界不成其为人的世界。"哪里君主制的原则占优势，哪里的人就占少数；哪里君主制的原则是天经地义的，哪里就根本没有人了。"②专制制度必然具有兽性，并且和人性是不相容的。鉴此，他提出要对现存的一切进行无情的批判，并宣告"我们的任务是要揭露旧世界，并为建立一个新世界而积极工作"③。此后，马克思批判的锋芒直接指向资本主义制度，然起

---

① 《马克思恩格斯全集》第 1 卷，人民出版社 1956 年版，第 411 页。
② 《马克思恩格斯全集》第 1 卷，人民出版社 1956 年版，第 411 页。
③ 《马克思恩格斯全集》第 1 卷，人民出版社 1956 年版，第 414 页。

因仍是对人的解放的关注。在《论犹太人问题》和《〈黑格尔法哲学批判〉导言》中，他提出并阐述了政治解放本身还不是人的解放，资产阶级人权的实际应用就是私有财产权，任何一种解放都是把人的世界和人的关系还给人自己等观点，并明确指出："批判的武器当然不能代替武器的批判，物质力量只能用物质力量来摧毁；……所谓彻底，就是抓住事物的根本。但是，人的根本就是人本身。"[①]"必须推翻那些使人成为被侮辱、被奴役、被遗弃和被蔑视的东西的一切关系。"[②]

《1844 年经济学哲学手稿》是唯物史观初创过程中一份独特的文献。《手稿》以复归人性、全面占有人的本质为尺度，对资本主义生产中人的劳动异化进行了系统的分析，剖析了劳动异化的成因及后果，阐释了扬弃异化的途径和目标，并认为，"共产主义是私有财产即人的自我异化的积极的扬弃，因而是通过人并且为了人而对人的本质的真正占有；因此，它是人向自身、向社会的即合乎人性的人的复归，这种复归是完全的，自觉的和在以往发展的全部财富的范围内生成的。"[③] 对私有财产即人的自我异化的积极扬弃，是使"人以一种全面的方式，就是说，作为一个总体的人，占有自己的全面的本质"[④]。《手稿》在唯物史观理论形成中的独特意义，不仅在于从人的解放之政治诉求进入到经济原因的分析，确立了对资本主义经济制度系统剖析和批判的逻辑前提（或如人们所熟知的，把针对"副本"的批判推进到针对"原本"的批判），还在于开启了对人的哲学层面的思考，包括对人性、人的本质、人的存在方式、人与自然的关系、人的本质的实现途径的探究，其中已蕴含着人的发展理念。特别应指出的是，《手稿》中对异化劳动、私有制、共产主义等的探讨，虽仍属于哲学层面的思考，却开始深入到理解

---

① 《马克思恩格斯选集》第 1 卷，人民出版社 1995 年版，第 10 页。
② 《马克思恩格斯选集》第 1 卷，人民出版社 1995 年版，第 10 页。
③ 马克思：《1844 年经济学哲学手稿》，人民出版社 2000 年版，第 81 页。
④ 马克思：《1844 年经济学哲学手稿》，人民出版社 2000 年版，第 81、85 页。

人的解放和发展之所以然。

实践观的确立和对人的现实社会性的认定，是构建唯物史观包括人的发展理论之关键，这是在《关于费尔巴哈的提纲》中完成的。《提纲》之前，马克思在《神圣家族》中揭示了体现在物之上的人与人的关系，剖析了资本主义政治解放和人权的局限性及其与人的解放的差别，提出了市民社会决定国家、生产方式是理解历史发展的基础、历史活动是群众的事业等重要思想。作为包含着新世界观的天才萌芽的第一个文件，《提纲》确立了科学的实践观，将实践作为人与社会内在联系的基础，既从实践出发理解社会，认为"社会生活在本质上是实践的"①，又从社会关系出发理解人的本质，指出人的本质在其现实性上是一切社会关系的总和，而且以实践为基础，辩证地说明了人与社会（环境）的关系，提出了问题在于改造世界的根本理念。实践观的确立从而关于人的社会性的论断，奠定了唯物史观科学认识的基础，也赋予唯物史观价值取向彻底性，为对人的认识和人的问题的解决提供了理论前提。在《德意志意识形态》中，这一点便得到了印证。

《德意志意识形态》是马克思全面展开社会历史认识和价值取向的经典文本，也是唯物史观科学认识与价值取向内在统一的代表作。《形态》充分地展示和论述了人的发展思想：从不同视角确定了人的发展的内涵，特别是揭示了个人自由、全面发展的含义，明确提出了"个人的全面发展"、"全面发展的个人"、"自由的生活活动"、"个人的独创的和自由的发展"等人的发展概念；提出了"个人向完整的个人的发展"②，"任何人的职责、使命、任务就是全面地发展自己的一切能力"③，"共产主义所建立的制度，正是这样的一种现实基础，它排除一切不依赖于个

---

① 《马克思恩格斯选集》第 1 卷，人民出版社 1995 年版，第 60 页。
② 《马克思恩格斯全集》第 3 卷，人民出版社 1960 年版，第 77 页。
③ 《马克思恩格斯全集》第 3 卷，人民出版社 1960 年版，第 330 页。

人而存在的东西"① 等人的发展要求；揭示了人的发展的社会制约性，展望了未来共产主义社会中个人自由、全面发展的情景。《形态》以或萌芽、或展开的方式凸显了人的发展理念在唯物史观乃至整个马克思主义中的地位，其关于人的发展论述，可以视为马克思人的发展理论的研究纲领。《形态》对人的发展的理解能达到一个新的境界，是因为这一理解以对社会历史的科学认识为基础，从另一角度看，正是由于渗入了人的发展理念，《形态》所制定的唯物史观理论才具有深刻性和全面性。

《形态》有关人的发展思想，在马克思以后的著述中得到了进一步的强调。在《共产党宣言》中，他提出了"代替那存在着阶级和阶级对立的资产阶级旧社会的，将是这样一个联合体，在那里，每个人的自由发展是一切人的自由发展的条件"② 的著名论断。在《经济学手稿（1857—1858 年）》中，他以人的发展为尺度，区分了社会演进的三大形态，预言了未来社会的根本特点：建立在个人全面发展和他们共同的社会生产能力成为他们的社会财富这一基础上的自由个性。

上述引证并非经典作家有关思想的系统梳理和展示，而只是从理论生成的角度表明：以人的发展为核心的价值取向，始终如一条基线贯穿于唯物史观创立和发展过程中；马克思人的发展思想的形成与其社会历史认识的深化相伴随，它引导着社会历史的探讨，又随着社会历史认识的深入而展开。

二

然而，长期以来，人们在解读唯物史观时，往往主要强调科学认

---

① 《马克思恩格斯全集》第 3 卷，人民出版社 1960 年版，第 79 页。
② 《马克思恩格斯选集》第 1 卷，人民出版社 1995 年版，第 294 页。

识的方面，而淡化甚至忽视其以人的发展为核心的价值取向。在国外，萨特等西方学者在肯定唯物史观社会历史宏观解释上的创见及其意义的同时，却断定马克思主义存在着"人学空场"，认为唯物史观见物不见人，缺乏对人的关注，特别是缺乏对个人的关注和研究。在马克思主义学者中，事实上也存在着本质上类似的看法。苏联学者巴加图利亚在《马克思的第一个伟大发现》中认为，"唯物主义历史观是马克思创立的关于人类社会发展的普遍规律的科学。"① "唯物主义历史观，这同时既是社会一般规律性的观点，又是历史一般规律性的观点。这是社会在其一定发展阶段上怎样运动和社会在历史进程中怎样发展的观点。这同时是社会的理论，又是历史的理论。"这一说法曾为马克思主义学者们普遍持有。国内许多论著和哲学教科书在界定唯物史观（历史唯物主义）时，通常谓之"关于社会（历史）发展一般规律的科学"；在叙述唯物史观内容时，主要强调其科学认识的方面，如社会物质体系的构成、关系、作用、运动及其规律等，即使谈及人的发展，也只是视为社会发展的结果或体现，视为社会发展规律使然，而未能将其理解为唯物史观中与认识维度相辅相成的另一基本维度——价值维度。更有甚者，一些西方学者还以对人的关注程度制造出早期马克思与晚期马克思及恩格斯的"对立"。应该承认，此种看法虽属误读，却并非空穴来风，因为马克思及恩格斯中期以后的大量文本表明，他们的关注重点的确不在人的发展问题上，除了在论述社会发展阶段、目的和前景时谈及人的发展理想状态和预期外，少有对人及其发展问题的专门阐释。

这就引出了如下疑问：对人的发展的关注是否一以贯之地贯穿于马克思的社会历史研究中，能否将人的发展视为唯物史观的基本思想？澄清这一疑惑的关键，是明了唯物史观创立过程中的研究重点转向。

---

① Г. А. 巴加图利亚：《马克思的第一个伟大发现》，中国人民大学出版社1981年版，第1—2、4页。

唯物史观创立过程中的研究重点转向，是在《德意志意识形态》中开始的。《形态》以人的发展为旨归，揭示了社会运动的机制和规律，分析了人的发展的社会制约性，提出了变革资本主义制度的要求，指出了实现人的解放的现实途径。这一转向具体体现在四个方面：一是制定了唯物史观基本原理，提出了物质资料生产和再生产是人类生存和社会发展的基础、物质生产表现为人与自然及人与人的双重关系、生产力和生产关系（交往形式）的矛盾是历史冲突的根源、生活（社会存在）决定意识等唯物史观的主要观点。二是在此基础上，分析了个人发展对社会条件和社会关系的依赖性："社会关系实际上决定着一个人能够发展到什么程度。"①"个人对一定关系和一定活动方式的依赖恰恰是由物质生产和物质交往决定的。"②"个人的全面发展，只有到了外部世界对个人才能的实际发展所起的推动作用为个人本身所驾驭的时候，才不再是理想、职责等等。"③三是阐明了个人发展与集体发展、个人解放与阶级解放的关系："只有在集体中，个人才能获得全面发展其才能的手段，也就是说，只有在集体中才可能有个人自由。……在真实的集体的条件下，各个个人在自己的联合中并通过这种联合获得自由。"④"一个人的发展取决于和他直接或间接进行交往的其他一切人的发展；……单个人的历史决不能脱离他以前的或同时代的个人的历史，而是由这种历史决定的。"⑤四是以人的发展为尺度，提出了消灭现存制度的任务："无产者，为了保住自己的个性，就应当消灭他们至今所面临的生存条件，消灭这个同时也是整个旧社会生存的条件，即消灭劳动。因此，他们也就和国家这种形式处于直接的对立中，他们应当推翻

① 《马克思恩格斯全集》第3卷，人民出版社1960年版，第295页。
② 《马克思恩格斯全集》第3卷，人民出版社1960年版，第460页。
③ 《马克思恩格斯全集》第3卷，人民出版社1960年版，第330页。
④ 《马克思恩格斯全集》第3卷，人民出版社1960年版，第84页。
⑤ 《马克思恩格斯全集》第3卷，人民出版社1960年版，第515页。

国家，使自己作为个性的个人确立下来。"①"联合起来的个人对全部生产力总和的占有，消灭着私有制。"②"革命之所以必需，不仅是因为没有任何其他的办法能推翻统治阶级，而且还因为推翻统治阶级的那个阶级，只有在革命中才能抛掉自己身上的一切陈旧的肮脏东西，才能建立社会的新基础。"③

对社会历史的科学认识，为确定人与社会的关系提供了理论前提；对人的发展社会制约性的理解，显示了变革社会条件特别是社会制度的必要；对个人与集体（阶级）关系及个人发展与私有制对立的分析，引出了阶级解放之诉求。质言之，《形态》从哲学地论证人的发展要求和目标，转入了现实地分析和批判资本主义制度，探求无产阶级解放的条件和途径。这种转向意识在马克思那里不是偶然的，在《经济学手稿（1857—1858 年）》中，他曾进一步指出："全面发展的个人——他们的社会关系作为他们自己的共同的关系，也是服从于他们自己的共同的控制的——不是自然的产物，而是历史的产物。"④生产力的普遍发展和交往的普遍性"是个人全面发展的可能性"⑤的基础，"个人的全面性不是想象的或设想的全面性，而是他的现实关系和观念关系的全面性。"⑥

逻辑和现实的分析，使马克思找到了他那个时代人的解放和发展的切入点——阶级的解放从而对现存制度的批判。正因为如此，《形态》之后，马克思才将建构唯物史观的重点置于对社会结构和社会发展规律系统而深入的探讨，并致力于运用所创立的科学认识分析现实问题和指导实践，《共产党宣言》和《资本论》为代表的对资本主义政治、经济的批判及对未来社会的探讨，便是这种转向的鲜明体现。这一转向是如

---

① 《马克思恩格斯全集》第 3 卷，人民出版社 1960 年版，第 87 页。
② 《马克思恩格斯全集》第 3 卷，人民出版社 1960 年版，第 77 页。
③ 《马克思恩格斯全集》第 3 卷，人民出版社 1960 年版，第 78 页。
④ 《马克思恩格斯全集》第 46 卷上册，人民出版社 1979 年版，第 108 页。
⑤ 《马克思恩格斯全集》第 46 卷下册，人民出版社 1980 年版，第 36 页。
⑥ 《马克思恩格斯全集》第 46 卷下册，人民出版社 1980 年版，第 36、36 页。

此深刻，以至于以批判"庸俗马克思主义"著称的卢卡奇也认定，历史唯物主义无疑"是按其真正的本质理解过去事件的一种科学方法"①。"历史唯物主义最重要的任务是，对资本主义社会制度作出准确的判断，揭露资本主义社会制度的本质"②，这是一个重要的转向。然而，这只是研究重点的转换，而并非研究主旨的嬗变。这种转向并不意味着马克思放弃了对人的解放和发展的追求，而是意味着将这一追求置于了现实的基础之上，因为就马克思而言，对社会历史的认识、对资本主义的批判、对无产阶级解放的追求，即是人的发展要求的展开和体现，是应对时代赋予的使命——为人的发展创造前提性条件。在人的发展问题上，马克思做了他那个时代能够做的工作，更何况，他在中晚期亦曾数次谈及人的发展，并多有新的思想闪光，虽然这些论述是跳跃性的，但却表明人的发展确是其不变的理念和追求。从本质上看，人的发展追求在马克思唯物史观的研究中从未"退场"，而是以某种潜在的方式一直"在场"。

由于研究重点的转向，由于科学认识上破天荒的开创性，以及由于后人因时间间距或时代境遇变化所引起的误读，唯物史观一度被注释为一维的社会历史认识理论，其以人的发展为核心的价值取向在一定程度上被淡化甚至遮蔽了。这种淡化，虽然事出有因，但只是在人的发展社会条件尚未具备的情况下具有合理性。在社会经济文化条件发生重大变化，人自身的问题日趋突出的当代，在唯物史观中创造性地重续人的发展理想，结合实践需要和时代特征给予充分的展开和发挥，既是可能的，更是必要的。

① 卢卡奇：《历史与阶级意识》，商务印书馆1992年版，第306页。
② 卢卡奇：《历史与阶级意识》，商务印书馆1992年版，第307页。

三

　　时代特征和历史任务的变化，要求唯物史观理论从科学认识为主转向科学认识与价值取向并重；要求人的发展思想整体性地复归于唯物史观，构成其基本的价值维度。

　　确立以人的发展为核心的唯物史观价值维度，是时代和实践的需要。

　　就对人的发展影响而言，当代社会在两方面发生了深刻的变化。一是社会制度背景的变化和经济文化条件的改善。在马克思时代，限于经济文化水平和制度条件，人的发展问题尚不具有现实性。在我国当代，不仅制度性条件基本具备，而且社会经济文化环境有了重大改善，经济文化的发展和人的发展相互结合、相互促进，将成为当代社会发展的良性模式，实现人的发展已成为现实的可能。二是"现代化问题"日趋突出。当西方国家步入社会现代化进程时，一方面，生产力迅猛发展，物质财富快速增长，另一方面，出现了一系列"现代化问题"：传统价值失落，拜金主义盛行，金钱成为人的价值尺度，物质财富成为至高无上的追求目标，需要定位片面，生存态度上重占有甚于重生存，重物质甚于重精神；功利原则和工具主义被推崇至极端，导致人文精神失落，人生存的目的和意义被还原为一件件操作性的事情，人的存在扭曲化，成了片面的、"单向度"的人；科技的负面效应显现，科技在造福人类的同时，也被不当运用而放大了人的破坏能力，并带来了一些社会伦理的问题；"更多即更好"的消费主义生活方式，引起了资源和环境危机，威胁着自然从而人类的持续发展。对这些问题，西方学者从人的存在境遇、价值选择、科技的双重效应、生活方式和可持续发展等角度作出了深度的反思。我国社会现代化进程起步虽晚，但步伐迅疾。这一进程在极大推动社会进步的同时，也引发了与西方相同或相似的"现代化问题"，有的问题甚至有过之而无不及。如拜金主义和享乐主义盛行。一些人贪求金钱，追求奢靡的生活享受，以炫耀富有为荣，以浪费钱财为乐，暴殄天物，在物质上富有的同时陷入了精神的空虚，缺乏人文关怀和社会公德，漠视生活意义和道德境界。

"现代化问题"归根到底是人的问题，既影响着人的发展，又由人的因素引起。这些被称为"现代化通病"的问题的出现，从哲学层面看，至少与现代化建设中以下关系的失调相关：工具理性与价值理性的关系、科学精神与人文精神的关系、效率与公平的关系、合规律性与合目的性的关系。上述几种关系中，对立的方面从理论上说是可以统一的，但在现实中，二者又会有矛盾，在现代化过程中，这种矛盾较以往任何时代都更为突出。现代化的价值指向是以人为目的，促进人的发展，但由于其固有的逻辑和特点，人们在现代化过程中往往张扬科学精神，倚重工具理性，追求效率、效益和功利，崇尚经济指标，甚至将社会发展归结为物质财富的增长，相应地，一些人文的、精神的、价值方面的因素被忽视或边缘化，作为目的的人本身为一些手段性的因素所遮蔽。从本质上看，现代化问题的深层原因，在于价值合理性的淡化或曰价值追求的式微。

制度和经济文化背景的变化及"现代化问题"的彰显，为人的发展提供了现实条件，也使关注人自身的全面发展成为必要。当前"以人为本"的科学发展观的确立表明，人的发展理应成为社会发展的核心理念和目标。与此相关，在唯物史观中构建人的发展理论，已成为当代社会实践之必需。

确立以人的发展为核心的价值维度，又是唯物史观理论自身发展的需要，是确立唯物史观理论体系完整性，凸显其当代价值和丰富其理论内涵的必然要求。

以往对唯物史观一维界定的误区之一，是将唯物史观仅仅归结于社会历史认识，并将社会历史发展归结为物质体系和条件的运动。历史本质上是人的活动史，在历史过程中，人的活动依赖于一定的物质条件和社会关系，然而，物质条件和关系的作用却是通过人的活动实现的，并且，物质条件和关系既是人活动的基础，又是人以往活动的结果，同时还是人改造或创造的对象。物质条件和社会关系的"既成"性，只是相对于某一特定时代的人而言，而并不意味着它们是某种先在于人类活动的、始终如一的东西。正如马克思所说："整个所谓世界历史不外是人通过人的劳动而诞生的过程，是自然界对人来说的生成过程。"[1] 唯物史观之"唯物"，在于它承认实践是社会历史的基础和物质条件对人活动的客观制约性，而并非将历史归结为物质条件和关系的运行过程。同理，历史规律亦不能归结为物质条件和关系的运动规律。历史规律本质上是"人们自己的社会行动的规律"[2]，是人在一定物质条件和关系基础上的主体选择、创造和超越的总趋势，是物质条件和关系制约人与人对其超越的统一。物质条件和关系的运行规律就蕴含在人的活动中。人是社会历史的主体。历史的人为性，决定了历史观要注意"物"，更要关注"人"，要体现人的价值定位、价值取向和选择，非此，无从确定人活动的主体根据，亦难以把握人活动的本质和规律。缺乏价值维度的历史观是不完整的，唯物史观理论应是科学认识与优秀价值取向的统一。

以往对唯物史观一维界定的又一误区，是强调唯物史观的反映功能，而相对忽视其引导人的发展和社会进步的使命。唯物史观作为对社会历史总的看法，不仅应认识历史之"实然"，更应预测和设计历史之"应然"，导向社会历史的发展进程。为此，它不仅要反映历史的真相，分析和预见社会发展的规律，揭示社会发展的机制和趋势，亦应设定社会发展的目标，探究社会进步和人的发展之理想。透彻地说，在科技进

---

① 马克思：《1844年经济学哲学手稿》，人民出版社2000年版，第92页。
② 《马克思恩格斯选集》第3卷，人民出版社1995年版，第634页。

步日新月异、知识经济已露端倪的当代，由于人类实践日趋增强的主体性，离开对人的活动动机、目的、需要、利益等价值因素的理解，便难以确定社会发展的"趋势"和"必然性"。以"使现存世界革命化，实际地反对和改变事物的现状"①为使命的唯物史观，要揭示人的活动机制和规律，亦应在此基础上确定人活动的价值取向，体现人的发展理想和愿望，引领社会的进步。

当代社会实践和理论发展的要求表明，确立以人的发展为核心的价值维度，从科学认识和价值取向的统一上对唯物史观作出新的阐释，将拓展唯物史观发展和运用的新空间，凸显唯物史观的当代性，提升唯物史观的解释力和价值导向力，为唯物史观的发展注入新的活力。

本文原载于《马克思主义研究》2005 年第 3 期

《新华文摘》2005 年第 19 期转载

《中国社会科学文摘》2005 年第 6 期转载

《中国学术年鉴》2005 年第 3 期收录

---

① 《马克思恩格斯全集》第 3 卷，人民出版社 1960 年版，第 48 页。

唯物史观的发展路径与当代价值

——唯物史观两种范式的比较研究

"关于社会（历史）发展一般规律的科学"和"关于现实的人及其历史发展的科学"，作为唯物史观的两种表述，皆具有文本依据且比较切近地表征了唯物史观的性质。然而，两种表述也有重要的区别，区别之一即在于分别侧重于"规律"和"实践"的研究范式。在文本追溯和现实观照的结合上厘定二者的关系，关系到唯物史观发展路径的选择，以及唯物史观当代性和当代价值的阐释。

一

将唯物史观理解为"关于社会（历史）发展一般规律的科学"，是经典作家一以贯之的思想。在马克思主义创始人那里，唯物史观首先是一种科学认识，是对社会历史本质及其发展规律的正确反映。

从研究逻辑看，唯物史观的形成，经历了从确立人的发展价值取向，到实际地探索社会关系、社会物质体系及其本质和规律的过程。正如马克思恩格斯所指出的，唯物史观的创立始于对物质利益问题的关注和对市民社会与国家关系等"苦恼的疑问"的思考，对人活动动机背后物质动因的追寻，以及对现实的人及其社会关系的考察。这三种探究理路，共同指向揭示社会历史发展的本质和规律：对市民社会与国家关系的思考，揭示了"市民社会"对国家和法的决定作用；对现实的、从事实际活动的人及其社会关系的考察，揭示了人及其生存对社会存在和社会关系的依赖性，以及人的实践对于社会条件和关系的超越性；对人活动动机背后物质动因的追寻，揭示了物质资料生产和再生产对人类生存发展的基础性作用。基于上述研究逻辑，马克思恩格斯"从直接生活的物质生产出发阐述现实的生产过程，把同这种生产方式相联系的、它所产生的交往形式即各个不同阶段上的市民社会理解为整个历史的基础"①。阐释了社会发展的本质和规律。

近代以来，意大利思想家维柯提出了各民族历史发展具有重复性的思想。康德进一步认为，人类历史受普遍规律支配，"人类的行为，却正如任何别的自然事件一样，总是为普遍的自然规律所决定的。"② 黑格尔强调历史的内在联系，认为"历史上的事变各各不同，但是普遍的、内在的东西和事变的联系只有一个"③。马克思主义在批判继承前人的基础上，致力于"发现现实的联系……发现那些作为支配规律在人类社会的历史上起作用的一般运动规律"④。他们从现实的人及社会条件出发，多视角地揭示了社会发展规律的客观性。

马克思在论及人与社会的关系时曾明确指出，"我的观点是把经济的社会形态的发展理解为一种自然史的过程。不管个人在主观上怎样超脱各种关系，他在社会意义上总是这些关系的产物。"⑤ 并断定："人们不能自由选择自己的生产力——这是他们的全部历史的基础，因为任何

---

① 《马克思恩格斯选集》第 1 卷，人民出版社 1995 年版，第 92 页。
② 康德：《历史理性批判文集》，商务印书馆 1990 年版，第 1 页。
③ 黑格尔：《历史哲学》，上海书店出版社 2001 年版，第 5 页。
④ 《马克思恩格斯选集》第 4 卷，人民出版社 1995 年版，第 247 页。
⑤ 《马克思恩格斯选集》第 2 卷，人民出版社 1995 年版，第 101—102 页。

生产力都是一种既得的力量，是以往的活动的产物。"① 为强调社会发展规律的客观性，他还具体确定了生产力特别是生产工具与社会发展水平一一对应的制约关系："随着新生产力的获得，人们改变自己的生产方式，随着生产方式即谋生的方式的改变，人们也就会改变自己的一切社会关系。手推磨产生的是封建主的社会，蒸汽磨产生的是工业资本家的社会。"② 在《〈政治经济学批判〉序言》中，他对社会发展规律作出了精辟的概述："人们在自己生活的社会生产中发生一定的、必然的、不以他们的意志为转移的关系，即同他们的物质生产力的一定发展阶段相适合的生产关系。这些生产关系的总和构成社会的经济结构，即有法律的和政治的上层建筑竖立其上并有一定的社会意识形式与之相适应的现实基础。物质生活的生产方式制约着整个社会生活、政治生活和精神生活的过程。不是人们的意识决定人们的存在，相反，是人们的社会存在决定人们的意识。社会的物质生产力发展到一定阶段，便同它们一直在其中运动的现存生产关系或财产关系（这只是生产关系的法律用语）发生矛盾。于是这些关系便由生产力的发展形式变成生产力的桎梏。那时社会革命的时代就到来了。随着经济基础的变更，全部庞大的上层建筑也或慢或快地发生变革。"③ 这一经典表述，清楚且毋庸置疑地宣示了唯物史观作为"关于社会（历史）发展一般规律的科学"的性质。

经典作家如此肯定社会发展规律的客观性，以至于无论其赞成者还是反对者，都特别强调唯物史观的这一意蕴。恩格斯曾指出，马克思的第一个伟大发现，就在于"发现了人类历史的发展规律"④。找到了一条"用人们的存在说明他们的意识，而不是像以往那样用人们的意识说

---

① 《马克思恩格斯选集》第4卷，人民出版社1995年版，第247、532页。
② 《马克思恩格斯选集》第1卷，人民出版社1995年版，第142页。
③ 《马克思恩格斯选集》第2卷，人民出版社1995年版，第32—33页。
④ 《马克思恩格斯选集》第3卷，人民出版社1995年版，第776页。

明他们的存在"①的道路。卢卡奇认定，历史唯物主义无疑"是按其真正的本质理解过去事件的一种科学方法"②。苏联的学者则指出，"唯物主义历史观是马克思创立的关于人类社会发展的普遍规律的科学。"③我国有代表性的马克思主义哲学教科书也认为："历史唯物主义就是关于社会发展一般规律的科学。"④可见，将唯物史观界定为关于社会发展一般规律的科学，已成为共识甚至常识。反向地看，唯物史观受到的种种非难，也多集中于其科学认识的方面，如被指责为"经济决定论"，被指责为不关注人因而存在着"人学空场"等。

唯物史观所以成其为人类认识史上的最大成果，被视为现时代不可超越的社会历史理论，首先就在于它揭示了社会发展的规律，将对社会历史的理解置于了现实的基础之上，从而建构了迄今最为严密的社会历史宏观解释框架。由此可见，将唯物史观理解为"关于社会（历史）发展一般规律的科学"，抓住了唯物史观超越以往历史观的特质。从方法论上看，这一唯物史观解读中，核心的概念是"规律"，故这一研究范式可称为规律范式。

二

关于唯物史观的另一种表述，是恩格斯在《路德维希·费尔巴哈和德国古典哲学的终结》中给出的，他在揭示了费尔巴哈历史观的唯心主义本质后指出："费尔巴哈没有走的一步，必定会有人走的。对抽象

---

① 《马克思恩格斯选集》第 3 卷，人民出版社 1995 年版，第 776、365 页。
② 卢卡奇：《历史与阶级意识》，商务印书馆 1992 年版，第 306 页。
③ Г. А. 巴加图利亚：《马克思的第一个伟大发现》，中国人民大学出版社 1981 年版，第 1—2 页。
④ 肖前、李秀林、汪永祥：《历史唯物主义原理》，人民出版社 1991 年版，第 32 页。

的人的崇拜，即费尔巴哈的新宗教的核心，必定会由关于现实的人及其历史发展的科学来代替。"① 这里"关于现实的人及其历史发展的科学"指的正是唯物史观。应该指出的是，这并不是一个偶然的提法，其含义可溯源至马克思恩格斯各个时期的文本。

马克思恩格斯向来认为历史是人的活动史，是人类实践的产物。在《1844年经济学哲学手稿》中，马克思分析了人的本质力量的对象化特征，论述了实践在社会历史发展中的基础地位。他认为，与动物不同，人懂得按照任何一个种的尺度来进行生产，人的活动是一种构造性的、对象化的活动，活动的结果，无论是人化自然物还是社会事物，都具有为人的意义，是主体本质的对象化。由于实践的对象化特征，经过人改造过的自然已不同于先于人类存在的天然的自然，而是打上了人意识和意志的烙印，是人的本质力量的体现，人们可以从中读出前人或他人的思想，他们的知、情、意。鉴此，"工业的历史和工业的已经生成的对象性的存在，是一本打开了的关于人的本质力量的书，是感性地摆在我们面前的人的心理学。"② 在确认实践的创造性和对象化的基础上，马克思提出了劳动创造历史的著名论断："整个所谓世界历史不外是人通过人的劳动而诞生的过程，是自然界对人来说的生成过程。"③

在《神圣家族》中，马克思恩格斯明确指出："历史什么事情也没有做，……创造这一切、拥有这一切并为这一切而斗争的，不是'历史'，而正是人，现实的、活生生的人。'历史'并不是把人当作达到自己目的的工具来利用的某种特殊的人格。历史不过是追求着自己目的的人的活动而已。"④ 这段话非常清晰地表明了如下的观点："历史"本身并不是某种独立于人的主体，更不是某种神秘的力量，如"上帝"、"天

① 《马克思恩格斯选集》第4卷，人民出版社1995年版，第241页。
② 马克思：《1844年经济学哲学手稿》，人民出版社2000年版，第88页。
③ 马克思：《1844年经济学哲学手稿》，人民出版社2000年版，第88、92页。
④ 《马克思恩格斯全集》第2卷，人民出版社1957年版，第118—119页。

意"或康德的"大自然"、黑格尔的"绝对精神"等,人是历史的主体,人的活动构成为历史,历史即人的活动史或实践史。

《关于费尔巴哈的提纲》凸显了实践的革命的、批判的意蕴,将实践作为人与社会内在联系的基础,从实践出发解释人的本质和社会生活。既从社会关系出发理解人的本质,指出人的本质在其现实性上是一切社会关系的总和,并且以实践为中介,辩证地说明了人与社会(环境)的关系,又从实践出发理解社会,断定社会生活在本质上是实践的,即全部社会生活——社会物质体系、关系(制度)及由此决定的社会意识,都是在实践中产生的,也是在实践中发展的,社会生活之根基就是以物质资料生产和再生产为核心的人的实践。

《德意志意识形态》进一步展开了上述观点,指出:"我们首先应当确定一切人类生存的第一个前提,也就是一切历史的第一个前提,这个前提是:人们为了能够'创造历史',必须能够生活。但是为了生活,首先就需要吃喝住穿以及其他一些东西。因此第一个历史活动就是生产满足这些需要的资料,即生产物质生活本身,而且这是这样的历史活动,一切历史的一种基本条件。"[1] 鉴于物质资料生产的基础性地位,马克思恩格斯认为,唯物史观"不是在每个时代中寻找某种范畴,而是始终站在现实历史的基础上,不是从观念出发来解释实践,而是从物质实践出发来解释观念的形成"[2]。并指出,"可以根据意识、宗教或随便别的什么来区别人和动物。一当人开始生产自己的生活资料的时候,这一步是由他们的肉体组织所决定的,人本身就开始把自己和动物区别开来。人们生产自己的生活资料,同时间接地生产着自己的物质生活本身。"[3] 也就是说,物质生产活动表征着人与动物的根本区别,也是人之为人的本质规定。

---

[1] 《马克思恩格斯全集》第 2 卷,人民出版社 1957 年版,第 78—79 页。

[2] 《马克思恩格斯全集》第 2 卷,人民出版社 1957 年版,第 92 页。

[3] 《马克思恩格斯全集》第 2 卷,人民出版社 1957 年版,第 67 页。

　　文本列举表明，经典作家反对神秘主义的历史观，他们并不认为历史独立于人之外，也不认可历史仅仅是物质条件的发展史。在他们看来，社会生活是人的创造，其主体是人而不是物，历史就是人的活动史。进一步说，在马克思恩格斯看来，人的劳动（生产实践）既是第一个历史活动，又是其他所有历史活动的基石。这种理解既意味着社会物质生活决定精神生活，也包含历史即人的活动史之意。正因为如此，恩格斯将马克思主义哲学称为"在劳动发展史中找到了理解全部社会史的锁钥的新派别"①。从这个意义上说开去，唯物史观的根本对象是人的活动及其发展，唯物史观从一定意义上说就是一种实践史观、劳动史观。

　　以往对唯物史观理解的一个误区，是将社会历史主要理解为物质条件和关系的运动过程，将历史规律归结为物质体系和关系的运动规律。无疑，在历史过程中，人的活动依赖于一定的物质条件和社会关系，然而，物质条件和关系的作用却是通过人的活动实现的，它们既是人活动的基础，又是人以往活动的结果，同时还是人改造或创造的对象。物质条件和关系的"既成"性，只是相对于某一特定时代的人而言的，而并不是某种先在于人类实践的、始终如一的东西。唯物史观之"唯物"，在于它承认实践是社会历史的基础和物质条件对人活动的客观制约性，而并非将历史归结为物质条件和关系的运行过程。同理，历史规律亦不能归结为物质条件和关系的运动规律。历史规律本质上是人的活动规律，物质体系及其关系的规律只是其客观外在的表现而已。

　　马克思断定社会形态经济的发展是一种自然史的过程，认为人们不能自由选择自己的生产力，甚至肯定了手推磨和蒸汽磨与社会形态的对应关系。从表面上看，这些说法似乎主张只有物质条件和规律是主动的，人则处于被决定地位，其实不然。所谓"自然历史过程"一说，是就社会史与自然史总趋势相同或相似而言的，意在强调人的活动结果不

---

① 《马克思恩格斯选集》第 4 卷，人民出版社 1995 年版，第 258 页。

完全以人的意志为转移的特点，也可以说是必然性，而并不是说社会发展等同于自然发展。恩格斯"人们总是通过每一个人追求他自己的、自觉预期的目的来创造他们的历史，而这许多按不同方向活动的愿望及其对外部世界的各种各样作用的合力，就是历史"① 的论述，便是其恰当的注解。至于工具与社会形态的对应关系，亦不难理解。自然界没有产生任何"磨"，无论是"手推磨"还是"蒸汽磨"，本身都是人活动的产物。

综上可见，社会条件和关系及其规律的客观性就在于其既定性，不完全以人的意志为转移，但绝非外在于甚至先在于人。历史规律本质上是"人们自己的社会行动的规律"②，是人在一定物质条件和关系基础上的主体选择、创造和超越的总趋势，是物质条件和关系制约人与人对其超越的统一。社会历史规律是人的活动的总趋势，体现着人类追求更高层次的生存和发展的必然性，物质条件和关系的运行规律就蕴含在人的活动之中。从方法论上看，这一唯物史观解读中，核心的概念是"实践"，故这一研究范式可称为实践范式。

三

长期以来，唯物史观研究中通行或侧重的是规律范式。究其原因，似主要有三点：一是与唯物史观在社会历史认识领域的开创性相关。唯物史观在历史观上的开创性突出表现在科学地阐明了社会历史的发展规律，以至于人们在对它的解读中特别注重这一方面。二是历史任务决定了马克思的社会历史研究经历了一个转向的过程，从关心人本身转为主

---

① 《马克思恩格斯选集》第 4 卷，人民出版社 1995 年版，第 248 页。

② 《马克思恩格斯选集》第 3 卷，人民出版社 1995 年版，第 634 页。

要对社会历史及其规律的探讨。三是马克思主义创始人在论及唯物史观的意义时，总是特别强调其科学认识的方面。

规律范式的研究当然有其合理的一面，因为它彻底划清了与旧历史观的界限，凸显了唯物史观最为鲜明的特征和创意，体现了对旧历史观超越的本质。从规律范式解读社会历史，是唯物史观所以"唯物"之方法论依据，这是马克思主义经典作家反复强调的，也是必须坚守的。然而，这一范式由于侧重于揭示和解释社会历史，侧重于社会发展的合规律性，也存在着一定的局限，直接地看，在内容的涵盖上比较狭窄，特别是未能充分体现社会历史发展的合目的性和价值取向，或者说，存在着合目的性与价值取向缺位的问题。一直以来，唯物史观被归结为对社会历史的认识，其实践性和价值取向的本质及功能在一定程度上被忽视或遮蔽，就是例证。

与规律范式不同，唯物史观研究的实践范式从人的实践活动出发理解和导向社会历史，体现了科学认识与价值取向的统一。实践范式是马克思主义哲学实践性本质特征的直接体现，同时又蕴含着规律范式。由于历史规律是"人们自己的社会行动的规律"，对历史规律的研究，本身就是对人的活动研究的题中应有之义，或者说，"关于现实的人及其历史发展的科学"理当包含"关于社会（历史）发展一般规律的科学"在其中。

实践范式在当代唯物史观建构和社会历史问题的研究中具有明显的优越性。

实践范式体现了合规律性与合目的性、科学认识与价值取向的统一。

由于对历史本质的理解所限，以往对唯物史观界定的一个误区，是只强调其反映功能而相对忽视其实践性，忽视其引导人的发展和社会进步的使命。诚然，基于形势和任务，马克思恩格斯毕生致力于批判各种非科学的社会主义，特别反对离开科学认识抽象谈论社会主义价值取向，反对打着社会主义名义的道德说教，但是，这并不意味着他们不重视甚至回避社会主义的价值取向。追求人的解放和自由全面发展，始终是唯物史观最基本的价值取向和实践诉求。历史的人为性，决定了历史观要重视"物"更要关注"人"，体现人的价值定位、价值取向和选择，体现人的发展要求。也就是说，作为对社会历史总的看法，唯物史观不仅应认识历史之"实然"，反映历史的真相，揭示、分析和预见社会发展的规律、机制和趋势，更应预测和设计历史之"应然"，探究社会进步与人的发展之关系，追求理想的境界，确定社会的发展方向并设定社会发展的目标。非此，无从确定人活动的主体根据，亦难以把握人活动的本质和规律。以"使现存世界革命化，实际地反对并改变现存的事物"①为使命的唯物史观，必须体现人的发展的主体性要求，引领社会的进步。反之，在科技进步日新月异、知识经济已露端倪的当代，鉴于人类实践日趋增强的主体性，离开对人的活动动机、目的、需要、利益等价值因素的理解，所谓的社会发展"趋势"和"必然性"，根本无从确定和把握。从这个意义上说，唯物史观应是价值取向与科学认识相一致、以人为本与以物为基础相统一的社会历史观。

确立实践范式，有助于回应对唯物史观的挑战。

对唯物史观曾有诸多批评，其中最有代表性的是对历史决定论的诘难。卡尔·波普尔曾以"人类历史的进程受人类知识增长的强烈影响。……我们不可能用合理的或科学的方法来预测我们的科学知识的增长"②为前提，推导出"我们不能预测人类历史的未来进程"③从而"历史决定论不能成立"④的结论。随着知识经济时代的到来，这一问题似将更显尖锐。然而，仔细分析，波普尔所否证的，只是线性历史决定论

---

① 《马克思恩格斯选集》第 1 卷，人民出版社 1995 年版，第 75 页。
② 卡尔·波普尔：《历史决定论的贫困》，华夏出版社 1987 年版，第 1 页。
③ 卡尔·波普尔：《历史决定论的贫困》，华夏出版社 1987 年版，第 1 页。
④ 卡尔·波普尔：《历史决定论的贫困》，华夏出版社 1987 年版，第 2 页。

或曰历史宿命论，并不足以否证所有的历史决定论。基于"整个所谓世界历史不外是人通过人的劳动而诞生的过程，是自然界对人来说的生成过程"和历史规律是"人们自己的社会行动的规律"的理解，马克思主义的历史决定论，并非历史宿命论，其要义在于揭示社会历史过程中人的活动的基本趋势，这趋势并非先定的，其根据不是某种神秘的因素，而是人不断超越自身和环境的需要及其现实表现之人改造世界的实践。需要的超越性及其与物质条件和知识的互动，是历史发展的动力。无论是传统经济的发展还是当代知识经济的进步，无论物质财富的增长还是知识的增长，都是由人的超越性需要决定的，符合由低级向高级发展这一趋势或规律，都可以在人的需要及其实践中得到合理的解释。从这个意义上说，历史无疑是有规律的、决定的，对"历史决定论"的诘难不能成立。

确立实践研究范式，有助于凸显唯物史观的当代性和当代价值。

从"关于现实的人及其历史发展的科学"出发确立实践研究范式，对于唯物史观的当代建构及其当代价值的拓展和实现，具有重要的意义。时代背景的转换，决定了历史观的功能不仅在于解释和论证社会发展的必然性及合规律性，更在于确立社会发展目标和价值理念，导向和引领社会的发展。现实表明，现代化建设要按规律办事，也要体现推进人的自由全面发展的价值取向，正因为如此，才有科学发展观、以人为本、和谐社会等理念的提出。当代社会发展中遇到的许多问题，都不仅是单纯的发展问题，更是价值取向问题，都不仅有赖于正确认识和遵循社会历史的规律，也有赖于确立合理的价值理念和制度安排。当前广为人们关注的社会公平正义问题、民主问题、民生问题、和谐问题等等，都并非仅仅遵循规律所能解决，而应诉诸价值选择及相应的实践：一方面，对这些问题应给予社会学、政治学（政治哲学）、伦理学等等的解读，特别是作出历史观层面的理解和探讨；另一方面，在价值选择的基础上实际地改变事物的现状，使社会运行更趋合理。

历史观既有科学与否之分，也有合理与否之别。从实践范式入手理解社会历史，不仅可以确立社会发展的科学认识，也有助于确立社会发展的价值取向，达至合目的性与合规律性的统一。确立实践研究范式，有利于进一步开放唯物史观的发展空间，推进唯物史观的当代建构，亦有利于确立社会发展的价值取向，促进社会进步与人的发展的统一。

本文原载于《河北学刊》2008 年第 1 期

人大复印报刊资料《哲学原理》2008 年第 4 期转载

从理论来源和现实观照
看马克思社会历史理论的价值意蕴

以唯物史观为核心的马克思社会历史理论是时代和实践的反映，也是以往思想资源的批判继承。从理论来源和现实观照看，马克思社会历史理论不仅实现了社会历史认识上的根本变革，也吸取并超越了人类以往优秀的价值取向，体现着对人的解放和发展的深刻关注。

一、马克思社会历史理论的理论来源

关于马克思社会历史理论的理论来源，学界已有系统的论述，但仔细斟酌，却不无可议之处，其中值得重新检讨的问题之一，就是它是否具有价值取向方面的理论来源以及理论来源为何。众所周知，包括社会历史理论在内的马克思主义是人类优秀文化遗产的批判继承，但问题在于，以往在阐述马克思主义继承的理论遗产时，往往侧重甚至局限于科学认识的方面，忽略甚至否定价值取向的方面。例如现有的马克思主义哲学原理和哲学史教科书，基于将唯物史观定义为关于社会历史发展一般规律的科学的理解，在阐述唯物史观的理论来源时，往往缺乏对其价值取向方面思想来源的探究。这种认识上的误区大致表现为两种情形：一是直接忽视价值取向方面的思想遗产，淡化、疏离甚至否定人文主义、人道主义、启蒙思想等与马克思主义的联系，在论及这些思想时揭示糟粕多、挖掘精华少，负面评价多，正面肯定少。二是在分析马克思主义相关理论来源如空想社会主义、康德哲学、黑格尔哲学、费尔巴哈哲学等的合理内核时，往往只强调其社会历史认识上的启示性和借鉴价值，较少揭示其价值取向上的合理性，更遑论展开性的阐释。

马克思社会历史理论是科学认识与价值取向的统一，与之相关，对其理论来源的追溯和梳理亦应顾及这两个方面。对认识方面的思想来源，马克思恩格斯曾有明确的论述，学界亦有系统深入的探讨，对价值取向方面的思想来源，则有待重新梳理。

通常认为，马克思主义包括哲学、政治经济学和科学社会主义三个部分，这一观点受到了一些质疑。质疑者认为，马克思主义三个部分的划分源于恩格斯的《反杜林论》，由于杜林从哲学、经济学和社会主义理论三个方面向马克思发起进攻，恩格斯才针对性地作出了应战，并相应地从这三个方面阐释了马克思主义，列宁以此为依据，明确将马克思主义分解为上述三个组成部分并指出了各自的理论来源。因此，三个部分之说事出偶然。马克思主义是否应当划分为几个部分或如何划分，尚有待于进一步探究。但上述质疑提醒我们，马克思主义组成部分同其理论来源密切相关，因而对马克思主义理论来源问题亦可能作新的理解。

马克思主义的理论来源为德国古典哲学、英国古典经济学和空想社会主义的说法能否成立？对此可以从两个方面来理解。一方面，这一说法有直接的文本根据，马克思主义创始人曾反复指出德国古典哲学、英国古典经济学和空想社会主义是其理论来源，并揭示了它们的缺陷，说明了它们与马克思主义之间的联系，阐述了马克思主义对它们的变革和超越。另一方面，即使这一说法成立，也不必然意味着马克思主义及其社会历史理论的理论来源仅限于上述三者。

　　文本追溯表明，作为一种完整的社会历史观，马克思社会历史理论的理论来源除上述三者之外还有其他，其中相当重要的、也是价值取向上的思想来源，是近代欧洲的启蒙思想、人道主义和社会主义理论。

　　近代启蒙思想、人道主义和社会主义理论对马克思恩格斯的影响尚未得到恰如其分的估量。其所以如此，原因主要有二：一是基于对划清与资产阶级思想界限的顾虑。因为人道主义等价值取向是资产阶级在近代提出的，也是其迄今一以贯之坚持的。二是人们在研究马克思社会历史理论时，通常关注的是其最具独创性的认识方面而非价值方面。而就对社会历史的认识尤其是对社会发展规律和机制的认识而言，人道主义的确乏善可陈。正是止于认识维度，往往看不到人道主义的合理性，进而忽略了它对马克思社会历史理论的影响。

　　近代人道主义和启蒙思想的真实意义就在其价值取向的方面，它从根本上肯定了人，提升了人的自我意识，确立了人之为人最基本的权利，是对人的价值优先性的认可和主张。人道主义和启蒙思想曾对马克思主义创始人产生过深刻影响，这一点将在下文指出。同样重要的是，人道主义和启蒙思想还通过近代社会主义特别是空想社会主义渗透于马克思社会历史理论之中，为其提供了优秀的价值来源。恩格斯指出，"现代社会主义，就其内容来说，首先是对现代社会中普遍存在的有财产者和无财产者之间、资本家和雇佣工人之间的阶级对立以及生产中普遍存在的无政府状态这两个方面进行考察的结果。但是，就其理论形式来说，它起初表现为 18 世纪法国伟大的启蒙学者们所提出的各种原则的进一步的、似乎更彻底的发展。"[1] 他还指出："德国的理论上的社会主义永远不会忘记，它是站在圣西门、傅立叶和欧文这三个人的肩上的。"[2] 充分肯定了人道主义、启蒙思想和近代社会主义对自己的影响。

---

[1] 《马克思恩格斯选集》第 3 卷，人民出版社 1995 年版，第 355 页。

[2] 《马克思恩格斯选集》第 2 卷，人民出版社 1995 年版，第 635 页。

接下来的问题是，空想社会主义为马克思社会历史理论提供了哪些思想养料。关于空想社会主义与马克思主义的关系，向来存在一个理解上的矛盾：一方面，经典作家及后人皆公认前者是后者的重要思想来源，另一方面，人们在评价空想社会主义时又总是强调并批判其缺陷的一面，这就引出了一个问题：空想社会主义到底为马克思社会历史理论提供了哪些思想资源？是提供了科学认识方面的思想资源吗？不是。正如恩格斯所指出的，"空想主义者之所以是空想主义者，正是因为在资本主义生产还很不发达的时代，他们只能是这样。他们不得不从头脑中构想出新社会的要素，因为这些要素在旧社会本身中还没有普遍地明显地表现出来；他们只能求助于理性来构想自己的新建筑的基本特征，因为他们还不能求助于同时代的历史。"① 空想社会主义者虽然对资本主义进行了尖锐的批判，揭露了资本主义制度的一些内在矛盾，并就建立社会主义新社会提出了一些有益的主张和设想，却未能深入认识资本主义制度的本质和根源，没有找到推翻资本主义制度的现实力量和正确途径，因而其理论只能停留于空想。

那么空想社会主义为马克思社会历史理论提供了什么呢？毫无疑问，只能是价值取向方面的思想资源。恩格斯在《反杜林论》中写道，"为了使社会主义变为科学，就必须首先把它置于现实的基础之上。"② 这一段话可以从两个层次来理解：首先，这里的"社会主义"是泛指包括空想社会主义在内的近代社会主义，由于尚未"置于现实的基础之上"，因而这种社会主义是非科学的，其次并且更重要的是，之所以必须将这种社会主义置于现实的基础之上而使之成为科学的社会主义，是因为这种社会主义具有合理的因素，这因素就是也只能是社会主义的价值取向，因为只有作为一种价值取向，才可能或建立在非科学的、非现

① 《马克思恩格斯选集》第 3 卷，人民出版社 1995 年版，第 616 页。
② 《马克思恩格斯选集》第 3 卷，人民出版社 1995 年版，第 358 页。

实的基础之上，或建立在科学的、现实的基础之上，亦才有将其"置于现实的基础之上"的问题。

接下来的问题是近代社会主义与人道主义和启蒙思想的关联。恩格斯曾明确指出，近代社会主义"和启蒙学者一样，并不是想解放某一个阶级，而是想解放全人类。他们和启蒙学者一样，想建立理性和永恒正义的王国"①。这就是说，近代社会主义与启蒙学者在的价值取向上是一以贯之的，或者说继承了启蒙学者的价值取向，虽然前者在价值诉求上有所推进，例如不满足于按照启蒙学者的原则建立起来的资产阶级社会，并指出了其不合理性和非正义性。同理，与启蒙学者一样，这些社会主义思想家的价值诉求缺乏科学认识的支撑。也就是说，如果正像恩格斯所说的，科学社会主义（当然也包括整个马克思社会历史理论）是18世纪法国伟大的启蒙学者（和近代社会主义）所提出的各种原则的进一步的、似乎更彻底的继承和发展，那么所继承和发展的"原则"显然主要是后者的价值取向和诉求。

二、马克思社会历史理论的现实观照

"历史从哪里开始，思想进程也应当从哪里开始，而思想进程的进一步发展不过是历史过程在抽象的、理论上前后一贯的形式上的反映；这种反映是经过修正的，然而是按照现实的历史过程本身的规律修正的。"②思想进程作为历史过程的反映可以有两种情形，一是现实写照，对现实的理论抽象；另一种是对现实的观照和引领。后一理解对于马克思社会历史理论来说尤其恰当。马克思社会历史理论是社会现实

---

① 《马克思恩格斯选集》第3卷，人民出版社1995年版，第358、357页。
② 《马克思恩格斯选集》第2卷，人民出版社1995年版，第43页。

的反映，但这种"反映"是主动的，是对社会历史积极地探究、批判和反思，也就是说，它是对社会历史的认识，更是一种合目的性的引领，体现着创立者反对和改变现存事物的愿望以及对社会发展目标的设想。

理解马克思社会历史理论现实观照涉及一个理论问题，就是社会历史研究能否"价值中立"。马克斯·韦伯曾提出的"价值无涉"原则，认为社会科学研究只应对社会现象作出解释性理解，而不应承担价值判断的任务。这种去掉"先入之见"的企图不能说没有道理，因为先入之见可能一叶障目，将人引入偏见之中，而偏见比无知离真理或事实更远。但在承认这一点的同时亦应看到，先入之见在认识之中又是不能完全排除甚至必要的。汉森等科学哲学家提出了"观察渗透理论"的观点，认为在科学研究中不可能存在与观察者完全无关的"中性"观察，从学理上论证了"去主体化"从而"价值中立"之不可能，并以众多科学研究事例证明了这一点。如果说在自然科学研究中尚不存在完全"中性"的观察，那么在社会科学研究中更是自不待言。马克思社会历史理论研究就是一例，其研究绝非通常的纯学理性探讨，绝非"价值无涉"地、外在地探究、描述社会变化和历史演进，而是欲求在认识社会的基础上改造社会。

恩格斯在马克思墓前的讲话中指出："马克思首先是一个革命家。他毕生的真正使命，就是以这种或那种方式参加推翻资本主义社会及其所建立的国家设施的事业，参加现代无产阶级的解放事业，正是他第一次使现代无产阶级意识到自身的地位和需要，意识到自身解放的条件。斗争是他的生命要素。很少有人像他那样满腔热情、坚韧不拔和卓有成效地进行斗争。"[①] 这一论述实际上是对马克思和恩格斯自己社会角色及历史使命的定位。与这一说法相似，有西方学者认为马克思本质上是一

[①] 《马克思恩格斯选集》第3卷，人民出版社1995年版，第777页。

位社会批判家。实际上，革命家和社会批判家的身份在马克思身上是一致的：他是一位社会批判家，是因为他是一位革命家，不满足从而致力于实际地反对和改变社会的现状。不满足现状表明马克思是在用超越现实的尺度衡量社会现实，这尺度就是对理想社会亦即人的理想生存状况的期望。

对人的解放的关注决定了马克思主义创始人理论研究的方向和问题，引导着他们对社会发展规律和机制的探寻。马克思在《〈政治经济学批判〉序言》中曾回顾自己早期研究旨趣转向的原因："1842—1843年间，我作为《莱茵报》的编辑，第一次遇到要对所谓物质利益发表意见的难事。莱茵省议会关于林木盗窃和地产析分的讨论，当时的莱茵省总督冯·沙培尔先生就摩塞尔农民状况同《莱茵报》展开的官方论战，最后，关于自由贸易和保护关税的辩论，是促使我去研究经济问题的最初动因。另一方面，在善良的'前进'愿望大大超过实际知识的当时，在《莱茵报》上可以听到法国社会主义和共产主义的带着微弱哲学色彩的回声。我曾表示反对这种肤浅言论，但是同时在和《奥格斯堡总汇报》的一次争论中坦率承认，我以往的研究还不容许我对法兰西思潮的内容本身妄加评判。我倒非常乐意利用《莱茵报》发行人以为把报纸的态度放温和些就可以使那已经落在该报头上的死刑判决撤销的幻想，以便从社会舞台退回书房。"① 这一回顾表明，马克思理论研究领域转移到经济学是因为他有善良的"前进"愿望却不具备相应的经济和社会知识，因而在"遇到要对所谓物质利益发表意见的难事"时产生了"苦恼的疑问"而力不从心。更进一步分析，他所以要就物质利益发表意见，是要解决面临的困惑，而所以要解决这些困惑，则是基于为贫苦民众谋利益的愿望。正是对劳动群众的深切同情而又不能说明其苦难的原因以及消除苦难的现实道路，使马克思从社会舞台退回书房，致力于国家与

---

① 《马克思恩格斯选集》第 2 卷，人民出版社 1995 年版，第 31—32 页。

市民社会关系等的研究，创立了唯物史观和科学社会主义理论。可见，马克思的理论研究绝不仅仅基于个人的兴趣，而是基于解决社会现实问题、推进人的解放的需要。

马克思社会历史理论的现实观照突出体现在社会批判功能上。对于马克思社会历史理论的功能，国内外学术界在理解上有差异也有共识。共识主要在于对其社会批判功能和价值的认定。马克思社会历史理论的社会批判意蕴如此明显，与马克思关于哲学的使命在于改造世界、在于实际地反对和改变现存事物的理解是完全吻合的，是其现实观照的鲜明体现。马克思在早期文本中对封建专制制度进行了尖锐的批判，在以《资本论》为代表的一系列著作中对资本主义制度作出了深刻系统的分析和批判。恩格斯亦复如此。他们的许多重要著作都是论战性的，其中一些还直接以"批判"作为标题或副标题，著名的如《黑格尔法哲学批判》、《神圣家族》、《德意志意识形态》、《哥达纲领批判》、《反杜林论》等。

对资本主义制度的批判构成了马克思和恩格斯理论中最有特色的部分。这种批判是持续的、尖锐的。马克思在《资本论》中声明："我决不用玫瑰色描绘资本家和地主的面貌。"[①]并一针见血地指出，"资本来到世间，从头到脚，每个毛孔都滴着血和肮脏的东西"[②]。"在资本主义制度内部，一切提高社会劳动生产力的方法都是靠牺牲工人个人来实现的；一切发展生产的手段都变成统治和剥削生产者的手段，都使工人畸形发展，成为局部的人，把工人贬低为机器的附属品，使工人受劳动的折磨，从而使劳动失去内容，并且随着科学作为独立的力量被并入劳动过程而使劳动过程的智力与工人相异化。"[③]"使生产者转化为雇佣工人的历史运动，一方面表现为生产者从农奴地位和行会束缚下解放出

---

① 《马克思恩格斯选集》第2卷，人民出版社1995年版，第101页。

② 《马克思恩格斯选集》第2卷，人民出版社1995年版，第266页。

③ 《马克思恩格斯选集》第2卷，人民出版社1995年版，第258—259页。

来；对于我们的资产阶级历史学家来说，只有这一方面是存在的。但是另一方面，新被解放的人只有在他们被剥夺了一切生产资料和旧封建制度给予他们的一切生存保障之后，才能成为他们自身的出卖者。而对他们的这种剥夺的历史是用血和火的文字载入人类编年史的。"① "这种生产关系把工人变成资本增殖的直接手段。所以，成为生产工人不是一种幸福，而是一种不幸。"② "血和肮脏的东西"、"血和火的文字"等谴责性用词表明，这里的确没有中性的研究，也绝非价值无涉，这里的分析和批判是冷峻的、严厉的。

社会批判功能直接体现着马克思社会历史理论追求人的解放和发展的价值诉求。在《摘自"德法年鉴"的书信》中，马克思就以"自由的人，真正的人"表达对人理想状态的期待，在《1844年经济学哲学手稿》、《德意志意识形态》和《共产党宣言》中，又以"人向自身、向社会的即合乎人性的人的复归"③、"个人的全面发展"、"每个人的自由发展"反复表明了对人的应然状态的诉求。正是现实与理想巨大的反差，驱使马克思"要对现存的一切进行无情的批判"④，要使现存世界革命化，致力于对资本主义制度进行系统深刻的批判。他还指出，"我们的任务是要揭露旧世界，并为建立一个新世界而积极工作。"⑤ 在他那里，人生存发展的理想状态是衡量社会合理性的尺度，批判旧世界是为着建设新世界。

① 《马克思恩格斯选集》第2卷，人民出版社1995年版，第216页。
② 《马克思恩格斯选集》第2卷，人民出版社1995年版，第216页。
③ 马克思：《1844年经济学哲学手稿》，人民出版社2000年版，第81页。
④ 《马克思恩格斯全集》第1卷，人民出版社1956年版，第416页。
⑤ 《马克思恩格斯全集》第1卷，人民出版社1956年版，第414页。

三、马克思社会历史理论的价值意蕴

与理论来源及现实观照的双重性相关联，马克思社会历史理论既实现了科学认识上的变革也实现了价值取向上的超越，具有深刻而丰富的价值意蕴。

马克思社会历史理论的变革首先是认识上的，其所以堪称人类认识史上的最大成果，就在于它揭示了人类历史的发展规律，建构了科学的社会历史宏观解释框架和核心理念，在认识上超越了以往的社会历史观。对此，学界已有共识。与科学认识上的变革相伴随，马克思社会历史理论还实现了价值取向上的变革，这是其能够成为一种完整严密的社会历史观的缘由所在，是其优越于以往社会历史理论的又一根据。

马克思恩格斯继承了近代人道主义和启蒙思想的优秀价值取向。马克思年轻时即受到法国革命所体现的近代人道主义和启蒙思想的影响，他在《青年在选择职业时的考虑》一文中写道，"在选择职业时，我们应该遵循的主要指针是人类的幸福和我们自身的完美。不应认为，这两种利益会彼此敌对、互相冲突，一种利益必须消灭另一种利益；相反，人的本性是这样的：人只有为同时代人的完美、为他们的幸福而工作，自己才能达到完美。如果一个人只为自己劳动，他也许能够成为著名的学者、伟大的哲人、卓越的诗人，然而他永远不能成为完美的、真正伟大的人物。历史把那些为共同目标工作因而自己变得高尚的人称为最伟大的人物；经验赞美那些为大多数人带来幸福的人是最幸福的人；……如果我们选择了最能为人类而工作的职业，那么，重担就不能把我们压倒，因为这是为大家作出的牺牲；那时我们所享受的就不是可怜的、有限的、自私的乐趣，我们的幸福将属于千百万人，我们的事业将悄然无声地存在下去，但是它会永远发挥作用，而面对我们的骨灰,高尚的人们将洒下热泪。"① 对"人类的幸福和我们自身的完美"以及"人类的天性"的赞美、为人类幸福而奋斗的崇高志向,表达了马克思对人道主义基本价值的认同。

马克思和恩格斯一度信奉资产阶级革命民主主义思想,在实现向共产主义者的转变之后,仍然继承了这一思想中优秀的价值取向,确认了一些近代人道主义和启蒙学者倡导的普遍价值。马克思在《国际工人协会共同章程》中指出:"加入协会的一切团体和个人,承认真理、正义和道德是他们彼此间和对一切人的关系的基础,而不分肤色、信仰或民族"②,表现了对"真理、正义和道德"等普遍价值的尊重,或将其确定为应当遵循的价值标准。他还多次使用"人的本性"、"对人的本质的真正占有"等语,并以"真正的人道主义"、"合乎人性"、"合乎天性"概念表达自己的价值取向,甚至以人道主义表征共产主义,认为"这种共产主义,作为完成了的自然主义=人道主义"③。"共产主义作为私有财产的扬弃就是要求归还真正人的生命即人的财产,就是实践的人道主义的生成一样;或者说,无神论是以扬弃宗教作为自己的中介的人道主义,共产主义则是以扬弃私有财产作为自己的中介的人道主义。"④ 即使在《共产党宣言》和《资本论》等成熟的著作中,仍然使用了"每个人的自由发展"、"自由个性"、"最无愧于和最适合于他们的人类本性"⑤ 等提法。

马克思恩格斯在创立社会历史理论时对价值取向问题少有专门系统的论述。我们认为,其所以如此,可能有两方面原因:一是基于改造世界这一主要任务,他们的重点是发现社会发展规律以深刻分析批判资本主义制度。另一方面原因则在于,在他们看来,一些人类应当遵循的

---

① 《马克思恩格斯全集》第 1 卷,人民出版社 1995 年版,第 459—460 页。

② 《马克思恩格斯选集》第 2 卷,人民出版社 1995 年版,第 610 页。

③ 马克思:《1844 年经济学哲学手稿》,人民出版社 2000 年版,第 81 页。

④ 马克思:《1844 年经济学哲学手稿》,人民出版社 2000 年版,第 81、112 页。

⑤ 《马克思恩格斯全集》第 46 卷,人民出版社 2003 年版,第 928—929 页。

基本价值已经由前人提出了，他们所要做的主要是批判资产阶级在实行这些基本价值过程中的虚伪性或片面性，并使之具有现实性和全面性。

虽然对价值取向问题少有专门的论述，但不容否定的是，马克思恩格斯在社会历史理论中实现了价值取向上的变革，这集中体现于确立了人的解放和发展理念。他们的社会历史研究一开始便紧紧地抓住了人这一"根本"，体现着对人类幸福、人的解放和发展深切的关注与追求，这一态度从始至终贯穿于他们的社会历史研究中，是他们社会历史研究的价值起点和现实归宿。由于时代的制约，以往的思想家，即使对人的问题倍加关注的近代人道主义，其视野也只限于人的政治法律权利方面，如自由、民主、平等等人权，所提出的人的解放要求仅限于政治法律层面。马克思恩格斯克服了以往人道主义的缺陷，确立了价值取向上的彻底性、现实性或实践性。其彻底性在于，提出了人的彻底解放特别是在经济领域解放的要求，并在此基础上确立人的自由全面发展的目标。其现实性或实践性在于，指明了实现人的彻底解放和发展的现实路径。

由于将价值取向建立在科学认识基础之上，马克思社会历史理论超越了人道主义，将对人的关注和肯定提升到了一个新的境界，但是，这种超越是扬弃而非抛弃，即批判继承了后者的精华，或者说，马克思社会历史理论特别是人的发展理论吸收了人道主义的基本价值原则，并且加以了改造和发展。承认马克思主义与人道主义的价值继承关系，肯定人道主义的优秀价值，对于马克思社会历史理论的当代建构具有重要的意义，也有助于为以人为本理念提供学理支撑。作为一种完整严密的社会历史理论，不可能只有科学认识而没有价值取向。缺失价值取向，马克思社会历史理论只能是一种"中性"的社会历史描述，而不能成其为完整严密的、具有引领时代发展意义的社会历史观。作为对社会历史总的看法，马克思社会历史理论不仅应认识历史之"实然"，反映历史的真相，揭示、分析和预见社会发展的规律、机制和趋势，更应设计历史之"应然"，探究社会进步与人的发展之关系，确定社会的发展方向并设定社会发展的目标。以"使现存世界革命化，实际地反对并改变现存的事物"①为使命的马克思社会历史理论，必须体现人的发展要求，引领社会的进步。缺失价值取向，马克思社会历史理论就不能成其为革命的理论，就不能为政治学、社会学、法学、伦理学等各门社会科学提供坚实的理论支撑。因此，深化和拓展价值取向是马克思社会历史理论当代建构的一项基本内容。

马克思恩格斯对人的发展的基本理解之一，就是复归或实现人性。继《1844年经济学哲学手稿》提出向"合乎人性的人的复归"要求之后，《神圣家族》又明确指出：无产阶级"完全丧失了一切合乎人性的东西，甚至完全丧失了合乎人性的外观……如果它不消灭它本身的生活条件，它就不能解放自己。如果它不消灭集中表现在它本身处境中的现代社会的一切违反人性的生活条件，它就不能消灭它本身的生活条件"②。"既然人是从感性世界和感性世界中的经验中汲取自己的一切知识、感觉等等，那就必须这样安排周围的世界，使人在其中能认识和领会真正合乎人性的东西，使他能认识到自己是人。……既然人的性格是由环境造成的，那就必须使环境成为合乎人性的环境。既然人天生就是社会的生物，那他就只有在社会中才能发展自己的真正的天性。"③《资本论》则进一步强调，"社会化的人，联合起来的生产者，将合理地调节他们和自然之间的物质变换，把它置于他们的共同控制之下，而不让它作为一种盲目的力量来统治自己；靠消耗最小的力量，在最无愧于和最适合于他们的人类本性的条件下来进行这种物质变换。"④从反对"丧失了一切合乎人性的东西"到倡导"真正合乎人性的东西"，从"必须使环境成为合乎人性的环境"的要求到"合乎人性的人"、"真正合乎人

①　《马克思恩格斯选集》第1卷，人民出版社1995年版，第75页。
②　《马克思恩格斯全集》第2卷，人民出版社1957年版，第45页。
③　《马克思恩格斯全集》第2卷，人民出版社1957年版，第45、166—167页。
④　《马克思恩格斯全集》第46卷，人民出版社2003年版，第928—929页。

性"、"真正的天性"、"最适合于他们的人类本性"等提法，马克思对人的发展的理解显然吸收了前人的优秀价值取向。"复归及合乎人性"与"人的解放和发展"的内在联系表明，人的发展所以被视为社会发展的核心及衡量社会进步的最高尺度，是因为它根本上体现着真正合乎人性的要求和人道的关怀。

由上可见，马克思社会历史理论的基本价值意蕴就是关注人、促进人的发展。因此，在马克思社会历史理论中毋庸讳言人性和人道主义。在关注人、尊重人、为了人这一基本价值取向上，马克思主义与以往的人道主义者显然有相通之处，进一步说，追求人的发展就是人道主义的继承和发展。在关于人道主义的讨论中，曾有马克思主义人道主义或社会主义人道主义一类的提法，也从一个侧面反映了马克思主义与近代人道主义的继承关系。

从一定意义上说，我们正在倡导的以人为本理念就是人道主义的当代体现。人的发展目标和"以人为本"为核心的科学发展观的确立，是对人的价值优先性的充分肯定和现实表达。由于肯定人道，承认人的价值优先性，才有必要追求每个人的平等和幸福，才会有每个人自由全面发展的要求，也才应当确立以人为本的社会发展观，才应当让人民生活得更有尊严。正由于肯定人道，承认人的价值优先性，才应当将人的发展和以人为本理念确立为社会进步和现代化建设的根本价值取向，确立为一切社会活动的宗旨和目标，确立为衡量社会运行、制度安排、行为规范以及人的实践的现实尺度。也正因为肯定人道，承认人的价值优先性，才应当坚持一切人的权利和尊严都是平等的，从而社会发展特别是现代化进程必须关注合目的性，在推进经济发展的同时更加注重社会公平，注重保障每一个人的权利和尊严，注重在推动社会进步的过程中实现人的发展。

本文原载于《中国人民大学学报》2011 年第 2 期

人的发展视域中的经济增长与社会发展

经济增长与社会发展之间的错位甚至一定程度上的背离，是社会现代化进程中经常遇到的问题，也是当代制约我国社会全面发展和人的发展的主要问题之一。只有以人的发展引领社会发展，才能从根基上厘清增长与发展的关系，克服现代化进程中增长与发展的失衡，实现社会的全面、协调和可持续发展，推进人的自由全面发展。

一、现代化进程中增长与发展的失衡

联合国 1986 年的《发展权利宣言》强调，发展是经济、社会、文化和政治的全面进程，其目的是在全体人民和所有个人积极、自由和有意义地参与发展及其带来的利益的公平分配的基础上，不断改善全体人民和所有个人的福利。1995 年哥本哈根社会发展世界首脑大会通过的《宣言》和《行动纲领》确定，社会发展的最终目标是改善和提高全体人民的生活质量，并提出要致力于"建立一个以人为中心的社会发展框架"。联合国《1996 年人类发展报告》又指出，应避免"有增长而无发展"的情况，即避免没有更多就业机会的"无工作的增长"，没有民众参与和管理公共事务的"无声的增长"，没有发展成果为社会共享的

"无情的增长",没有文化(民族文化被边缘化)的"无根的增长",造成生态、资源和环境破坏而不可持续的"无未来的增长"。

这里对发展与增长的区别以及"有增长而无发展"的提法表明:增长不完全等同于发展,甚至在一定条件下会背离发展。

重增长轻发展的理念以及有增长无发展的行为模式有着深刻的社会历史根源,是与历史上人类长期经济短缺的现实及人们对这种短缺的焦虑心理相关的。长期以来,由于生产力水平低下,人类一直处于生产和生活资料短缺的困境中,人们的生活质量主要并直接取决于占有和享用物质财富的多寡,在此境遇中,经济增长意味着整个生活质量的提升,人们往往将一生中主要的精力放在获取生活必需品上。获取更多的财富对于社会和个人来说即使不是生活追求的全部,也是主要的部分。

将增长等同于发展的思维定式还与传统的社会心理相关。在严格的意义上说,社会发展是一个现代性的概念。由于生产力水平低下,在前现代时期,社会变化非常缓慢,"日复一日、年复一年、周而复始、循环往复",是人们长期以来的几乎是恒久的生活体验和感受。由于社会运行节奏缓慢及生活内容的重复,那时并没有明确的社会发展意识,更缺乏自觉的社会发展追求和行为。

人类对社会发展的自觉以及社会发展追求和认识的形成,始于近代欧洲工业革命时期。在这一时期,随着生产的进步、促进了新兴市场的开拓,市场的拓展又进一步刺激了经济的增长,在此基础上,人们形成了自觉的社会发展意识,从而有了推进社会进步的自觉行为,有了影响深远的社会变革和革命。

近代以来,人类社会迈入了加速发展、不断进步的进程。马克思恩格斯在《共产党宣言》中指出:"资产阶级除非对生产工具,从而对生产关系,从而对全部社会关系不断地进行革命,否则就不能生存下去。……生产的不断变革,一切社会状况不停的动荡,永远的不安定和变动，这就是资产阶级时代不同于过去一切时代的地方。"① 这一描述显然适合于工业革命以来的整个人类社会。变动不居、不停地自我超越和创新，是现代以来的社会有别于以往社会最为显著的特征，这些变化初始的含义和最显著的标志便是经济增长。

在社会现代化进程中，由于发展首先并最集中地体现在经济方面，长此以往人们便形成了"发展等于增长"的错觉，并进一步强化了重增长轻发展的倾向，使其负面效应充分地凸显了出来。

社会现代化开创了迥异于以往的社会发展道路，由于资本逻辑在整个社会运行中的支配地位，又由于社会发展不平衡导致的各个国家之间综合国力竞争的压力，现代化非但没有改变历史上人们致力于衣食足、仓廪实的心理和行为模式，反而将其强化到了极端的程度。由于现代化的初始目标、运行规则以及由于增长作为发展基础的地位，在现代化语境中，发展逐渐被定位为增长，或者说增长完全代替了发展，成了发展的同义词，人们意识中的"发展"主要就意味着经济的增长和财富的增加。宏观上看，发展经济、增加物质财富几乎成为任何一个国家和地区现代化建设的首要任务。与之相联系，评价现代化建设成败得失首先的、决定性的指标是经济增长的速度，这一评价标准决定了在现代化的目标设定和运行过程中首先追求的就是快速和高效。这就直接导致了重增长轻发展的 GDP 崇拜的思维方式和行为方式。在这种理念下的行为，必然地导致了"有增长无发展"或者说增长与发展相脱节的现象，引发了一系列社会问题。

正如人们所看到的，自 20 世纪中叶以来，世界经济一直处在持续增长的过程中，但与此同时，不仅许多社会问题并未得到相应的改善甚至有所加重，还引发了一些新的社会问题。有学者指出，20 世纪是有史以来经济增长最快的时期，但"在发展方面，从绝对数字来看，世界

---

① 《马克思恩格斯选集》第 1 卷，人民出版社 1995 年版，第 275 页。

上挨饿的人比任何时候都要多，且人数仍在继续增加。同样，文盲的数字、无安全饮用水和安全、像样房屋的人以及没有足够柴火用于做饭和取暖的人的数目也在增加。富国和穷国之间的鸿沟正在扩大，而不是缩小"①。这一说法虽然不无夸张之处，但所反映的增长与发展错位的问题却无可置疑。

有增长而无发展或者更准确地说是增长与发展的脱节、错位，是现代化进程中的普遍现象，这种现象在后发展国家的现代化过程中表现得尤为突出。增长与发展矛盾的尖锐化根源于后发展国家现代化建设的内在逻辑。由于后发展的发展中国家在国际竞争中处于劣势、承受巨大压力等原因，其开始现代化建设时目标一般说来比发达国家更为集中；由于处于经济发展的跨越期和追赶期，往往只注重经济增长而不计其他，将社会生活其他方面的因素和问题置于相对次要甚至边缘的地位；由于发展模式的单一化，在经济高速增长的同时引起了社会矛盾的尖锐化和社会问题的高发。

中国的现代化属于后发展国家的现代化，其显著的特点就是现代化进程的急迫性。急于改变落后的生产力、提升综合国力和人民的生活水平，决定了我们对现代化的理解更多地侧重于科技进步、经济发展和物质财富的增长，决定了我们的现代化目标首先并主要定位在生产力发展和经济增长上。近几十年来，单纯追求经济增长的发展模式在有效推进经济增长的同时也造成了发展的片面性。一直以来，总是以 GDP 增速作为衡量一个地区或单位发展水平乃至地方官员政绩的主要指标，这一做法在推动 GDP 逐年跃升并且使国家的经济总量不断增大的同时，也造成社会发展的严重失衡，带来了一系列社会问题。

单纯追求经济增长造成的社会发展不平衡，首先表现为社会公平严重缺失。

---

① 世界环境与发展委员会：《我们共同的未来》，吉林人民出版社 1997 年版，第 3 页。

由于重增长轻发展，由于让少数人和部分地区率先富起来而又缺乏制度制约和后续的跟进举措，从而造成了地区之间、城乡之间、阶层之间贫富差距扩大、部分低收入群众生活比较困难等社会不公问题。少数社会群体垄断经济发展过程，过度占有经济发展的成果，而一些社会弱势群体则被排挤出经济发展过程，所能分享的经济成果甚微。许多学者业已指出，中国至今尚未形成稳定的"橄榄型"社会结构。"橄榄型"社会是指社会阶层结构中极富极贫两端的人数很少，比较富裕的中间阶层人数庞大。中间阶层的壮大，既有助于社会公平也有利于社会稳定，有助于缓解贫富差距导致的对立情绪及由此激起的各种社会矛盾。中国目前的社会从收入状况看，是一种"金字塔"或"倒陀螺"型社会，这种社会中间阶层人数总体比例较小，是一种极不稳定的结构。其所以形成如此社会结构，原因在于改革开放以来，随着经济发展，收入结构也在发生变化，少数富人占据着大量的财富，与中低收入者的收入差距急剧拉大。

近来开始为人们广为担忧、经常提及的一个更为重要的问题是，在"橄榄型"的社会结构中，对立的贫富两极呈一个可能相互贯通、过渡的排列。在这种结构中，每一个社会成员经过努力都可能向上流动，能看到向上流动的希望。即使这种流动的概率可能较低，但对普通的、底层的民众会产生巨大的吸引力，引领他们通过正常渠道向上攀登，从而使人们能够认可各种社会运行规则，使社会秩序能够保持长期的稳定。而在相反的"金字塔"型的社会结构中，随着贫富差距的拉大，社会群体上下流动的通道被阻隔，不仅各阶层之间形成了清晰的界限，而且社会的分层趋向于固定化。社会阶层关系固定化的实质是社会不平等结构的固定化，而社会不平等结构的固定化则必然进一步强化社会群体之间的利益分化。这样的增长模式必然导致社会的进一步分化，即一些社会群体越来越富，另外大多数人越来越贫穷，从而损害社会公正并引发各社会群体之间的冲突，危及社会稳定和发展。这是社会发展失衡最突出且亟待纠正的问题。

单纯追求经济增长造成的社会发展不平衡，还表现为只重视经济建设而轻视社会建设。

随着社会进步，人们的需要及生活是丰富多彩的，但在现代化过程中容易产生一种倾向，就是将社会生活归结为经济生活，只注重满足人的物质需要而忽视其他。由于社会发展几乎一直与经济增长同义，这种倾向在社会发展中就表现为单纯强调经济建设而忽视社会建设和文化建设。为了尽快发展社会生产力、增强综合国力、提高人民生活水平，我们坚持发展是硬道理，先集中精力进行经济建设，然后实现经济、社会和生态环境的协调发展。这一做法极大地促进经济的增长，同时也造成了社会建设和文化建设严重滞后的问题。最突出的表现是，本来政府的主要职责之一，是服务社会，为人们提供各种公共产品，包括进行非营利的社会建设和文化建设，但事实上，政府及其官员在多数情况下则更乐意直接介入本应由企业操控的经济运行过程，并且往往在其中既充当运动员又充当裁判员。即使介入社会生活，也更多地侧重于管理、控制而非服务。其结果是社会建设严重缺位、文化建设十分乏力，导致了老百姓住房难、上学难、就业难、看病难以及社会保障缺失、物价快速上涨等一系列民生问题，以及食品药品安全问题、生产安全问题、腐败猖獗问题和社会治安问题等一系列严重的社会问题，直接制约着人们的发展甚至生存。

单纯追求经济增长造成的社会发展不平衡，实质是发展目的与手段相异化。

社会发展归根结底是为了人更好地生存发展，但在发展过程中有时却会部分地丢失了原来的目标，手段与目的脱节。表现为为了发展而发展，为了增长而增长，其结果是，GDP 上去了，人们的生活质量以及幸福感或幸福指数却未有相应地提升，甚至有的方面有所下降。当前我们采用市场经济体制，意在优化资源配置方式、提高生产效率，尽快推动生产力进步、社会财富增长与综合国力提高。市场经济追求利益最大化，其基本原则是"效率优先，兼顾公平"。先效率、兼公平的本意是，初次分配遵循市场经济规律，发挥其激励和竞争的作用，在机会公平与规则公平的前提下充分体现效率；再次分配则由政府采取措施调节个人收入的差距，防止出现两极分化。这一体制在推动生产力进步、社会财富增长与综合国力提高的同时，也造成了对公平的忽视。一是因为效率和发展成了最终目的，二是因为事实上权利公平、机会公平、规则公平的缺失，使得收入差距被不合理地拉大，引发了社会的利益矛盾与冲突。手段与目的异化还表现在国家财富分配的失衡。一个时期以来，随着经济增长，相对于政府和企业的收入的大幅度增长，个人的收入在GDP中所占的比重一直呈下降趋势。这既违背了经济发展是为了满足人民群众日益增长的物质文化需要的宗旨，严重挫伤了广大劳动者的积极性，又抑制了人们的消费需求从而整个社会总需求的增长，阻碍了产业升级和经济转型，从而严重制约了经济社会的可持续发展，影响了社会的和谐稳定。

事实表明，单纯追求经济增长显然是现代社会经济发展乃至人类活动最为显著的异化，因为它丢失了经济增长为了人的生存发展这一最本真的意义，陷入了所谓的排他性发展。而排他性发展则会引发许多社会矛盾，带来人的发展片面化，反过来制约着人的发展。

二、人的发展视域中增长与发展的关系

单纯强调经济增长必然对人的发展带来消极的影响，因为人的发展不仅仅依赖于经济增长，而有赖于社会的全面发展。对于经济增长与社会发展的联系和区别，只有在人学的层面，以人的生存发展要求为尺度，才能作出透彻的阐释。

发展与增长有内在的联系。发展与增长的关联首先在于发展要以增长为基础、为前提。"根据唯物史观，历史过程中的决定性因素归根到底是现实生活的生产和再生产。"[①] 社会发展归根到底是由社会物质生活条件决定的，人们所达到的生产力的总和决定着社会状况。虽然社会发展是多种因素综合作用的结果，但这些因素在社会发展中所起的作用是不平衡的，其中经济因素具有最基本、最重要的作用，是历史发展的决定性因素。在经济基础和上层建筑的关系中，经济基础具有决定的意义，归根到底制约着上层建筑各因素的发展，决定着国家、政治、法律等上层建筑的状况。在纷繁复杂的社会现象中，经济关系"构成一条贯穿始终的、唯一有助于理解的红线"[②]。是理解社会历史发展的基本线索。由于人的发展有赖于社会进步，社会进步以经济增长为基础，所以经济增长从根本上制约着人的发展程度。

马克思恩格斯之后，对他们社会历史理论的基本性质一直存在着争论。虽然不能将其归结为经济决定论，但可以肯定的一点是，他们比任何其他人都更看重经济在社会历史发展中的作用。从社会发展的总趋势即阶段性来看，在制约人的发展的物质前提或条件尚未具备的背景下，马克思主义创始人将主要注意力放在经济发展（解放生产力）上是必要的也是合理的。即使在当代社会，重视经济增长并以经济建设为中心也是必需的，因为没有经济增长的支撑，没有生产力发展和物质财富的丰富，社会的全面进步，人的发展也无从谈起。为此，必须充分认识发展与增长的内在关联，肯定增长是发展的基础。

发展与增长又属于不同的范畴。正如有学者所指出的，增长属于经济的范畴，主要指经济的发展，发展则属于综合的范畴，是指社会的全面进步，包括制度文明、精神文明、生态文明的发展，体现为人的素

---

① 《马克思恩格斯选集》第 4 卷，人民出版社 1995 年版，第 695 页。

② 《马克思恩格斯选集》第 4 卷，人民出版社 1995 年版，第 695、732 页。

质的提升和人的发展；增长侧重于物质财富数量的增加，发展则更侧重质量、更侧重全面性，意味着物质财富数量的增加与社会发展质量提高的统一；增长着眼于经济运行的正确性，发展则具有更为广泛的社会和人文蕴含，包含着更为广泛的内涵和价值意义。根据这些看法，增长不能直接等价于发展，发展是比增长含义更为丰富的概念。

发展优于增长，不仅由于发展在内涵上比增长更为丰富，还由于发展的含义是不断变化、不断充实、不断丰富的。发展理念或发展观作为社会发展现实的反映，会与时俱进地增添新的内容。例如在经济水平上了一个新台阶的当今，对于社会进步的评价就应当采用综合性的指标，其中特别是应引入价值方面的因素。

综上可见，由于经济增长是社会发展的基础却又不等同于社会发展，重视增长是合理的，但只重视增长而轻视社会的全面发展则是片面的。

一般地说，现代化作为社会运行过程，原初的目标指向是满足人的物质生活需求和欲望。就我国来说，在现代化的起步和追赶阶段特别重视经济增长是必然的也是必要的，因为这既有利于增强综合国力，体现社会主义制度的优越性，也有利于提高人民的物质文化生活水平。改革开放以来，由于以发展生产力和以经济建设为中心，我国的综合国力大为提升，人民的生活水平上了一个新的台阶。现实表明，发展是硬道理，在一定时期内追求 GDP 是必要的也是必然的。

然而，将发展主要定位于经济增长，毕竟只是在一定历史阶段中具有合理性。在经济总量跨上新的台阶之后，当一系列社会矛盾进入高发期之时，情势就发生了变化。这时，当我们以人的发展、社会公正等尺度反思以往的认识和实践时，便逐渐地认识到，现代化建设不能等同更不局限于经济建设，反之，应当以社会全面发展的要求引领经济增长，以人的发展尺度衡量经济增长的效果。如果说当年在西方曾有一些有识之士对单纯强调增长的社会发展模式有所质疑，那么对于以人的发展和社会的全面进步为最高尺度的中国的现代化建设来说，就更不应单纯地强调物质财富增长，就更应该关注社会发展的全面性。

近几十年来的经验和教训一再表明，虽然主要强调经济增长的排他性发展在一定时期内是必需的，但用人的发展尺度衡量，这种做法又是片面的、不可持续的。因为仅仅注重经济指标而忽视其他，在实践中必然会以弱化或损害其他社会因素（特别是公平等价值因素）为代价，导致社会发展的失衡；因为仅有增长并不必然意味着人的发展条件的全面改善，反而在一定条件下会因其一枝独秀而抑制社会其他方面的发展。正如有专家所指出的，GDP 快速增长是国家发展的基础，但并不等于国家已经跨入"经济强国"行列。

排他性发展降低了人们的幸福感。经济并非社会生活的全部内容。不少学者和媒体都指出，建设有利于人生存发展的幸福社会必须打破 GDP 神话，因为 GDP 只不过是衡量经济表现的一个简单指标，没有也不能反映社会发展的综合情况，例如没有直接涉及环境保护、公民的幸福、收入差距和失业率等因素。他们还指出，富有和幸福是两回事。幸福社会应当是人们生活幸福的社会，是有利于人的发展的社会。幸福的社会不仅应当有充裕的财富，也应该具备其他条件，例如理想的社会应该是低失业率的，所有社会成员能够享受医疗、教育和其他公共服务，能够享受一个优美的生活环境，每个公民都能真正行使民主权利、充分参与政治和社会生活。因此，"应该致力于建设一个没有通货膨胀、失业率极低也没有收入不平等的社会——在这个社会里，人人皆感到幸福，环境也受到保护。"① 人的生活幸福和他们的自由全面发展，是衡量社会发展质量和水平的最高标准。

建设幸福社会，必须超越 GDP 崇拜。有文章指出，"人本主义发展观认为，发展就是为了实现全体人类的自由、尊严和价值。……当下，国人普遍感到苦恼的是在忙碌中丢失了生活的意义。找不到意义的生活

---

① 佐和隆光："建设幸福社会须打破 GDP 神话"，《参考消息》2011 年 4 月 4 日。

是没有精神寄托的，不可能真正幸福。GDP 看起来在快速增长，……但很多人的安全感、平衡感和幸福感并没有同步增长，相反，问题依旧、压力上升、挑战更大。一个衡量人类幸福和生活美满的新指标应包含这些维度：工作和收入有保障、衣食住行无忧、教育和医疗公平有保障、居住环境宜人、拥有充分的安全感和人权保障、享有亲情友情爱情'人类三情'所带来的愉悦和美好，等等"①。

排他性发展还是资源环境危机的根源。有学者曾经指出，人类对物质资料的需求本来是为了满足生存的需要，而人的需要在每一时期都有一个合理的限度，但在市场经济环境中，这种限度被彻底打破了，生产并不限于满足合理的需要，而是为了取得最大量的利润，消费不是适可而止，而是愈多愈好。正是在这种背景下，当代经济学一再强调拉动需求，认为非此经济就不能持续发展，就达不到预期的增长目标。"于是，形成了这样一种局面，政府从外部以各种利润机会诱导和推动企业生产，而企业凭着追求利润的本能，不断去实践这种生产。整个国民经济终于成了一架高速、高效运转着的自然资源的加工机器。由此，对自然资源的挥霍也达到了无以复加的地步。"②

发展有质量高低之分，必须体现速度与质量的统一。判定发展质量可能有许多指标，但核心的、决定性的指标是有利于人的生存和发展。单纯追求速度，追求 GDP 增长，并不是好的发展，因为在片面化和失衡的状态下，GDP 增长可能是反对人的。典型的例子：例如提高房价可以拉动 GDP 增长，但这种增长却是损害广大人民尤其是中低收入者利益甚至基本权利（居住权）的，反之，这种增长只是有利于极少数开发商和与其相勾结的个人或利益集团。这样的 GDP 增长显然是不可取的。片面的、忽视不公平的发展，不仅不能给人们带来福祉，反而可

---

① 穆光宗："问道不丹：幸福在哪里"，《学习时报》2011 年 10 月 3 日。
② 叶文虎：《可持续发展引论》，高等教育出版社 2001 年版，第 47 页。

能影响人的发展，给人们的生活造成危害，不仅不能给社会带来和谐，反而会消解社会的凝聚力，影响社会的安定。应当看到，在一定时期中，片面发展问题的出现固然有一定的必然性甚至必要性，但未能将其限制到最低程度则与我们主观上对社会发展目标和路径选择上的局限性直接相关。

三、以人的发展引领社会发展

传统发展观的弊端集中到一点，就是脱离了人的多样性需要、就是不利于人的自由全面发展。从社会发展为着人的发展的根本目的看，由于人的发展具有综合性要求，有赖于社会的全面进步，现代化建设仅注重经济增长是不够的，仅仅有经济增长不能支撑人的发展。因此，传统发展观必须随着时代的变化为以人的发展为核心的新的发展观所取代。

鉴于单纯强调经济增长给人的发展带来了严峻的后果，作为对传统发展观片面性的矫正，我国提出了以人为本为核心的，全面、协调、可持续发展的科学发展观，主张当代中国的社会发展要更加注重以人为本，更加注重全面协调可持续发展，更加注重统筹兼顾，更加注重保障和改善民生，促进社会公平正义。

科学发展观对传统发展观的超越，在于它凸显了发展以人为本的本质，即要求以人的发展作为衡量社会发展的根本尺度，要求在继续关注经济增长、推进经济又好又快发展的同时，重视价值取向，重视文化建设和社会建设，重视社会关系的合理化，重视资源环境的可持续发展。科学发展观对传统发展观超越，还在于它合理定位了增长与发展的关系，既肯定了增长是发展的基础，又界定了增长与发展各自的内涵，得出了增长不等于发展、不能以增长代替发展的新认识。

以人的发展为核心的社会全面发展，是基于人的需要的多面性和多层次性。

科学发展观的提出不是偶然的，而是社会现代化发展到一定阶段的产物。随着经济的增长，人们的需要层次相应提升，对社会进步的理解和要求更为全面，不仅期望物质生活的改善，也期待社会的全面进步，包括社会公平、政府廉洁、食品安全、教育机会、医疗保障、文化繁荣等。需要的多样性，决定了一个社会既要满足人们的物质需要，还要满足人们的精神需要等其他需要，包括文化、闲暇生活、社会关系和谐等方面的需要。也就是说，实现人的自由全面发展，既要求物质丰裕，也要求精神充实和环境优美，要求丰富人们的精神文化生活，优化人们的生活环境和社会关系，概言之，要求在经济增长的基础上，推进社会经济、政治、文化的全面进步。

科学发展观以唯物史观对社会发展规律和机制的理解为基础。唯物史观强调经济状况在社会进步从而人的发展中的基础性作用，却又认为社会发展是诸多因素综合作用的过程，是各种因素交互作用的结果。针对唯物史观及其社会发展理论曾被指认为经济决定论，恩格斯曾作出过明确的辩驳。他认为，马克思的理论并非单一的经济决定论，它在肯定经济的决定作用的同时，还承认各种上层建筑因素也相互作用并积极地反作用于经济基础。"经济状况是基础，但是对历史斗争的进程发生影响并且在许多情况下主要是决定着这一斗争的形式的，还有上层建筑的各种因素。"[1]"物质生存方式虽然是始因，但是这并不排斥思想领域也反过来对这些物质生存方式起作用，然而是第二性的作用。"[2]就是说，除经济因素的决定作用之外，影响历史发展的还有上层建筑的各种因素，例如政治和意识等因素也起到一定的作用，但是，这些因素对历史进程的影响往往只是决定着斗争的形式，起到第二性的而不是决定性

① 《马克思恩格斯选集》第4卷，人民出版社1995年版，第696页。
② 《马克思恩格斯选集》第4卷，人民出版社1995年版，第696、691页。

的作用。在当代,需要的日趋丰富、社会因素的日趋多样化及它们之间的相互作用,赋予了社会发展更为丰富的内涵。社会发展不再限于社会某一方面或某些方面的改善,而是体现为以人的发展为核心的社会的全面进步。所谓全面,并不是面面俱到,而是要从人的发展这一总的、根本的要求出发,以人的发展为尺度来统摄经济、社会、文化的发展。

以人的发展为核心的社会全面发展,要求每一个人的自由全面发展。

每一个人的发展是当代社会发展的基本价值设定,体现着社会主义现代化建设全民共建、全民共享的社会公正要求。为了从战略上超越"排他性发展"的局限,我国当前提出了实施"包容性发展"的战略。"包容性发展"要求确保机会平等和公平参与,要求消除人民参与经济发展、分享经济发展成果方面的障碍。其本质的含义在于以共建、共享为特征的发展的非排他性,在于体现人人平等,尽可能使所有人公平地参与社会发展过程并平等地享受社会发展的成果,亦即经济发展成果惠及所有人群,使经济增长、社会进步和改善民生并重。其基本要求与马克思"每一个人的发展"的诉求是完全吻合的。

从马克思主义人的发展理论视角看,"包容性发展"的实质是发展为了人民、发展成果由人民共享。这一新的发展模式所确立的共同建设、共同享有的原则,鲜明地体现着社会发展为了人、从人们的最大利益出发,推进人的自由全面发展的宗旨。"包容性发展"其所以与"排他性发展"截然不同,是因为它将价值因素引入了衡量社会整体发展水平和质量的尺度之中,鲜明地体现出公正、和谐等社会发展的要求,使社会发展的内涵更加全面也更加丰富,更具有合目的性。

值得欣慰的是,在我国,社会全面发展的观念不仅在理论上受到了关注,而且已经被具体化为衡量不同地区社会发展的指标。中国科学院发布的《中国科学发展报告2011》,对中国各地GDP质量指数进行排序。"中国GDP质量指数"涵盖经济质量、社会质量、环境质量、生活质量和管理质量五大内容。其中，社会质量强调效率与公平的平衡；环境质量强调环境与发展的平衡；生活质量强调居民生活水平、幸福感等；管理能力强调政府对 GDP 生成的调控能力。专家表示，理论上，中国 GDP 质量指数试图回答 GDP 如何反映真实财富、可持续发展及社会和谐水平三个问题。应用上，与以前的绿色 GDP 相比，中国 GDP 质量指数并非只侧重考虑资源与环境代价（自然资本），也平行考虑社会和谐与民生幸福（社会资本），还考虑发展观念与管理水平（行政资本）。有关专家表示，各地都应该不断追求"品质好"的 GDP。

按照以人为本的要求，在经济发展达到一定程度时，经济发展与社会建设、改善民生不应该再有先后之分，效率与公平也不应该再有轻重之别，而应等量齐观、统筹兼顾。为满足人们不断增长的社会文化需要，在继续坚持以经济建设为中心、加速物质文明建设的同时，还要注重制度建设、文化建设和社会建设，改善公共生活，保护资源环境。从推进人的发展的角度看，当前促进社会全面发展有两个主要的着力点。

一是适应人的自由全面发展要求，加强社会建设，在推进经济增长的同时，着力解决现代化建设中的一些涉及民生方面的突出问题，例如劳动就业、社会保障、教育卫生以及居民住房等关系到人们切身利益的问题。就解决民生问题的必要意义而言，既是为了满足人们基本生存的需要，因为就业、社会保障、教育卫生和住房诸项问题，都涉及当代人生存的基本条件，其中任一问题不解决，人们就不能过上正常的、有尊严的生活；也是为了提升人们的生活质量、满足人们的日益增长的物质文化需要，因为医疗、教育、文化等公共设施不仅是人的基本生存条件，又是人们丰富生活、提高生活品质的条件，关系到人的身心健康、人们的科学文化素质、人们精神生活的充实等。因此，关注并更好地解决民生问题，将为人们过上更舒适、更美好的生活提供优越的条件。

二是着眼于每个人的自由全面发展，针对城乡和区域发展不平衡特别是不同群体收入分配差距悬殊等问题，着力实现社会公平。根据唯物史观理论，社会进步和人的发展是一个综合的过程，特别要求社会制度和关系的合理化。社会关系的合理化不仅能够促进经济持续有序地发展，更能使社会发展体现公平、正义的价值取向。在现实中，经济增长并不一定直接促进人的发展，因为增长本身并不直接涉及价值合理性，不能自行决定增长的社会效果，不会自发地带来财富的共享以及大多数人生存条件和环境的改善。就有利于人的生存发展的意义上说，衡量社会发展除经济增长的尺度之外还应包括公平正义等价值尺度。确立公平正义的社会关系和制度安排，是实现共同富裕、社会和谐及人的发展的必要条件。众所周知，当前社会发展的不平衡首先表现为社会公平严重缺失。由于重增长轻发展，由于自然和社会条件的差异，由于让少数人和部分地区率先富起来而又对他们缺乏制度制约，以及由于腐败盛行，造成了地区之间、城乡之间、阶层之间贫富差距扩大、部分低收入群众生活比较困难等社会不公问题。一些社会群体垄断经济发展过程，大量侵占经济发展所带来的成果，而一些社会弱势群体被排挤出经济发展过程，所能分享的经济成果甚微。这是当前社会发展失衡最突出、最亟待纠正的问题。为此，应当在有利于经济增长的同时要更加注重以制度保障社会公正，调节不同社会群体之间的利益关系，尽可能实现发展成果为全民共享，使不同社会群体的收入分配差距保持在一个相对公平合理的范围内。

构建和谐社会、促进人的发展，必须自觉抵制低质量的、不公平的发展，倡导高质量、公平的发展。只有社会全面发展，才能在经济增长与社会发展统一的基础上切实改善人的生存状况，推进人的发展。

本文原载于《学习与探索》2012 年第 9 期

《新华文摘》2013 年第 2 期转载

《中国社会科学文摘》2013 年第 1 期转载

《学术界》2012 年第 10 期转载

唯物史观视域中文化的民族性与世界性

文化的民族性与世界性的关系，是世界历史进而全球化进程中出现的新问题。从唯物史观视角理解文化的民族性与世界性及二者之间的关系，有助于明晰全球化背景下民族文化和世界文化未来的走向，亦有助于确定全球化背景下中国文化的发展方向和路径。

一

民族文化是一个国家或民族特有的文化，而文化的民族性，则是某一民族文化与该民族内在关联的、不同于他文化的特征。

从唯物史观的视角看，文化所以具有民族性，是因为文化不是孤立的社会现象，而是社会有机体的一个组成部分，属于社会意识的范畴，与其他社会因素密切相关，既要受到经济基础的制约又要反作用于经济基础，对社会生活和人的发展产生影响。

文化的民族性体现在，文化要受到一个民族的经历、该民族所处的生存环境等因素的影响。所谓民族性，说到底是一种特殊性。"从历史上看，多数文化与社会结构都呈现出统一性。"① 文化根植于民族独特

---

① 丹尼尔·贝尔：《资本主义文化矛盾》，商务印书馆 1989 年版，第 82 页。

的环境，独特的经历，各民族的文化所以具有特殊性，是因为不同民族的生存环境和历史演变都是特殊的、独特的。人类历史上没有一个民族的历史演变和生存环境，它的经历和人们的感受是与其他民族完全相同的，因而也没有一个民族的文化是与他民族完全相同的，或者说每一个民族的文化都是独特的。从形成和演变的进路看，由于受特定历史演变和生存环境的影响，人类的文化从形成开始就是地域性的，进而又是民族的，具有鲜明的民族性，只是到近代以后，随着世界历史特别是全球化进程的发展，才开始成为世界的。

从广义的"关乎人文，以化成天下"的意蕴看，最早的文化出现于原始时代。对原始时代文化（如原始时期的陶器、岩画等）的发掘和考察表明，那时的文化已经开始具有地域性的特点。随着民族的形成，文化开始具有民族的特征。正如我们所知道的，在以往，由于地域分隔及缺乏交往，各个民族都有自身的独特的发展历史和显著的社会特征，因而传统社会有很多不同的类别，不同民族的政治、经济结构和发展道路往往大相径庭，反映到文化上，各民族的文化更是千差万别、多姿多彩。与物质条件相比较，文化在本质上就具有特殊性，也就是通常所说的多样性。虽然在漫长的历史过程中，各民族之间在文化上曾有所交流并相互吸取对方的精华，但并没有因此消弭文化的独特性即民族性，反之，随着各民族的兴衰、演变，它们的文化愈趋具有鲜明的特征或特色，正是这些特征或特色，才使得人类的文化呈现出千姿百态、丰富多彩的景象。

值得注意的是，不仅各民族国家之间在文化上具有显著的差异，而且这些差异往往不仅是现象上的，而且是本质上的，有的差异简直具有对立的性质。例如，某一种文化中认为是美的东西在另一种文化中就可能被认为是丑，某一种文化中认为是善的东西在另一种文化中就可能被认为是恶，某一种文化中倡导的东西在另一种文化中就可能是禁忌。民族文化之间的本质差异具有双重效应。一方面，有助于文化的多样性以及有助于国家民族的认同或凝聚。另一方面，又可能给社会进步和人的发展形成障碍。当今世界各个文明之间的显著差异及其造成的民族国家之间的纠纷甚至冲突，正是以极端的方式表现了这一点。无论"文明冲突"一说能否成立，其所指明的文化的多样性及其带来的各个文明之间的差异是不能忽视或回避的，是必须积极面对的。

文化的民族性还体现在，文化对于国家民族的进步，对社会生活和人的发展具有重要的影响。唯物史观强调经济状况在社会进步中的基础性作用，却又承认上层建筑因素在社会发展中的作用。正如恩格斯所指出的，"经济状况是基础，但是对历史斗争的进程发生影响并且在许多情况下主要是决定着这一斗争的形式的，还有上层建筑的各种因素。"① "物质生存方式虽然是始因，但是这并不排斥思想领域也反过来对这些物质生存方式起作用。"②

在影响社会发展的诸种因素中，文化是非常重要的一种。文化对社会生活和人的发展具有特殊的意义。"就社会、团体和个人而言，文化是一种借助内聚力来维护本体身份的连续过程。"③ 文化是一个国家民族中的人们凝聚在一起的重要纽带，是他们国家民族身份自我认同并相互认同的依凭，是他们社会活动特别是精神生活的主要资源。

文化的民族性在很大程度上影响着一个社会的面貌。诚然，不同的生产力发展水平及物质条件会从根本上制约社会的发展，这才有了古代、近代和现代之分，在同一时代才有了发达国家和发展中国家之别。但是在相近的客观条件下，物质方面的因素对社会发展的影响在不同的民族国家并没有什么本质的差异，这时决定它们之间差别的，往往是文化方面的因素，这一点在现代社会表现得尤为明显。由于现代化目标和任务的同质性，又由于全球化的大背景，世界上大多数国家的现代化

---

① 《马克思恩格斯选集》第 4 卷，人民出版社 1995 年版，第 696 页。
② 《马克思恩格斯选集》第 4 卷，人民出版社 1995 年版，第 696、691 页。
③ 丹尼尔·贝尔：《资本主义文化矛盾》，商务印书馆 1989 年版，第 81 页。

进程都要走上相同或者相似的道路，经历相同或者相似的发展阶段，其经济形态、社会面貌以及机制体制和器物形态大体上将逐渐趋同或越来越具有相似性。但与此同时，各国家民族的特色则依然存在甚至有所强化，这是文化的因素使然。与其他社会因素相比较，不同民族国家文化的独特性皆尤为明显，这才有了同一时代和相近物质条件下不同民族国家的显著差异和特色。

文化的独特性对人的发展具有重要影响。在人的发展问题上也像在社会发展问题上一样，不同国家民族之间物质方面的共性较多，精神方面的差异则较大。全球化赋予人的发展世界性，而人的身份认同及生存境域始终具有国家民族性。文化不仅是一个民族自我确认从而形成凝聚力的根据，是一个民族的灵魂，也是每一个人确认社会身份、形成生活追求以及获得归属感和认同感的根据。正因为如此，民族文化可以为人的发展提供精神动力，为人的理想、信念、境界和整体素质的提升提供精神养料。"文化上的每一个进步，都是迈向自由的一步。"① 文化独特性对人的发展的影响可以从两个层次来理解。宏观上看，文化的民族性显著地制约着不同民族国家人的发展的方向，影响着人的发展的状况，人的发展的具体目标和要求，使不同国家民族的社会进步和人的发展呈现出自身的特征或特点。微观上看，"文化本身是为人类生命过程提供解释系统，帮助他们对付生存困境的一种努力"②。文化的多样性直接影响到人们的价值取向和审美情趣，影响到他们对生存方式和需要定位的判断，影响到他们对自己行为合理性的评价，影响到他们对与他人、与社会关系及社会交往的理解，从而影响到他们对社会和人的发展内容和方式的界定，影响到他们对社会和人的发展具体路径的选择。

---

① 《马克思恩格斯选集》第 3 卷，人民出版社 1995 年版，第 456 页。
② 丹尼尔·贝尔：《资本主义文化矛盾》，商务印书馆 1989 年版，第 24 页。

二

世界文化有两层含义：存在于世界上的文化和世界性的文化。前者指所有存在于世界上的文化，包括所有的民族文化，这个意义上的世界文化是自有文化以来就存在着的。后者是指民族文化通过普遍化或相互融合而形成的、为各民族普遍接受的统一的世界性的文化，这种文化是伴随着世界历史形成的。

近代以来，特别是20世纪下半叶经济全球化进程开启以来，一些民族文化逐渐具有了世界性，并开始形成为世界性的文化。文化所以具有世界性，是因为不同民族文化具有共同的地方，或者说，文化世界性的依据是文化的共性。文化共性的基础可以从多方面来理解，例如可以从共同的人性或人的类特性来理解，或从所谓"人同此心、心同此理"的共同心理趋向来理解等。从唯物史观的视角看，文化的共性最深厚的基础，是其所依赖于并反映的社会生活和实践，特别是社会的经济状况。

唯物史观充分肯定经济基础对社会意识的决定作用，认为"历史过程中的决定性因素归根到底是现实生活的生产和再生产"①，"经济关系不管受到其他关系——政治的和意识形态的——多大影响，归根到底还是具有决定意义的，它构成一条贯穿始终的、唯一有助于理解的红线。"② 文化作为社会意识，"一开始就是社会的产物，而且只要人们存在着，它就仍然是这种产物。"③ 根据这一观点，世界性文化所以必要并且可能，是由世界历史从而经济全球化进程决定的。

---

① 《马克思恩格斯选集》第4卷，人民出版社1995年版，第695页。
② 《马克思恩格斯选集》第4卷，人民出版社1995年版，第732页。
③ 《马克思恩格斯选集》第1卷，人民出版社1995年版，第81页。

诚然，在世界历史开端之前，各民族的文化之间也有交往，但这时的交往具有偶然性、有限性和间断性的特点，而且范围尚未达到全球的广度，不具有真正意义上的世界性。文化的世界性是伴随着世界历史进而经济全球化进程才开始呈现的。从唯物史观的视角看，经济全球化的影响绝不仅限于经济领域，必然要辐射到包括文化在内的社会生活的各个方面。正如马克思恩格斯在《共产党宣言》中所指出的，"资产阶级，由于开拓了世界市场，使一切国家的生产和消费都成为世界性的了。……过去那种地方的和民族的自给自足和闭关自守状态，被各民族的各方面的互相往来和各方面的互相依赖所代替了。物质的生产是如此，精神的生产也是如此。各民族的精神产品成了公共的财产。民族的片面性和局限性日益成为不可能，于是由许多种民族的和地方的文学形成了一种世界的文学。"① 根据这一看法，在世界历史进而经济全球化进程中，各民族国家文化相互交流、相互交融、相互激荡日趋加深，既影响着各民族文化的生存和发展，也塑造着未来的世界文化的形象。

自出现世界文化开始，就有了文化的世界性与民族性的关系问题，而这一问题的一个重要内容，就是未来人类的文化走向。

虽然文化的世界性迄今还是一个未来时的问题，但文化的全球化已呈现出不可阻挡之势，在这一大背景下，未来世界文化及各民族文化走向的问题受到广泛关注，已经成为一个引起诸多讨论的热点问题，讨论的焦点，是世界文化和民族文化的前景。

前文已经提到，《共产党宣言》曾经预测，随着世界历史发展，各民族的精神产品成了公共的财产，于是由许多种民族的和地方的文学形成了一种世界的文学。受这一预测或设想的启发，有人提出了对未来人类文化发展趋势的看法，认为未来人类文化发展的可能趋势，是各民族文化逐渐趋同，每一民族都将自己文化中优秀的成分贡献出来，通过融

---

① 《马克思恩格斯选集》第 1 卷，人民出版社 1995 年版，第 276 页。

合而形成一种统一的、一体的世界文化。有人不同意这一观点，他们鉴于当今世界部分国家和地区文化、宗教冲突愈演愈烈的趋势，认为未来文化发展的走向仍将是每个民族的文化各自发展，其间可以吸取其他民族的文化资源，但总的趋势仍然是各走各路，甚至会相互冲突。还有一种观点认为，上述两种理解各执一端且各至极端，因而应当综合两者，认为未来人类文化发展的基本态势应是两种趋势并行，即各民族文化在保持自身特色的同时又走向融合，形成一种新的全球文化。

我们认为第三种观点所预测的态势显然更具可能性并合理性。未来的文化发展态势将是：一方面，各民族文化通过融合而形成一体的世界文化，另一方面，每个民族的文化在吸收他民族文化因素的同时各自发展。也就是说，文化的独特性不会随着全球化和现代化的发展而消失，在未来，将是世界文化和民族文化两种形态并存，二者相互促进、共同发展。

从近代以来的历史看，经济全球化引起普遍交往，导致了文化的逐渐交融从而新的、具有普遍性的世界性文化因素的产生。在当代，不同民族文化上的认同性正在加强，作为共识普遍性的文化因素以及文化观念正在积累之中，且愈趋增多。由于经济全球化是一个不可逆转的过程，由于经济交往在人类交往中的基础性地位，由于经济交往必然带来更加频繁的人员和物质交往，经济全球化的影响必然触及文化领域。随着全球化的进一步拓展和深入，普遍性进而普世性文化的形成在未来是可以期待的，虽然这将是一个长期的过程。与此同时，近代以来的历史同样表明，许多民族文化都在与其他文化的交流中继续发展，获得新的生机和活力。

关于民族文化的未来命运，存在着不同的看法，分歧的关键是其是否具有可持续性，即民族文化将来是否会被世界文化所取代而趋于消失。这个问题虽然从根本上说只能由时间来回答，但其趋势却并非不能预测。我们认为，真正有价值的民族文化都具有自我更新、与时俱进的能力，而不会被普遍性的文化所瓦解或吞噬。只要民族在，民族文化就在，反之亦然。在可以预见的将来，从总体上看，民族文化不会消失，也就是说，世界上不会只留下某种单一的世界性的文化，即使这种文化是由各民族文化交融形成的。但具体来看，有些文化又可能随着社会的变迁、随着民族特征的淡化而消失，或者被整合进其他生命力更强的民族文化之中，以及被融合进未来的世界性文化之中。与此同时，一些历史悠久的、有生命力的民族文化无疑会保存下来，并在吸收他民族文化优秀养料的过程中不断丰富和发展。就此我们甚至可以说，民族的文化在相当长的时期内是不会泯灭的，仍将存在并发展。此外还应指出的是，在一些传统民族文化趋于消失，或者被整合、被融合的同时，随着社会的发展，也可能形成某些新的民族文化。

文化的世界性与民族性关系中的另一个问题，是两者的相互转化，即民族文化世界化和世界文化民族化的问题。

民族的文化何以能够成为世界的？民族文化所以能够成为世界的，显然是因为该民族文化蕴含着先进性的从而具有普遍性的因素。关于文化是否有先进与落后之分，是一个见仁见智的问题，我们认为回答应当是肯定的。文化是特殊性与普遍性的统一，有普遍性就可以有比较，有比较就有先进与落后之分或优劣之别。比较文化优劣的根本尺度，只能是是否有利于人的生存与发展。虽然不同民族的文化各具特色，但从总体上说，有利于人的发展的文化，应有利于满足人合理的精神生活需要，有利于人的身心健康及和谐发展，有利于人的精神追求和精神境界的提升，有利于人与他人和社会和谐相处，有利于人与自然的协调发展。

有一种说法，认为文化只有民族的才是世界的。这一说法旨在强调文化的独特性及其价值，即具有独特性及价值的民族文化才能为其他民族的人们所欣赏、所称道，才能成为世界文化花园中的奇葩。须知这里的"只有"是必要条件而非充分条件。纵观人类近代以来文化发展的历史，并非所有民族的一切文化都是世界的或具有世界性，只有那些优秀的、具有普遍价值的民族文化才可能成为世界的。同样的道理，一些世界性文化的内容所以应当并能够转化为民族的文化，亦是因其包含着具有普遍性的、优秀的东西。

文化的世界性与民族性关系中的又一个问题，是保持文化的世界性与民族性平衡的问题。

由于世界文化和民族文化将长期并存，这就意味着在未来，不同民族社会和人的发展在遵循基本目标、原则和路径的同时将一直要受到文化差异性的影响，从而在社会和人的发展过程中必须把握好世界性与民族性的关系。

在全球化背景下，既然人的发展具有世界性又具有民族特色，这就有一个把握人的发展的共性和个性、世界性与民族性平衡的问题。我们认为，应对这一问题的关键，是在世界性与民族性之间保持一种合理的张力，既要注重全球化的背景对当代社会和人的发展提供的新的条件，注重扩大人的交往，提升人的世界意识，又要注重文化特色对不同国家中社会和人的发展的影响。对于发展中国家来说，这一点尤为重要。由于后发展的原因，一方面，必须注重社会和人的发展的世界性，因为这实质上就是注重时代性，而这对于社会和人的发展是至关重要的。另一方面，适应全球化并不是屈从于甚至湮没于全球化而丢失自我。反之，应当在融入世界性的同时注重社会和人的发展的民族性，保持民族国家文化的特色亦即保护世界文化的丰富性和多样性，以为社会和人的发展提供更为广阔的空间和可能。

三

全球化背景下不同文化的相互交流、相互激荡，为我国的文化建设提供了新的机遇。交流促进了世界各民族不同文化之间的接触、对话，使我们在同外来文化的交流中可以取长补短，能够借鉴和吸收其他民族国家创造的优秀文化成果，有利于文化的融合与创新，也有利于拓展我们的文化视野，为中国文化面向现代化和走向世界提供平台。

全球化背景下不同文化的相互交流、相互激荡，也使我国文化建设面临严峻挑战。当代中国与世界文化交流的重点是与西方文化的交流。在相互交流、相互激荡的格局中，双方的地位是不对等的，西方文化处于强势地位而中国文化处于弱势地位，西方文化对中国文化（乃至中国人）的影响远胜于中国文化对西方文化（乃至西方人）的影响。这种格局的不对称非常严重，以至于西方文化在一定程度上已经成为衡量文化先进性的尺度，甚至在一定程度上遮蔽了中国文化，引导着当代中国文化的变化和发展。"现代性的不同文化方案之间的这些差异，并不单纯是'文化'或学术的差异。它们与现代性的政治方案和制度方案所固有的某些基本问题密切相关。"[①] 应当看到，西方的文化霸权是与其在经济、政治以及军事等方面的强势分不开的。由此，在融入经济全球化的过程中就会出现文化身份认同和文化归属感弱化的问题，就有一个保持和体现文化的中国特色的问题。

为此，必须正确理解接轨全球化与保持自身民族文化特色的关系。从唯物史观的视角看，中国文化的发展既应与经济社会的发展相适应，与经济全球化的趋势相适应，自觉对世界文化开放，又应注重文化发展的相对独立性特别是历史继承性，自觉坚守本民族优秀的传统文化。这是当代中国文化建设应取的态度。

首先，应当自觉坚守中华民族优秀的传统文化，适应时代和实践的需要，保持并彰显民族文化的特色，以强化人们的文化身份认同意识和文化归属感。

[①]　S.N. 艾森斯塔特：《反思现代性》，三联书店 2006 年版，第 27 页。

民族文化的殊异性在中华民族的文化上表现得尤为明显。中华民族具有悠久的、辉煌灿烂的文化传统，在世界文化之林中独树一帜。中华人文精神和人文价值，深深地融化在中国人的血液中，影响着中国人的思维方式、价值取向、审美情趣和行为习惯。正因为如此，中国人对社会生活和人的发展问题的理解具有自身的特色。中华文化的特色还突出地表现为文化自觉。通常认为，文化自觉即人对生活于其中的文化的自知之明、充分认识和认同，是文化的自我觉醒，自我反省，自我创建。就人的发展而言，文化自觉是人对其文化身份进而民族身份和社会身份的认同。这种认同对于人的发展尤为重要，关系到人的精神寄托、精神生活的取向，以及知、情、意等的发展特色和路径选择。

众所周知，悠久深厚的历史积淀和传承，决定了传统的中华文化中蕴含着大量优秀的精神价值资源，决定了我国当代文化的建构应具有鲜明的特点。中华民族向来注重内省、注重精神修养，注重精神体验和精神境界的提升。历来的仁人志士们重视修身养性，既是为着齐家、治国、平天下，同时亦具有怡情养性、提升境界的意蕴和追求。古人所谓养浩然之气，所谓致良知，既是为着社会责任的担当，也是为着人格修养和精神慰藉。以仁、义、礼、智、信、忠、孝、诚、恕等为特色的中华人文精神，以气节、崇德、宽恕、谦敬、乐群、重义、慎独、善良、达观、宁静、兼善，以及和而不同、自强不息、厚德载物等为内蕴的中华文化价值，为历代仁人志士所遵从，构成为中国人安身立命的精神家园，至今仍具有鲜活的生命力。这些独特的精神文化使中国人的精神生活、精神境界和精神享受迥异于其他民族，使中国人对人的精神生活发展的认识、体验和追求具有鲜明的民族特色。它们对于确立积极向上的理想信念和精神追求，提升人们的精神境界和精神生活质量，促进社会和谐和人的发展，具有重要的意义，是建构当代中国文化的重要思想资源。在与现实的对话中阐发中国传统文化的价值，并给予当代性的理解，是当代中国文化建设的基本路径。

其次，应当自觉对世界文化开放，积极与他民族进行文化交流，吸收其他文化的精华，积极向世界传播中国文化，为人类文化的发展作出显著的贡献。

一是着眼于当代中国文化建构，充分吸收西方精神文化的有益成分。近代以来尤其是"五四"以后，我国一些先进的知识分子一直在做这项工作，取得了显著的成效，同时也存在着很大的局限。西方精神文化有很多优秀的文化资源，作为西方社会长期积淀下来的思想精华，切合现代化进程发生了意义的转换，具有较为鲜明的当代性，对于我们在现代化进程中进行精神文化建构，丰富人们的精神生活，满足人们的精神需要，具有重要的参考和借鉴意义。精神文化发展既不应闭关自守、故步自封，又不能照搬他人、生吞活剥，而须融会中西，贯通古今。当代中国的精神价值和文化建构，要面向世界和未来，充分吸收他民族优秀文化的思想资源，又要与中国文化的特色和优势相结合，根植于当代中国现代化建设和社会生活的现实。

二是积极向世界传播中国文化。随着国家的崛起特别是经济的快速增长，中国文化走向世界尤其是汉语的推广已经有了一定的效果，但中国文化世界化的效果并不显著。原因在于，现在推向世界的文化内容多是一些枝节的、技艺性的东西，只是满足其他国家人们求异甚至猎奇的心理需要，而缺乏更深层次、更具影响力的东西。在全球化背景下，只有能为世界贡献核心价值的国家民族，才真正称得上是强大的国家民族。中国文化推广更为重要甚至关键之处在于核心价值的推广，而这正是中国文化推广中的短板。从更根本的意义上说，我们必须加强对中国文化中具有普遍意义的核心价值的提炼，并将其推向世界。

从文化世界性与民族性关系的角度看，未来的中国文化建构以及中国文化的推广，都会遇到普世价值与社会主义价值以及与民族价值的关系问题。

我们正在进行的社会主义核心价值建构，实质即当代中国社会的核心价值建构，它是当代中国文化建构中最有分量的内容，具有对内凝聚人心、对外展示软实力并求得认同的功效。鉴于对内对外的双重功能，核心价值的建构既要具有民族特色，又要具有普遍性或世界性。

核心价值建构要具有民族特色。任何民族的生存和发展都需要核心价值的支撑，以能够使人们确认自身的身份，确定自身的独特性和意义，能够以之为基础构建该民族的认知符号和行为准则，能够作为有形或无形的标志将本民族同他民族区别开来，能够起到凝聚人心、鼓舞人心的作用。毫无疑问，这样的核心价值必须具有鲜明的民族特色。中国的核心价值建设尤其如是，这是由中华民族在世界民族中的地位决定的。像中国这样一个大国，像中华民族这样一个伟大的民族，要屹立于世界民族之林，要实现民族的伟大复兴，要实现精神文化大的发展，其核心价值建设必须以自己为主体，以自身优秀的传统文化为根基，在继承传统的基础上结合时代特征进行新的创造，以使我们的核心价值具有鲜明的中国特色。

核心价值建构又要具有普遍性。核心价值建设要着眼于民族性和意识形态特征，也要注重普遍性。这里的关键问题是，社会主义核心价值与普世价值有无关联、能否兼容甚至融合。毋庸讳言，普世价值是普遍性的，在中国的社会主义价值则是一种特殊的价值，不仅有"社会主义的"这一修饰词或限定语，同时又是"中国的"，总之是"中国特色社会主义的"。从传统的观点看，普世价值是由资产阶级提出的，而社会主义在价值取向上则是反其道而行之，因而社会主义核心价值与普世价值之间似乎南辕北辙甚至截然对立。但仔细研究可见，两种价值既有对立的一面，又有相互关联的一面。民主、法治、自由、公平、正义、人权、人的解放等，是人类共同追求的价值观和共同创造的文明成果。社会主义价值吸取了上述近代以来普世价值的内容，事实上，属于普世价值的"社会主义核心价值"还有很多。反过来看，离开了民主、法治、自由、公平、正义、人权、人的解放等，不知道"社会主义核心价值"还余下多少内容。

在全球化的时代,核心价值是国家民族文化软实力最为集中的体现。无论一个民族、国家或国家集团,要以独特的身份屹立于世界民族之林,就必须具有相应的文化和价值上的软实力,以便在文化和价值上求得世界的认同,以及为世界文化和价值的交流和建构作出应有的贡献。近代以来,西方国家所以能在世界政治、经济和文化等各类游戏中一直处于主导地位,除了因其具有强大的硬实力支撑之外,另一关键因素就是具有一系列较为先进的、能为世界上较多的人们广为认同乃至赞许的核心价值。就价值观或价值取向而言,越是具有普遍性的因素,就越是具有长久的生命力和价值。当前的社会主义核心价值中包含了人的解放和发展、民主、法治、自由、公平、正义等普世价值内容,表明社会主义核心价值建构已经趋于成熟且更加合理。

从另一方面看,社会主义核心价值建构将为普世价值的进一步丰富和发展作出贡献。价值的普遍性根本上来源于价值的民族性,来源于民族优秀价值中具有普遍意义的因素。作为有着悠久并优秀文化传统的民族,中华民族应当对人类文化的发展作出应有的贡献。弘扬、提升和推广中国文化中的优秀价值,使之更加广泛地为世人所了解、所欣赏、所采纳、所遵从,不仅有助于当代中国的文化建构,也将为人类的文化和价值建设作出更大的贡献。

本文原载于《河北学刊》2013 年第 4 期

人大复印报刊资料《哲学原理》2013 年第 10 期转载

第 五 篇

现代化进程的人学思考

人学与人文精神

一

随着我国社会现代化进程的深入，人文精神问题已成为文化界讨论的热点，关于人文精神失落与否及相关的对策方面的讨论一度热闹非凡。但综观近几年来的讨论，对此问题的研究未有明显的深入。究其原因，是因为这方面的研究尚未引起哲学尤其是人学的充分关注。人文精神固然是一个文化的、伦理的或社会心理的问题，但从本质上看却首先是一个人学的问题。只有从人学的角度，才能深层次地揭示人文精神的特质及其在人生存发展中的地位和作用。

人文一词通常泛指人类社会的各种文化现象。在这个意义上说，凡由人类创造或改造之物都属于人文的范畴。人文精神却是指人的精神的一种基本类型，是相对于科学精神而言的。当前对人文精神的理解可谓见仁见智，然而从哲学层面的讨论看，通常将人文精神理解为对人生存发展的关注和追求。有人认为，人文精神就是对人的存在、价值、命运及人生的意义等有关人的根本问题的关注；有人认为，人文精神是人类对自身完满性的追求，主要是对人类完满性方面缺失的关注；有人认为，人文精神是对理想人生、理想人格和理想社会的追求；还有人认为，人文精神就是对人生终极意义的关怀。这些理解虽不尽相同，但却有一定的共识，即认为人文精神是对人生存发展的关怀和追求。这种理解总体上是正确的，但还有待于进一步深化。

人文精神本质上是一个人学的问题，只有从人学的角度入手，才能对其特质和作用作出合理的解释与说明。

人文精神本质上是一个人学问题，首先是因为它在人的生存发展中具有特殊的地位和作用。对人文精神的人学研究，首先是从人文精神与人生存发展的总体关系上进行研究。

人的精神具有极大的丰富性，但就与人生存发展的总体关系而言，可以区分为两种基本类型，一类是科学精神，一类是人文精神。这两种精神从根本上说都是有利于人生存发展的，都体现着对人生存发展的关注和追求。然而，它们在人生存发展中所起的作用却是不同的，这种不同，体现出人文精神的特质即特殊规定性。

科学精神以求真、求实、求效率和效益为特征，追求正确地认识和有效地改造对象，它主要涉及人生存发展的手段和途径，与之相联系，它主要关注的是人与他物的关系、人在这种关系中如何更好地生存发展。从这个意义上说，科学精神总体上属于工具理性范畴，它对人生存发展的作用主要是手段性、工具性的。与科学精神不同，人文精神则主要涉及人生存发展目的、意义、价值等"人自身"问题的理解，通俗地说，它对人的生存发展起着定向或定位的作用。诚然，在人生存发展定向问题上，科学精神也起着重要作用，但这种作用本质上是辅助性的。人要正确认识并有效地改造世界，是因为欲使世界发生有利于人生存发展的变化，至于何为有利于人的生存发展，则是一个目的和意义的问题，它既包含着对人生目的和意义的理解，也包含着人的价值取向。对此，必须诉诸人文精神。人文精神关注人生的目的和意义，与之相联系，它着眼于"人自身"的问题而不是他物或人与他物的关系，虽然这种关注是同人与他物的关系密切相关的。关注和理解人生存发展的目的和意义等"人自身"的问题，这就是人文精神的特质，是人文精神区别于科学精神的特殊含义和作用所在。

人文精神本质上是一个人学问题，还因为人文精神作为完整的人的重要组成部分，构成人学研究的主要对象之一。

人学应研究完整的人。对完整的人可以从不同方面来理解，但无论是作为类还是作为个人，完整的人都既应包括人的物质方面，也应包括人的精神方面。只有物质方面和精神方面的统一才可能是完整的人，只有物质方面和精神方面都发展才是人的全面发展。

完整的人是物质和精神的统一，与之相联系，人的生存发展需要也包含物质的和精神的两个方面。就科学精神和人文精神而言，前者主要涉及人的物质生产和生活，后者则主要涉及人的精神生活，满足人的精神需要，体现人的精神追求。人文精神的目标指向不是工具理性的，虽然它在调动和激发人们创造物质资料的积极性和主动性方面是不可或缺的，但就其本质特征而言，则主要体现着人对精神生活的追求。

人文精神关注人的精神生活，对人的人格修养、自我意识的发展和主体性的形成具有不可替代的作用。人通过劳动将自身从自然界中提升出来并在此基础上不断进化，其意义并不限于物质存在和物质条件的发展，同时也在于精神生活的逐渐充实和精神修养、精神境界的逐渐完善。其中的一个重要内容，就是人文精神的发展。在人的主体性，人的自我意识、社会意识和人格的形成、发展过程中，人的意识经历了向外扩展和向内深入两个并行的过程。前一个过程是人在改造外部世界的同时逐渐提高认识能力，将越来越多的外部事物纳入认识对象，对客观事物及其与人的关系的认识不断扩展和深入，以至于在当今对客观事物的认识既能够视通千里又能够入微探幽。后一个过程是人的意识向内深入，在生活、实践的基础上不断反省自身，丰富自身的精神生活和人文修养，形成社会认同感和人格、理想意识。这一过程正是人文精神的形成发展过程。人文精神是人类精神生活与人文素质发展的积淀，是人所以成为人的主要根据之一。

从上述分析中可以得出的思路是：从人学角度把握人文精神，就应将人文精神置于人生存发展的背景中进行分析和理解；就应从完整的人即人的全面发展的要求出发理解人文精神的作用和意义。

二

社会现代化进程中的一个重要现象，是科学精神的强劲和人文精神的式微。现代化要求有科学精神，强调求真求实，强调认识和实践的正确性与有效性，强调不平衡和激励，强调功利、竞争、效率和经济发展。相对地，人生的意义和目的、社会的和谐与公平以及人们行为的道德规范等人文精神所要求的东西便退居次要地位。这样，认识、实践的正确性与价值合理性、合规律性与合目的性、利与义、效率与公平、物质需要与精神需要的矛盾便凸显出来，科学精神与人文精神的关系结构便向前者倾斜。

从人学的角度看或就人的生存发展而言，上述一系列矛盾的核心是人生存发展的目的与手段的矛盾。目的与手段的关系问题是贯穿人类生存发展始终的问题，因而既是人学研究中的一个基本问题，又是关系到怎样理解人文精神地位和作用的基本问题。

关于人生存发展中目的与手段的关系，哲学史上曾多有涉及，其中德国哲学家康德作了较为深入的探讨，揭示了目的与手段的矛盾及其在人类发展中的作用。

康德认为，人类历史是大自然隐蔽计划的实现，世间万物中存在着一种复杂的目的结构，其中的诸多事物既是他事物的目的，又是另外的他事物的手段。然而，在这个复杂的目的结构中，必有一个最后也是最高的目的，这个目的就是人。"人就是创造的最后目的。因为没有人，一连串的一个从属一个的目的就没有其完全的根据。"① 康德认为，"一个最后的目的就是这样的一个目的，它的成为可能是不需要任何其他目的作为条件的。"② 人所以是最后的目的，正是因为他只是他物的目的而不以他物为目的。人是万物中一切目的之源。

与上述观点相联系，康德揭示了人类生存发展过程中目的与手段的矛盾冲突及其作用。

在康德时代，许多启蒙思想家深信理性的力量，对人类进步抱乐观态度。在他们看来，一旦社会为理性的光芒所普照，人类就不再会陷于谬误和对抗，迷信、偏私、特权和奴役将被永恒的正义、平等和自由所取代。然而卢梭却提出了不同的看法。他认为，人类进步并非一个理想的过程，科技和生产的发展使人文明起来而使人类没落下去了，"一切进步只是个人完美化方向上的表面的进步，而实际上它们引向人类的没落。"③ 康德作为启蒙思想家，既持有社会进步的基本信念，坚信"人类一直是在朝着改善前进的并且将继续向前"④。又深受卢梭观点的影响。他在综合上述两种观点的基础上提出了自己的看法：社会进步是在对抗中实现的，是由人性中恶的本质来推动的。

康德认为，对抗是大自然实现人的发展目的的基本方式。大自然的最高目的是人的发展，那么，它是用怎样的手段和途径促使人充分发挥自己的秉赋呢？回答是："大自然使人类的全部秉赋得以发展所采用的手段就是人类在社会中的对抗性。"⑤ 这里的对抗性指的是人的两种倾向的冲突。一方面，人有一种要使自己社会化的倾向，他要超越自然属性并以人的方式生存发展，就必须参与社会生活；另一方面，人又有一

---

① 康德：《判断力批判》下卷，商务印书馆 1964 年版，第 100 页。
② 康德：《判断力批判》下卷，商务印书馆 1964 年版，第 98 页。
③ 卢梭：《论人类不平等的起源和基础》，商务印书馆 1962 年版，第 120 页。
④ 康德：《历史理性批判文集》，商务印书馆 1990 年版，第 156 页。
⑤ 康德：《历史理性批判文集》，商务印书馆 1990 年版，第 6 页。

种单独化的倾向，总想按照自己的意愿和利益行事。这样，人们必然会社会地结合在一起，又必然会相互阻碍和对抗。

对抗对人类发展具有重要意义，它唤起人类的全部能力。对抗使人们之间相互冲突、互为阻力，"可是，正是这种阻力才唤起了人类的全部能力，推动着他去克服自己的懒惰倾向，并且由于虚荣心、权力欲或贪婪心的驱使而要在他的同胞们——他既不能很好地容忍他们，可又不能脱离他们——中间为自己争得一席地位。于是就出现了由野蛮进入文化的真正的第一步，而文化本来就是人类的社会价值之所在；于是人类全部的才智就逐渐地发展起来了……"① 反之，如果没有对抗和私欲，"人类的全部才智就会在一种美满的和睦、安逸与互亲互爱的阿迦底亚式的牧歌生活之中，永远被埋没在它们的胚胎里。"② 对于对抗和竞争在人发展中的作用，康德还作了生动的比喻。他认为，人们之间的对抗和竞争犹如森林里的树木，正是由于每一株都力求攫取别的树木的空气和阳光，于是就迫使彼此都要超越对方，从而生长得美丽挺直；反之，那些在自由的状况中彼此隔离而任意生长的树木，便会长得残缺而弯曲。与对抗相联系，康德还指出了科技发展和道德发展的不平衡性。他指出，在人类的进步过程中，才能、技巧和趣味的培育"自然而然地要跑在道德发展的前面"③。然而，人"自身存在的道德目的方面……尽管时而被打断，但却决不会中断"④，并终究会赶上才能和技巧的发展。

康德的论述包含着一些富有启发性的合理思想：其一，从人与他物及目的与手段的关系上揭示了人的目的性，超越了对人是目的的简单断定；其二，人生存发展的目的不会自然而然、一帆风顺地实现，而是包含着竞争、对抗与冲突。对抗和竞争是激发人的智慧和能力并促使人完

---

① 康德：《历史理性批判文集》，商务印书馆 1990 年版，第 7 页。
② 康德：《历史理性批判文集》，商务印书馆 1990 年版，第 7 页。
③ 康德：《历史理性批判文集》，商务印书馆 1990 年版，第 85 页。
④ 康德：《历史理性批判文集》，商务印书馆 1990 年版，第 204 页。

善和发展的手段，因而从人生存发展的总趋势和目的上看具有历史合理性；其三，在人类发展过程中，才能、技巧等科学精神方面的因素往往走在人自身存在的道德目的等人文精神因素的前面，并从而导致物质方面和精神方面发展的反差，但后者决不会消亡，且迟早要赶上前者的发展。

康德的有关思想通过黑格尔而被马克思主义创始人所批判继承。他们在理解社会历史发展时，坚持合规律性与合目的性的统一，特别注重从历史必然性上评价历史事件和社会进步，肯定历史是在对抗和冲突中前进的。例如，马克思在论及人类发展与个体利益的关系时曾指出："在人类，也像在动植物界一样，种族的利益总是要靠牺牲个体的利益来为自己开辟道路的"①；又如，恩格斯曾肯定黑格尔"恶是历史发展的动力的表现形式"②的思想。

三

当今社会现代化过程中，目的与手段、经济发展与精神发展、科学精神与人文精神的矛盾较以往任何时代都更为突出。

与以往社会相比较，社会现代化过程对人们对上述关系的理解产生了重要影响。一是，以往社会生产工具简陋，人在生产过程中的地位突出，在这种情况下，一般不存在人对生产工具和过程的依附与崇拜；现代社会生产工具发达并功能巨大，生产过程复杂且自组织性强，在生产过程中，人似乎成了工具系统的附属物，这便不断加强着人们对工具、过程等手段性因素的重视甚至崇拜，模糊了人在生产过程中的地位和作用。二是，在自然经济条件下，自给自足的模式直接体现出生产活

---

① 《马克思恩格斯全集》第26卷（Ⅱ），第125页。
② 《马克思恩格斯选集》第4卷，人民出版社第2版，第237页。

动的为人性；而在现代化的商品经济中，生产的直接目的是通过交换获取利润，这便容易产生"商品拜物教"或"货币拜物教"倾向，或如弗洛姆所说，占有代替了生存。三是，以往社会发展进程缓慢，人们的社会发展意识淡漠；当今社会发展节奏明显加快，既增强了人们的发展意识，又使不同国家和地区的社会发展尤其经济发展的差距进一步拉大，这容易使得人们对经济发展产生强烈的紧迫感，似乎经济发展就是一切。物质财富的增长往往成了人们唯一的、至高无上的追求目标。

主要由于以上原因，在现代化过程中，人生存发展的目的往往被手段遮蔽，手段反过来成了目的——不仅是阶段性目的，甚至还是唯一、终极的目的。在此背景下，社会公平、道德、人的社会价值和意义、人的精神需要及人的全面发展要求等人文精神所关注和追求的东西便退居次要地位甚至被忽视。这些，正是人文精神失落最主要的含义。

应该看到，随着我国现代化进程的深入，人们的精神领域发生了许多积极的变化，人们的自立意识、竞争意识、效率意识、民主法治意识和开拓创新精神明显增强。然而与此同时，也出现了上述人文精神失落的种种现象。着眼于现代化进程的顺利进行并着眼于人全面发展的要求，对上述问题应从两个方面来理解。

首先，应正视目的与手段、科学精神与人文精神等矛盾的历史必然性与历史合理性。这是我们正确对待上述问题的前提。

综观人类历史进程，生产力发展是社会进步的根本动力，经济发展是人的全面发展的基础。这一点在综合国力竞争日趋激烈的当代尤为明显。正因为如此，人们往往会将生产力发展和经济增长作为目的加以强调并对待。这样做固然会带来上述人文精神失落的一系列问题，但是从实现社会进步和人的发展的总趋势和总目标上看，却是有其历史必然性与合理性的。这是因为，社会现代化特别是生产力发展和社会物质财富的增长根本上是有利于人的全面发展的，是人类实现生存发展目的的必然途径和手段。这还因为，只有打破平衡和竞争，才能充分激发和调动个人、群体和整个社会的创造性和潜力。从目的与手段的关系来说，为了更好地实现目的，在一定时期中可以也应当将手段当作目的来对待。由此看来，在社会现代化过程中，科学精神的相对强势和人文精神的相对弱势是必然的，对此应加以历史的判断。

其次，应在以经济建设为中心，充分运用和发展科学精神的同时，重视人的全面发展，倡导和弘扬人文精神。

当西方国家社会现代化进入高潮时，一方面，生产力加速发展，物质财富迅速膨胀；另一方面，操作主义、功利主义、实用主义、极端个人主义、拜金主义等盛行；许多人在物质上富有的同时却陷入了精神的贫困，失去了精神支柱、精神家园和精神追求，成了片面的、"单向度"的人；人在很大程度上成了物的附庸，对财富的追求成了许多人全部的理想和生存目的。这些问题的出现，固然有政治、经济制度上的原因，但也有现代化过程自身的原因。

我国的社会现代化进程总体上还处于初级阶段，但上述的某些现象却在重演，当前对精神文明和人文精神的呼唤便是其明显的反映。我们所以会较早地作出这种反映，一是因为有西方社会现代化的前车之鉴；二是因为我们倡导的价值观与之差异很大甚至截然对立；三是因为我国传统精神在人文与科学、目的与手段的关系上向来是重前者而轻后者。后两点正是我们在理解和处理社会现代化和人文精神关系上面对的特殊性。与这种特殊性相关，我们在社会现代化过程中应比其他国家更重视人文精神的发展，更重视人的全面发展的目的导向，更重视思想道德、理想情操和人文素质的提高。否则，不仅会使人文精神和人的全面发展受到影响，会削弱我们的民族凝聚力、自信心和奋斗精神，而且还可能物极必反地引发反科学、反现代化的思潮和行为，使我国的现代化进程欲速不达，付出更大的代价。

本文原载于《江海学刊》1997 年第 5 期

人大复印报刊资料《哲学原理》1997 年第 11 期转载

社会现代化与人文精神

我国当前正处在社会现代化的进程中。从西方国家社会现代化的经验教训及我国社会现代化的本质要求看，社会现代化不仅需要高扬科学精神、促进社会物质财富的增长，而且应弘扬人文精神，促进社会的全面进步和人的全面发展。

一

社会现代化具有多方面、多层次的含义，正因为如此，人们对它的理解曾经历了一个过程。

社会现代化最初的也是最基本的含义，是科学技术的进步及以此为基础的生产力发展、经济增长和物质财富的积累，其标志是科技革命、生产机械化、自动化和经济运行市场化。这些含义，正是西方国家社会现代化过程中人们对现代化理解上的共识，是整个社会所全力追求并力图实现的目标，构成为社会运行基本的价值取向。由于这种价值取向的引导，高扬科学精神、促进经济增长便成为社会生活的主旋律甚至唯一旋律。因此，当西方国家社会现代化进程进入高潮时，一方面，科技进步日新月异，经济发展不断加速，物质财富急剧增长，社会物质文明发展到以往任何时代所不能望其项背的程度；另一方面，科技这把双刃剑在将人类社会推向更高文明程度的同时，也开始威胁着整个人类的生存，人类千百年来形成的价值规范在享乐主义、拜金主义浪潮的冲击下受到了根本性的挑战，物质资源的消耗、环境的恶化达到前所未有的程度。面对此种现实，在整个社会欢呼现代化巨大成就的同时，一些有识之士却作出了反思并提出了警示。

以爱因斯坦为代表的一些科学家，从自己的切身感受出发对科学技术的社会运用和社会价值问题进行了反思。爱因斯坦在对加州工学院学生的讲话中指出：如果你们想使你一生的工作有益于人类，那么，你们只懂得应用科学本身是不够的。关心人的本身，应当始终成为一切技术上奋斗的主要目标。从关心人的本身这一信念出发，爱因斯坦等人认为，科学是一柄双刃剑；科学的功效及其社会作用并不取决于科学本身，而是取决于对科学的运用；对科学的运用必须有利于人类的生存发展而不是相反。几乎与此同时，一些科学社会学家也注意到了科学社会作用的局限性。巴伯就曾指出："作为一个整体的社会是建立在一系列道德价值之上的，而科学总是在这些价值的范围之内发挥作用。这些社会价值提出某些非经验的问题，即意义、邪恶、正义和拯救的问题，只关心经验问题的科学是不能对这些问题给出答案的。"[①]

爱因斯坦和巴伯的观点，无疑涉及对科学社会作用的深层次反思。社会现代化必须以科技的进步及其作用的发挥为先导，但科技的发展和运用对社会和人的影响则可能是双重的。从总体上说，科技的发展推动社会进步和人的发展，但同时它又放大了人的破坏力，并往往被一些人用于实现其罪恶的目的。在此问题上令人印象最深的，莫过于原子武器的制造与使用。原子能的发现和应用是现代科技发展最突出的成果之一，但遗憾的是，原子能的实际应用首先是在军事领域。原子武器使用

---

① 巴伯：《科学与社会秩序》，三联书店 1991 年版，第 265 页。

所造成的灾难及其作为高悬在人类头上的利剑对人类生存的威胁，突出地显示了科技社会作用的双重性，显示了在发展、应用科技的同时关心人本身的重要性。这里说的关心人本身，就是要使科技的发展与人的生存发展相适应。显然，这一问题迄今仍未过时。科学技术在给人们带来巨大财富和舒适生活条件的同时，也给人类带来了种种现实或潜在的威胁，近两年来关于克隆人问题的争论就反映了人们对此类威胁的担心。

以马尔库塞、弗洛姆为代表的一些思想家，则从总体上对现代化过程的负面效应进行了反思，提出了批判的社会理论。这一理论主要分析了现代化生产和生活中人的异化、人的发展片面化问题。

现代化生产中分工的发展对生产具有极大的促进作用，这一点早已为马克思所指出，但马克思同时又断定，分工必然造成人的异化，即人成为机器的附属物。批判的社会理论继承了这一思想并结合资本主义现代化生产的现状对之进行了更为仔细的分析，着重揭示了现代化生产对人的个性和自由的限制。马尔库塞认为，在工业社会中，人们的劳动不是一种自由的、体现人个性的活动，而是不再具有真正必要性的麻木的劳动；在发达工业社会的框架内，即使个体的自由和满足也都带有总的压抑的倾向，因为在这种框架内，劳动几乎完全异化了，装配线的整套技巧、政府机关的日常事务以及买卖仪式，都已与人的潜能无关。在这个世界上，人类生存不过是一种材料、物品和原料而已，全然没有自身的运动原则。弗洛姆更是直截了当地指出，在工业社会，"我们不再是技术的主人，而成了技术的奴隶。"①

批判的社会理论所揭示的另一个社会问题，是消费社会对人的影响。马尔库塞认为，工业文明带来了浪费的生产和消费，制造出了大量虚假的需求。"人们似乎是为商品而生活。他们把小汽车，高传真装置，

---

① 弗洛姆：《占有还是生存》，三联书店 1989 年版，第 162 页。

错层式家庭住宅，厨房设备当作生活的灵魂。"① 弗洛姆也指出，现代工业社会是一个以物为中心的社会。他认为，西方工业社会中人们的生存态度是重占有而非重生存。重占有即追求财富，以占有并消费财富的多少来衡量人的生存价值。"占有取向是西方工业社会的人的特征。在这个社会里，生活的中心就是对金钱、荣誉和权力的追求。"②

"现代的消费可以用这样一个公式来表示：我所占有的和所消费的东西即是我的生存。"③ 弗洛姆还指出了产生此类问题的社会原因：随着资本主义的发展，经济行为与伦理学和价值观念分离开来，经济活动被视为自主的系统，不受人的需要和意志的制约，"决定经济系统发展的问题不再是：什么对人有益，而是：什么对系统的增长有益?"④ 这一分析无疑是深刻而具有普遍意义的。

1972 年，罗马俱乐部发表了名为《增长的极限》的报告，以振聋发聩的语言指出了社会现代化过程中人类生存环境陷于困境的问题。报告列举并分析了现代化带来的环境退化、富足中的贫困、传统价值丧失等一系列"世界性的问题"。以该报告的发表为标志，西方社会出现了延续几十年的对环境问题反思的浪潮。通过反思，人们开始形成保护环境、实现可持续发展的共识，并认识到现代化过程是造成当代环境问题最重要的原因。很显然，1992 年里约世界环发大会所列举的空气和水源污染、温室效应、有害废物和有毒化学品污染、能源和资源的滥用等诸多环境与资源问题，都与现代化生产生活方式息息相关。

值得注意的是，西方有识之士在分析环境问题时，不仅从人与自然的关系上寻找原因和对策，而且看到了环境问题的实质是人的问题，并试图从改造人自身入手解决环境问题。艾伦·杜宁《多少算够》一书

---

① 江天骥：《法兰克福学派——批判的社会理论》，上海人民出版社 1981 年版，第 113 页。

② 弗洛姆：《占有还是生存》，三联书店 1989 年版，第 24 页。

③ 弗洛姆：《占有还是生存》，三联书店 1989 年版，第 32 页。

④ 弗洛姆：《占有还是生存》，三联书店 1989 年版，第 9 页。

中的论述就是这方面的代表。杜宁认为，在消费社会中，消费和人口增长一并成为生态恶化的主要原因。问题是，消费急剧增长使环境不堪重负，却又并未使人们感到有多么幸福，因为"消费与个人幸福之间的关系是微乎其微的"①。非但如此，高消费还使人类满足的第二个源泉——社会关系和闲暇趋于枯竭或停滞②，他进而指出："消费者社会不能兑现它的通过物质舒适而达到满足的诺言，因为人类的欲望是不能被满足的。人类的需要在整个社会中是有限的，并且真正个人幸福的源泉是另外的东西"③。这里涉及了问题的实质，即怎样理解和确定人的需要。为此，杜宁提出了驯服消费主义、改变人的需要的主张，并指出这一工作与价值观的重新定位相关。

上述对现代化的批判性反思虽然针对着各种具体问题，却都给我们如下的启示：社会现代化不仅意味着科技进步、经济增长和物质生活水平提高，而且意味着在此基础上人的发展；社会现代化不仅是社会物质形态的转型，也是社会精神形态的转型，不仅是物质财富增长的过程，亦应是人的完善发展过程。

二

社会现代化归根到底有利于社会进步和人的发展，这从总趋势上说是没有问题的，人们对此也无异议。然而，在现实中却出现了种种矛盾和冲突。出现这些问题的原因很多，其中一个深层次的原因，是对现代化之作为手段与人的发展这一目的关系的理解和处理。而其中的一个重要问题，是对科学精神与人文精神关系的理解和处理。

① 艾伦·杜宁：《多少算够》，吉林人民出版社1997年版，第6页。

② 艾伦·杜宁：《多少算够》，吉林人民出版社1997年版，第7页。

③ 艾伦·杜宁：《多少算够》，吉林人民出版社1997年版，第7、26—27页。

社会现代化是一个高扬科学精神的过程。科学精神以求真、求实、求效率和效益为特征，追求正确认识和有效地改造对象，这些，正是现代化所要求的。正因为现代化强调科学精神，强调功利、效率和物质财富的增长，相对地，社会生活中的人文因素便退居次要地位，从而出现种种与人的发展相矛盾甚至相背离的现象。人文精神的隐退和缺失，正是引发社会现代化弊病的一个重要原因。

关于何为人文精神，学术界多有争论，概而言之，有狭义的和广义的两种基本理解。狭义的，如将人文精神理解为对文化或文化传统的重视，理解为某一特定时期的文化精神，甚至理解为文人的精神等。广义的，如理解为对人的存在、价值及人生意义的关注，对人生终极意义的关怀，对理想人生的追求等。我认为，对人文精神理解上的歧义正反映了其含义的多样性，也就是说，对人文精神的含义可以在不同意义上作出理解。在讨论社会现代化问题时，相对于科学精神而言，我赞同对人文精神作广义的理解，即理解为对人的生存、价值、意义的关注。在此意义上理解人文精神，便可将科学精神与人文精神视为社会现代化过程中人的精神的两种基本类型，并易于把握二者在社会现代化过程中的作用及其相互补充的关系。

本文所理解的科学精神和人文精神，在欧洲近代社会发展中曾是相互补充、相互促进的。近代西方的科学精神与人文精神产生于文艺复兴时期及其后的启蒙时代。文艺复兴就其表层含义来说，是一场文化复兴运动，但就其实质而言则是一场摆脱宗教蒙昧主义束缚的思想解放运动。这场运动引出了两个结果：一是人文主义的兴起，即形成这样一种基本精神：关注、热爱人的现世生活和幸福，尊重人的价值和个性，提倡与"神道"相对立的人道主义。佩得拉克、薄伽丘、蒙田的论著，达·芬奇、米开朗基罗的绘画和雕塑，以至莎士比亚的戏剧和诗歌，无不体现着这一精神。二是科学精神的兴起，即与宗教神学对权威、教条的崇拜和固守相反，开始形成重实证、重理性、重怀疑、重实效、重功利的风气。哥白尼提出太阳中心说，布鲁诺倡导宇宙无限论，特别是培根创立科学研究新方法，都是这种精神的直接表现。

值得指出的是，在当时，科学精神和人文精神不仅一同产生，而且相互促进、并行发展。一方面，人文精神为科学的发展提供了思想自由的环境，开阔了人的胸襟，拓展了人的视野。正如丹皮尔所说，"人文主义者毕竟为科学的未来的振兴铺平了道路，并且在开扩人们的心胸方面起了主要作用。只有心胸开阔了，才有可能建立科学。假使没有他们，具有科学头脑的人就很难摆脱神学成见对学术的束缚。"① 另一方面，科学在有效指导人们改造自然的同时，也增强着人们的力量和自信，加深了人对自身的认识。

欧洲近代科学精神与人文精神共同生长、和谐共处并相互促进的事实表明，两种精神具有本质上的同一性，科学精神本身便具有人文价值，人文精神也可以促进科学的发展。当然，这并不是说两种精神在任何条件下都会自然而然地相互促进和补充。正相反，两种精神的相互促进和相互补充是有条件的，二者能否相互促进和补充，既取决于社会发展的客观环境，也取决于人们主观上的认识和选择。

科学精神与人文精神在欧洲近代所以能相互促进、相互补充，主要有两方面原因。其一是，它们的对立面是共同的，这就是既蔑视人又蔑视科学理性的宗教神学的蒙昧主义。批判宗教神学的蒙昧主义必然导致科学与人道。其二是，科学与人道本质上具有统一性，虽然科学与人道、科学精神与人文精神在其发展过程中会产生矛盾，但在它们形成的初始阶段，两者的矛盾尚未显露，从而得以不同而和、相互促进。

科学精神与人文精神和谐相处的状况究竟只能在一定时期中存在，正如上文所述，随着社会现代化进程的展开，二者的矛盾冲突便必然地展现了出来。所谓必然，即是说二者在社会现代化进程中出现的矛盾冲

---

① 丹皮尔：《科学史》，商务印书馆 1975 年版，第 157 页。

突有其内在的原因。对此，可以从不同角度来理解，而其中一个重要的角度，就是从目的与手段的关系上去理解。

就对人生存发展的作用而言，人文精神与科学精神本质上是目的与手段的关系。

综观西方国家及当代一些新兴工业化国家和地区正在经历的社会现代化过程，在人文精神与科学精神的关系上，总的说来都是科学精神强劲而人文精神失落。正如一些论者所指出的那样，在社会现代化过程中，科学技术的巨大成就和作用使工具理性被张扬到一个极不适当的程度。在这种氛围下，似乎科技进步和经济发展就是一切，财富、消费、享乐、占有成了人们的上帝，消费品的更新和增长成了社会追逐的最高目标，一代人而不是人类的需要、个人而不是社会的前景，成为许多人考虑的一切问题的基本出发点，人的主体性、人的价值为其占有或操作对象所取代，与之相关，人全面发展，人类长远的发展却被忽视。这些问题的出现，其重要的原因是手段被绝对化了，从而淡化了目的，或者说目的被片面化了，仅被理解为人的物质生活的改善，甚至被理解为部分人财富的增长。在此背景下，人生存的意义、人的全面发展的要求、人的精神需要等人文精神所关注的因素便退居次要地位；罗马俱乐部报告前言中所列举的富足中的贫困、环境的退化、对制度丧失信心、遗弃传统价值，以及批判的社会理论所指出的人的存在丧失、人的片面化等问题便接踵而至。

三

我国正在加速实现社会现代化。现代化进程极大地推动了生产力发展、经济增长、综合国力增强，提高了人民的生活水平，使我国社会的发展上了一个新的台阶。这些巨大成就已为世人所瞩目，无疑是社会现代化进程的主流。在充分肯定这一主流的同时又应看到，随着现代化进程的深入，西方的某些现代化弊病也开始在社会生活中显现。

有一种观点认为，现代化的弊病只出现在后工业社会中。这种看法混淆了某种事物的出现和对它的认识两个不同的问题。西方学者对其现代化弊病的认识的确是在所谓后工业社会阶段才展开的，但这并不意味着这些弊病此时才出现。实际上，许多问题在现代化的进程中就已出现，只不过当时人们正沉醉于现代化的巨大成就且对现代化负面效应的认识尚无前车之鉴，因而未能及时作出反思。

反观我们当前的社会生活，不仅西方现代化进程中的一些问题已经复现，而且西方当代后工业社会的某些问题也已初露端倪。这些问题主要有：一些领域道德失范，拜金主义、享乐主义、极端个人主义滋长，传统价值动摇，理想主义低迷，社会公正受到挑战，贫富分化趋于严重，欺诈、腐败已成风气。这些问题的出现，与人文精神的失落、目的与手段的错位有着内在的联系。

在社会现代化进程中，人文精神的失落有一定的必然性。从现代化的目的与手段的关系看，在达到目的的过程中，必须强调手段。具体地说，现代化过程要求科学精神，强调认识和实践的正确性，强调手段的合规律性，强调不平衡和激励，强调功利、效率和物质财富的增长，相对地，人生的目的和意义、传统的道义观念等人文精神所要求的东西便退居次要地位，科学精神与人文精神的关系结构便向前者倾斜。

科学精神与人文精神关系结构的这种倾斜，使社会生活中合规律性与合目的性、利与义、效率与公平、物质需要和精神追求的矛盾趋于尖锐，为种种现代化弊病的出现提供了可能。

综合上述两方面情况，我们既不能也不应完全改变社会现代化重科学精神这种有其必然性和历史合理性的格局，从而影响社会现代化的进程，又不能任其发展到极端而使其所引发的问题更趋严重，从而欲速不达地影响社会的全面进步和人的全面发展。为此所应作出的选择，便是在加速现代化进程中确立与现代化相适应的人文精神并弘扬之，以此指导和规范现代化进程。这方面，西方国家已采取的现代化反思、社会批判等做法可资借鉴。当然，借鉴不是照搬。我们进行现代化反思并改造和弘扬人文精神，自应有其特点。

首先，反思现代化并倡导人文精神不是反现代化，而是创造有利于现代化和人的发展的人文环境。由于历史的原因，中国在近代落伍了，并为此付出了惨重的代价。现代化是中国人的百年梦想，是中华民族屹立于世界民族之林的唯一途径。毋庸置疑，社会现代化是当今中国的不归路，我国的社会现代化进程不是走过头了而是远远不够。因此，对现代化的人文反思既应是激情的，更应是理性的。这种反思是要为现代化提供更有利的人文环境和更合理的目标导向。提供更有利的人文环境，就是把握好科学精神与人文精神的协调发展，避免人文精神失落引起的价值虚化、行为失范而对现代化进程的破坏，尤其是避免作为人文精神失落之反弹而出现的反科学、反现代化倾向。确立更合理的目标导向，就是对现代化的各阶段性目标进行反思校正，以确保手段和过程与社会全面进步及人的全面发展的总目标相一致，使整个现代化进程少走弯路。

其次，弘扬人文精神应与高扬科学精神并行。在社会现代化过程中，高扬科学精神既是必然的也是必要的，尤其在我国这样一个传统文化缺乏科学精神的社会环境中进行现代化建设，倡导和运用科学精神更是必要。改革开放以来，虽然科学精神已成为社会所提倡的显精神，但并未真正在社会心理中成为主导精神，科学精神的缺乏仍然是我国现代化建设的主要精神障碍。因此，弘扬人文精神应有利于更合理地发挥科学精神之功效，而不是否定科学精神。此外特别要注意的是，不能使人文精神神秘化，不能将其理解为不可理喻的甚至是反科学的东西。科学精神与人文精神各有特点，但不是相互否定的，只有二者的统一，才构成完整的现代精神。

第三，弘扬人文精神应吸收传统文化的精华而又使之适应时代发展。任何现代化都与一定的社会环境和历史条件相联系。中国的现代化当然是中国社会环境和历史基础上的现代化。在环境和历史因素中，传统文化是一个重要内容。对现代化的人文反思，不能不结合传统文化来进行。对于现代化而言，中国传统文化是良莠、利弊并存。西方曾有人试图到东方文化中寻找济世良药或精神家园，对此，应有清醒的认识。且不说传统文化中与现代化格格不入的东西居多，即使那些有益于医治现代化弊病的思想，本身也有时代的局限性，必须给予现代的阐释并善加利用。给予现代的阐释，就是结合现代化实践和生活的特点与需要，阐发其时代的新意。善加利用，就是着眼于现代化和人的发展的总目标，使传统为现代所用，创立适应现代化建设的新人文精神，促进社会现代化朝着人的全面发展及人与自然和谐相处的方向健康发展。

本文原载于《中国青年政治学院学报》1999 年第 2 期

人的发展视域中的科学精神与人文精神

从社会发展角度看，现代化建设是社会转型过程。近代以来，许多国家和地区在社会向现代化转型时期，都出现了科学精神与人文精神的碰撞或矛盾，而对两者关系的处理，又反过来影响着社会转型能否顺利实现及其代价之大小。对科学精神与人文精神的关系，学界曾有过诸多探讨。从人的发展视角理解两种精神并协调二者的关系，将有益于当代中国的人文精神建构，亦有助于科学精神与人文精神的和谐与发展。

一

西方的社会现代化进程曾表现出二重性，一方面，科技和生产突飞猛进，社会物质财富急速增长，另一方面，出现了一系列现代化问题：个人主义、拜金主义、消费主义盛行，人的生存状态片面化，资源和环境的危机达到前所未有的程度。现代化问题表现在文化精神上，即科学理性和价值理性的碰撞。于是，兴起了以反思现代化问题为旨归的社会批判理论，出现了非理性主义的人本主义思潮、后现代主义等形形色色的非现代化甚至反现代化的观念或行为。

在我国也同在其他国家或地区一样，社会向现代化转型过程中，科学精神和人文精神的矛盾已不期而至。与社会变革相伴随，当代中国的文化精神正处于内在的动荡与变迁之中。改革开放引起的精神文化领域的变动乃至于震动，决不亚于物质或制度层面的变革。随着社会现代化进程的深入，科学精神与人文精神的碰撞已成为普遍现象，社会生活中的许多领域都贯穿着这一矛盾。现代化建设强调认识和实践的正确性，强调工具、手段的合理性，强调打破平衡和激励，强调功利、效率和发展，强调物质财富的增长和物质利益的满足，与之相对应，人生存的目的和意义，社会生活中的道义、公平、价值及人的理想境界和精神追求等，便自然地退居次要地位甚至被忽略。这样，长期以来形成的社会精神状态被颠覆，认识和实践的正确性与价值合理性、合规律性与合目的性、人活动的目的与手段、义与利、效率与公平、物质利益与精神追求的矛盾日显突出，科学精神和人文精神的关系结构失衡。于是，便出现了"人文精神失落了"的慨叹和对人文精神的呼唤，以及由此引发的种种争论。当前"以人为本"、"和谐社会"等理念的提出，亦是基于对此类问题反思而作出的因应。

　　如果说在科学精神源远流长且长期显性存在的西方社会，人们在社会转型期尚会产生人文精神的危机感，并导致对社会现代化的反弹，那么在中国这样一个有着悠久人文传统且人文精神一直强势于科学精神的国度，这种碰撞对于社会现代化进程及其代价的影响显然将更为明显。我们所以能较为强烈地感受到两种精神的冲突并应引起重视，主要有三方面原因：其一，西方国家在其现代化进程中曾出现过类似问题，有的问题迄今非但未解决，反而有愈趋严重之势。前车之覆，后车之鉴，因而人们对两种精神的矛盾冲突有一种预先的警觉。其二，就民族精神和文化传统的基本取向而言，中国的民族精神和文化传统的人文取向一直强于科学取向，在科学与人文、认识与价值、利与义、效率与公平等问题上，向来是轻前者而重后者。其三也是最重要的一点，仅仅强调科学精神所导致的人的片面发展等结果，与我们所倡导的人的自由全面发展的价值目标相背离。

科学精神与人文精神的矛盾，已在社会心理、文化和道德等领域引起种种争论。有些讨论一度颇为热闹，例如文学界关于人文精神失落与否及其对策的争论，就曾产生过一些"轰动效应"。然而遗憾的是，虽然哲学界对人文精神问题已有所反映，如重提传统价值、新儒家的兴起以及对西方相关社会批判理论的介绍等，但总体上说，这种反映仍然是间接的、表层的或零散的，未能从人的发展这一根本视角切入。由于缺乏深度的哲学—人学的思考，相关的探讨未能深入下去，甚至陷入了盲区，得出了一些似是而非的结论。尤其应指出的是，有关的反思总体上存在着一种片面的倾向，即主张抑科学而扬人文，似乎科学精神在我国已彰显得过了头，应该有所限制。这一认识潜在的前提是：科学精神与人文精神本质上是对立的，二者非此即彼。这种看法既误判了我国科学精神的现状，又片面地解读了科学精神与人文精神的关系。

由于社会发展特别是文化传统的原因，我国对科学精神的倡导肇始于"五四"时期，又由于历史的曲折，科学精神的真正普及并为人们所接受，只是近些年来的事情。客观地分析，即使在确立"科学技术是第一生产力"的今天，科学精神在我国也不是倡导得过了头，而是还很不够，因为人们对科学意义的理解，更多是停留在手段、器物的层面，而非文化精神的层面。强调认识和实践的正确性，强调工具、手段的合理性，强调打破平衡和激励，强调功利、效率和发展，这种观念和行为取向，对于当今的现代化建设和人的现代化仍然是十分必要的。这表明，弥补人文精神缺失的路径，不应是限制科学精神，而是协调科学精神与人文精神的关系，即在彰显科学精神的同时弘扬人文精神，在科学精神与人文精神之间保持一种合理的张力。因为一方面，一味强调效率、功利、操作和增长，忽视人文精神的并行发展，势必使社会和人的发展片面化，丢失传统文化精神中的人文精华；另一方面，以抑制科学精神来弘扬人文精神，势必矫枉过正地导致非科学甚至反科学因素的回潮，影响现代化建设的顺利进行，使我国的社会现代化进程付出更大的代价。

<h1 style="text-align:center">二</h1>

科学精神与人文精神的关系，可以是一个文化的或社会心理的问题，也可以是具体学科的问题，但仅从文化、社会心理、伦理或其他角度加以阐释，往往会停留于问题的表层，难以把握问题的核心，更无从确定解决问题的基本路径。在根基上阐明科学精神与人文精神的关系，应从人的发展入手。

回顾历史，任何一次科学精神或人文精神的兴起和嬗变，皆溯源于哲学根据，且只有经过哲学的说明，对问题的理解才不失深刻而有底蕴。例如近代人文（人道）主义的兴起，虽然文化、伦理等方面的探讨功不可没，但其能作为一种基本的社会精神确立并产生广泛影响，是因为它得到了哲学上的说明，即获得了人性论的哲学依据。科学精神在近代欧洲确立的情形也大致相仿。马克思将哲学家弗兰西斯·培根而非某位科学家誉为近代实验科学的"真正始祖"，正是因为培根确立了近代科学的基本方法和精神，或如英国科学史家丹皮尔所说，"培根指出了一条更广泛地更正确地认识自然界的大致上正确的康庄大道"①。科学精神或人文精神作为一种基本的社会文化精神，其选择、确立和变化涉及人们对待生存的基本态度，这显然不是一个操作或技术层面的问题，而是蕴含着人对自己生存价值、意义的体悟和对自己与外部世界关系的理解。

无论从文化、社会心理、伦理还是其他角度理解科学精神与人文

---

① 丹皮尔：《科学史》，商务印书馆1957年版，第192页。

精神的关系，虽然都可以深入问题的一个方面，却难以把握其整体，从而陷入某种片面性。近几年学界关于弘扬人文精神的讨论便可见一斑。一些人仅从文化角度看问题，只注意人文精神的缺失而不顾科学精神的普及和提升，所作出的议论，虽凸显并倡导了人文精神的价值，有助于唤醒、增强人们的人文意识，提升人们的人文素质，但却未能阐明在社会转型的背景下，如何从人的发展的总体要求出发认识和处理科学精神和人文精神的关系。又如一些学者为应对人文精神的失落，单纯地强调复归古代的人文传统甚至文人传统，陷入了以往的文化守成论或当代的文化民族主义，不仅与时代的变迁格格不入，难以适应经济社会的发展，也无从满足当代人的精神需求，妨碍现时代人的精神健全和发展，妨碍人的主体意识、自我意识和人格意识确立。此类情形表明，由于视角的限制，特别是离开了人的发展的总目标，单纯地谈论人文精神，难免会将人文精神与科学精神对立起来，因弘扬人文精神而质疑科学精神，从而陷入了历史上卢梭等人曾经陷入的误区。

卢梭当年在回答法国第戎学院征文所作的《论科学与艺术》中，曾提出如下尖锐的论断："随着科学与艺术的光芒在我们的地平线上升起，德行也就消逝了"[1]，"科学与艺术都是从我们的罪恶诞生的"[2]，"奢侈很少是不伴随着科学与艺术的，而科学与艺术则永远不会不伴随着奢侈。"[3] 他在此后的《论人类不平等的起源与基础》中，又进一步认为，"使人文明起来，而使人类没落下去的东西，在诗人看来是金和银，而在哲学家看来是铁和谷物。"[4] 诚如卢梭所言，"我自谓我所攻击的不是科学本身，我是要在有德者的面前保卫德行"[5]，但同样毋庸置疑的是，他

---

[1] 卢梭：《论科学与艺术》，商务印书馆 1963 年版，第 11 页。

[2] 卢梭：《论科学与艺术》，商务印书馆 1963 年版，第 21 页。

[3] 卢梭：《论科学与艺术》，商务印书馆 1963 年版，第 23 页。

[4] 卢梭：《论人类不平等的起源和基础》，商务印书馆 1962 年版，第 121 页。

[5] 卢梭：《论科学与艺术》，商务印书馆 1963 年版，第 5 页。

片面地解读了科学的社会意义和精神蕴含。

卢梭的前车之鉴启示我们，在社会现代化进程中，既不能因强调科技与经济发展而忽视人文精神，又不能因张扬人文精神而抑制科学精神，而应协调二者，使两种精神之间保持一种张力，一种平衡的度。当然，这种度不是静止不变的，而必须根据经济发展和社会进步诸方面条件的变化具体历史地确定，但是，总体上说，协调两种精神的基本尺度和原则，应是有利于人的生存发展。与之相关，对于如何界定科学精神和人文精神，如何理解二者的社会价值和意义，也必须进行分析。尤其是有关人文精神的当代价值和意义，存在着许多亟待回答的问题。例如，怎样理解人文精神普遍性和民族性、历史性和当代性？传统的人文精神中哪些因素应予抛弃，哪些应予继承并弘扬？当代中国人的发展对人文精神的总体要求是什么？如此等等，都有待于重新诠释。而回答这一类问题，只有从哲学的层面特别是从人的发展视角入手才是可能的。

三

对于建构当代中国人文精神的路径，学界曾作出有益的探索，有人试图从中国传统文化中挖掘资源，有人主张借鉴西方近现代的人文、人道文化传统，也有人主张二者并举，这些看法无疑皆有其合理性。然遗憾的是，在相关的讨论中，鲜有对马克思哲学包括人的发展理论人文意义的挖掘、阐发和运用。

对于人文精神，可以有不同层面的理解，如文学的、文化的、社会心理的等等，哲学层面的人文精神，应是对人生存意义、目的、价值和精神世界的关注，对人的解放和发展的追求，简言之：关注人自身，以人为目的。以这一尺度衡量，不懈地追求人的解放和发展的马克思哲学，具有鲜明的人文诉求。这种诉求，集中体现在对人的解放和发展目标的应然设定和对资本主义现代性的实然批判中。

人的解放和发展，是马克思社会历史理论建构的起点，也是其归属。在批判继承欧洲近代人文—人道主义传统的基础上，马克思从人的生存实践出发，哲学地设定了人的存在的理想状态，创立人的发展理论。这一理论设定了"个人的全面发展"、"全面发展的个人"、"个人向完整的个人的发展"，"任何人的职责、使命、任务就是全面地发展自己的一切能力"① 等人的全面发展目标，也确立了"个人的独创的和自由的发展"② 等人的自由发展目标和建立个人"自由个性"的理想，并认为，在未来的社会中"每个人的自由发展是一切人的自由发展的条件"③。对人的发展目标、理想的诉求和设定，是近代人文精神深刻而现实的演绎，在哲学价值观的层次上丰富并深化了人文精神。就对人的关注而言，马克思继承而又超越了近代哲学的人文传统，包括人道主义、人本主义和目的论等，通过确立"现实的人"及其与社会关系和条件的联系，将追求人的发展的理想、目的置于了现实的基础之上。

从"现实的人"及其社会关系和条件出发，马克思人的解放和发展诉求逻辑并历史地引申为"使现存世界革命化，实际地反对并改变现存的事物"④，这就是对资本主义制度的批判。马克思的资本主义批判，是人的解放和发展诉求的实际表现。由关注人到关注社会条件和制度，从表面上看似乎远离了人，事实上是以更为现实的方式切近人，即由对人的理论关注，转变为现实的行动。此外，通过现代诠释和意义的转换，可以认为，马克思的资本主义批判同时也就是一种现代性的社会批判，其目标指向是人的发展。对此，弗洛姆等西方学者曾作出过较为深入的分析。

---

① 《马克思恩格斯全集》第 3 卷，人民出版社 1960 年版，第 330 页。
② 《马克思恩格斯全集》第 3 卷，人民出版社 1960 年版，第 516 页。
③ 《马克思恩格斯选集》第 1 卷，人民出版社 1995 年版，第 294 页。
④ 《马克思恩格斯选集》第 1 卷，人民出版社 1995 年版，第 75 页。

　　弗洛姆鉴于西方"文明社会"对金钱、商品的崇拜和对人的价值的漠视，试图为批判此类现代化问题提供"解毒剂"，以恢复对人的信念。为此，他对马克思社会批判理论作出了"人学的"阐释。认为，马克思思想来源于西方人道主义的哲学传统，这是人类尊严和友爱的传统，这个传统的本质是对人的关怀。在他看来，马克思的理论代表一种抗议，抗议人的异化，抗议人失去他自身，这种抗议是反对西方工业化过程中人失去人性而变成机器的现象，它充满着对人的信念；马克思理论探讨的核心问题是现实的个人的存在，他主要关心的事情是使人作为个人得到解放；马克思的目标是使人从经济需要的压迫下解放出来，在精神上获得解放而恢复完整的人性，使人的个性得到释放，与他人和自然处于统一而和谐的关系之中。这一对马克思思想的"人学"阐释，固然存在着理解上的主观性，但不容否认的是，作为一种身处发达资本主义社会境域中的视角，亦有其独到之处，可以体悟到一些他境域难以体察到或他视角不易看到的东西，上述对马克思思想精神解放意义的阐释，就是一例。我们可以质疑这些理解是否淡化或回避了马克思思想中主要的或本质的东西，但似乎更应追问，他看到了那些我们未曾看到的东西并移入我们的视野，如果结合时代性，特别是我国的社会现代化问题，这种借鉴就显得更为必要。

　　时代背景的置换，将使马克思理论中关注人、追求人自由全面发展的人文意义愈益充分地展现，与之相关，在与现实的对话中阐发其人文意义，也愈显重要。如果我们承认，为人的生存发展设定基本的或最高的意义，是马克思主义哲学的使命，那么，建构当代中国的人文精神，无疑应以马克思人的发展思想为导向。

　　从人的发展视角出发，有助于理解当代中国的人文精神建构。社会主义现代化建设中的人文精神建构，关键是确立以"人的自由全面发展"为核心的价值取向。马克思人的发展思想，蕴含着对人的生存价值和意义的深刻理解。在马克思看来，人的全面发展、自由发展、自由个性，皆是就人的本质对象化而言的；自由全面发展的人，是实践、劳动、生产中的人，即人在创造中不断丰富个性，充分发展自己的天赋和能力，将自己的知、情、意在对象中体现出来，因而人的"发展"，主要地或根本上不在于无限制地享受或消费。或曰，在马克思看来，人的发展，无论是"全面"的还是"自由"的发展，都并非享受意义上的，而是活动、实践、创造意义上的；只有活动、实践、创造，才能本质地显现人生存的价值和意义。从而，人生存的最高价值和意义，与其说是物质上的，不如说是精神上的。由此，便可以理解马克思为何断定在未来的理想社会中"劳动是人的第一需要"，也不难解读这里的"需要"之所指。马克思的理解，在后来马斯洛关于需要之最高层次为"自我实现"的看法中得到了认同。

人文精神的实质，是对人生存价值、意义的肯定和关注，亦即追求人的发展。作为基本的文化精神，人文精神可以表现在不同的领域和层面。就社会而言，在现代化进程中，确立和弘扬人文精神，不仅要着眼于人文素质的培育和提升，进行人文教育，更要以人的发展为引领，正确对待社会发展中的一系列基本关系，如手段与目的的关系、合规律性与合目的性的关系、效率与公平的关系、物质生活与精神生活的关系等。在理解和处理这些关系中，应贯通"人本"的理念：手段以目的为皈依，合规律性以合目的性为导向，协调效率与公平，平衡物质生活与精神生活。就个人而言，应重视生存价值和意义的自觉，确立合理的生存态度和需要定位，走出重占有甚于重生存的误区，避免"在毫无价值的状态中生存"[1]。无论在社会还是个人的意义上，人文精神之"人文"，显然不仅仅是与人相关或"人化"之义，而是目的论语义上的"人本"或以人为本。

在社会现代化背景下，确立以人为本理念，提升人的生存价值和

---

[1]　丹尼斯·米都斯：《增长的极限》，吉林人民出版社1997年版，第152—153页。

意义，必须超越"更多即更好"的物欲观，摆脱拜金主义、消费主义的桎梏，拓展精神生活空间，提升精神生活质量，这是人的持续发展的主要途径。由于人的物质需要相对有限性的制约，亦由于自然资源再生能力和环境自我修复能力的限制，人们占有和消费物质财富的数量是有边际的。与物质生活相比较，精神生活的状况主要取决于人自身而非外部条件，从而更具丰富性，有着更为广阔的发展空间。在具备一定物质条件的基础上，人们生活的幸福程度及生存意义的提高，将主要通过改善和丰富精神生活来实现。在西方，一些学者已睿智地指出，在物质生活已相当满足的当代，人们应将对生活幸福的追求转向精神生活、社会关系和闲暇方面。改善精神生活，不仅应丰富精神生活内容，更应提高精神生活质量，特别是提升人的精神境界。拓展精神生活空间和提升精神生活质量，是未来人的发展的基本趋势和特征，当然也是当代中国人文精神的建构的主要切入点。

从人的发展视角出发，有助于理解和确立人文精神与科学精神的统一。马克思不仅设定了人的发展价值取向，而且确立了与之相关的科学认识，揭示了科学在促进生产力进步从而推进人的发展中的作用。他认为，生产力包括科学技术，生产力的进步将消灭旧式分工并节约劳动时间，直接促进人的发展。他明确指出：时间是人类发展的空间，"自由王国只是在由必需和外在目的的规定要做的劳动终止的地方才开始；因而按照事物的本性来说，他存在于真正物质生产领域的彼岸。……在这个必然王国的彼岸，作为目的本身的人类能力的发展，真正的自由王国，就开始了。"[①] 人们为维持生存所需要的必要劳动时间越少，其活动的自由度就越大，且越是能够享受闲暇并利用于发展自己的爱好和能力。也就是说，生产力的发展将提高劳动效率，改变劳动的性质，当生产力高度发展，消灭了使人的活动固定化、被动化、单一化的旧式分

---

① 马克思：《资本论》第3卷，人民出版社1975年版，第926—927页。

工，并极大地缩短为维持生存所必需的劳动时间时，人的活动才能真正成为自由自主的活动，人充分发展和展示自己能力的理想才能转化为现实。如果说，在 19 世纪，马克思上述观点主要还是一种预见，那么在知识经济初露端倪的当代，这种预测正日益变成现实，科学技术的创新不仅成为生产力发展的直接动力，而且将愈来愈缩短劳动时间，拓展人自主活动的空间，从而为人的发展创造条件。因此，在这样的背景下，依据马克思对人的发展条件和途径的理解，科学精神同人文精神一样为人的发展所必需，科学精神内在地包含着人文价值。也就是说，以人的发展为目标，弘扬人文精神与提倡科学精神应是相辅相成的，问题只在于如何达至二者的统一和相互促进。

本文原载于《晋阳学刊》2006 年第 4 期

《新华文摘》2006 年第 24 期转载

人的发展视域中的社会公平

社会公平成为广受关注的热点问题，是社会现代化进行到一定阶段时人的发展要求的反映。从人的发展视域理解社会公平，有助于把握社会公平的深层次根据，分析社会公平面临的复杂问题，确立实现社会公平的基本原则。

一

通常认为，社会公平是指人们社会权利上的公平，体现的是人们之间一种平等的社会关系，反映着人们从道义上对利益关系合理性的追求。从哲学上看，社会公平本质上是人生存发展的内在要求。社会公平就是将所有人在社会的、价值的意义上同等看待，承认并保证所有社会主体具有平等的生存和发展权利。

追求社会公平，是马克思主义人的发展理论的题中应有之义。马克思恩格斯在对人的解放和发展的论述中，超越了近代人道主义和资产阶级政治解放诉求的局限性，提出了对社会公平的新理解。

在人的解放内涵的理解上，马克思主义主张包括经济领域在内的社会公平即人的彻底解放。

为了揭示资产阶级政治解放的局限性，马克思在《论犹太人问题》、《〈黑格尔法哲学批判〉导言》等论著中区分了政治解放和人的解放，指出"从政治上废除私有财产不仅没有废除私有财产，反而以私有财产为前提。当国家宣布出身、等级、文化程度、职业为非政治的差别，当它不考虑这些差别而宣告人民的每一成员都是人民主权的平等享有者，当它从国家的观点来观察人民现实生活的一切要素的时候，国家是以自己的方式废除了出身、等级、文化程度、职业的差别。尽管如此，国家还是让私有财产、文化程度、职业以它们固有的方式，即作为私有财产、作为文化程度、作为职业来发挥作用并表现出它们的特殊本质。国家根本没有废除这些实际差别，相反，只有以这些差别为前提，它才存在"①。"政治解放本身并不就是人的解放。"② 这种"部分的纯政治的革命，毫不触犯大厦支柱的革命，……就是市民社会的一部分解放自己"③。认为资产阶级在反封建斗争中提出了公平和平等要求，但他们的要求不仅在适用范围上局限于政治法律领域，而且在实现方式上仅强调人的起点、机会和规则平等，忽视人们之间最终的或结果的平等，其结果是，人们之间、群体之间经济社会差异日趋扩大，一部分人高于另一部分人之上，导致人们经济社会权利不平等亦即公平的缺失。本质地看，资产阶级的解放只是政治解放，只是资产阶级自己的解放，而不是经济的解放，不是所有人的彻底解放。

与资产阶级的解放不同，马克思恩格斯提出了人的彻底解放的要求，并对之作出了科学的说明。他们在《德意志意识形态》中指出，"共产主义和所有过去的运动不同的地方在于：它推翻一切旧的生产关系和交往关系的基础，并且第一次自觉地把一切自发形成的前提看作是前人的创造，消除这些前提的自发性，使它们受联合起来的个人的

---

① 《马克思恩格斯全集》第 3 卷，人民出版社 2002 年版，第 172 页。
② 《马克思恩格斯全集》第 3 卷，人民出版社 2002 年版，第 180 页。
③ 《马克思恩格斯选集》第 1 卷，人民出版社 1995 年版，第 12 页。

支配。"① 在《哥达纲领批判》中，马克思又明确指出，"'消除一切社会的和政治的不平等'这一不明确的语句，应当改成：随着阶级差别的消灭，一切由这些差别产生的社会的和政治的不平等也自行消失。"②

在《反杜林论》中，恩格斯进一步发挥了上述思想，尖锐地指出，资产阶级建立的"理性的王国不过是资产阶级的理想化的王国；永恒的正义在资产阶级的司法中得到实现；平等归结为法律面前的资产阶级的平等；被宣布为最主要的人权之一的是资产阶级的所有权"③。他针对性地指明了无产阶级的平等要求，阐述了无产阶级平等要求与资产阶级平等要求的区别："无产阶级所提出的平等要求有双重意义。或者它是对明显的社会不平等，对富人和穷人之间、主人和奴隶之间、骄奢淫逸者和饥饿者之间的对立的自发反应……或者它是从对资产阶级平等要求的反应中产生的，它从这种平等要求中吸取了或多或少正当的、可以进一步发展的要求，成了用资本家本身的主张发动工人起来反对资本家的鼓动手段；……无产阶级平等要求的实际内容都是消灭阶级的要求。任何超出这个范围的平等要求，都必然要流于荒谬。"④ "无产阶级抓住了资产阶级的话柄，平等应当不仅是表面的，不仅在国家的领域中实行，它还应当是实际的，还应当在社会的、经济的领域中实行。"⑤

在人的解放主体的理解上，马克思主义主张"全人类"的解放，即每个人的彻底解放和自由全面发展。

马克思恩格斯在谈到人的发展时，多次使用"每一个人"或"每个人"的提法。在他们的理解中，人的发展定位于"个人"，但并非某一部分、某一层次或某一群体中的个人，而是"每一个个人"。追求

---

① 《马克思恩格斯选集》第 1 卷，人民出版社 1995 年版，第 122 页。
② 《马克思恩格斯全集》第 3 卷，人民出版社 2002 年版，第 311 页。
③ 《马克思恩格斯选集》第 3 卷，人民出版社 1995 年版，第 356 页。
④ 《马克思恩格斯选集》第 3 卷，人民出版社 1995 年版，第 448 页。
⑤ 《马克思恩格斯选集》第 3 卷，人民出版社 1995 年版，第 448 页。

"每一个个人"的发展，这是马克思主义人的解放和发展理论与近代人道主义的重要分野。马克思恩格斯在《德意志意识形态》中指出，"只有在共同体中，个人才能获得全面发展其才能的手段，也就是说，只有在共同体中才可能有个人自由。……在真正的共同体的条件下，各个人在自己的联合中并通过这种联合获得自己的自由。"① 他们在《共产党宣言》中更是明确地指出，"代替那存在着阶级和阶级对立的资产阶级旧社会的，将是这样一个联合体，在那里，每个人的自由发展是一切人的自由发展的条件。"② 这里的共同体或自由人的联合体，即消灭私有制和阶级剥削的、人人平等的共产主义社会。

从政治哲学的角度看，马克思恩格斯关于人的解放和人的发展的论述，包含着对社会公平的深刻理解。他们提出的人的彻底解放主张，体现着对实现真正的、目的意义上的社会公平的深切关注。他们提出的每个人的自由全面发展的目标，内在地包含着要求平等地对待所有的人的价值取向。

从人的发展视角看，社会公平是人生存发展的要求。

人们所以提出公平的要求，是因为在理想与现实之间存在着差异和矛盾。无论在任何时代，社会发展都是不平衡的，总会存在着地区之间、民族之间、阶级或阶层之间，以及个人之间的差异，从而决定了人们之间在生活条件、社会地位上会出现或大或小的差距。社会公平正是针对这一现象提出和主张的，是对社会发展不平衡效应的一种预防和纠正。从哲学上看，实现社会公平是为着人的生存和发展，既是为着每个人自己的生存和发展，也是为着他人的生存和发展，体现着人的自我保存倾向和人的发展价值取向的统一。

作为人们自觉的价值选择，公平体现着人的自我保存要求和倾向。

---

① 《马克思恩格斯选集》第 1 卷，人民出版社 1995 年版，第 119 页。
② 《马克思恩格斯选集》第 1 卷，人民出版社 1995 年版，第 294 页。

由于社会发展的不平衡性，从可能性上说，任何人都有可能在变动不居的社会发展中被抛入社会的底层，陷入艰难的生存困境。只有通过人们之间对公平的约定，确立公平的理念，制定保障公平的规则和制度，才能解除人们面临的上述现实的和可能的威胁。就此而言，公平对每个人来说都是不可或缺的，是满足人们生存和安全需要的保障。

从更本质的意义上说，公平作为人们自觉的价值选择，体现着人道以及人的发展的要求和倾向。从理论上看，人的发展诉求是对人的价值优先性的肯定。正因为承认人的价值的优先性，将人的价值置于所有他物的价值之上，才会有每个人自由全面发展的要求，才必须将人的生存发展视为社会进步的根本目的，才应当让每个人生活得更加幸福并更有尊严。正因为承认人的价值的优先性并追求人的发展，才应当肯定一切人的价值及由此而衍生的权利、利益和尊严都是平等的，不允许一部分人高于他人之上，也才应当将社会公平确立为衡量社会运行、制度安排、行为规范以及人的实践的现实尺度。正是基于人的生存和发展要求，人们才会有追求社会公平的价值选择。否则，就难以回答如下问题：我们为何不能在社会发展中只强调效率和效益、只追求经济发展和财富增长，只奉行 GDP 至上的原则，只强调做大蛋糕而不论如何分配。更进一步说，人类为何不能像动物界那样采用社会达尔文主义、实行弱肉强食的丛林法则？很显然，只有从人的发展和以人为本理念出发，才能对这些问题作出合理的解释。

从人的发展视角看，社会公平是人的基本需要。

马克思恩格斯强调经济上的公平，不仅意味着对人们物质需要的重视，而且意味着对人们精神生活的重视，因为在他们看来，物质需要的满足是人们其他需要满足的基础。马斯洛对需要层次的划分以及对需要满足顺序的看法，与这一理解有异曲同工之处。

从人的发展视角看，公平本身就是价值，公平的价值并非必须通过其他中介来体现，特别是并非完全要由经济发展程度和效果来衡量。

这与对民主价值的理解是一个道理。有些论者在比较民主制度和非民主制度优劣时，常常以能否更快地促进经济发展作为标准，认为只要能更快地促进经济增长，非民主制度就比民主制度更为优越，由此断定民主并非社会进步所必需。这种理解实质是将民主仅仅视为一种附带的价值，亦即否定民主的独立价值，这显然是不能成立的。民主所以必要，不仅因为它有利于社会良性、持续的发展，还因为它本身对人就有价值，是现代人生存发展的基本权利。公平也同此理。公平也是人们的一项基本权利。公平不仅有利于社会矛盾的解决并实现社会和谐，其本身就是人们的一种精神需要。对人的发展而言，公平不仅有助于弥补人们之间在生活条件、社会地位上的差距，解除由于不平等给人们造成的现实的和可能的威胁，而且有助于满足人们的精神需要。事实表明，社会越是进步，人们对公平的要求就越高，对公平的期待就越是强烈。

二

社会公平本质上是人的问题，人的生存和发展状况是衡量社会公平实现程度的最终标准。

人的发展作为衡量社会公平实现的尺度，具有显著的优越性，其优越性集中表现为它具有包容性，体现着衡量社会发展诸种尺度的统一或能够与其他尺度相融洽，例如可以包含社会经济、政治、文化等尺度。从一定意义上说，人的发展是反映社会公平的一面镜子，社会公平实现程度归根结底要体现到人的生存发展上来，要由每个人的生存质量及相应的生活感受来确认。因此，判断社会公平实现状况虽然可以有许多标准，但有利于人的发展与否及其程度之高低，无疑是最根本的也是最真实的标准。

从人的发展视角看，社会公平在很大程度上决定着人们的幸福程度。20 世纪 70 年代以来，一些国家和机构陆续创设了"幸福指数"这一衡量生活质量和幸福程度的综合性指标。幸福指数除生产总值指数外，还包括社会健康指数、社会福利指数、社会文明指数、生态环境指数等内容。作为衡量百姓幸福感的标准，幸福指数体现了以人为本的理念，超越了原有的仅仅反映经济增长的单一的 GDP 指标，更强调社会发展的综合性，强调以人的需要和发展衡量社会进步的程度。根据设计幸福指数的初衷，就人的生存发展而言，GDP 增长只是手段，而不是目的，更不是全部内容，因为 GDP 只是衡量经济表现的指标，没有反映社会发展的综合情况。幸福的社会不仅应当是富有的社会，也应该是有利于人生存发展的社会，例如应当是人人都有就业机会的社会，应当是人人都能享受医疗、教育和其他公共服务以及优美环境的社会，应当是每个公民都真正参与社会生活和社会管理的社会。人的生活幸福和他们的自由全面发展程度，是衡量社会发展质量和水平的最高标准。

在决定人们生活质量和幸福程度的因素中，社会公平状况具有至关重要的地位。根据对幸福的重新定位，在物质需要基本满足之后，人们幸福感的增长将主要取决于非物质需要的满足和发展。非物质需要既包括社会关系的和谐也包括精神的愉悦，而这都与社会公平状况密切相关。幸福作为人的主观感受，具有显著的相对性。这里的相对性不仅是指幸福有程度之分，还是指幸福既取决于自己的状况，也取决于与他人的比较，是相对于他人而言的。这方面的例证很多，如中国古代"不患寡而患不均"的说法，就是典型的一例。在那时的人看来，"寡"比"不均"给人的感受要更能接受一些，在两者之中宁愿选择前者。这种心态绝非古人所独有，上世纪六七十年代曾经广为盛行"大锅饭"、绝对平均主义的事实就是另一个明证。此外，现实中也有一些典型事例，例如近些年来，尽管人们在经济增长中生活水平不断提高，但不少人仍然怨气重重。原因就在于，贫富差距拉大以及腐败盛行等造成的收入以及生活水平的反差，给许多人带来了强烈的失落感，甚至是强烈的挫败感。

这些事实表明，幸福的社会应当是公平的社会，建设幸福社会应当关注每个人的发展，切实促进社会公平。人的发展应立足于每一个个人，公平地享有经济社会等基本权利，是人生存发展的前提和基础。没有经济上的权利平等，一切人的共同发展和素质提高就无从谈起，因为经济状况直接影响到人们的劳动条件、生活质量和受教育的机会，甚至还会影响到人们的政治权利。虽然在社会现代化过程中打破平衡、出现差异有其必然性，但如果任其发展而不加以有效的调控，人们之间的贫富分化就会愈趋严重，就会远离社会公平的目标。为了提升人们的幸福程度、改善人们的生存发展环境，在社会现代化进程中必须特别关注社会发展的合目的性，关注社会公平，关注制度安排的合理性，注重保障每一个人的权利和尊严，"致力于建设一个没有通货膨胀、失业率极低也没有收入不平等的社会——在这个社会里，人人皆感到幸福，环境也受到保护。"①

实现社会公平为建设幸福社会、推进人的发展所必需，但究竟应当实现怎样的社会公平，则是一个见仁见智、争议很大的问题，因为这涉及对社会公平含义的理解。

一般认为，社会公平是指人们社会权利上的公平，即承认并保证社会主体具有平等的生存、发展权。简单地说，公平即对所有的人平等对待，一视同仁。对这种抽象的公平定义，比较易于求得共识，但在进一步具体的定义上，则是见仁见智，往往会出现歧义。诚如哈耶克所言，"'公正的价格'、'公正的报酬'或'公正的收入分配'，这些概念当然源远流长，但值得指出的是，哲学家们对这些概念的含义竭力思考了两千年，至今未找到一条规则使我们可以确定，在市场秩序下什么状

---

① 佐和隆光：《建设幸福社会须打破 GDP 神话》，《参考消息》2011 年 4 月 4 日。

态才算是这种意义上的公正。"①

丹尼尔·贝尔曾总结道，"从逻辑上讲，平等有三个层次：条件的平等、手段的平等和后果的平等。……条件的平等指的是公共权力的平等，……手段的平等都意味着机会的平等——获得导致不平等后果的手段的平等。"② 三个层次的公平可以归结为两类：起点和规则的公平，以及结果的公平。从现实中的争论来看，焦点主要在于，我们应当追求起点和规则的公平还是结果的公平。不同的理解不仅存在着理论上的差异，而且会导致现实中的矛盾。

从人的发展视角看，对公平的不同理解对人生存和发展的意义是不同的。

起点和规则公平是作为行为规范的公平，强调在共同行为和交换中体现平等和等价的原则，强调付出与收获之间的平衡，承认行为结果上的差别。这个意义上的公平是手段意义上的，是与效率本质统一的，它强调过程的合理而不论结果是否公平，因而在实践中往往会引起两极分化。结果公平是指最终结果的公平，其特点是不论行为的原因和过程，只看结果。这个意义上的公平是目的意义上的，单向度地体现着价值取向，而不论效率之高低，因而实行的结果往往会影响效率。

从人的发展的现实条件看，必须肯定起点和规则的公平。由于历史和现实的原因，迄今我国仍面临着尽快发展生产力的任务，而强调起点和规则公平，可以尽快地发展生产力，更好地进行现代化建设。改革开放以来的事实表明，肯定起点和规则公平，强调效率优先，能够最大限度地调动人的活动积极性，进而促进科技进步和经济发展，有利于尽快改善人们的生存和发展条件，是与我国当代生产力发展水平和要求最相适应的。

---

① 弗里德里希·冯·哈耶克：《哈耶克文选》，凤凰出版传媒集团、江苏人民出版社 2007 年版，第 353 页。
② 丹尼尔·贝尔：《资本主义文化矛盾》，商务印书馆 1989 年版，第 324 页。

从人的发展的最终要求看，显然应当追求价值意义上的、结果的公平。从理论上说，结果的公平必然意味着人们根本利益的一致，从而有利于人的自由全面发展。反之，在利益分化、对立的环境中，人们必然重占有甚于重生存，人与人之间必然会普遍地存在利益博弈、你争我夺甚至尔虞我诈，优胜者发财致富，失败者亏本破产，导致人们收入差别扩大以及阶层和阶级逐渐分化，导致社会公平丧失。也就是说，没有结果的公平就不可能有人的自由全面发展。从现实来看，市场经济信奉"效率优先，兼顾公平"原则，本意是初次分配遵循市场经济规律，发挥其激励和竞争的作用，在机会公平与规则公平的环境下充分体现效率，再次分配由政府采取措施调节个人收入的差距，防止出现两极分化。但现实表明，在贯彻这一原则的过程中，往往侧重于效率而忽视公平，效率和发展甚至成为唯一目的，因而在极大地推动经济发展的同时，也造成了对公平的忽视，权利公平、机会公平、规则公平都不同程度地受到侵害，引发了社会群体之间的利益矛盾与冲突，危及社会的稳定，制约着人的发展。

上述分析提示我们，基于人的发展现实条件并着眼于人的发展未来目标，必须注重两种公平的统一，在两者之间保持平衡，保持一种张力。既要坚持起点和规则公平原则，鼓励人们通过努力取得更多收获，以更好地推进社会进步并为未来人的发展创造条件，又要兼顾结果公平，防止手段和目的异化即手段遮蔽目的，把贫富差别限制在一定的限度内，避免两极分化，以保障现实中人们尤其是弱势群体生存发展的权利。

三

公平具有理想性。公平作为人的发展的内在要求，是对人们之间关系的一种应然的期望和设定。

有一种观点认为，世界上从来就没有什么绝对的、抽象的公平。这一论断有待深入辨析。世界上没有绝对的公平，但却不能说没有抽象的公平，关键在于如何理解抽象的公平。如果抽象的公平就是指公平的抽象性，那么抽象的公平显然是存在的。公平是理想和现实、抽象和具体的统一，抽象性和具体性、理想性和现实性不是非此即彼、绝对排斥的。社会公平作为人生存发展的要求，是人对应然的、理想生活状态的期望和追求，因而公平的内容是具有普遍性、普适性的，是抽象的或者说具有抽象的一面。否认公平具有抽象性的观点，从方法论上看是陷入了将抽象和具体绝对对立起来的误区之中。

公平的抽象性源于人性的抽象性及其普遍要求。这种抽象人性及其普遍要求在中外历史上已然存在，例如中国古代就有"老吾老以及人之老，幼吾幼以及人之幼"、"恻隐之心，仁之端也"等说法，西方思想史上则有"人道"、"博爱"、"怜悯同类"的表述。古今中外的人们在这一问题上的见解可谓是"人同此心、心同此理"。正因为具有抽象性，所以公平的实现不是单方面的行为，不是个人或部分人通过对自己的诉求和努力就能达到的，而是要通过人们的共识、通过共同的行为来实现，要通过具有普遍性的规则和制度来体现。

公平具有理想性和抽象性，并不意味着对社会公平的追求可以仅限于理想的、道德的层面，可以停留于价值的诉求。但从另一方面看又应当承认，在追求社会公平的问题上，理想的、道德的价值诉求是必需的，因为社会不公违背了每个人的自由全面发展的目标，本身就具有道德价值上的不合理性。否则就根本不会有公平的要求，遑论追求公平的现实行动。

公平又具有现实性。公平的现实性表现在它的提出和实现有赖于社会经济、政治和文化的发展。

马克思认为，"权利决不能超出社会的经济结构以及由经济结构制约的社会的文化发展。"① 恩格斯指出,"平等的观念,无论以资产阶级的形式出现,还是以无产阶级的形式出现,本身都是一种历史的产物,这一观念的形成,需要一定的历史条件,而这种历史条件本身又以长期的以往的历史为前提。"② 公平本质上体现着人们之间地位平等的社会关系。作为人们之间的社会关系,作为一种现实的价值追求,公平是经济基础的反映,依赖于一定的社会条件。公平的实现不仅有赖于理想和设计,亦有赖于现实条件和现实的行动,有赖于人们之间的社会关系的改善,有赖于制度安排的合理化。

公平的现实性决定了它的历史性。公平的历史性首先表现在,它的发展要随着社会经济、政治和文化的发展而经历一个过程,因而提出和实现社会公平必须循序渐进,不可能一蹴而就。公平问题的提出和解决经历了一个漫长的过程。在古代,人们就有了"不患寡而患不均"的观念,提出了"均贫富、等贵贱"的要求。近代资产阶级系统地提出和论证了政治法律公平的观念,并付诸现实行动而宣布了人的政治法律上的解放。马克思主义经典作家揭示了资产阶级政治解放的局限性,提出了以经济解放为基础的人的彻底解放和人的自由全面发展目标。随着社会进步,在当代,社会公平问题包含了更为广泛的内容,在收入分配、教育、医疗、就业、居住、司法等社会生活领域都提出了实现公平、公正的要求,在可持续发展领域,还提出了实现代际公平的诉求。

公平的历史性又表现在,公平是一个动态的、相对的概念。在现实中,公平没有固定不变的含义,也没有一劳永逸的解决途径。既不可能存在绝对的、永恒的公平,更不可能实现绝对的、永恒的公平,否则便意味着社会发展的停止。公平的相对性根本上决定于社会发展的不平衡性。在任何时代任何地方,社会发展都不可能是完全同步的,不同地

① 《马克思恩格斯选集》第 3 卷,人民出版社 1995 年版,第 305 页。
② 《马克思恩格斯选集》第 3 卷,人民出版社 1995 年版,第 305、448 页。

区是如此，不同群体和个人亦是如此，这就会不断地造成差异，不断地出现不公平。因此，无论在任何时候，一定程度上的公平实现了，又会产生更高程度的公平要求。

公平问题自古就存在，但在社会现代化进程中，这一问题表现得尤为突出。在我国当代，社会不公平表现在许多方面，如劳动的权利的不公平、受教育的机会的不公平、医疗服务的不公平、法律的不公平、职业的选择的不公平等等，但最为显著且基本者，是经济方面的不公平，尤其是收入差距的拉大。经济的不公平从根本上决定着其他领域的不公平。

现代化不会自然而然地带来一切人的共同发展，人们在权利和利益上的不平等反而有可能较以往更为严重。人们对现代化成果的享用往往是不均衡的，一部分人占有较多甚至很多财富而另一部分人相对甚至绝对匮乏的现象，是现代化的普遍现象。改革开放以来，由于重增长轻发展以及缺乏制度制约等原因，出现了以收入差距拉大为特征的社会不公问题。表现为地区之间、城乡之间、阶层之间贫富差距扩大，少数富人垄断经济发展过程及其所带来的成果，占据大量财富，而一些社会弱势群体被排挤出经济发展过程，所能分享的经济成果甚微，部分低收入群众生活比较困难。正如人们所指出的，从收入状况看，中国尚未形成富裕的中间阶层人数庞大的、比较稳定的"橄榄型"社会结构，而是一种"金字塔"或"倒陀螺"型的社会结构。在这种社会结构中，随着贫富差距的拉大，一些群体越来越富，另外一些群体越来越贫穷，阶层之间的界限更加分明，社会群体上下流动通道更加不畅，社会阶层关系趋向固化。其结果将进一步强化社会群体之间的利益分化。贫富差距的扩大是当代社会公平问题凸显的主要原因，正是在这一背景下，实现社会公平，给每个人以平等的生存和发展权利，已经成为人们的广泛共识。

公平的历史性还表现为，公平的实现往往是曲折的，是有代价的。公平是在曲折中实现的，在一定时期中，为了实现更高程度的公平，还会以牺牲部分人暂时的公平为代价。在社会现代化过程中，代价的付出突出表现为个体利益的牺牲。从实现社会和人的发展的长远目标看，这种牺牲具有一定的历史必然性及历史合理性，因为这将为社会的进一步发展从而人的更高层次的发展创造条件、提供可能。但是，在认可代价的同时又应强调三点。一是付出代价的最终结果应是达到人的发展与社会进步的统一。正如马克思所说，"虽然在开始是要靠牺牲多数的个人，甚至靠牺牲整个阶级，但最终会克服这种对抗，而同每个个人的发展相一致"①，二是个体利益的牺牲只是在特定阶段是必需的，因而只是暂时的。三是这种个体利益的牺牲必须是有限度的。

基于上述对代价问题的判断，基于实现"每一个人"发展或改善"每一个人"生存状态的目标，实现社会公平的关键是关注弱势群体，因为这具有底线公平的意义，而在人们能力和机遇不对等的条件下，维持这种底线公平至为重要。罗尔斯"公平机会的优先意味着我们必须给那些具有较少机遇的人以机会"②一说，丹尼尔·贝尔"公共政策应该寻求后果的更大平等——简言之，即使人们在收入、地位和权威上更为平等"③"衡量社会福利的不是个人满足，而是把对社会地位低下者给以补偿作为社会良心和社会政策的优先项目"④的说法，都表明从底线公平切入推进公平的必要和意义。总之，虽然在社会发展的特定条件下，一定的代价或阵痛是不可避免的甚至是必需的，但绝不能对此心理安得，更不能放任自流甚至任其扩大，而应当尽可能地管控和降低代价，减轻它给人们特别是弱势群体带来的痛苦，在推进社会发展的同时切实有效地维护他们的利益，最大限度地保障他们生存发展的权益。

对社会公平抽象性和具体性及其关系的分析，给我们的启示是：一

---

① 《马克思恩格斯全集》第 26 卷 Ⅱ，人民出版社 1973 年版，第 125 页。

② 约翰·罗尔斯：《正义论》，中国社会科学出版社 1988 年版，第 301 页。

③ 丹尼尔·贝尔：《资本主义文化矛盾》，商务印书馆 1989 年版，第 325 页。

④ 丹尼尔·贝尔：《后工业社会的来临》，商务印书馆 1984 年版，第 490 页。

方面，实现社会公平要基于现实条件，充分估量其复杂性和长期性，而不能超越阶段、把将来条件具备时才应当做的事不分时机地提前到现在就做，不顾条件地只强调结果公平、实行绝对平均主义，否则就会过犹不及。另一方面，实现社会公平要坚持理想的追求，在社会发展过程中特别注意人的发展的平衡性，积极调节不同社会群体之间的利益关系，尽可能地缩小收入分配的差距，使所有人公平地参与社会发展过程并享受社会发展的成果，为每个人更好地生存发展创造条件。值得期待的是，我国当前提出并将实行的"包容性发展"，将是保障底线公平原则、促进每一个人发展的良好开端。

本文原载于《北京师范大学学报》2013年第2期
人大复印报刊资料《哲学原理》2013年第7期转载

科学技术社会效应的人学反思

科学技术是一柄双刃剑，在极大地促进社会进步并造福人类的同时，也带来一些危及人类生存发展的问题。科学技术的社会效应本质上是就人的生存发展而言的，从人学特别是人的发展视角反思科学技术的双重社会效应，趋其利而避其害，对于在社会现代化进程中更加合理地运用科学技术以推进人的发展，具有重要的意义。

一

近代以来，科学技术在促进社会进步并造福人类的同时也带来一些危及人类生存发展的问题。在当代，随着高新技术广泛、深入地介入人们的生产和生活，科学技术的负面社会效应也愈趋明显。从对人生存发展的影响看，科学技术的负面效应突出表现在以下几个方面：

一是人在生产中受到技术的控制，成了机器的组成部分甚至于附属物。

在现代，随着技术的力量日趋强大，出现了人与技术的异化，人的创造物成了他的主人，"技术似乎经常是作为一种相对独立的自主力量在起作用，比操纵它的人类还有力量。"①"技术变成有自主权的了……技术一步步控制着文明的一切因素……人类自己也被技术击败，而成为它的附庸。"② 随着技术的发展，工具变成了自组织系统，有自己的运行方式和节奏，人则成了机器的附属物、机器的配件，随着机器的运转而动作。在这种"人—机"系统中，作为客体的技术装置成了主体，控制人，作为主体的人则成了机器的部件，在生产过程中被客体化，成了附属于机器并被动地围绕机器转动的部件。人与机器等技术装置地位的转换，显然是一种主客体关系的颠倒，技术装置在生产中对人的控制，直接导致人的能力及其活动的片面化。在被技术装置控制的同时，人只能作为机器的配角从事某一种或某一个环节的工作，被片面化为单向度的人。人可以被机器置换，并且，离开了机器这一"主体"，人便一无所是，一无所能。

　　机器大工业特别是信息技术的运用放大了人的能力，也使人产生错觉，似乎机器设备成了有生命的自组织系统，一方面，机器似乎有了独立于人的需要和运行轨道，另一方面，科技的力量增强，使其超越了人的控制而在一定程度上成为控制人的力量。与之相联系，技术成为权威或权威的根据，被抬举到近乎宗教的地位，异化为人们顶礼膜拜的对象。正如海德格尔所说，"在此在的一切领域中，为技术设备和自动装置所迫，人的位置越来越狭窄。以任何一种形态出现的技术设备装置每时每地都在给人施加压力，种种强力束缚、困扰着人们——这些力量早就超过人的意志和决断能力，因为它们并非由人作成的。"③ 又如弗洛姆所言，"工业社会蔑视自然界和一切非机器生产的东西以及那些不能生产机器的人们。今天，使人着迷的是机械性的东西、巨大的机器、无生

---

① 巴里·康芒纳：《封闭的循环》，吉林人民出版社1997年版，第142页。
② 巴里·康芒纳：《封闭的循环》，吉林人民出版社1997年版，第142、142—143页。
③ 《海德格尔选集》（下），三联书店上海分店1996年版，第1237页。

命的东西，人甚至越来越迷恋毁灭力。"①

二是人在生活中形成对技术的依赖和崇拜。

在当代，科技已渗入社会生活的几乎所有方面，给我们生活带来的便利实在太大，对我们的生存介入实在太深，已经成为现代人生存方式的内在因素，以至于人们对科技的依赖已达到积重难返、不可逆转的境地，逐渐沉溺于其中难以自拔。科技在给人带来了生活上的舒适和便捷的同时，也导致了人对自身的轻视和对外在力量的迷恋。在当代，人们举手投足，吃、住、行、用，几乎没有一项活动能离开技术的支撑。不能设想，现代的人们离开了飞机、火车、汽车等交通工具，离开了水、电、煤、气等生活用具和物资，离开了电灯、电话、冰箱、空调等各式各样的家用电器将如何生存。且不说生活质量将极大降低，就是能否继续生存下去都成了问题。没有现代技术，就没有现代人的生活方式和生活质量，就没有现代人的生存方式。

人对技术的依赖不仅体现在生理机能上，更表现在心理上，并且技术越是先进，这种依赖性就越强。"后现代的技术已经完全不同于现代的技术，昔日的电能和内燃机已经被今天的核能和计算机取代，新的技术不仅在表现形式方面提出了新的问题，而且造成了对世界完全不同的看法，造成了客观外部空间和主观心理世界的巨大改变。……显然后现代人已经被这种高度发展的新技术搞得心醉神迷，因此，当前像对电脑和信息处理机之类的新技术的狂热追求和迷恋，对我们所说的文化逻辑来说就远不是外部的了。"② 在当代，对技术的依赖已深深地渗透于人们的生活世界和心理世界，技术已不仅是人生存的外在条件，而是成了人生活的内在因素，人们对技术的依赖如此地强大，以至于不仅离开了技术不知道如何生存，甚至根本就不能想象如何去生存。从一定意义上

---

① 弗罗姆：《占有还是生存》，三联书店1989年版，第10页。
② 詹明信：《晚期资本主义文化逻辑》，三联书店1997年版，第292—293页。

说，对技术的依赖已成为商品拜物教、金钱崇拜之外的又一种"物的依赖性"。

三是科学技术的不当使用威胁着人类的生存。

弗洛姆曾指出，"技术的进步不仅威胁着生态平衡，而且也带来了爆发核战争的危险，不论是前种危险还是后种危险或两者一起，都会毁灭整个人类文明，甚至地球上所有的生命。"① 这虽然是一个个案，但既非危言耸听，更非绝无仅有。科技的不当利用例如运用于战争，将放大人类的破坏能力，甚至毁灭人类。即如斯塔夫里阿诺夫所说，"科学家警告我们，现代核武器以核冬天即人类自取灭亡的危险威胁着人类。然而，所有的国家都在继续准备自己，继续备战，仿佛我们不是在用氢弹、太空武器和毒气，而是在用长矛和弓箭打仗一样。"②

此外，科技在其他方面的不当运用更是呈愈趋扩大之势，一些新技术例如克隆技术、转基因技术等的使用，给自然的变化包括人的生理变异带来了潜在的风险。与以往不同，当代克隆人、基因工程、转基因生物等高新科技，目标和结果都在于改变生物乃至于人原有的状态或机理，是对生物的重新设计和改变，并且，所改变的往往不只是外在的形式，而是内在的性质。这种对生命内在的干预，固然可以对人类的生存带来许多正面的影响如医治疾病、提高生活质量等，但同时也潜存着危机，包括我们已经意识到的危机和尚未意识到的危机。

四是对科技的过分依赖使人的肌体及功能退化。

就人与动物的对比来看，表面上，人能够改变环境，使环境适应于人，然而这其中却潜藏着危机，长期对技术的依赖，导致人的肌体功能退化，使人在不借助于技术时生存能力逊于动物。达尔文的进化论早已证明，人的生理器官及其机能的变化规则是"用进废退"。当代科技

---

① 弗罗姆：《占有还是生存》，三联书店 1989 年版，第 4 页。

② 斯塔夫里阿诺夫：《全球通史——1500 年以前的世界》，上海社会科学院出版社 1999 年版，第 3 页。

在许多方面代替了人的生理功能，最典型的如以车代步等。现代科技在替代人的某些机能而改善人的生活质量、方便人的活动的同时，也导致了人的一些生理器官和机能的退化或阻碍了其继续进化。弗洛姆曾在生物学的意义上分析过人的软弱性："人和动物存在上的首要区别是一个消极的因素：人在适应周围环境的过程中，相对来说，缺乏调节的本能。而动物适应环境的方式却始终如一；……动物能通过主动地改变自身而使自己适应变化着的环境；……人是所有动物中最无能的，但这种生物学意义上的软弱性正是人之力量的基础，也是人所独有的特性之发展的基本原因。"[①] 这里人与动物比较的本意在于说明人生存上的优越性，但却显示了人在自然生存能力上逊于动物之处及其原因。通过运用技术而最有生存能力的人，实际上正是在生理上最无能（就适应自然能力而言）的人。科学技术在给予人巨大能力和舒适生活的同时，也将人置于了高度的风险之中，因为一旦外部环境发生超出技术控制范围或能力的变化，或者人在一定情形下失去了外部条件的支持，人类似将面临严重的生存危机。离开了技术力量的支撑，人类势将成为所有高等动物中最弱势的种类。

五是新技术的发展使传统伦理面临新的挑战。

前面谈到，一些高新技术的使用，涉及对包括人在内的生物的重新设计，实质是对生命性质和发展过程的内在干预，这种内在干预将改变生物（乃至于人）原有的生存状态和秩序，其可能的负面影响虽然迄今尚难以预测，但可以肯定的是，不仅会给人的生理或自然生存带来潜在的危机，也对传统的社会伦理提出了挑战。其中最显著的表现，是生命科学领域一系列高新技术给传统伦理带来的新问题和新困惑。例如基因工程和克隆技术等的不当使用（如克隆人），将彻底颠覆传统的伦理关系和观念，给人们之间的人伦关系造成极大的混乱。这些新问题和新

---

① 弗洛姆：《为自己的人》，三联书店1988年版，第55页。

困惑，迫切地要求我们重建相应的价值文化和伦理规范。

二

科学技术的负面效应首先出现于西方，二战以后，随着科技的迅速进步及其负面效应的凸显，一些科学家和学者开始了深刻而系统的反思，他们认识到，科技是一柄双刃剑，既隐藏着一些新的机会也隐藏着一些新的危险。他们揭示了科技产生负面效应的主要原因：

一是人们对科学技术的不当运用。正如许多有识之士所指出的，科技的价值不取决于其自身，而取决于人们对它的运用。巴伯曾正确地定位了科学和价值各自的社会功能，指出，"做为一个整体的社会是建立在一系列道德价值之上的，而科学总是在这些价值的范围之内发挥作用。这些社会价值提出某些非经验的问题，即意义、邪恶、正义和拯救的问题，只关心经验问题的科学是不能对这些问题给出答案的。"[①] "科学的社会后果是不可避免的，因为科学在我们的社会中具有独特的强有力地位，所以它将不断地与社会的其它部分互动，既对于良好的事情也对于糟糕的事情。……我们已经看到，这个问题是一个'社会问题'，一种社会安排和社会价值的问题。"[②] "科学的社会后果是社会和政治的问题，它们只能通过社会和政治的过程加以控制。"[③] 这些论述指明，科技本身主要是手段性的，科技的社会效应取决于人们对它的运用。现实生活中，科技曾经一再地在许多领域被不当地运用，从而造成了负面影响。科技不当运用最典型的表现，就是战争和军备竞赛，其中又以核武器的制造和使用以及威胁使用为最。众所周知，核能在给人类带来更高

---

① 巴伯：《科学与社会秩序》，商务印书馆 1991 年版，第 265 页。

② 巴伯：《科学与社会秩序》，商务印书馆 1991 年版，第 268 页。

③ 巴伯：《科学与社会秩序》，商务印书馆 1991 年版，第 269 页。

效的能源的同时也带来了更大规模也更恐怖的杀人武器。正如人们所指出的，如果说在以往常规武器所瞄准的都是特定的人或人群的话，那么在核武器时代，其所瞄准的则是整个人类和所有的生命。

二是人们对科学技术负面效应的认识具有滞后性。科技自身具有双刃剑的特性，然而问题在于，"我们不可能在总体上，特别是在长期预言某种科学发现将具有何种特殊的社会后果"①，因为人类对其活动效果的预测是十分有限的也是滞后的，尤其是对其行为长远结果的预见往往赶不上活动本身的发展。许多科技成果人们能够创造出来，却不能对其负面效应防患于未然，而总是在造成恶果后才试图亡羊补牢，DDT杀虫剂大规模运用给生态环境带来的毁灭性灾难就是典型的一例。蕾切尔·卡逊在《寂静的春天》中写道："这些喷雾器、药粉和喷洒药水现在几乎已普遍地被农场、果园、森林和家庭所采用，这些没有选择性的化学药品具有杀死每一种'好的'或'坏的'昆虫的力量，它们使得鸟儿的歌唱和鱼儿在河水里的欢跃静息下来，使树叶披上一层致命的薄膜，并长期滞留在土壤里——造成这一切的本来的目的可能仅仅是为了少数杂草和昆虫。"②"自从 DDT 可以被公众应用以来，随着更多的有毒物质的不断发明，一种不断升级的过程就开始了。……而所有的生命在这场强大的交叉火力中都被射中。"③ 这种导致"寂静的春天"的灾难性后果显然是发明和使用 DDT 杀虫剂的人们所始料未及的。由于不能正确预见和驾驭其结果，人们手中的科技往往会成为无法收拾的"潘多拉的盒子"，给自然从而给人自身带来难以弥补的损害甚至毁灭性的灾难。

西方学者在上述反思的基础上，还进一步分析了科学技术负面效应对人生存发展的影响。

一是揭示了技术对人的异化。在对科技负面效应的反思中，一些

---

① 巴伯：《科学与社会秩序》，商务印书馆 1991 年版，第 268 页。

② 蕾切尔·卡逊：《寂静的春天》，吉林人民出版社 1997 年版，第 6 页。

③ 蕾切尔·卡逊：《寂静的春天》，吉林人民出版社 1997 年版，第 6—7 页。

人提出了"技术异化"问题，认为"技术异化"突出表现为科技超出人的控制，成为一种异己的、危害人类的敌对力量，即表现为人由掌握、控制科技的主人变为被科技控制的工具，其结果是它的使用在给人类带来利益的同时也带来了灾难。他们认为在当代，科技与人的异化已成为普遍的现象，而且异化的内涵大大超出了马克思当年的理解，一些人还将"技术异化"现象比喻为人成了技术的"奴隶"，形象地反映了技术与人的异化关系。

面对"技术异化"问题，西方学者展开了多向度的反思。胡塞尔认为，19世纪下半叶以来，科学的危机日趋加深，这并非科学自身的危机，而是科学发展及其社会效应造成了人的生存危机，科学张扬了工具理性，却遮蔽了人生存的意义，"在十九世纪后半叶，现代人让自己的整个世界观受实证科学支配，并迷惑于实证科学所造就的'繁荣'。这种独特现象意味着，现代人漫不经心地抹去了那些对于真正的人来说至关重要的问题。只见事实的科学造成了只见事实的人。……实证科学正是在原则上排斥了一个在我们的不幸的时代中，人面对命运攸关的根本变革所必须立即作出回答的问题：探问整个人生有无意义。"① 海德格尔揭示了技术对人的负面影响，他尖锐地指出，笛卡尔以来的西方理性主义是对"在"的根本遗忘。技术发展将带来价值观扭曲、人的机器化、资源匮乏、环境恶化等问题，不合理地使用技术会使人类丧失自己的家园。他指出，"人就走到了悬崖的最边缘，也即走到了那个地方，在那里人本身只还被看作持存物。但正是受到如此威胁的人膨胀开来，神气活现地成为地球的主人的角色了。由此，便有一种印象蔓延开来，好像周遭一切事物的存在都只是由于它们是人的制作品。这种印象导致一种最后的惑人的假象。以此假象看，仿佛人所到之处，所照面的只还是自身而已。……但实际上，今天人类恰恰无论在哪里都不再碰到自身，

---

① 胡塞尔：《欧洲科学危机和超验现象学》，上海译文出版社1988年版，第6页。

亦即他的本质。"① 一句话，现代科学的生存方式将使人类失去自己的本质，陷入难以自拔的生存危机之中。此外，马尔库塞对机械控制人的分析，弗洛姆对于人将成为机器附庸的警示，以及生态主义者对科技给自然带来的危机的分析等，也是这类反思的代表。

二是指出了工具理性对价值理性的排斥。在对于科技负面效应的反思中，一些人对科技至上导致的"工具理性"的过度膨胀展开了批评，认为科学技术的负面效应与工具理性的过度张扬相关，工具理性对价值理性的排斥是现代科学危机的症结之一。韦伯较早地注意到工业社会中工具理性张扬的倾向，胡塞尔认为仅仅有工具理性不够，还必须有价值理性和实践理性，霍克海默和阿多尔诺认为，工具理性本质上关心的是实现目的的手段，却很少关心目的本身是否合理，马尔库塞认为，在资本主义社会由于技术理性的过度张扬，将人变成了仅仅追求效率和效益的经济动物，技术的发展压制了个人的本性和自由。

丹尼尔·贝尔曾对于工具理性的制度性张扬作过生动描述："工业社会是围绕生产和机器这个轴心并为了制造商品而组织起来的。"② "工业社会，由于生产商品，它的主要任务是对付制作的世界。这个世界变得技术化、理性化了。机器主宰着一切，生活的节奏由机器来调节。……这是一个组织的世界——等级和官僚体制的世界——人的待遇跟物件没有什么不同。"③ "在现代社会里，它的轴心原则是功能理性。"④ "经济体系有自己的测量尺度，即实际效用。……这一体系本身是具体化的世界，其中只见角色，不见人。他在组织图表上突出的是科层关系与功能作用。其中，权威经过职位传递，而不经人遗传。社会交换（必须相互吻合的工作）只在角色之间进行。人因而变成了物件或

① 《海德格尔选集》（下），三联书店上海分店1996年版，第945页。
② 丹尼尔·贝尔：《后工业社会的来临》，商务印书馆1984年版，第2页。
③ 丹尼尔·贝尔：《资本主义文化矛盾》，商务印书馆1989年版，第198页。
④ 丹尼尔·贝尔：《资本主义文化矛盾》，商务印书馆1989年版，第57页。

'东西'。"① 对工具理性的信赖以至于信仰，已经成为当代社会的普遍现象。人与物地位的颠倒，程序化的生产和生活，理性对人性、自由的遮蔽，如此种种，正是工具理性过度张扬的表现，也是其必然的结果。

基于以上认识，西方一些有识之士指出，必须随着科技的进步对其自发倾向和社会运用作出适时的调节和规制。他们认为，这种调节和规制包括两个方面：其一是，使科技对自然的影响尽可能有利于自然的持续发展，或者最大限度地降低科技对自然的危害。尤其应当注意的是，由于现代技术极大地提高了人变革自然的能力，因而对可能深度影响自然性质以及改变自然物运行方式的各种新技术的运用，必须慎之又慎。其二是，基于科技的双重效应，必须对科技的运用进行价值规范。所谓价值规范，就是以人类的整体利益、普遍价值和普世理性规范和约束特定利益群体因自身利益追求而对科技的滥用，使科技的使用适应并有利于自然从而有利于人类的持续发展。

三

随着社会现代化进程的深入，在我国也面临着反思从而应对科技负面效应的问题。

反思科技的负面效应应当借鉴西方的理论。因为其一，西方曾经出现的科技的负面效应已经在我国逐一显现；其二，不同国家科技负面效应的表现、原因及其影响本质上具有同质性；其三，西方有识之士的反思，无论是对科技负面效应的概括，对科技负面效应原因的揭示，还是对科技负面效应对人生存发展影响的分析，比较全面且深刻，对于发展中国家来说具有他山之石和前车之鉴的意义。有鉴于此，借鉴西方的

---

① 丹尼尔·贝尔：《资本主义文化矛盾》，商务印书馆 1989 年版，第 57 页。

理论不啻为一条有效的捷径。

反思科技的负面效应又要从我国的国情出发，特别是从推进我国人的发展的根本要求出发，对科学技术的社会效应进行人学的反思。从人的发展要求看，我国正面临着加速实现现代化从而发展科学技术的任务这一特殊背景，因而对科技的负面效应的反思应当特别注重全面性，即在充分肯定科技正面效应的前提下反思其负面效应。对此，可以从马克思的相关论述中得到启示。

早在 19 世纪，马克思就从人的发展视角对科学技术的双重效应作出了辩证的分析。一方面，他十分重视科学技术对于社会进步和人的解放的促进作用，正如恩格斯所指出的，"在马克思看来，科学是一种在历史上起推动作用的、革命的力量。任何一门理论科学中的每一个新发现——它的实际应用也许根本无法预见——都使马克思感到衷心喜悦，而当他看到那种对工业、对一般历史发展立即产生革命性影响的发现的时候，他的喜悦就非同寻常了。"① 另一方面，他又深刻地揭示了技术发展对人的负面影响，认为"技术的胜利，似乎是以道德的败坏为代价换来的。随着人类愈益控制自然，个人却似乎愈益成为别人的奴隶或自身的卑劣行为的奴隶。甚至科学的纯洁光辉仿佛也只能在愚昧无知的黑暗背景上闪耀。我们的一切发现和进步，似乎结果是使物质力量成为有智慧的生命，而人的生命则化为愚钝的物质力量。现代工业和科学为一方与现代贫困和衰颓为另一方的这种对抗，我们时代的生产力与社会关系之间的这种对抗，是显而易见的、不可避免的和无庸争辩的事实"②。

尤其难能可贵的是，马克思在洞察到科技负面效应的同时，又深刻地指明了其对于人的发展的必要性和历史必然性，认为"自然科学却通过工业日益在实践上进入人的生活，改造人的生活，并为人的解放作

① 《马克思恩格斯选集》第 3 卷，人民出版社 1995 年版，第 777 页。
② 《马克思恩格斯选集》第 1 卷，人民出版社 1995 年版，第 775 页。

准备，尽管它不得不直接地使非人化充分发展"①。"直接地使非人化充分发展"一说既揭示了科技可能直接地使人"非人化"的效应，又肯定了这种"非人化充分发展"根本上是人的解放的条件，亦即指出了"非人化"在一定阶段上的必然性和必要性。这一论述显然是非常辩证而深刻的，对于在当代理解科学技术的双重效应，无疑颇具启示意义。

从人的发展的视角看，科技的社会效应首先并主要是正面的。众所周知，人类不辞辛苦、殚精竭虑地发展科学技术、进行发明创造，是为了增强自己改造自然的力量，使自然朝着有利于人生存发展的方向变化，是为了使自己生活得更加舒适和便捷。近代以来，科技的发展和使用前所未有地提高了人应对和改造自然的本领，提升了人类生存的能力，为人们创造了更多的财富，显著地提升了人们生活的品质，给人们带来了更为舒适、方便、精致的生活。在当代，科学技术已经成为第一生产力，成为造福人类最重要的手段。毫不夸张地说，离开了科技的支撑，人类不仅不能发展，甚至也不能生存。

从人的发展的视角看，虽然科技发展和运用之效果总体上有利于人的生存发展，但在一些情况下，又会与人们的初始动机相背离而出现负面效应，因而必须对其进行反思。爱因斯坦曾谆谆告诫加州理工学院的学生，"如果你们想使你们一生的工作有益于人类，那末，你们只懂得应用科技本身是不够的。关心人的本身，应当始终成为一切技术上奋斗的主要目标。"② 这一告诫提醒我们，科技具有双重效应，因而必须关注科技对于人的影响，使科学技术与人的生存发展相适应；这一告诫启示我们，科技的负面效应是可以防范或缓解的，因为科技异化为某种独立于甚至凌驾于人和社会的力量显然是不正常的，也就是说，负面效应并非科技发展和运用的宿命，本质上是人们对科技的不当使用所致——

---

① 马克思：《1844年经济学哲学手稿》，人民出版社2000年版，第89页。
② 《爱因斯坦文集》第三卷，商务印书馆1979年版，第73页。

深层次原因是人们价值和认识方面的局限性，特别是他们价值定位和价值取向的失当所致。这一告诫还提示我们，对科学技术进行反思之根本尺度，是是否有益于人的生存和发展。

以人的发展为尺度，反思科技的负面效应必须遵循趋利避害的原则。海德格尔曾就此提出了颇具启示性的看法。他认为，反对技术崇拜并不能简单地等同于反对技术，而是要揭示技术的本性，从而让技术作为技术存在。为此，他提出了外在地对待技术的态度，即在手段层面利用技术，同时又不为其所奴役。他指出，"盲目抵制技术世界是愚蠢的。欲将技术世界诅咒为魔鬼是缺少远见的。我们不得不依赖于种种技术对象：他们甚至促使我们做出精益求精的改进。而不知不觉地，我们竟如此牢固地嵌入了技术对象，以至于我们为技术对象所奴役了。但我们也能另有作为。我们可以利用技术对象，却在所有切合实际的利用的同时，保留自身独立于技术对象的位置，我们时刻可以摆脱他们。我们可以在使用中这样对待技术对象，就像它们必须被如此对待那样。我们同时也可以让这些对象栖息于自身，作为某种无关乎我们的内心和本真的东西。"① 这一论述，昭示着一种正确选择的可能：合理地运用技术。

正如辩证法启示我们的，发展中出现的问题要靠新的更高层次的发展来解决。解铃还须系铃人。如果说科技的不当运用加速和加深了对自然和人的损害，那么同样的道理，科技的恰当运用必将修复和缓解其对自然和人的损害。从长远的观点看，经济、社会和人的发展根本上取决于科技的进步。由于科技的社会效应首先并主要是有利于人的生存和发展，由于修复和缓解科技的负面效应很大程度上要靠科技的发展和正当运用，因而限制或消除科技的负面作用，绝不等于限制甚至摒弃科技，而是要前瞻性地分析预测其可能的双重性，趋利避害地采取应对措施。我们固然不应重蹈西方科技发展与人的发展相分离、相异化即工具

---

① 《海德格尔选集》（下），三联书店上海分店1996年版，第1239页。

理性遮蔽价值理性的覆辙，但也不应矫枉过正，由反思科技的负面性而走向反科学的另一极端。

进而言之，对工具理性的反思同样应从人的发展要求出发。应当看到，工具理性的张扬对社会进步和人的发展首先具有正面的意义。工具理性对于社会发展具有重要意义，因为在目标确定之后，达到目标的手段往往会起决定性的作用。从现代化的运行逻辑看，注重工具理性、借重乃至于依赖工具理性，在一定时期中是必然的且具有合理性而绝非过失。近代以来的历史表明，人类生存方式之优越，就在于具有工具理性及依据工具理性所创造的科学技术、制度和规则。渗透着理性的科技、制度和规则的运用，既放大了人的体力和智力，提升了活动的效率和效益，改善了生产条件、降低了劳动的强度并缩短必要劳动时间，从劳动中解放了人，又创造出了更多更好的物质和精神财富，极大地提升了人们的生活质量，使人们享受到更为便利、舒适和更有乐趣的生活。正是由于工具理性显而易见的巨大威力，当代人类才凭借其创造了以往所不能望其项背的物质文明、精神文明和制度文明，并即将在未来创造新型的生态文明。为此，反思理性并非去理性化，并非反对工具理性，而是更加合理地运用工具理性，使其与价值理性相适应，充分发挥工具理性的优势而不为其负面效应所困扰。

从我国当前人的发展要求看，对科学技术社会效应的反思必须注重全面性。

科学技术和工具理性对于任何一个国家的社会进步和人的发展都是必要的。对于正在进行现代化建设的我国来说，科学技术对于社会进步和人的发展更是至关重要。众所周知，我国的社会现代化进程总体上还处于初级阶段，例如在经济发展指标上，虽然我们的 GDP 总量已居于世界第 2 位，但人均 GDP 还处于世界后列，许多地区还处于欠发达状态，相当大的一部分人尚未解决温饱问题；在科技方面，自主创新能力还不强，许多核心的高新技术仍有赖于从国外引进，拥有自主知识产权核心技术的企业占全部企业的比例还很低，国家的科技核心竞争力亟待提升。作为正在追求现代化特别是追求科学技术现代化的发展中国家，我们反思科学技术效应之出发点和归宿，就是有利于社会进步和人的发展。鉴此，我们对科技双重性的反思应是理性的而非激情的，全面的而非片面的，因为如果不加限制地批判和否定工具理性，就难以充分发挥科学技术在现代化建设中的作用。为此，必须更加积极主动地推动科学技术的发展，合理地利用科学技术，防范和缓解其负面效应，以更好地推进社会进步和人的发展。

本文原载于《社会科学家》2015年第2期

中国现代性问题的特殊性及其人学反思

现代性问题既具有普遍性也具有特殊性，在不同国家会各有特点。中国现代性问题的特殊性，体现为其独特的社会历史背景，以及由这一背景所决定的现代性问题与前现代问题并存的态势。基于现代性问题与前现代问题并存从不同角度对人的发展的制约，必须对当代中国的现代性问题进行人学的反思，即从推进人的发展这一根本目标出发，将解决现代性问题与解决前现代问题两项任务相互关联、双管齐下。

一、中国现代性问题的特殊背景

思考中国现代性问题的前提，是明确中国现代性问题的背景，进而明确中国现代性问题的特殊性。

现代性具有普遍性。现代化作为世界通行的社会发展模式，在不同国家或地区具有本质上的同质性，具有同样的规定和总体目标，也具有相同或相似的社会效应。现代化的基本效应就体现在现代性上。西方的现代性表征的是自启蒙运动以来所形成的现代社会整体结构的特征、性质以及相应的观念。按照通常的理解，广义的现代性既体现在器物层面上，又体现在制度层面上和观念（精神文化）层面上。现代性在物质层面的体现，就是以工业化为载体、以科技为支撑的生产力进步及作为其结果的经济发展即物质财富的增长。现代性在制度层面上的体现，就是建立现代的市场经济制度和民主政治。现代性在观念层面上的体现，就是确立民主、自由、平等、公正、法治、人权等现代意识。

现代性的普遍性含义适用于任何国家或地区，中国当然也不会例外。这就意味着，在中国进行现代化建设与在西方国家一样，会出现现代性问题，这正是我们在当前要研究并应对中国现代性问题的原因之所在。

现代性在不同时代、不同国家或地区又具有特殊性即多样性。一些学者曾特别强调这一点，例如以色列希伯来大学教授艾森斯塔特，就提出了"多元现代性"的观念。他认为，"现代性确实蔓延到了世界的大部分地区，但却没有产生出一种单一的文明，或一种制度模式，而是产生了几种现代文明的发展，或至少多种文明模式，也就是产生了多种社会或文明的发展，这些文明具有共同的特征，但依然倾向于产生尽管同源、但却迥异的意识形态动态和制度动态。"① 西方现代性虽然是其他社会现代化发展的一个重要出发点和参照系，但是现代性在全世界的蔓延和扩张并没有产生一个单一的文明或一种制度模式。即使在西方文明框架内，现代性也发展出了多种文化方案和制度模式。

现代性的特殊性在当代中国表现得尤为突出，这是我们探讨中国现代性问题时重要的出发点。中国现代性的特殊性主要是由三方面因素决定的：中国传统观念和体制的保守性，中国近代以来的特殊历史进程，中国广大的地域以及政策原因造成的社会发展的不平衡性。这三方面因素构成了中国现代性的特殊背景。

一是中国传统观念和体制具有保守性。由于被专制浸泡了几千年，中国传统的观念和体制中的一些落后因素与现代性格格不入。在观念

---

① S. N. 艾森斯塔特：《反思现代性》，三联书店 2006 年版，第 6—7 页。

上，传统的观念如"君君臣臣、父父子子"，"君为臣纲、父为子纲、夫为妻纲"，"君要臣死臣不得不死"的等级观念、宗法观念和人身依附观念，"墨守成规"、"因循守旧"、"不敢为天下先"的保守观念。在体制上，中国传统社会中一些保守、僵化的社会关系和制度，例如家长制、一言堂、终身制、个人崇拜、官僚主义以及独断专行的封建专制和等级制度。传统观念和体制的保守性与现代性所倡导的平等意识、民主意识、自由意识、主体意识、人格意识、公平意识、法制意识等格格不入，与现代社会的政治经济和社会制度以及现代治理体制直接抵触。

二是中国近代以来历史演进过程的特殊性。中国近代以来历史过程的特殊性主要表现在两个方面：首先表现在中国的现代化和现代性是从外部引入的，是被动甚至被迫的。由于内部和外部的原因，近代中国没有自然地开始社会现代化进程，中国的现代化和现代性是从外部引入的，是被动甚至被迫从西方社会强行移植过来的，是为了国家民族生存所不得不进行的，是应对外部入侵从而救亡图存的反应。因为西方列强坚船利炮打开国门以来中国社会曲折发展的严酷事实以及西方现代化的成功经验告诉人们，现代化是国富民强的唯一道路，是推动社会进步、提高人民物质文化水平的不二法门，否则，就不能富国强兵，就要被动挨打，甚至会亡国灭种。正因为如此，自 19 世纪以来中国的先进分子前赴后继地追求现代化，即使这一过程历尽艰难和反复而无怨无悔、一如既往。其次表现在近代以来中国的现代化进程历经波折。洋务运动以来的一百多年间，中国的现代化进程数度被外敌入侵打断或被内部因素所干扰，步履艰难，发展缓慢。只是从改革开放开始，我们才真正一心一意地进行现代化建设。

中国现代化及现代性的受迫性以及现代化进程的曲折性，决定了"现代"与"传统"的关系在中国与在西方是迥然不同的。在西方一些主要国家，现代化进程是原发性的，经历了一个比较长期的也是自然而然的过程，在这一过程中，无论是在器物层面、制度层面还是在观念文化层面，都发生了渐进性的或者说潜移默化的变化，相应地，现代性观念、制度等因素的增长与前现代观念、制度等因素的消失是同时发生的，也就是说，现代性观念和制度与既有的传统观念和制度之间存在着自然替代的、此长彼消的关系。中国则不同。由于现代性不是内生的、不是自然而然生长出来的，而是从外部移植的，因而中国的现代性观念和体制与既有的传统观念和体制之间并非自然替代的关系，也就是说在中国，现代性观念和体制的建立并不意味着传统观念和体制的退位，正相反，在现代性观念和体制已经植入中国社会的同时，一些本质上具有反现代性特质的传统的前现代观念和体制却依然存在且势力强大。这种现代化进程的波折或中断不仅制约着社会物质层面的变化，也影响到人们精神层面的变化。

三是地域及政策原因造成的中国社会发展的不平衡性。由于自然条件的差距以及政策导向方面的原因，我国区域之间、城乡之间和社会阶层之间经济、社会和文化的发展极不平衡。在地域上，东部、中部、西部社会发展程度差异颇大，以经济发展水平为例，东部沿海地区一些省市人均 GDP 已接近甚至达到中等发达国家水平，西部地区的人均 GDP 则只有前者的几分之一。在城乡之间，由于现代化初期的非均衡发展以及政策方面的原因，改革开放以来我国的城乡差别显著扩大，这些差距既表现为城乡居民经济收入方面的差距，也表现为教育质量方面的差距、医疗卫生条件方面的差距、消费水平方面的差距、就业方面的差距以及政府公共投入方面的差距等。在社会阶层之间，随着经济的增长，经济收入、生活方式、生活质量差距逐渐拉大，社会各阶层分化日趋明显，不同的人群分别处于现代化、小康、温饱和贫困层面。据北京大学中国社会科学调查中心发布的《中国民生发展报告 2014》披露，近些年来贫富分化严重，财富向少数富裕阶层集中，"在家庭财产方面，2012 年全国家庭净财产均值为 43.9 万元，全国私人财产总存量为 188.4 兆元。中国的财产不平等程度在迅速升高：与 1995 年我国家庭净财产的基尼系数为 0.45、2002 年为 0.55 相比，2012 年我国家庭净财产的基尼系数达到 0.73。顶端 1% 的家庭占有全国三分之一以上的财产，底端 25% 的家庭拥有的财产总量仅在 1% 左右。"[①] 上述几种因素，使得不同地区和不同阶层的人群在生存发展的起点、条件和地位上极不均衡，由此导致了社会发展阶段及其相关问题的差异，使不同地区和不同阶层的人群分别处于不同的发展时代（如前现代、现代甚至后现代），各自面临着不同的问题，形成了不同的愿望和奋斗目标。

二、中国现代性问题的特殊表现方式

由于传统社会遗留下来的影响、思想文化启蒙过程的断裂以及制度建设不到位和社会发展不平衡等原因，当代中国仍然存在着大量的前现代问题，从而当代中国现代性问题具有特殊的表现方式，这就是现代性问题与前现代问题并存，用马克思的理论范式表述，就是人的依赖关系与物的依赖性并存。

在当代中国，前现代问题主要表现在以下几个方面：

一是在观念上，旧时代遗留下来传统的观念，如等级观念、门第观念、宗法观念、人情观念等，仍然普遍地存在着。这些落后观念是与农耕时代的生产力以及封建和专制制度相联系的、过时的东西，但由于启蒙的不彻底，它们迄今尚未退出历史舞台，仍然禁锢着人们的头脑。这些观念本质上具有拒斥现代性的特质，与现代性所倡导的科学精神、民主法治意识和独立个性等观念格格不入，严重地妨碍科学、民主、自由、平等、公正、法治等现代意识的传播，妨碍现代性所要求的现代精神的确立，限制着人们的心智，使人们思想僵化、封闭，缺乏独立的理

---

① 《光明日报》2014 年 8 月 5 日 13 版。

解判断和推理的意识和能力，缺乏作为现代公民所应有的精神素质，从而制约着人的主体性和个性的发展。传统观念对人们的影响最典型的事例，就是社会主义核心价值观所倡导的"民主、自由、平等、公正、法治"等现代社会的优秀价值，迄今尚未真正成为社会的主流价值并广泛地深入人心。

二是在社会关系和制度上，传统的社会关系和相应的行为规则依然存在。在社会关系上，尊卑有别、贵贱有等的等级关系和人身依附关系、以血缘为纽带的宗法关系等仍普遍存在于社会生活中，并且在一些经济文化落后地区表现得尤其明显。在制度上，政治体制改革不到位，民主法制不健全，国家治理体系和治理能力现代化程度较低。正如邓小平所言，中国已经建立了社会主义制度，但是这种社会主义并不合格。这种不合格既表现在生产力发展水平上，也表现在社会体制上：虽然我国已经建立了社会主义制度，但上述保守、僵化的制度和体制在一些地方仍然存在，表现为一些地方在政治和社会管理体制上权力过分集中，人治强于法治，依靠个人意志的作用来进行管理的人治现象以及有法不依、执法不严现象十分普遍。社会关系和制度上的缺陷既导致民主法治被压制，影响着个人的权利的实现和能力的发挥，制约着人的自由发展，也导致社会关系的复杂化和无序化，增加了人们之间交往的难度和成本，妨碍着社会良性有效地运行。这些传统的社会关系和体制机制与建立现代政治体制机制并实现国家治理体系和治理能力现代化的要求还有很大的距离。

三是在经济上，不同地区和不同阶层的人群之间经济条件很不平衡，一些弱势群体被排斥在现代化进程之外，未能与其他人共享改革发展成果，其基本生活需要得不到较好的满足。按照世界银行的标准，中国还有近2亿贫困人口，这些贫困的家庭和个人收入低下，生活水平达不到一种社会可以接受的最低标准，"衣食足"的问题尚未得到解决。由于不能过上一种体面的生活，这些弱势群体既谈不上各种社会权利得到保障，更谈不上素质的提高和能力的实现。

由于与大量前现代问题并存，当代中国的现代性问题既与西方的现代性问题有相同或相似之处，又具有自身的特点。所谓与西方相同或相似，是指西方曾经发生的现代性问题几乎都在中国逐一重现，包括资本逻辑通行从而人与人之间的利益博弈和争夺，消费主义盛行、重占有甚于重生存，"工具理性"张扬、科技负面效应凸显，以及资源环境严重危机、制约经济社会的持续发展，等等。所谓具有自身的特点，是指这些现代性问题在中国往往与前现代问题相重叠并相互影响，从而使问题的表现及问题的解决更加复杂。

一是资本的逻辑通行于经济活动乃至于整个社会生活领域。市场经济是市场对资源配置起基础性作用的经济体制，由市场配置资源的前提是清晰地确定不同的利益主体，在人们之间划定利益的边界，而对不同人（群）的利益进行区分，必然导致他们之间利益的分化和对立，导致各利益主体对利益追求的最大化，进而导致人与人之间的利益博弈甚至争夺。利益追求的最大化以及利益主体之间博弈所遵从的正是资本的逻辑。我国市场经济体制的建立在提升经济发展活力的同时也确立了资本的逻辑。由于我国市场经济体制不完善以及法律法规建设及实施不到位，资本的逻辑表现得尤为露骨和任性：一些人在经济活动中缺乏基本的规则意识和诚信观念，为了追求利益的最大化而尔虞我诈、坑蒙拐骗，既违反法律也违背市场规则。更为严重的是，一些人还将资本的逻辑贯穿于整个社会生活，在社会生活的各个领域中唯利是图、不择手段，恣意侵犯他人的利益并扰乱社会的正常秩序。

二是消费主义盛行。正如一些学者所指出的，在消费社会，消费从维持生活的手段变成了生活的价值和意义，成了一种生活方式甚至时代潮流，一种普遍的心理享受和经常性的文化活动，许多人不是为了生存而消费，而是为了消费而生存。近几十年来，随着中国经济的发展和国外生活方式的影响，引发了消费主义生活方式的盛行，一些人对财富的渴望和追求达到了前所未有的程度，消费成了他们证明自身价值的尺度。始于西方的消费主义生活方式与中国传统文化中的面子观念、从众心理相叠加，加剧了消费的冲动及其盲目性，引发了一些炫耀性的甚至是畸形的非理性消费行为，许多人以炫耀富有为荣，甚至追求奢靡、刺激的生活享受，在购买奢侈品上相互攀比、盲目跟风，既影响了社会风气，凸显了贫富差别，也加重了环境和资源的负担。

三是资源环境危机加重。改革开放以来，随着现代化进程的深入、经济体制的改革和科学技术的运用，我国的生产力水平大幅提升，人们改造自然的能力显著增强，带来了经济的快速增长和人们的生活水平的提高，与此同时，也导致了资源环境的危机。由于急于改变我国贫穷落后的面貌并尽快追赶发达国家，我们采取了粗放的、以单纯扩大生产规模为特征的经济发展方式，带来了大气污染、水源污染、气候变暖、冰川融化、生态破坏、土地荒漠化、有毒有害物质扩散，水资源、矿产资源和能源的短缺，一些稀有动植物灭绝等一系列严重问题。随着人的活动对环境影响的深入和扩大以及人口增长与资源消耗的矛盾日趋尖锐，人与自然的矛盾愈趋凸显，资源环境危机已到了积重难返的地步，直接危及自然的持续发展和当代人及后代人的生存。

综上可见，由于中国社会主义道路的特殊性以及社会主义初级阶段的特殊国情，在当前的社会生活中，现代性问题和前现代问题并存且二者相互渗透、相互影响。现代性问题与前现代问题并存且相互渗透、相互影响的态势，不仅给我国现代化建设造成了巨大的障碍，使现代性建构困难重重，也从不同的角度给人的生存发展带来了负面的影响，使我们同时面临着人的依赖关系问题与物的依赖性问题。

三、中国现代性问题的人学反思

在马克思主义经典作家的理解中，社会主义社会既超越了人的依赖关系又超越了物的依赖性。从人的发展的视角看，当代中国现代性问题与前现代问题并存的实质，就是人的依赖关系问题与物的依赖性问题并存。这一现实是我们制定应对现代性方案之重要依据，也决定了我们对当代中国的现代性问题必须进行人学的反思，即站在人的发展这一根本立场上，从推进人的发展目标出发，将解决现代性问题与解决前现代问题两项任务相互关联、双管齐下。

反思现代性有两种立场，一种是高于现代性的立场，另一种是低于现代性的立场。所谓高于现代性的立场，就是站在现代性之后的立场反思现代性。所谓低于现代性的立场，就是站在前现代的立场反对现代性。这两种立场的目标指向完全相反。前一种立场是指向未来的，其对现代性的反思是向前看，是为了推动社会朝前走而不是拉着社会往后退，其对现代性的批判不是反对现代性，而是为着发展和完善现代性以便更好地发挥现代性的作用、更有效地管控并缩小现代性的负面效应。后一种立场是指向过去的，其对现代性的反思是向后看，是要拉着社会往后退，其现代性"反思"不是为了管控并缩小现代性的负面效应以便发展和完善现代性，而是要反对并取消现代性本身。目标指向的不同决定了两种立场对待现代性标准的不同，决定了所看到的现代性问题及其原因也不同。从本质上说，两种立场的根本差异在于，高于现代性的立场是有利于人的发展的立场，是顺应当代社会发展大趋势的立场，低于现代性的立场则是有利于某些特殊利益集团的立场，是背离当代社会发展大趋势的立场。

从人学的视角看，现代性问题与前现代问题虽然原因及表现南辕北辙，但二者都制约着人的发展，因而反思现代性必须采取高于现代性的立场而拒斥低于现代性的立场。站在有利于人的发展的立场，我们的现代性反思既要借鉴西方的现代性批判理论又不能简单地照搬。西方的现代性批判理论是对西方现代性的反思，中国的现代性问题与西方的现代性问题既具有共性也存在着显著的差别。共性决定了我们的现代性应对方案可以参考西方的理论，差别则决定了我们的现代性应对方案应当从中国的现代性背景以及现代性问题的特殊性出发，从现代性问题和前现代问题并存且从不同方面制约人的发展的现实出发。

站在高于现代性的立场，我们的现代性反思应当借鉴西方的现代性反思理论。应当看到，由于西方社会发展已经经历了完整的现代化阶段而彻底超越了前现代阶段及其问题，因而西方学者的现代性反思是指向未来的，是着眼于克服现代性的弊端进而追求比现代性更高层次的社会发展阶段，因此，西方的现代性反思从总体上说是站在高于（或后于）现代性的立场上的，其现代性反思理论和方法对于我们反思现代性具有可资借鉴之处。

站在高于现代性的立场，我们的现代性反思应当有比西方现代性反思更高的诉求，这就是促进人的自由全面发展。马克思认为，社会发展依次经历人的依赖关系、物的依赖性和人的自由全面发展三个阶段，即"人的依赖关系（起初完全是自然发生的），是最初的社会形态，……以物的依赖性为基础的人的独立性，是第二大形态，……建立在个人全面发展和他们共同的社会生产能力成为他们的社会财富这一基础上的自由个性，是第三个阶段"[①]。依据这一理论范式，我们认为，其一，这三个阶段分别对应着前现代、现代性以及现代性之后的社会发展阶段；其二，当代中国人的发展正处于"由人的依赖关系向物的依赖性过渡"，以及"限制物的依赖性从而开始推进人的自由全面发展"两个过程并行

---

① 《马克思恩格斯选集》第 1 卷，人民出版社 1995 年版，第 80 页。

的阶段。

从人学的视角看，从有利于人生存发展的要求出发，我们必须辩证地看待并对待现代性问题，在发展现代性、彰显其正面影响的同时自觉限制其负面影响。也就是说，在现代性问题和前现代问题并存的背景下，我们在理解和解决当代中国的现代性问题时不能忽视前现代问题的解决，同样地，在理解和解决当代中国的前现代问题时亦不能离开现代性问题的解决。只有通过发展和完善现代性才能去除人的依赖关系，只有通过反思现代性才能超越物的依赖关系，也就是说，只有发展现代性和反思现代性并举，才能推进人的发展。

发展并完成现代性与超越物的依赖关系这两项任务既存在着矛盾又具有统一性。两者之间存在着矛盾，是因为发展并完成现代性会强化物的依赖关系，这一点毋庸赘述。两者之间具有统一性，是因为一方面，在人的依赖关系与物的依赖性并存的情况下，发展并完成现代性与超越物的依赖关系的根本目标是一致的，都是为了推进社会进步并实现人的发展。另一方面，在现代性未完成的情势下，发展并完成现代性将为人的发展创造条件。对此，可以从马克思对科学的双重社会效应的辩证理解中得到启示。马克思在论及科技对人的影响时曾精辟地指出："自然科学却通过工业日益在实践上进入人的生活，改造人的生活，并为人的解放做准备，尽管它不得不直接地使非人化充分发展。"[1] 这一说法既揭示了科技直接地使人"非人化"的效应，又肯定了这种"非人化充分发展"根本上是人的解放的条件，在一定阶段上具有必然性和必要性。这一论述所蕴含的道理，无疑适用于对待中国的现代性：马克思并未因科学"直接地使非人化充分发展"而否定科学，同样的道理，我们亦不能因为现代性的负面影响而否定现代性，因为我们当前同时面临着发展并完成现代性与超越物的依赖关系而追求人的发展这两项任务。

---

① 马克思：《1844年经济学哲学手稿》，人民出版社2000年版，第89页。

从促进人的发展的要求看，就我国当前的情况而言，通过发展并完成现代性而去除人的依赖关系与通过反思现代性而超越物的依赖关系这两项任务的分量和轻重缓急是有所不同的，两项工作的步骤和力度亦应当有所差别。基于生产力发展水平以及社会体制和观念等方面的现实，在这两项任务中，发展并完成现代性的任务更为迫切也更为主要。其所以作出这样的判断，是因为当代中国尚未超越且又必须尽快超越人的依赖关系阶段，而只有超越人的依赖关系阶段、完成现代性，才能向更高层次的人的自由全面发展阶段推进。正是基于这一现实，我们既要反思现代化问题、避免现代化的陷阱，更要关注前现代问题，致力于超越人的依赖关系并使一些落后地区的人们和弱势人群早日拥有现代的生产和生活条件。只有在未来现代性得到比较充分发展的条件下，才有必要也才有可能完全超越物的依赖性而趋向人的自由全面发展。由此我们认为，着眼于现实，当前的重点是发展现代性；着眼于未来，在发展现代性的同时必须管控并缩小现代性的负面效应。

着眼于现实，当前的主要任务是进一步发展并完成现代性，尽快消除前现代的亦即人的依赖关系的影响。

发展并完成现代性，必须进一步发展生产力。根据历史唯物主义观点，生产力是社会发展的最终决定力量，"人们所达到的生产力的总和决定着社会的状况"[①]。物质或器物层面的现代化不仅是推进社会进步和提升人民的物质文化生活质量的根本保障，也是整个社会现代化的基石，因而解决前现代问题首先必须进一步解放和发展生产力。改革开放以来，我国的生产力发展和经济建设水平得到了巨大的提升，但离实现现代化、满足人们较高层次的物质文化需要还有很大的距离，为此，必须继续坚持以经济建设为中心，通过深化经济体制改革、推进科技进步和产业结构升级进一步解放和发展生产力，促进经济的持续增长。

---

① 《马克思恩格斯全集》第46卷上册，人民出版社1979年版，第104页。

发展并完成现代性，必须进行政治体制改革，推进国家治理体系和治理能力现代化，建立现代政治经济和社会制度。根据历史唯物主义观点，上层建筑适合经济基础的状况才能促进社会的进步，因而社会主义市场经济必然要求与其相适应的经济政治和社会制度。为此，必须通过政治体制改革推进民主和法治建设，通过对国家行政制度、决策制度、司法制度、预算制度、监督制度的改革，规范社会权力运行和维护公共秩序的制度和程序，建立与社会经济发展、政治发展和文化发展要求相适应的现代治理体制，实现政府与公民对社会政治事务的协同治理，切实保障个人权利的实现和能力的发挥，保障人民当家作主。

发展并完成现代性，必须进一步进行观念变革，建立现代观念。根据历史唯物主义观点，文化是一定的生产力和一定的生产方式的产物。毋庸置疑的是，现代文化总体上比诞生于农耕社会和封建时代的文化更先进、更能代表历史进步的方向，也更有利于人的发展。随着中国现代化建设的深入，随着生产力的发展、社会关系和体制的变革，必然要求传统文化的变革和更新，要求人们思维观念的深刻转变。康德在二百多年前就曾明确地指出，"启蒙运动就是人类脱离自己所加之于自己的不成熟状态。不成熟状态就是不经别人的引导，就对运用自己的理智无能为力。当其原因不在于缺乏理智，而在于不经别人的引导就缺乏勇气与决心去加以运用时，那么这种不成熟状态就是自己所加之于自己的了。Sapere aude! 要有勇气运用你自己的理智！这就是启蒙运动的口号。"① 康德提出的任务迄今仍具有现实的意义。建立现代观念必须继续未竟的文化、思想启蒙事业，突破僵化、封闭思想观念的束缚，促进主体意识、权利意识、民主法治意识的形成，建构民主、自由、人权、法治等现代文明价值，使人们学会独立运用自己的理智，成为个性分明、品德高尚、文明礼貌、有气节和境界的人，使人们的能力和个性得到自

---

① 康德：《历史理性批判文集》，商务印书馆 1990 年版，第 22 页。

由全面的发展。

着眼于未来，我们在发展并完成现代性的同时，还必须时刻注意管控并减轻现代性的负面效应。对于如何通过反思现代性从而减轻其负面效应，中外学者已经有大量深入的论述，此处不再赘言。

综上所述，从促进人的发展这一根本目标出发，当前反思和应对现代性问题的关键，是把握好发展并完成现代性与管控并减轻现代性负面效应这两者之间的平衡。这种平衡可以体现在社会生活和人们行为的各个方面。例如在经济领域，既要进一步解放和发展生产力、推进经济的快速增长，又要更加注重社会公平，更加注重社会建设，通过政策调整缩小人们之间的收入差距，改善就业、教育、医疗和住房条件，纾解弱势群体的生活困难，提高他们的生活水平，使最大多数的人能够共享改革开放的成果；又如在制度建设方面，既要适合我们的国情走有中国特色的民主政治建设和现代治理道路，又要顺应世界现代化进程中政治文明建设的普遍要求和总体趋势，建立高度民主、法制完备、富有效率、充满活力的现代政治体制；再如在文化建设上，既要继承中国传统文化的精华并将其发扬光大，又要充分借鉴西方文化的优秀成果并结合国情加以吸收。只有把握好这些平衡，才能在反思和应对现代性问题的过程中既充分发挥现代性的正面作用，又尽力避免其负面影响，才能更加有效地改善当代中国人的生存环境，并为未来中国人的自由全面发展创造条件。

本文原载于《哲学研究》2016 年第 8 期

《新华文摘》网刊 2017 年第 7 期转载

人大复印报刊资料《哲学原理》2017 年第 1 期转载

第 六 篇

可持续发展的人学思考

可持续发展与人的发展

可持续发展和人的发展是我国社会主义现代化建设面临的两个重要问题。这两个问题属于不同的范畴，却又有着内在的联系。可持续发展应以人的发展为目的，又要通过人的发展来实现。

一

可持续发展以人的发展为目的，这本应是人们对可持续发展理解上的共识。然而，在当前关于可持续发展的讨论中，特别是对"人类中心主义"的反思中，却出现了某种离开人的发展来谈论可持续发展的倾向。认为造成环境破坏、资源滥用等问题的根本原因，是人类以自我为中心，否定自然的内在价值；要解决环境资源问题而实现可持续发展，就必须否定"人类中心主义"，承认并尊重自然的内在价值，根据自然本身的发展要求而不是人的需要来对待自然。这种看法不仅为西方一些生态主义者所倡导，而且也在国内学术界产生了影响。

毋庸置疑，环境资源问题的出现与人们未能正确理解和处理他们与自然的关系密切相关。正是由于人们只从自己的需要和利益出发，全然不顾及自然生存发展的需要和承载能力，对之进行随心所欲的"征服"和"改造"，才造成了环境和资源的危机。然而，这些做法不能简单地归咎于"人类中心主义"，更不能因此而否定以人为出发点来对待自然。

所谓"人类中心主义"，可以作出不同的理解，既可理解为人自视为万物的主宰，随心所欲地对待自然；又可理解为人的一切行为从有利于自己生存发展的需要出发，并从这一立场去认识和改造自然。如果是前一种"人类中心主义"，当然是应予摒弃的，而如果是后一种"人类中心主义"，则不仅是合理的，而且是必然的。人以自身为中心对待自然是合理的，因为人当然应从自己生存发展的需要出发去理解和对待他物，否定了这一点，人的活动就失去了主体性和目的性，人作为人的存在就失去了根基；人以自身为中心去对待自然是必然的，因为人只能从人的角度去理解他物，舍此之外别无其他视角，所谓站在自然主体的立场或站在某一动物的立场等，都只能是一种拟人化的说法。天何言哉，四时行焉，自然界本身无目的性可言，任何关于自然物目的性的说法，都只能是以己推物的想象。

以人的生存发展为中心，应是人一切活动最基本的出发点，在可持续发展问题上亦不能例外。可持续发展缘起于人对自身生存发展条件的担忧，从根本上说是人的问题。实施可持续发展要见物，更要见人，要从如何有利于人的生存发展的角度去关注和解决环境资源问题。离开了人的发展这一尺度，就无从确定可持续发展的目标、途径和措施，可持续发展就失去了本意。

二

可持续发展以人的发展为目的，决定了我们在实施可持续发展战略中，对待自然应采取改造与保持相结合的原则。自然界不会满足于人，人必须改造自然以满足自己的需要，只要人生存发展着，人对自然的改造就不会停止。这是常识。然而在关于环境资源问题的讨论中，一些生态主义者却认为，环境问题是由人的活动造成的，保护环境、维持生态平衡最好的办法，是不要对自然过程进行人为的干预。受这种观点影响，有的论者甚至对"改造自然"的提法和做法提出了质疑。

这里首先涉及保护自然的目的及人对自然的总体态度。可持续发展归根到底是为了人的发展，保护自然作为可持续发展的一部分，当然不能例外。从人的发展要求去保护自然，对待自然的态度应是改造与保护相结合，在改造中保护并通过改造来保护。仅仅顺从自然而不去改造自然，不是人的生存方式。况且，长期以来人们对自然的破坏已达到相当严重的程度，非有人力干预难以得到恢复并发展。

这里还涉及对人与自然和谐的理解。人与自然的和谐是人与自然关系的一种理想状态。但是，这种状态不可能自然而然地实现。从人的生存方式和发展要求看，人与自然从来就不是和谐的，因为自然不能满足于人。也就是说，人与自然的和谐既应理解为人适应自然，亦应理解为自然适应并满足于人，是这两者的统一。就可持续发展而言，我们所要求的人与自然的和谐是有方向性的，这一方向从根本上说是自然适应于人而不是相反。从一定意义上说，自然适应于人内在地包含着人适应自然的要求，因为人只有尊重自然规律，充分考虑自然的发展，才能使自然满足其自身的需要。要使自然适合人的生存发展，必须对之进行改造，只有改造与保护相结合，在改造自然的同时保护自然，才可能有人与自然的协调发展，才能真正促进人与自然的和谐。

以上对人与自然关系的分析提示我们，可持续发展不是单纯地顺应自然，不是为了保护自然而保护自然，而应以合理地改造自然为基础。我们要实行的可持续发展，是一种积极有为的可持续发展。对于我国这样一个经济不够发达，综合国力和人民生活水平亟待提高，各地区发展很不平衡的发展中国家，只有实行改造与保护相结合的积极的可持续发展战略，才能做到保护自然与发展经济的统一，才能通过可持续发展来促进人的发展。

<h1 style="text-align:center">三</h1>

可持续发展以人的发展为目的，又要通过人的发展来实现。可持续发展问题产生的原因是多方面的，但最本质的原因是"人的问题"。可持续发展中的"人的问题"，既包括人们对人与自然关系的误解和自然知识缺乏等认识方面的问题，又包括人们不合理的生存态度、需要定位和生活方式等价值选择方面的问题。这两方面问题在不同时代、不同的国家和地区所产生的影响是不同的。

在西方社会，以往造成环境资源问题的人的因素主要是认识上的。人们既缺乏保护自然的意识，也缺乏保护自然的知识，因而在改造自然的过程中往往不自觉地造成了对自然的破坏。近几十年来，随着对人与自然关系认识的深入和科学技术的进步，人们的生态意识、环境意识、资源意识和相关知识有了显著的提高，政府和非政府组织为解决环境和资源问题采取了一系列举措。这些认识和行动取得了显著的效果。然而，环境和资源问题并没有得到根本解决，可持续发展仍面临种种困境。显然，这主要不是认识问题，而是价值选择和利益驱动使然。正是不合理的价值定位，使得人们极力追求物质财富和奢华的生活方式，从而导致了本国特别是别国的环境破坏和资源浪费；正是不合理的利益驱动，使得一些国家或集团向别人转嫁环境资源危机而又拒不承担应负的责任。事实表明，西方以及主要由其所造成的全球性环境资源问题，已主要不是一个技术性问题，而是人的问题和社会问题。

随着现代化进程的展开，我国的环境资源问题日显突出。这既表现在环境资源遭到破坏，又表现为与之相关的"人的问题"相当严重。

在认识方面，人们的环保意识和知识仍然相当欠缺。在价值选择方面，问题更为严重。在西方社会某些不合理生活方式的影响下，一些人物欲膨胀，盲目追求高消费的生活方式，这部分人的示范效应，又带动了更多人的消费欲望和攀比心理，造成了资源浪费和环境污染。在生产领域，一些地方、部门、企业和个人，为了追求自身的利益，肆意破坏环境和滥用资源。

上述情况表明，我们实施可持续发展战略，既要从物质、技术的方面入手，更要从人的因素入手，关注和解决人的问题，关键在于推进人的发展，提高人的素质。要提高人们的思想道德素质，树立正确的人生观和价值观，确立合理的生存态度和需要定位，选择健康、文明、绿色的生活方式；要提高人们的科学文化素质，普及科学知识，确立人与自然协调发展的观念，培养和发展人们改造自然、保护自然、与自然和谐相处的能力。只有推进人的发展、提高人的素质，才能从根本上解决环境资源问题，从而保障和促进可持续发展战略的实现。

本文原载于《光明日报》2001 年 11 月 13 日理论版

《新华文摘》2002 年第 3 期转载

可持续发展的价值定位

可持续发展的价值定位，即确定可持续发展的基本价值取向，是可持续发展观的重要内容，它关系到对可持续发展实质的理解，可持续发展目标的确定和模式的选择，关系到可持续发展战略实施的效果。

一

对可持续发展的价值定位问题，在有关可持续发展的探讨中多有涉及。从讨论的情况看，在此问题上存在着一些不同的理解，其中的核心问题是：可持续发展的基本价值取向应定位于人的发展还是定位于自然的发展。

可持续发展的价值定位问题缘起于对人与自然关系的反思。近代以来，尤其是 20 世纪以来，人类改造自然的能力大幅度提高，创造了日益丰富的物质财富和发达的物质文明。但与此同时，人类的活动也造成了一系列问题：严重地污染了环境，破坏了自然界的生态平衡，过度消耗了自然资源。这些问题对人类的生存发展造成了严重的威胁，既影响当代人的生存发展，又破坏了后代人生存发展的条件。

作为对环境资源问题的回应，西方一些有识之士对人与自然的关系进行了反思。20 世纪 20 年代，法国思想家施韦策提出建立一种扩展到自然界一切有生命对象的伦理学，认为人和自然应是一种特别亲密的互相感应的关系。30 年代，美国科学家利奥波德进一步提出了"大地伦理"的概念，认为人必须把道德权利的概念扩展到大自然的一切实体和过程中去，确认自然物持续存在的权利，并认为人应与自然建立伙伴关系而不是征服与被征服的关系。这些论述，潜在包含着承认自然价值的思想。

20 世纪 50 年代后，随着环境资源问题的日趋严重，对人与自然关系的反思在更广泛的层面上得到展开，对自然价值的探讨进一步深入。其中，美国人罗尔斯顿的探讨颇具代表性。他在《哲学走向荒野》一书中，比较系统地阐述了"自然的内在价值"的观点，他着重对价值与人相联系的观点进行了辩驳，指出，把价值看作人类利益得到满足时的产物的范式，是"在价值论上过分的人类中心主义"[1]。那种认为只有人类的生命才有价值，其他所有的生命形式都从属于人类利益的观点，"是自称为'客观硬科学'的人类中心主义的自私。"[2] 为了驳诉这种人类中心主义，他提出并讨论了"自然中的价值是主观的还是客观的"这一问题，并在此基础上对"主观价值论"进行了重新审视和批驳。他指出，价值并不是纯主观的，自然并非因为人才有价值，自然的价值是其自身进化的结果，"我们宁可不相信价值是一种完全特殊的创造，不相信价值的后成说，而愿意相信价值是逐渐进化而来的。"[3] 在肯定自然价值客观自为性的基础上，他进一步提出了"自然的内在价值"概念，认为"自然的内在价值是指某些自然情景中所固有的价值，不需要以人类作为参照"[4]。并认为"'内在的自然价值'这一概念在价值主观论到价值

---

[1] 霍尔姆斯·罗尔斯顿：《哲学走向荒野》，吉林人民出版社 2000 年版，第 117 页。

[2] 霍尔姆斯·罗尔斯顿：《哲学走向荒野》，吉林人民出版社 2000 年版，第 136 页。

[3] 霍尔姆斯·罗尔斯顿：《哲学走向荒野》，吉林人民出版社 2000 年版，第 174 页。

[4] 霍尔姆斯·罗尔斯顿：《哲学走向荒野》，吉林人民出版社 2000 年版，第 189 页。

客观论的转化中起了主导作用"①。

上述学者对自然价值的肯定，特别是罗尔斯顿提出并阐述的"自然的内在价值"观念，对当代生态主义产生了重要的影响。正是在此基础上，一些生态主义者进一步提出了"生态价值"、"资源价值"等新概念，确立了生态伦理学。

生态伦理学等理论的提出，为可持续发展提供了理论和道义上的支持，但与此同时带来了一些问题，特别是在对自然价值的阐释中出现了一些似是而非的理解。一些生态主义者无限夸大自然价值的独立性，将自然主体化，将自然价值与人的价值相并列。更有甚者，将自然价值与人的价值对立起来，认为自然具有自身的利益和权利，人无权为了自己的发展而损害其他生命的存在，甚至主张人根本就不应当改造自然。这种观点不仅为西方一些生态主义者所倡导，而且也在我国产生了一定的反响，因而有必要作一些分析。

首先是自然价值与人的关系问题。主张自然价值与人无关的主要根据是，自然价值具有客观性。诚如罗尔斯顿所说，自然的价值具有客观性，而并非詹姆士等人所认为的纯粹是观察者心智的产物，可以由人随心所欲地赋予。但是，自然价值的客观性并不意味着它与人无关。价值的客观性，是指价值有其产生的客观基础，必然与客观及其性质相联系，某一自然物是否有价值及其价值之大小，首先取决于该事物是否有某种特定的性质。然而，这并不是说价值完全与人无关。就自然物而言，其某种客观性质构成为价值的基础，却并非就是现实的价值，而只是潜在的价值。潜在的价值要在与人的关系中才能转化为现实的价值。自然物的某种属性所以成为潜在的价值，是因为它可能满足人的某种需要。这正是自然的某些性质有价值而另一些性质没有价值的缘由所在。如果价值与人不相干，那么势必将自然物的性质等同于其价值，势必将

---

① 霍尔姆斯·罗尔斯顿：《哲学走向荒野》，吉林人民出版社2000年版，第192页。

自然物的所有性质都视为有价值的，这显然会陷入混乱。自然的价值固然不能由人随意赋予，但也不能仅仅由自然生出，而只能在人与自然的关系中产生。离开了人，离开人的需要和人的视角，自然的所谓内在价值只能由其自身来确定，而我们迄今尚无法想象自然如何确定自身的价值，更无从知晓自然对自身价值确定的状况。

其次是自然的利益和权利问题。一些人从自然的价值独立性直接推导出自然的利益和权利，认为不仅人类，而且其他自然物——从生物物种到生态系统，都有其自身的利益和不容否定的发展权利。他们认为，如果只承认人的生存发展权而否认自然的同等权利，许多破坏自然的行为都可能在保证人的生存发展的理由下正当化和合法化，也就是说，只有承认自然的权利才能保护自然并实现可持续发展。这里有三个问题值得讨论。一是自然权利的概念。权利是一个社会的概念，自然的权利即或是生物的权利是难以理解也难以确定的。在自然界中，哪种生命是有权利的，哪种是没有权利的？如果每一种生命都有生存发展的权利，那么这些权利有无大小高低之分？如果所有生物的权利是同等的，那么自然界的生存竞争、物竞天择是合理的吗？岂不违反了生物权而应加以制止？二是生物的生存发展权和人的生存发展权能否同日而语。答案应是否定的。一方面，假定站在自然的角度，人作为自然界一员与他物的关系只能是物竞天择，结果显然是人驾驭其他自然物。在人改造自然的过程中，即使去保护自然，也只是或主要是基于自己的需要——物质方面的需要或精神方面的需要（如对某些高级动物的怜悯心）。另一方面，人只能站在人的立场，以人的眼光，从人的利益出发去衡量人的权利与自然"权利"之轻重，结果当然是不言而喻的：人的权利高于其他生物的"权利"。三是人类对自然的破坏并非由于只承认人的权利而没有承认自然的权利，而在于其他的原因——以往主要是认识上的原因，现在主要是价值选择方面的原因。

以上论述表明，独立于人、与人无关的自然价值是难以理解的。

矫枉过正地强调自然的"内在价值",固然有助于提高人们对自然重视的程度,但毕竟存在着理论上的破绽,不足以科学地说明可持续发展问题,甚至将对可持续发展目标和措施的确定产生误导。

二

可持续发展从表面上看缘起于环境和资源的危机,从本质上看则是人对自身生存发展前景的担忧。可持续发展的直接目标是保护自然,而其根本目的则是保护和改善人的生存发展条件。因此,可持续发展本质上是人的问题,可持续发展的基本价值取向,应定位于人的生存发展。

将可持续发展的基本价值取向定位于人的生存发展,有两个问题应予回答:一是人与自然何者地位优先;二是如何理解"人类中心主义"。

人与他物何者地位优先,并不是一个新问题。康德在其目的论哲学中曾有所论及。康德认为,世间万物相互联系而构成为一个目的论体系,其中任一事物既是他事物的手段又是另事物的目的。然而,在这个目的论体系中,又有其最终目的或最后的目的,"一个最后的目的就是这样一个目的,它的成为可能是不需要任何其他目的作为条件的。"① 这个目的就是人,"人就是现世上创造的最终目的。"② 人所以成为万物的最终目的,除了因为只有人才有自由能力并是唯一适用于道德律的存在物之外,关键就在于"人乃是世上独一无二的能够形成目的概念的存在者,能够从一大堆有目的而形成的东西,借助于他的理性,而构成目的

---

① 康德:《判断力批判》下册,商务印书馆1964年版,第98页。
② 康德:《判断力批判》下册,商务印书馆1964年版,第89页。

的一个体系的"①。康德的观点虽不无可议之处,但他提出的人不依赖于他物而自足地成为目的的思想,对于理解人与自然的关系,却是有启发性的。

人的一切自觉行为,包括可持续发展在内,都是有目的的,人必须也只能根据自己生存发展的需要来确定自己的目的,因此,人的自觉活动的前提是从自身的目的出发去理解和确定他事物的价值。也就是说,在人的活动中,人在价值上具有优先的地位,人在价值上高于其他事物,人的价值是无须证明的第一性的价值,其他事物的价值却要通过人生存发展需要的满足,人的价值的实现来证明。

与人相比较,自然的价值是第二位的,自然物之有价值,是因为它对人有用,能满足人的需要。就可持续发展而言,这一点非常明显。在可持续发展中,在环境、生态保护中,人们对自然物并非不加区别地对待,并非顺其自然、任其发展,而是要有选择地加以保护,人们要保护的,当然是有益于人的自然物,至于有害于人的自然物,无疑应予消除,即使有所保留,也是为研究或保持生物多样性之需要。对于某些迄今尚未能判定其价值的自然物,则应采取极为慎重的态度加以对待。上述几种情形虽各不相同,但其根本上的一致性则是根据人的需要来对待自然。进一步说,在可持续发展过程中,人们不是为了保护自然而保护自然,而是为了保持自己生存发展的条件而保护自然。保护自然的理由不在自然本身,而在人自己,无论古代的"不杀生"观念还是现代的环境保护,都不是自然本身的选择,而是人的选择。在可持续发展中,人是根本的出发点。

将可持续发展的价值取向定位于人的发展,势必被指责为"人类中心主义"。对人类中心主义的批判,是一些生态主义、环境主义者的热门话题。他们认为,人类中心主义是环境资源问题最深刻的原因,要

---

① 康德:《判断力批判》下册,商务印书馆 1964 年版,第 89 页。

保护环境，走向持续发展道路，就必须走出人类中心主义。

对于人类中心主义，已有一些界定。比较有代表性的说法是：人类中心主义认为人是宇宙的中心，主张一切以人为中心，以人为尺度，一切从人的利益出发，为人的利益服务。仔细分析便不难看出，这一界定实际上包含着两种不同范畴的含义，因而对人类中心主义可以作出不同的理解。

人是宇宙的中心，这是一个事实判断。这个意义上的人类中心主义显然是不成立的，因为世间万物就其产生和存在的必然性而言，既无高低贵贱之分，亦无中心外围之别，人不是也不可能是宇宙的中心或主宰。认为某物是宇宙的中心或主宰，只能是神学的说法，因为它必以造物主的存在为前提。一切以人为中心，从人的利益出发，是一个价值判断，意指人的一切活动应以人为中心来进行。这一判断与前一判断的含义是大相径庭的。前一种意义上的人类中心主义无疑应"走出"，后一种意义上的人类中心主义则既是必需的，也是必然的。这种人类中心主义是必需的，因为人的活动只有从人的利益出发，才能体现出合目的性，才能有利于人的生存发展，而且人越是进步，其活动的目的性就越明显。人的活动以人为中心实在是天经地义的，否则，人的活动便会丧失目的性和主体性，人和社会就不会进步。这种人类中心主义又是必然的，因为人只能以人的尺度、人的眼光和人的方式去把握和规范他物，舍此而站在他物立场上，只能是一种想象，只能是一种将自然物拟人化或将人拟物化的说法，只能是代自然言或代动物言。

以上分析表明，实现可持续发展要走出怎样的人类中心主义必须具体地分析和确定。我们要走出以人为宇宙中心的误区，否定人是宇宙主宰及随心所欲地对待自然的观念和做法，正确理解人对自然的依赖关系，确立自然"是人的无机的身体"① 的观念，尊重自然规律，充分考

---

① 马克思：《1844年经济学哲学手稿》，人民出版社2000年版，第56页。

虑自然发展的要求；我们又要坚持以人为中心，从人的生存发展要求出发理解可持续发展，确定可持续发展的目标，规范可持续发展的行为。离开了这个基本点，可持续发展就可能失去其本意而走入误区。

三

将可持续发展的基本价值取向定位于人的发展，有助于正确理解人与自然的和谐发展。

人与自然的和谐及两者的协调发展，是可持续发展所追求的目标，这一点已成为人们的共识，然而，怎样理解人与自然的和谐，如何实现人与自然的协调发展，却是有待探讨的。通常对人与自然的和谐及二者协调发展的理解是：人与自然相互促进、共同发展，一方面，自然的发展有利于并促进人的发展；另一方面，人的发展有利于并促进自然的发展。这一理解固然不错，但只描述了一种理想状态的结果，而问题的关键却在于如何达到人与自然的和谐及协调发展。

在现实中，人的发展与自然的发展不仅难以自然而然地协调，而且往往是矛盾的。从自然方面看，它不可能自动满足人的需要，大多数自然物不能现成地为人所利用；从人的方面看，人要在有用的形式上占有自然物，就必须对其加以改造，而要改造自然，必然要干预自然的发展进程，改变自然物的原有形态或性质，要对自然的发展产生影响。这就是人与自然的矛盾，只要人以人的方式生存和发展，这种矛盾就不可避免，人与自然就存在着不和谐性。因此，人与自然本来是不和谐的；人与自然的和谐只是相对的、动态的、具体的；人与自然的和谐要通过对人与自然关系的调整来实现。调整人与自然的关系可以从两个方面入手：使自然适应于人和使人适应于自然。由于人与自然的矛盾在不同时期、不同情况下具有不同的特点，因而对人与自然关系进行调整的具体内容应因时、因事而定。但是，就总体上而言，这种调整是有方向的，总体方向应是自然适应于人而不是人适应于自然。调整的目标，是以自然适合于人的生存发展为前提的人与自然的和谐及协调发展。

以自然适合于人作为调整人与自然关系的总体方向和目标，不仅是因为人相对于自然而言具有价值优先性，还因为自然适应于人内在地包含着人适应于自然。要使自然适应于人，为人的生存发展提供良好的条件，就必然要求人尊重自然规律，充分考虑自然发展的要求，保障自然的可持续发展；反之，破坏了自然，就破坏了人的生存发展条件，就背离了人自身的利益。进一步说，在处理人与自然关系的活动中，有利于人的行为也应是有利于自然的，破坏自然的行为也将危及人的利益。因此，协调人与自然关系最基本的、第一的原则应是有利于人的发展。

只要人存在着，就不会也不应当停止对自然的改造，这本是常识。然而这一常识在某些生态主义者眼里却成了问题。在他们看来，改造自然就是对自然的破坏，放弃对自然的改造和干预才是对自然最大的尊重和保护，这实在是对人与自然关系、对可持续发展的莫大误解。

对于自然不满足于人，人要生存发展，就必须改造自然，这是人改造自然最充足的无可置疑的理由。除此之外，还有一层理由：不改造自然就不能有效地保护自然。在当前，自然环境特别是生态系统已遭受巨大破坏，只有加以人力的干预，如筑坝引水、绿化荒山等，才能使之较快地趋于平衡、恢复生机。讨论人应否改造自然，还有一个问题应当弄清楚，即如何理解自然状况之好坏。判断自然状况之好坏，固然应从自然本身的方面去考虑，看其是否有利于自然物的生存发展，但更应从人的方面来考虑，看其是否有利于人的生存发展，这是衡量自然状况最根本的标准。根据这一标准，有利于人生存发展的自然状态便是好的，不利于人生存发展的自然状态便是不好的。一般说来，有利于人生存发展的自然状态亦应有利于自然物的生存发展，但有利于自然物生存的自然状态（如自然的原生态）则未必有利于人的生存发展，因而人类要对自然进行改造，要开垦土地、兴修水利、筑路造屋等。

在实施可持续发展战略过程中，既不应讳言改造自然，更不能停止对自然的改造。可持续发展的实质是人的发展，是通过自然的持续发展而保障和促进人的持续发展，因而不能仅仅着眼于自然的状况而顺其自然，而应通过对自然的改造，使之朝着有利于人的方向持续发展。可持续发展并非对自然、生态、环境、资源原生态或现有状态的维持，而是着眼于发展——以人的发展为核心的人与自然的协调发展。我们所追求的可持续发展不是消极无为的顺应自然，而是积极有为的持续发展。

确立以人的发展为基本价值取向的积极的可持续发展观，对于我国这样的发展中国家尤为重要。改革开放以来，我国经济有了巨大发展，但由于历史的原因，与发达国家相比仍有很大差距，综合国力还不够强，人民的生活水平还有待提高。只有加快发展，才能增强综合国力，提高人民的物质文化生活水平，为社会的全面进步和人的全面发展创造条件；只有加快发展，在发展中保护环境和资源，才能提高保护自然的能力，才能使广大群众真正享受到可持续发展的成果，理解可持续发展的意义，自觉地支持和参与可持续发展实践从而保证可持续发展战略的顺利实施。

本文原载于《新视野》2002 年第 3 期

人大复印报刊资料《科学技术哲学》2002 年第 9 期转载

康德的目的论与"人类中心主义"问题

康德在其三大批判之外还提出了历史理性批判。历史理性批判最直接地体现了康德哲学的宗旨——对人的关怀。与此前及同时代的人道主义者不同,康德对人的理解是理性的,对人的肯定方式是哲学的。康德对人的理解和肯定集中体现在目的论哲学中,其目的论哲学迄今仍具有启示性。

一

谈到康德,人们自然会想到他的三大批判,并往往认为他一生的哲学活动是致力于说明人生存于世所追求的真善美的统一。这种理解固然不错,但对之作进一步深究便会发现,对真善美的探讨实质上体现着作为一位启蒙思想家的康德对人和人生的关怀。由此便不难理解,为什么康德在其三大批判之外还会作出被称为第四批判的历史理性批判,并在这一历史哲学中对人的问题作出了深刻的思考。

康德对人的理解是与其对历史过程的总体理解密切相关的,在康德那里,历史哲学是目的论的客观背景,目的论则是历史哲学的核心内容之一。

康德对历史的研究是哲学层面的，着眼于历史的合规律性与合目的性问题，他的目的论是以对历史的合规律性理解为前提的。

人类历史受普遍规律支配，是康德历史哲学的基本信念。在康德之前，维柯就提出了各民族历史发展具有重复性的思想。在康德时代，这种重复性较之于维柯时代更为明显。随着世界贸易的扩展和各民族文化交流的增强，启动了"世界历史"的进程，为"普遍历史观念"的确立提供了现实背景。康德在思维方式上深受牛顿自然法则思想的影响。他继承了这一思想并将其运用于理解社会历史，认为社会历史与自然史一样，亦遵循着某种自然法则，他称之为"大自然的隐蔽计划"。在他看来，人类历史是大自然隐蔽计划的实现，受普遍规律决定。"无论人们根据形而上学的观点，对于意志自由可以形成怎么样的一种概念，然而它那表现，即人类的行为，却正如任何别的自然事件一样，总是为普遍的自然规律所决定的。……它们有一种合乎规律的进程。"①

人类历史是大自然隐蔽计划实现的观点，是康德目的论的前提，目的论则是这一观点的逻辑延伸。康德认为，"人类的历史大体上可以看作是大自然的一项隐蔽计划的实现，为的是要奠定一种对内的、并且为此目的同时也就是对外的完美的国家宪法，作为大自然得以在人类的身上充分发展其全部秉赋的唯一状态。"② 这里的大自然隐蔽计划就是大自然的目的。大自然隐蔽计划显然是一种拟人化的说法，此处的大自然当然不限于与社会和人相对立意义上的自然，而有着更广泛的含义，或应理解为通常意义上的宇宙。大自然在这里被理解为某种主体，这种主体虽然是抽象的，但比之于设定"天意"、"神"等为主体却更为优越。用"自然"充任历史计划和目的的主体，蕴含着将历史规律与自然规律等同看待之义，强调了历史规律的确定性与可理解性。

---

① 康德：《历史理性批判》，商务印书馆 1990 年版，第 1 页。

② 康德：《历史理性批判》，商务印书馆 1990 年版，第 1、15 页。

关于合规律性与合目的性的关系，康德在《世界公民观点之下的普遍历史观念》之"命题一"中作出了阐述，他指出："一个被创造物的全部自然秉赋都注定了终究是要充分地并且合目的地发展出来的。对一切动物进行外部的以及内部的或解剖方面的观察，都证实了这一命题。一种不能加以应用的器官，一种不能完成其目的的配备，——这在目的论的自然论上乃是一种矛盾。因为我们如果放弃这条原则的话，那么我们就不再有一个合法则的大自然。"① 这里明确地将合目的与合法则（合规律）联系了起来，合法则是合目的的前提，合目的是合法则的必然结果，只有合目的才是合法则的，或者说，合法则最实质的内容就是合目的。

康德的目的论不限于说明"大自然"本身的目的性，同时更在于突出人的地位。说明大自然的目的，正是为了说明人是目的。对于人之目的性，康德在《判断力批判》的附录"目的论判断力的方法的理论"中进行了专门的讨论，讨论的问题为目的论的地位、内在目的和外在目的、大自然的最高目的等，而其核心结论即"人是目的"。

关于目的论的地位。康德认为，他的目的论与宗教神学的目的论是不同的，神学目的论是要假定某种不可说明的最终根据，是为了确定性的判断力，而他的目的论是要确定自然（当然是最普遍意义上的自然）的产生方式及其原因。虽然它与神学一样是指向在自然之外且又在自然之上的根据，但其目的却是为了通过这一根据来指导人们对世界上种种事物的判定。康德还认为，目的论也不同于具体科学，科学只是追溯某种事物或现象的具体原因，只是属于按照某种线索对于自然的叙述，目的论却包含有先验的原理，追溯事物或现象的终极原因。

关于目的内在性与外在性。康德认为，目的有内在与外在之分。"我的所谓外在的目的性是指这种目的性说的，即在自然中一个东西帮

---

① 康德：《历史理性批判》，商务印书馆1990年版，第3页。

助另一个东西作为达到一个目的的手段的。"① 就是说，一事物以他事物为目的或作为他事物达到目的的手段，那么他事物的目的对该事物就是外在的目的。内在的目的性则不同，"内在目的性是和对象的可能性联系在一起的，不管那对象的现实性本身是否一个目的。"② 内在目的性就是事物自身的原因和根据。康德致力于探讨的，显然是内在目的。

康德目的论讨论的核心是确立人是目的的观念。他认为，大自然的目的性不是单一的，而是有层次之分。在大自然复杂的目的结构中，必有其最终目的。那么，大自然最终的目的究竟是什么？这首先涉及何为最终目的。"一个最后的目的就是这样的一个目的，它的成为可能是不需要任何其他目的作为条件的。"③ 这就是说，最后的目的只能是他事物的目的，而不再以其他事物为目的，即不再作为其他事物的手段。那么，在大自然隐蔽的计划中，何者是最终或最后的目的？是人。康德反复指出并从不同角度论证了这一点。

康德的论据至少有三点：首先，人是大自然的最后目的，是因为只有人才有理性，才能形成目的的概念。"人就是现世上创造的最终目的，因为人乃是世上唯一无二的存在者能够形成目的的概念，能够从一大堆有目的而形成的东西，借助于他的理性，而构成目的的一个体系的。"④ 其次，人是大自然的最后目的，是因为人才有自由的能力。"人乃是唯一的自然物，其特别的客观性质可以是这样的，就是叫我们在他里面认识到一种超感性的能力（即自由），而且在他里面又看到因果作用的规律和自由能够以之为其最高目的的东西，即世界的最高的善。"⑤ 再次，人是大自然的最后目的，是因为人是唯一适用于道德律的存在。"人就

① 康德：《判断力批判》下卷，商务印书馆 1964 年版，第 87 页。
② 康德：《判断力批判》下卷，商务印书馆 1964 年版，第 87 页。
③ 康德：《判断力批判》下卷，商务印书馆 1964 年版，第 98 页。
④ 康德：《判断力批判》下卷，商务印书馆 1964 年版，第 89 页。
⑤ 康德：《判断力批判》下卷，商务印书馆 1964 年版，第 100 页。

是创造的最后目的。因为没有人，一连串的一个从属一个的目的就没有其完全的根据，而只有在人里面，只有在作为道德律所适用的个体存在者这个人里面，我们才碰见关于目的的无条件立法，所以唯有这种无条件的立法行为是使人有资格来做整个自然在目的论上所从属的最后目的。"①

康德关于人是世间万物最后目的的论述，抓住了人不同于或高于其他一切事物的根本特点，站在人的立场看，其论证是有相当说服力的。

二

人是大自然的最后目的，那么大自然怎样对待人这一目的呢？对此，康德作出了颇有见地的论述。他认为，大自然以人为最后目的，并不在于为人的生存提供现成的条件；为人创造幸福远不是创造的最后目的，而且就自然把人作为优于其他创造物而言，幸福乃至不成为自然的一个目的。大自然以人为目的，就在于促进人的发展，这种目的性主要体现在三个方面：一是最节省原则，二是赋予人理性，三是以对抗促进人的进步。

大自然目的性的第一个表现是最节省原则。

康德始终深信牛顿的自然法则思想，并将其提升为一种哲学观念。牛顿在《自然哲学的数学原理》中指出，大自然决不会做劳而无功的事，当少数就够用的时候，更多就是劳而无功的了。康德肯定了这一原则，认为，"大自然决不做徒劳无功的事，并且决不会浪费自己的手段以达到自己的目的。"② 这就是大自然最节省原则。这一原则包括相辅相

---

① 康德：《判断力批判》下卷，商务印书馆 1964 年版，第 10 页。
② 康德：《历史理性批判》，商务印书馆 1990 年版，第 5 页。

成的两方面含义：其一，大自然为人类生存和发展提供最必要、最基本的条件。其二，大自然又不能为人类准备好一切而使人们无所事事，坐享其成。康德的这一思想源于一个基本信念：人类只有在创造中才能进步和发展，才能达到物种的完善。正因为人只有在创造和奋斗中才能完善自身，所以"大自然却根本就不曾做任何的事情来使人类生活得安乐，反倒是要使他们努力向前奋斗，以便由于他们自身的行为而使他们自己配得上生命与福祉"①。这就是大自然寓意深刻的计划，而实现这一计划的途径，就是最节省原则。对此，康德作出了如下论述："大自然仿佛是以其最大的节约在行动着，并且把她对动物的装备安置得如此之紧缩、如此之精密，刚好够一个起码的生存的最大需要而已；就好像是她有意让人类——当他们从最低的野蛮状态努力上升到最高的成熟状态以及思想方式的内在完满性，并且从而上升到（大地之上尽可能的）幸福状态的时候——能完全独自享有这份功绩并且只需感谢他们自己本身似的。"② 大自然不给予人类现成的幸福，却又给了人类生存最基本的条件，以使其能在此基础上进行创造和奋斗。大自然的这一巧妙安排，实质上正是康德对人的目的性的理解，即人只有在奋斗和创造中才能发展。

大自然目的性的第二个表现是赋予人理性。

大自然的目的性以最节省原则体现出来，这一原则除了不予人现成的幸福而促使其奋斗外，还为人的奋斗提供了最基本的条件——理性。"大自然要使人类完完全全由其自己本身就创造出来超乎其动物生存的机械安排之上的一切东西，而且除了其自己本身不假手于本能并仅凭自己的理性所获得的幸福或美满而外，就不再分享任何其它的幸福或美满。"③ 作为启蒙时代的思想家，康德对理性有一种近乎崇拜的信念，

---

① 康德：《历史理性批判》，商务印书馆 1990 年版，第 5 页。

② 康德：《历史理性批判》，商务印书馆 1990 年版，第 5 页。

③ 康德：《历史理性批判》，商务印书馆 1990 年版，第 4 页。

他认为大自然给予人的诸种禀赋中，最重要的便是理性。这是因为：理性使人与大自然创造的其他事物区别了开来；人类是由理性而不是像其他动物那样由本能所引导，理性使人获得了不同于他物的自尊、自我意识和意志自由；理性是人一切能力的根据，是人在生存方式上高于一切他物的关键。

康德认为，赋予人理性能力，是大自然实现其隐蔽计划的一个关键环节。人的发展是大自然计划的最终目的，这一目的必须有相应的机制来实现，这就是理性。"大自然……既然她把理性和以理性为基础的意志自由赋给了人类，这就已经是对她所布置的目标的最明显不过的宣示了。"① 在康德看来，理性是人发展的充分的条件，它既能维系人的发展，又能使人的发展符合大自然所确定的普遍规律，人的发展与历史的前进本质上就是一个理性的实现过程。

康德还对理性在人的发展中的作用进行了追溯，并臆测了理性对人类历史起源的引导作用。他认为，理性对人类起源的引导分四个步骤。第一步，引导人背叛自然，从事创造。人类起初只是根据本能生活、听从自然召唤、适应自然而且觉得很不错，可是理性马上来促动他，使他发现自己有一种选择生活方式的能力。正是这一觉醒，使他们开始改变自己的本能，也改造自然物的现状，这样，人便迈开了自己历史的第一步。第二步，理性引导男女本能，使之从单纯的动物欲望过渡到爱情，并形成道德和审美关系。第三步，理性引导人类期待着未来，使人认识到艰苦的劳动将会有可以自慰的前景：他们的后代或许会好一些。这使得人们不仅要享受眼前的生活，而且要着眼于未来的发展。第四步，理性引导人确立主体性，认识到自己是目的，而他物则是达到目的的手段；认识到人因为具有理性而人人平等，任何人都无权将他人当作工具来支配。

---

① 康德：《历史理性批判》，商务印书馆1990年版，第5页。

大自然目的性的第三个表现是以对抗促进人类进步。对抗是社会进步和人的发展的手段，是康德历史哲学中最有特色的思想。康德认为，对抗是大自然目的性的体现方式，"大自然使人类的全部禀赋得以发展所采用的手段就是人类在社会中的对抗性。"① 所谓对抗，是源于人的本性的一种矛盾：一方面，人有一种社会化倾向，必须与他人交往并参与社会生活；另一方面，人又有一种单独化的倾向，总想按自己的利益和意愿来行动。两种倾向是截然对立的，因而必然产生矛盾即对抗。与以往思想家不同的是，康德肯定并揭示了对抗的积极意义。他认为，对抗的积极意义首先在于它唤起了人类的全部能力。由于人的社会化倾向，他们必然要结合起来，由于人的单独化倾向，他们又相互争斗而互为阻力。这种争斗不仅有负面的作用，更有正面的作用，"正是这种阻力才唤起了人类的全部能力，推动着他去克服自己的懒惰倾向，并且由于虚荣心、权利欲或贪婪心的驱使而要在他的同胞们——他既不能很好的容忍他们，可又不能脱离他们——中间为自己争得一席地位。于是就出现了由野蛮进入文化的真正的第一步……于是人类全部的才智就逐渐地发展起来了。"② 对抗引起竞争，唤醒和激发人的能力，因而既促进对自然和社会的改造，又锻炼人的才智并发挥他们的秉赋。对于对抗在人的发展中的作用，康德作了形象的比喻，他指出，人的发展"犹如森林里的树木，正是由于每一株都力求攫取别的树木的空气和阳光，于是就迫使得彼此双方都要超越对方去寻求，并获得美丽挺直的姿态那样；反之，那些在自由的状态之中彼此隔离而任意在滋蔓着自己枝叶的树木，便会生长得残缺、伛偻而又弯曲"③。他还指出，如果没有对抗，人类的全部才智就会在一种完满的和睦、安逸与互敬互爱的牧歌式生活中，永远被埋没在他们的胚胎里，人就难以创造出比自己的家畜更大的

---

① 康德：《历史理性批判》，商务印书馆1990年版，第6页。

② 康德：《历史理性批判》，商务印书馆1990年版，第7页。

③ 康德：《历史理性批判》，商务印书馆1990年版，第9页。

价值来。

与肯定对抗的作用相联系，康德认为历史发展的动力是人性中恶的本质。他提出了自私是道德的磨石的论断，认为人有一种自私的倾向，虽然它不是建立在理性准则的基础上，但却会始终存在，并充当了砥砺道德的磨石。他认为，恶的本性是历史发展的动力，是因为人的利己本性和不满足心理推动人的创造活动和社会进步。恶的本性导致人们之间的不平等，而不平等则具有二重性："它是那么多的坏事的、但同时却又是一切好事的丰富的泉源。"① 恶虽然在道义上是不足取的，但对社会发展却可资利用，例如大自然就往往通过人的自私自利，通过人们对商业利益的追求而促进和平。

三

康德的目的论从"大自然计划"入手，解说的则是人的发展及其实现方式。从本体论角度看，这种目的论设定及其根据显然不能成立，但从历史哲学或人学角度看，它在对人与社会关系理解上，在阐释人的发展的内在根据和机制方面，又充满着睿智。康德的目的论哲学对于理解现时代人的问题的启示是多方面的，其中对理解"人类中心主义"问题，就具有深刻的启示意义。

人是最终目的，既是康德对近代人道主义思想的哲学总结和概括，又从哲学上确立了理解人与他物关系、人在世间地位的基本出发点。从一定意义上说，自康德以后，人是目的及由此而引申出的以人为本、人类中心等观念，已成为近现代社会知识界的共识。然而，在当今资源环境危机趋于严重、可持续发展成为热点问题的背景下，这一曾经无可置

---

① 康德：《历史理性批判》，商务印书馆 1990 年版，第 73 页。

疑的共识却受到了挑战，其中最突出的，便是对人类中心主义的批评和诘难。一些论者认为：人并不因为有理性而成为价值的唯一源泉，自然物也有独立于人的内在价值，人类无权凌驾于生养了他的自然界之上，将其仅视为索取、利用的对象；保护自然不能仅仅基于人类的利益，人与自然的道德地位是平等的，破坏自然是一种"反道德"、"反价值"的行为。

上述批评还有其他一些批评，直接论题是反对人类中心主义，潜在的思想则是对人的优先价值和人的目的性的质疑。

通常认为，人类中心主义就是认为人是宇宙的中心，主张一切以人为尺度，一切从人的利益出发，为人的利益服务。这种理解虽然得到广泛的认同，却是值得进一步深究的。上述"人类中心主义"的内容，实际上可区分为两个方面。人是宇宙的中心，这是一个事实判断，这个意义上的人类中心主义显然不能成立，因为世界万物就其产生和发展的必然性而言，并无高低贵贱之分，亦无中心外围之别，从宇宙、自然生成发展的角度看，任何一种事物都没有高于他物的特殊地位，人不是也不可能是宇宙的中心或主宰。一切以人为尺度，从人的利益出发，则是一个价值判断，可以理解为一切活动从人的角度出发、有利于人的生存发展。这个意义上的人类中心主义与前者不同，也就是说，人类中心主义作为事实判断不能成立，作为价值判断则可以作出合理的解释。

人类中心主义作为价值判断可以理解，是因为虽然宇宙、自然没有确定人的中心地位，人则可以在自己的行为中将自己确定为中心。这里的关键是确定以人类为中心，一切以人为尺度，从人的利益出发等命题的主体。如果"主体"是自然或宇宙，这些命题当然不能成立，而如果主体是人，结论则截然不同。对此，可以从康德的目的论中得到启示。

康德的目的论在本体论上不能成立，但其关于人是世上唯一能形成目的概念的存在者及人不依赖于他物而自足地成为目的的思想却不无道理。人具有自我意识而能区别自身与他物，形成主体性和目的概念，主体性使人在理解自身与他物关系及确定自身行为准则、方式和目标时，能够并必然以自身的需要、利益、能力等为出发点或尺度。也就是说，当人作为主体理解并处理自身与他物的关系时，可以、应该且必然将自己视为目的，将他物作为实现目的的手段。作为主体，人可以在自己与他物间形成目的与手段的关系；作为主体，人应该也必然以人的尺度去理解和处理与他物的关系。人不是"大自然"的最后目的，但却是自己的目的，是其所理解的目的关系的最后一环。

从人的角度，从人与他物（如自然）的认识和实践关系看，人的一切自觉活动，包括可持续发展在内，理应以人为中心，以人的生存发展为目的。这不仅是人的心理逻辑意义上的必然，更是历史的事实。正因为人类始终从自身的需要和利益出发来处理与他物的关系，人类所处的世界才不断朝着有利于人的方向发展，自然界才不断从自在自然转化成为人化自然，社会才不断由低级向高级演进。历史表明，人类所追求的进步，从来就是以人自身的生存发展为目标的。诚然，人们在追求自身发展过程中曾历经挫折，并做过诸如破坏环境资源之类危害自身的事，但就人类而言，这不是本意，而是过错，是违背其初衷的。

价值命题意义上的人类中心主义具有合理性，还因为人在价值关系中具有优先地位，在价值上优先于他物。一些生态主义者在论证保护自然的必要性时，提出了"内在的自然价值"[①]的概念，认为自然具有独立于人的价值，自然的价值与人的价值是并列的，自然具有自己的权利，人无权改造自然、干预自然的进程。这涉及确定自然价值与人的价值关系的问题。理解这一问题，康德的有关论证逻辑是可资借鉴的。康德在讨论人与他物目的关系时的论证逻辑是：世间万物相互联系而构成目的体系，其中任一事物都既是他事物的目的又是另事物的手段，只有

---

① 罗尔斯顿：《哲学走向荒野》，吉林人民出版社 2000 年版，第 189 页。

人才仅仅是他事物的目的而不是手段,因为人是最终的目的。根据同样的道理,我们认为从人的角度看(我们当然只能从人的角度看),在人与他物所构成的价值体系中,只有人的价值是最初始的、第一性的价值,人的价值不依赖于其他任何事物的价值而存在,是本原意义上的价值或"元价值",其他事物(如自然)的价值都是这种价值的延伸,是在与人的关系中形成的,因而是第二性的价值。

价值命题意义上的"人类中心主义"的确立,是人类自我意识产生以来又一次自我确证,是人类思想史上具有重大意义的进步。这种人类中心主义不仅仅是"工业社会"的产物,而且是人类长期认识、实践及社会生活的观念结晶,是人类活动新的逻辑起点,它不仅没有过时,反而将随着人类活动的深入和展开而不断丰富并发挥作用。当前人类所面临的问题,无论是作为人与人关系的社会问题还是涉及人与自然关系的环境资源等问题,都非因这种人类中心主义而引起,而是因为未能正确理解从而未能真正体现人类中心主义。例如社会问题的出现,是因为人们尚未形成人类的整体利益及其共识,只顾个人和集团的利益,从而引发种种矛盾和冲突;又如环境资源问题的出现,是因为人们未能确立合理的生存态度并正确处理人与自然的关系,从而危及自身的生存发展。可见,应对当前及今后人类所面临的问题,决不应抛弃人类中心主义,而是要对其作出适时、合理的阐释,确立真正的人类中心主义,并运用于分析和解决问题。

本文原载于《首都师范大学学报》2003 年第 1 期

人大复印报刊资料《外国哲学》2003 年第 4 期转载

可持续发展的价值分析

价值定位是可持续发展的深层次问题。可持续发展的哲学讨论，无论对"主客体二分"的质疑，对"人类中心主义"的诘难，还是对代际、代内公平的解读，都蕴含着对人与自然和人与人价值关系的理解，以一定的价值定位和选择为依据。可持续发展的哲学反思，既使价值重释成为必要，也为重新理解价值提供了新的视角和空间。对可持续发展的价值分析，意在澄清一些基本理念，合理地确定可持续发展的价值取向，亦在于拓展价值研究的视野，开启价值研究的新路向。

一、可持续发展与价值的重释

联合国世界环境与发展委员会报告《我们共同的未来》指出，"从广义来说，可持续发展战略旨在促进人类之间以及人类与自然之间的和谐。"[1] 依此理解，可持续发展问题体现于人与自然的关系和人与人的关系两个方面。而这两方面问题的核心是价值定位。可持续发展凸显了重新阐释和深度解读价值的必要和可能。

---

[1] 《我们共同的未来》，吉林人民出版社 1997 年版，第 80 页。

价值解释再度引起关注，缘起于可持续发展的哲学探讨。一些学者在对人与自然关系的反思中认为：环境资源危机，根源于"人类中心主义"，由于人类以自我为中心，仅仅从自己的需要和利益出发，将自然视为可随意利用的附属物，才导致了环境的退化和资源的滥用；要保护环境和资源，实现可持续发展，就必须走出"人类中心主义"，承认自然的主体地位，平等地对待自然，尊重自然的权利和利益，甚至放弃对自然的干预。这种看法的立论基石是"自然的内在价值"说。

倡导"自然的内在价值"的代表人物是罗尔斯顿，他在关于生态伦理的阐述中，对自然的内在价值及其意义进行了系统的论证。他指出，将价值视为人类利益得到满足时的产物的范式，以及只承认人类生命的价值而认为其他生命形式从属于人类利益的观点，是"价值论上过分的人类中心主义"①，是"自称为'客观硬科学'的人类中心主义的自私"②。他认为，自然价值是自然物本身固有的，而非其评判者无中生有的创造，"因为还是有一些实在的性质为这些价值提供了关键的支撑。无论如何，这些性质在如下意义上是自然物本身的性质：不管在构建价值的过程中加进了多少人的主观因素，还是有一些先于此过程而存在的东西。"③自然价值是自生的，是自然长期进化的结果，经历了与人无关的形成过程，"我们宁可不相信价值是一种完全特殊的创造，不相信价值的后成说，而愿意相信价值是逐渐进化而来的。"④"我们的理论是：价值有一部分是客观地存在于自然中的。"⑤自生性和客观性，决定了"自然的内在价值是指某些自然情景中所固有的价值，不需要以人类作为参照"⑥。在此基础上，他进一步阐释了否认自然内在价值的危害，认为，

① 霍尔姆斯·罗尔斯顿：《哲学走向荒野》，吉林人民出版社 2000 年版，第 117 页。
② 霍尔姆斯·罗尔斯顿：《哲学走向荒野》，吉林人民出版社 2000 年版，第 136 页。
③ 霍尔姆斯·罗尔斯顿：《哲学走向荒野》，吉林人民出版社 2000 年版，第 121 页。
④ 霍尔姆斯·罗尔斯顿：《哲学走向荒野》，吉林人民出版社 2000 年版，第 174 页。
⑤ 霍尔姆斯·罗尔斯顿：《哲学走向荒野》，吉林人民出版社 2000 年版，第 186 页。
⑥ 霍尔姆斯·罗尔斯顿：《哲学走向荒野》，吉林人民出版社 2000 年版，第 189 页。

环境问题根源于人对自然价值的无知和漠视，"人类对于世界从来没能像我们现在这样，知道得这么多而又评价得这么少，无怪乎我们会面临一场生态危机。贬低自然的价值而抬高人类的价值无异于用假币做生意。这样的做法导致了一种机能失调的、独断的世界观。"① "如果我们相信自然除了为我们所用就没有什么价值，我们就很容易将自己的意志强加于自然。"②

上述看法因其对环境资源危机的分析上升至哲学层面，试图寻找问题的深度根据而受到广泛关注，成为西方生态主义者及一些国内学者讨论可持续发展问题的基本理念。有的论者如深生态学（deep ecology）者还对自然具有内在价值的观点作了进一步展开的阐述，论证了自组织系统因其目的性而具有价值、生命物质因其感受性而具有价值，并明确指出：一种全面的伦理学应将人以外的生命也作为道德观照的对象，人应该按照生态学的模式看待自己与自然的关系。他们还将自然主体化，认为既然人并不是价值的唯一源泉，自然价值与人的价值是并列的，自然物就应具有独立于人的权利，人就无权将自己的利益凌驾于自然利益之上，不应干涉自然的运行过程。

"自然的内在价值"概念及相关看法，不仅触及以往对人与自然关系的基本理解和行为准则，影响到人对自然的态度和可持续发展的价值取向，而且对传统的价值论提出了质疑。这显然已涉及对价值及其形态的重新阐释，以及对人与自然价值关系的合理定位。

价值重释的核心是对价值的广义理解。

以往在哲学层面论及价值时，总是将其限定于主客体关系中，这有其合理性，因为此前所涉及的问题一般无须离开人去谈论价值。然而，假定哲学话语中的价值含义是唯一的，假定价值只有某种唯一的存

---

① 霍尔姆斯·罗尔斯顿：《哲学走向荒野》，吉林人民出版社 2000 年版，第 196—197 页。
② 霍尔姆斯·罗尔斯顿：《哲学走向荒野》，吉林人民出版社 2000 年版，第 197 页。

在形态，却是认识上的误区。广义地看，价值是与意义相关联的，是意义在关系中的表现，一事物对他事物或对自身有意义，便是有价值，价值大小取决于意义的大小及关联程度。这种认识包括了以往对价值的理解，又扩展了价值的含义，超越了价值只存在于主客体之间的认识。价值是意义在关系中的表现，关系可以有内在与外在之分。外在关系即物（或人）与他物（或他人）间的关系，内在关系即物（或人）与自身的关系，亦即其存在对自身的意义。与这一区分相联系，价值具有二重性，既可以有为他的价值，亦可以有自为的价值。或者说，一事物（或人）不仅可以对他事物有价值，也可以对自身有价值。在这个意义上即广义地理解，价值可能有四种存在形态：物为他（人）的价值和自为的价值、人为他（人）的价值和自为的价值。

物为人的价值和自为价值的区分引申于"自然的内在价值"说。依循"自然的内在价值"说，可以认为物的价值具有二重性：一是物为人的价值，即物相对于人而言的有用性。这种价值是在主客体关系中产生并存在的，属于关系范畴。通常对物的价值的界定主要指向物为人的价值，即物对人的有用性、对人的意义等，对此种价值的承认和理解并无实质上的歧义。二是物自身的价值，即物自身的属性、存在理由和根据，用泰勒的概念表述，即物"自己的好（a good of its own）"。价值指称意义，认定物的自为价值，即认定物对自身自为的意义，亦即相对于自身而言，物的存在有其理由和根据。

人的价值形态亦可分为两种：人在与他人或社会的关系中的价值即人"为他（他人）"的价值，以及人自身的价值即"自为（对自己而言）"的价值。人为他的价值是人在与他人或社会的关系中的价值，是相对于他人、群体和社会而言的，是主体间的价值。此种意义上人的价值，乃是就他人而言，并非就此"人"本身而言，因而这"人"及其价值是对象性、手段性的。此种价值不仅取决于这"人"的情况，他的素质、能力、行为等，还取决于他所要满足的他人的情况，这即是通常所理解的"人的价值"。人为他的价值作为指向他物的手段性、关系性的价值存在，以他物为目的，要在这目的上体现出来，要在他人、群体、社会之中得到确认和证实，所谓人的价值在于对社会的贡献、人活着是为了他人生活得更幸福等等，便是在这个意义上说开去的。这种为他的价值虽然与物的为他价值的价值承载主体不同，但其手段性、外在关系性的本质是相同的。人"自为"的价值，则是人作为主体自身的价值，是人自有的、指向自身的价值存在，只需要由作为价值载体的人自身来确定。诚然，这种价值之实现也要依赖于他人和他物，但这种依赖是一种手段指向性关系而非目的指向性关系。人为我的价值对于任何他物、他人及人自身来说，只是目的，是目的性价值。与"自有"性相联系，人自为的价值是"自生"的，是自然进化特别是社会进化的产物，是人长期社会生活和社会实践的结晶，是人自己的创造，而非被赋予。生活、实践丰富人的主体性，也充实着人的价值，人有主体性，就有价值，主体性就是人自为价值的充足根据。

人为他的价值与自为的价值是人的价值之两种形态。自为的价值是价值之本，为他的价值是自为价值的社会表现或实现形式。人所以有为他的价值，就是为了实现自为的价值，为他的价值在这人来说是为他，在他人来说却是自为。承认人自为价值的存在及其合理性，是肯定人之主体性的必然结论，又是肯定人的个性、权利和利益的前提。康德"人就是现世上创造的最终目的"①之命题，正是对人自为价值的哲学认定，近代以来的人道主义原则，更是对人的自为价值和为他价值关系的一种普遍性的社会承认和肯定。诚然，人的自为价值和为他价值的关系是十分复杂的，许多问题如人与他人、人与社会、个人与群体的关系等，都与此密切相关。

对价值内蕴的重新厘定，使在可持续发展论域合理地阐释人与自

---

① 康德：《判断力批判》（下卷），商务印书馆1964年版，第89页。

然和人与人的关系成为可能，并为确定可持续发展的价值取向和价值定位提供了前提。

二、可持续发展的价值定位

环境生态论者关于人的价值与自然价值关系的讨论往往陷入一个误区：将人的价值与自然价值分开来理解，孤立地看待自然价值，强调自然自在价值的可能性及其独立于人的一面，似乎自然具有独立于人的价值，就等于自然价值与人的价值是并行和平等的，人就无权干预自然进程，不能妄谈改造自然。这实质上转换了议题或避开了问题的真义。

这里应区别两个不同论域的问题：自然是否具有独立于人的内在价值和自然价值与人的价值的关系。就可持续发展的价值定位而言，问题的实质与其说是自然本身有无价值，不如说是怎样看待自然的价值，特别是怎样理解自然价值与人的价值的关系，如自然价值与人的价值有无层次之别，自然价值与人的价值并行、平等，或是高于人的价值，还是人的价值高于自然价值，这才是问题的实质所在，也是讨论中的主要分歧点，因为在大多数情况下，争议的焦点不在于是否承认自然的价值，而在于人为了生存和发展应否改变自然的性质和形态，即人是否有权合理地改造和利用自然。

从前文对价值概念的重新厘定可以推论，可持续发展论域中人的价值与自然价值的关系，本质上是人的自为价值与自然为他价值之间的关系。分离地看，人有人的价值，自然有自然的价值，二者皆有存在的根据且互不从属，似乎并不相关，但联系起来看，从人的生存和实践上看，人的价值与自然价值内在关联且不对称。这种不对称的实质在于，人与自然之间的价值关系只能是人的自为价值与自然为他价值的关系，因而人与自然的价值比较，只能在人的自为价值与自然的为他价值之间进行。人与自然价值地位的不对称，决定了人的价值与自然价值有层次之别：人的价值高于自然价值。对此，可以从人生存方式的自然进化根据和实践基础两个方面来理解。

人的价值高于自然价值，是自然进化使然。自然特别是生物的进化，使人处于自然界尤其是生物生存链的顶端，由此，人的生存以其他自然物为条件，将世间万物视为手段，是合乎自然规律、顺应进化趋势的事情。离开自然进化规则抽象地谈论人与自然物价值和权利的平等，不仅无从说明人生存发展的自然基础，也难以对不同生物之间的关系作出解释，例如无法说明生物界物种间相互依存、物竞天择现象的合理性。假定一切生命物皆有无关他物的内在价值，这些价值是完全平等的，所有生物皆有同等的权利，那么这些权利有无大小高低之分？在自然界至少是在生物界中，生存竞争是合理的吗？岂不违反了生物权而应加以制止？按此逻辑推论，任何一种生物都无权将他物当作自己生存的条件，肉食动物无权捕食草食动物，草食动物无权食用植物……如果这样，很显然，每一种动物都不能生存，其内在价值和权利便无从谈起。

人的价值高于自然价值，又是实践的结果。劳动创造了人，也创造了人的生存方式，这就是，人不满足于天然的自然物，要通过对自然的改造，在有用的形式上利用自然物维持生存和发展。其结果是，人，只有人的生存发展要以其他自然物为条件，而其他自然物生存发展却并不以人的存在为条件。劳动将人从自然中提升出来，决定了人的生存方式不是适应型而是变革型的，人不能简单地顺应自然，而须改变自然物的天然形态即变革自然。从发生学的视角看，人与自然的关系基于人的实践和生存方式，实践造就了人的生存方式，也造就了特定的"人与自然的关系"。实践和人生存方式的互动，是人改造自然最深刻的根源，也是人的价值高于自然价值最充足的理由。正是自然进化和在实践基础上的社会进化，决定了人的价值与自然价值的不对称性。只要承认人生存方式的正当性、合理性，就必定承认人的价值高于自然价值，而人生存方式的正当性与合理性对于人来说显然是不证自明的，因为人应该也只能站在人的立场上、以人的眼光看待和对待一切事情。要求人根本上放弃利用、改造自然物的生存方式而完全顺应自然，既不合理，也不可能。诚然，人的生活方式可以改进，如选择绿色的生活方式等，然而，绿色的生活方式亦须以变革自然为前提，问题只在于合理地确定人的需要，在确保自然可永续利用的前提下变革自然。

人的价值和自然价值的不对称性表明，应该也可以将可持续发展的价值取向定位于人的发展。

将价值取向定位于人的发展，有助于正确理解人类中心主义以及人与自然的和谐等可持续发展的基本问题。

关于人类中心主义，存在着认识上的误区。有一种常见的却又似是而非的看法，认为人类中心主义即主张人是宇宙的中心，一切以人为中心，以人为尺度，一切从人的利益出发，为人的利益服务。这一理解有待厘清。人是宇宙的中心，这可以是一个事实判断。这个意义上的人类中心主义显然不能成立，因为世间万物就其产生和存在的必然性而言，并无中心与外围之别，人不是也不可能是宇宙的中心或主宰。这种意义上的人类中心主义，无疑应当"走出"。一切以人为中心，从人的需要和利益出发，则是一个价值判断，与前一判断的含义是大相径庭的。价值意义上的人类中心主义是必需的，因为人的活动只有从自身的利益出发，体现合目的性，才能支撑人的生存方式，实现人的发展，并且，实践愈深入，人活动之目的性就愈明显；价值意义上的人类中心主义又是必然的，因为人只能以人的尺度、眼光和方式去把握并规范他物，舍此而代自然言，只能是一种将自然物拟人化或将人拟物化的想象。鉴此，对人类中心主义须具体地分析和界定。实现可持续发展，要走出以人为宇宙中心的误区，摒弃随心所欲对待自然的做法，确立自然

"是人的无机的身体"①的理念，尊重自然规律，充分考虑自然发展的要求；同时，又应从人的尺度去理解人与自然的关系，确定可持续发展目标，规范可持续发展行为，避免可持续发展失去本意而走入误区。

人与自然和谐是可持续发展的基本追求，但对人与自然和谐及协调发展的认识却见仁见智。通常的理解是：人与自然相互促进、共同发展，一方面，自然的发展有利于人的发展；另一方面，人的发展又促进自然的发展。这种理解勾画了人与自然良性互动的理想状态，问题在于如何达到这一状态。

现实中，人的发展与自然发展往往是矛盾的。从自然方面看，它不会自动满足人的需要，大多数自然物不能现成地为人利用；从人的方面看，要在有用的形式上占有自然物，就必须对其加以改造，干预自然进程，改变自然物原有的形态或性质，对自然的发展产生影响。人以人的方式生存，矛盾便不可避免。也就是说，人与自然本来是不和谐的。人与自然的和谐需通过对其与自然关系的调整来实现。调整人与自然的关系有两个可能的向度：使自然适应于人或使人适应于自然。人与自然的矛盾在不同情况下会有不同的特点，从而对人与自然关系的调整应因时、因势而定，但是，从本质上说，这种调整是有方向的，总体方向应是自然适应于人而不是人适应于自然，调整的目标，是以自然适合于人的生存发展为基准的人与自然的和谐。

由于人相对于自然的价值优先性，自然适应于人必内在地规定着人适应于自然。要使自然适应于人，为人的生存发展提供条件，必然要求人保障自然的持续发展，尊重自然，充分考虑自然发展的需要；反之，破坏了自然，就破坏了人的生存发展条件，背离了人自身的利益。进一步说，在处理人与自然关系的活动中，有利于人的行为也应是有利于自然的，破坏自然的行为必将危及人的利益。由此，可以引申出判断

---

① 马克思：《1844年经济学哲学手稿》，人民出版社2000年版，第56页。

自然状况的基本思路：确定自然状况之好坏，固然要从自然本身的方面去考虑，但更应从人的方面来考虑，是否有利于人的发展是衡量自然状况的根本尺度；一般说来，有利于人生存发展的自然状态亦应有利于自然物的生存发展，但有利于自然物生存的自然状态（如自然的原生态）则未必有利于人的生存发展。因此，协调人与自然关系最基本的、第一的原则是有利于人的发展。实现可持续发展，不能仅仅着眼于自然的状况而顺其自然，而应通过对自然的改造，使之朝着有利于人的方向持续发展。在实现可持续发展过程中，不应讳言改造自然，更不能放弃对自然的改造。我们所追求的可持续发展，不是消极无为地顺应自然的既有状态，而是积极有为的发展，是着眼于发展——以人的发展为导向的人与自然的协调发展。

三、可持续发展与确立普遍价值

实现人的发展为导向的可持续发展，应倡导以人类总体利益为中心的"人类中心主义"，确立以代内公平和代际公平为指向的普遍价值。

以全人类利益为中心的"人类中心主义"，其"人类"并非与自然相对应，而是相对于个人、群体即相对于人类的部分而言。这种"人类中心主义"，强调的不是人类对自然的优越性，而是超越个人和局部利益，以人类整体的需要和利益为旨归，确立人类本位中心。反观以往人类的行为，问题并非过于以全人类利益为中心，而在于以个体或群体、集团的利益为中心，环境资源危机便是典型的一例，危机绝非注重人类的总体利益所致，而是恰恰相反。因此，以往的"人类中心主义"（如果可以这样称谓的话）充其量只是个人或群体中心主义。正因为如此，人们在论及可持续发展问题时，才会特别关注人与人的关系，要求社会关系和制度安排的合理化，才会在追求人与自然和谐的同时，将以公平为标志的人际间和谐作为又一主要目标。

追求人与人的和谐，实现代内和代际公平，同实现人与自然的和谐发展一样，是可持续发展面临的基本问题。西方环境主义、生态主义（浅生态学和深生态学）、生态马克思主义（生态社会主义）等思潮的形成及"绿色政治"运动的兴起，正是这一现状的真切反应。深生态学否定单纯以技术和追求效率的方法解决生态问题，认为生态危机根源于社会机制和人们的价值观念，克服生态危机必须彻底变革现行制度和价值观。生态马克思主义或生态社会主义揭示了生态危机的制度根源，从技术批判转向社会制度和观念的批判，提出了同以往的需要和欲望决裂，通过改变资本主义制度及其需要观来解决生态危机的要求，即如阿格尔所言："生态学马克思主义的目的也是双重的，它要设计将打破过度生产和过度消费控制的社会主义未来。"[1] 这些思想家已从不同角度强调了价值观念转换对于解决环境资源问题的重要性。

《我们共同的未来》指出，"可持续发展是既满足当代人的需要，又不对后代人满足其需要的能力构成危害的发展。"[2] 代内和代际公平是可持续发展的目标，又是实现可持续发展的前提。在可持续发展中，许多人与自然关系问题都不仅涉及认知和技术，更涉及价值定位和选择，抑或说，人与自然的矛盾常常导因于不合理的生存态度、需要定位和价值取向，须通过调整人与人的关系来解决，因为如果说以往的环境资源问题主要与认识的缺位相关，那么在当代及今后，这类问题则更多地牵涉到人们的利益诉求。例如，就在可持续发展愈趋成为共识、奢侈需求和生活方式受到抨击和摈弃的同时，以自我为中心和以邻为壑仍然是一些人的行为准则，某些发达国家拒绝承担相应的环保责任，一些富有者仍在无限度地追求高消费，一些地方和企业仍在制造污染或滥用资源，发

---

① 阿格尔：《西方马克思主义概论》，中国人民大学出版社 1991 年版，第 420 页。

② 《我们共同的未来》，吉林人民出版社 1997 年版，第 52 页。

达国家和发展中国家以及不同社会群体间的贫富分化日趋严重，贫困国家和地区仍依赖过量消耗资源维系生存。诸如此类的问题表明，没有公平，便不能缓解环境和资源危机，可持续发展只能流于空谈。

可持续发展遭遇的公平障碍主要在四个方面。一是不合理的生存态度和需要定位。这是导致可持续发展中代内和代际不公的深层原因。不合理的生存态度，即认为"我所占有的和所消费的东西即是我的生存"①的重"占有"甚于重"生存"的态度。由于需要定位片面化，以占有财富的数量作为衡量人的价值标准，生活方式上重物质轻精神，无限制地追求和享用物质财富，追求利益和利润的最大化，引发盲目甚至畸形的消费心理和行为，导致贫富分化和资源过度使用。正如艾伦·杜宁所言："在消费者社会里，富有已经把我们引向了歧途。"②二是滥用"公用地"。国外学者曾形象地指出，在开放性公共草场放牧时，每一个牧民都想放养更多的牲畜，而不顾导致草地的退化，或即使想到后果，也会因其由所有牧人承担而释然。这便是所谓的"公用地悲剧"。环境资源问题恰似放大的"公用地"问题，人们对地球这个更大的"公用地"的关注不会强于牧民对公共牧场的关注，一些人会因为从公用地获得的利益大于由所有人共同承担的损失而恣意妄为，从而加速环境资源危机。三是回避责任。一般说来，当不同人或群体面临共同的问题，而他们又不能相互约束、无法预测他方是否兑现承诺时，很容易形成互相观望，等待他方率先行动的局面，在此情况下，由谁率先行动或付出代价之程度便成为问题。这可称之为"观望效应"。可持续发展即面临着这样的困境：一方面，环境资源危机威胁着所有人的生存发展，需要共同的行动来应对，另一方面，不同的利益主体在责任和义务上却互相推诿，特别是一些对危机负有主要责任的发达国家，回避责任并拒

---

① 弗罗姆：《占有还是生存》，三联书店1989年版，第32页。
② 艾伦·杜宁：《多少算够》，吉林人民出版社1997年版，第112页。

绝承担应尽的义务，从而使可持续发展步履维艰。四是代际权利不平等。代际公平涉及当代人与后代人的关系，但其中当代人总是主动的一方，后代人则是被动的一方，当代人的行为必影响到后代人，后代人却只能被动地接受其结果。当代人对后代人关注的间接性，以及后代人对当代人决策和行为约束机制的缺位，决定了代际公平的兑现殊为不易。

上述公平障碍虽然性质各异，却都与价值取向和选择相关，显现了价值取向对可持续发展的深刻影响。《增长的极限》在剖析环境资源危机后得出结论："人必须探究他们自己——他们的目标和价值——就像他们力求改变这个世界一样。献身于这两项任务必然是无止境的。因此，问题的关键不仅在于人类是否会生存，更重要的问题在于人类能否避免在陷入毫无价值的状态中生存。"① 这一结论尤其适用于理解公平问题。实现公平需要客观条件，更有赖于价值观的转变，有待于确立以人的发展为导向，以合理的生存态度为核心，以人类总体利益高于一切为原则的普遍价值理念。虽然当今世界上仍存在着种种利益冲突而必须予以正视并认真应对，但与此同时，不同国家民族和社会集团间的共同利益也在增加。经济全球化带来的普遍交往，使确立共同的价值理念成为必要，并为普遍价值的形成提供了可能。在人类社会真正进入世界历史时期的当代，确立普遍价值，不仅有利于解决人类共同面临的问题，也是人的发展的内在要求。

普遍价值作为人类共同的行为导向和规范，尤其为可持续发展所必需。环境资源问题最具超越国家、地区界限的全球性，芭芭拉·沃德和勒内·杜博斯"只有一个地球"的命题，以及"要培育一种对地球这个行星作为整体的合理的忠诚。我们已进入了人类进化的全球性阶段，每个人显然地有两个国家，一个是自己的祖国，另一个是地球这颗行

---

① 丹尼斯·米都斯：《增长的极限》，吉林人民出版社 1997 年版，第 152—153 页。

星"① 的论断，便是这一状况的生动反映。人类从古至今，还没有哪一个问题受到如此一致的关注，并在不同国家、地区、文化和种族的人们中达成了广泛的共识；还没有哪一个问题如此需要且可能通过全人类共同的努力来解决；也没有哪一个问题如此需要且可能通过确立共同的价值理念来应对。确立普遍价值是可持续发展的内在要求。

然而，纵观以往人类对价值认同的追寻，普遍价值的确立殊为不易。普遍价值从理论上说应惠及世人，易为人们广泛接受，但由于利益的分散化甚至相互冲突，或由于人们在利益认同上的差异，在现实中，它对不同的人、不同群体带来的影响是不同的，它在惠及世人的同时，必将损害某些人既有的特殊利益，从而会受到误解或拒斥，其结果是，普遍价值或者得不到公认，或者即使得到公认，也只能部分实现甚至根本不能实现。此类情况表明，一种普遍价值能否确立，不仅在于其合理性，更取决于其可认同度，抑或说，普遍价值确立的关键是可认同度。人类可能的普遍价值是领域广泛、种类繁多的，但普遍价值的确立不可能一蹴而就，而应是一个循序渐进的过程，这个"序"，当是其可认同程度。

人类对普遍价值的企望由来已久，但对普遍价值自觉的追求，则始于近代西方。近代以来人类寻求普遍价值的过程表明，建立普遍价值的主要根据是人道等原则和利益。就利益而言，可持续发展问题为普遍价值的确立提供了契机。利益是普遍价值最坚实的基础，是确立共同价值规范和行为规则恒定的基石。抽象地看，人们对人道等原则的认同程度应高于利益，因为利益有局限性，但现实却并不尽然，如果人们能达至利益上的共同性，最大限度地确定共同利益，其实际的被认同程度往往会更高，至少在当代是如此，问题在于寻求人类共同的利益平台。建立人类共同的利益平台，是确立从而认同普遍价值的要件，可持续发展

---

① 芭芭拉·沃德、勒内·杜博斯：《只有一个地球》，吉林人民出版社 1997 年版，第 17 页。

正是这样一个可能的平台。

可持续发展所以使普遍价值的确立成为可能，根本上在于它作为全球性问题，关系到整个人类生存发展的现实及前景，最大限度地体现着人们的共同利益。同时，这一问题与人类曾经或正在面对的其他全球性问题又有所不同：它直接指向人与自然的关系，本身并不具有阶级、宗教等意识形态特征，不受文化差异的影响，在理解上易于达成共识而不产生歧义；与其他行为不同的是，可持续发展不具有排他性，一个国家或地区实现可持续发展，改善环境和保护资源，只可能给其他国家或地区带来好处而不会带来危害，从而在此问题上最易于达致双赢或多赢；它符合整个人类普遍而长远的利益，充分体现着人类长期以来追寻的理想和境界。这几方面特点，决定了可持续发展既有助于提升人们的物质生活质量，又能满足人们的精神需要，最能体现人类共同的利益和价值取向。

当然，作为共同的价值取向，可持续发展普遍价值的形成不可能一蹴而就。可持续发展普遍价值的内涵及其确立途径等，仍是需要探讨的问题。但亦应看到，经济全球化和知识经济带来的普遍交往和人的需要及生活方式的改变，已为普遍价值的形成提供了现实的可能性。从一定意义上说，可持续发展的价值取向将为人们一直寻求的普遍价值提供一个范式，昭示一种现实的可能性，是确立普遍价值的突破点。特别应指出的是，它提供了一种启示：普遍价值的确立，既要着眼于合理性，又要充分顾及所体现的利益的普遍性；合理性与普遍利益的结合，是确立普遍价值的基本原则。

本文原载于《哲学研究》2005 年第 4 期

《光明日报》2005 年 5 月 24 日理论版专题介绍

人大复印报刊资料《哲学原理》2005 年第 8 期转载

可持续发展论域的公平探析

可持续发展涉及人与自然的关系，亦涉及人与人的关系以及相关的制度安排。人们之间关系的合理化，尤其是社会公平，是实现可持续发展的关键因素。可持续发展问题的哲学讨论，拓展和深化了对公平内涵及其实现途径的理解，为进一步解读公平问题提供了一个新的视角。在可持续发展领域确立公平理念，建构公平规则，是缓解资源环境危机的治本之策，将为社会公平的全面确立提供一种示范，亦将开启政治哲学研究的新视域。

一

可持续发展关涉人与自然的关系，又深层次地涉及人与人的关系。正如联合国世界环境与发展委员会报告《我们共同的未来》所指出的，"从广义来说，可持续发展战略旨在促进人类之间以及人类与自然之间的和谐。"① 从逻辑和历史统一的角度看，资源环境问题的反思及可持续发展意识的形成，经历了从关注人与自然的关系到反思人与人关系的演

---

① 《我们共同的未来》，吉林人民出版社1997年版，第80页。

进过程。

首先是对人与自然关系的反思。

可持续发展缘起于对环境危机的自觉。早在 19 世纪，马克思就深刻地指出，"自然界，就它自身不是人的身体而言，是人的无机的身体。人靠自然界生活"①。恩格斯深刻地洞察到初露端倪的实践的反主体效应，并作出了初步的反思。他历数近代以来生产活动对自然界的破坏，得出了自然会"报复"人的深刻启示："我们不要过分陶醉于我们人类对自然界的胜利。对于每一次这样的胜利，自然界都对我们进行报复。每一次胜利，起初确实取得了我们预期的结果，但是往后和再往后却发生完全不同的、出乎预料的影响，常常把最初的结果又消除了。"②尤其可贵的是，他在上述认识的基础上，对人与自然的关系作出了进一步阐释："我们连同我们的肉、血和头脑都是属于自然界和存在于自然之中的。"③"如果说我们需要经过几千年的劳动才多少学会估计我们的生产行为的较远的自然影响，那么我们想学会预见这些行为的较远的社会影响就更加困难得多了。"④前一论断揭示了人与自然不可分割的联系，与马克思的理解异曲同工。后一论断则敏锐地洞察到人类正确理解与自然关系之艰难。一百多年来人类活动的结果表明，恩格斯的担忧绝非杞人忧天。

近代以来，人类在改造自然中创造了日益发达的物质财富，也过度消耗了资源，严重污染了环境，破坏了自然界的生态平衡。20 世纪初至 70 年代西方发生的一系列公害事件，给人们敲响了警钟。作为回应，法国思想家施韦策主张建立一种扩展到自然界一切有生命对象的伦理学，美国科学家利奥波德提出了"大地伦理"概念，"罗马俱乐部

---

① 《马克思恩格斯全集》第 3 卷，人民出版社 2002 年第 2 版，第 272 页。
② 《马克思恩格斯选集》第 4 卷，人民出版社 1995 年版，第 383 页。
③ 《马克思恩格斯选集》第 4 卷，人民出版社 1995 年版，第 384 页。
④ 《马克思恩格斯选集》第 4 卷，人民出版社 1995 年版，第 384 页。

报告"以振聋发聩的表达宣布：地球上的资源从而经济的增长是有极限的，如处置不当，人类社会的发展将不可持续，前景堪忧！以美国人罗尔斯顿为代表的一些学者，则进一步从哲学价值论层面阐述了人与自然的关系，提出了"自然的内在价值"的观点，认为"自然的内在价值是指某些自然情景中所固有的价值，不需要以人类作为参照"[①]。在这些及其他相关认识的基础上，形成了系统的大地伦理、地球伦理、生态伦理等理论。

其次是对人与人关系的反思。

对人与自然关系的反思深化了对可持续发展的理解，但这还不是问题的全部。随着可持续发展理念在世界范围的普及，人们的资源环境保护意识有了重大改进，但是，资源环境危机并未缓解，反而愈趋严重。这表明，实现可持续发展，仅仅协调人与自然的关系是不够的，亦应关注人与人关系的合理化，从一定意义上说，后者具有更为基本的意义。正是在这一背景下，公平、民主、自由等政治价值在相关讨论中逐渐显现。

首当其冲的是公平。当我们从人与人的关系深入透视资源环境危机时，便不难发现，问题的症结和根源正是公平的缺失。可持续发展论域的公平，意指人们平等地享用资源和环境。但现实却是，一部分人、一些企业、国家或地区成倍地享用资源并污染环境，而造成的恶果又强加于他人，由所有人共同分担。这既导致对资源环境占有、利用上的不平等，又导致权利、利益与责任的失衡。而无论是资源环境占有和享用上的悬殊，还是不同利益主体在环境上的付出和所得之不对等，都无异于人对人在资源环境上的剥夺。事实表明，没有公平，可持续发展只能流于空谈。正是在这一背景下，公平问题逐渐引起重视。生态社会主义、生态马克思主义思潮的出现，以及种种"绿色政治"运动的兴起，

---

① 霍尔姆斯·罗尔斯顿：《哲学走向荒野》，吉林人民出版社 2000 年版，第 189 页。

正是这一现状的真实反映。从"大地伦理"到生态马克思主义和生态社会主义，从反思人与自然的关系到着力变革现行社会制度和价值观，对资源环境问题的反思愈益具有鲜明的政治哲学意蕴。

《我们共同的未来》指出，"可持续发展是既满足当代人的需要，又不对后代人满足其需要的能力构成危害的发展。"① 这一被称为"布伦特兰定义"的关于可持续发展的界定，凸显了公平作为可持续发展本质的意蕴，设定了可持续发展的核心目标：实现代内公平和代际公平。

以往对公平的理解，主要涉及不同的个人、群体、国家或地区间的关系，仅限于代内公平。可持续发展的公平讨论，明确区分了代内公平和代际公平，并将代际公平提升到与代内公平同等重要的位置。

代内公平首先是一个社会内部的问题。经济发展和财富增长不会自然带来社会公正和公平，人们在权利和利益上的不平等，不仅不会随着现代化的实现而消失，反而有可能较以往更为严重。现实表明，不同的人或社会群体对现代化成果的享用往往是不均衡的，一部分人占有较多甚至很多财富而另一部分人相对甚至绝对匮乏，是现代化的普遍现象。虽然在社会现代化过程中打破平衡、出现差异是必然的，但如果不加调控而任其发展，贫富分化就会愈趋严重。缩小不同地区和群体人的发展的差距，是避免污染环境和滥用资源的前提。代内公平又体现在不同国家和地区之间。发达国家和发展中国家日趋严重的贫富分化，使贫困国家既依赖过量消耗资源维系生存，又无力改变恶劣的生存状况。此外，就在可持续发展愈趋成为共识、奢侈需求和生活方式受到抨击和摈弃的同时，以自我为中心和以邻为壑仍然是一些人的行为准则，某些发达国家拒绝承担相应的环保责任，特别是一些对危机负有主要责任的发达国家，回避责任并拒绝承担应尽的义务，从而使危机的化解迁延时日、步履维艰。

---

① 《我们共同的未来》，吉林人民出版社1997年版，第52页。

代际公平是代内公平的价值延伸。代际公平即当代人需要的满足不能危及后代人满足其需要的能力，其本质诉求，是平衡当代人和后代人的生存条件和权利。与代内公平相比较，代际公平的实现更为不易。不难理解，代际之间的权利是天然不平等的。代际不平等首先在于代际关系中"后代人"的主体缺席。代际公平涉及当代人与后代人的关系，但"关系"的定位和协调者却只能是当代人。由此，当代人是代际关系中强势的一方，后代人是弱势的一方。当代人是代际关系的确定者或决策者，他们的行为必然会影响到后代人，后代人则由于尚未出生或没有足够的话语权，既无从参与决策，又缺乏对当代人决策和行为的约束，只能被动地、无条件地承受其结果。代际不平等又在于当代人对后代人关注的间接性。后代人的需要和利益是"未来时"，又要由当代人来确定和保障。由于人类对某一事物的关注程度既与该事物发生时间的远近相关，又同其与自身利益的密切程度相关，因而当代人对后代人生存条件的关注，不仅具有时间上的间隔性或时间间距，而且更多的是出于道义而非实际利益，因此，代际间的关注总体上说是间接的，是理论大于实际。其结果是，后代人的需要和利益往往被虚化甚至被搁置，难以真正落实和保障。这两方面原因，决定了代际公平的兑现一开始就面临着特殊的困难。

代内公平和代际公平各有特点又相互关联，代内公平是代际公平的前提，代际公平是代内公平的延伸。不追求代内公平，就没有现实的公平，代际公平便无从谈起；不追求代际公平，公平便不具有彻底性和持续性。

二

可持续发展有赖于代内公平和代际公平，而实现公平的前提，是明了制约公平的障碍及其原因。

可持续发展主要遭遇到两方面的公平障碍：利益博弈和贫富分化。

一是利益博弈。利益博弈的典型表现是"公用地"悲剧。有国外学者曾形象地指出，在开放性公共草场放牧时，每个牧民都想放养更多的牲畜，而不顾草地的退化，或即使想到后果，也会因其由所有牧民承担而释然。资源环境问题恰似放大的"公用地"问题，人们对地球这个"公用地"的关注通常不会甚于牧民对公共牧场的关注，一些人会因为从浪费或污染中获得的利益大于由所有人共同承担的损失而恣意妄为。

造成公用地悲剧的原因，是利益与责任不对称背景下的责任博弈。在市场经济的环境中，利益博弈是利益主体最基本的行为方式。所有利益主体，无论国家、地区、行业、部门、企业还是个人，都必然会追求利益最大化——付出最少而获取最多。这一行为规则必然地渗透到可持续发展领域，特殊性只在于，这里的博弈往往表现为责任的回避，即危机的责任人回避并拒绝承担相应的义务。

利益博弈之可能，在于利益与责任（代价）的不对称。资源环境危机的危害是普遍的甚至全球性的，但并非所有人从中获得了同样的利益，更非所有人对危机负有同等的责任。有学者在资源环境危机原因的分析中，提出了动机与效果不统一的问题，认为在通常情况下，人们的动机与其结果是背离的，好的动机未必就一定有好的效果，坏的效果未必就一定是坏的动机所造成，人们对自然环境的破坏固然有动机上的缺陷，包括认识上的局限，以及受到局部利益和近期利益的驱动等，但不能把环境破坏的效果简单地、笼统地归结于人们有破坏自然环境的动机。这一理解有一定道理，尤适于解读资源环境危机的认识原因。但有待追问的是：资源环境危机的原因是否主要在于动机与结果的背离？回答是否定的。追溯代内和代际不公平的原因，症结主要不在于动机和效果的背离，而在于利益与责任的失衡，准确地说，是获得利益的主体与承担责任的主体不对称。在可持续发展成为共识的当代，一些个人或利益集团，为了一己之利，仍置环境资源状况于不顾，恶意行为，恣意破坏，应该说，主要原因不是认识失误，而是利益驱动，或价值取向失当。因为在多数情况下，他们对行为的结果是清楚的，所以仍然冒天下之大不韪，皆因为自己可以获得全部利益而代价和责任则由更多的人乃至于整个人类来承担。

此外，这里还存在着心理上的博弈。"如果每个人考虑他或她的行动对其他人有影响，那么全体人民将生活得更好。但是每个人都不愿意认为，其他人会按照社会期望的方式行事。因此，所有的人继续追求狭隘的自身利益。"① 一般来说，在不同群体或国家面临共同问题（危机）而他们又不能相互约束、无法预测他方行为时，往往互相观望，回避责任，等待他方率先行动，计较付出的代价。可持续发展正面临着这样的困境：当环境资源危机威胁着所有人的生存发展时，一些利益主体却在责任和义务上互相推诿。在可持续发展问题上，"主要责任必须由比较发达的国家承担，不是因为这些国家更有远见和仁慈行为，而是因为这些国家仍然是传播增长的综合病症，并使其继续发展的根源所在。"② 发达国家所以应承担更大的责任，既是由于根据权利与义务和责任对称的原则，他们是造成环境问题最大的责任者，是相关利益的最大受惠者，也是由于他们具有承担责任的能力和条件。"我们没有能力在可持续发展过程中促进共同的利益，往往是在国家内部和国家之间相对忽视经济和社会正义的产物。"③ 发达国家或一些利益集团回避环境问题上理应承担的主要责任，是可持续发展难以实现的最深层的主观原因。

二是贫富分化及代内不公平。贫富分化既体现于一个国家或地区社会内部，又体现在不同国家，尤其是发达国家与发展中国家之间。在当代，一方面，无论是发达国家还是第三世界国家内部，贫富悬殊、社

---

① 《我们共同的未来》，吉林人民出版社 1997 年版，第 57—58 页。
② 丹尼斯·米都斯：《增长的极限》，吉林人民出版社 1997 年版，第 150 页。
③ 《我们共同的未来》，吉林人民出版社 1997 年版，第 57—58、60 页。

会分化从而引起的资源环境的不平等已成为普遍现象；另一方面，发达国家和发展中国家之间的贫富分化日趋严重，贫困国家和地区不得不依赖过量消耗资源维系生存，又无力改变这种恶劣的生存状况。

我国的现代化建设尚处于初步阶段，但类似的问题业已出现。虽然在社会现代化过程中打破平衡、出现差异有其必然性，但如果任其发展而不加以有效的调控，人们之间的贫富分化就会愈趋严重。没有共同富裕即经济上的权利平等，资源环境享用上的公平便无从谈起。通常在讨论当代中国人的发展问题时，是在一个预设的整体平台上进行的，较少考虑到地域性、群体性等差异。事实上，在我国当代，人们的生存条件是很不平衡的。从地域上看，东、中、西部社会发展程度差异很大，东部沿海地区一些省市人均 GDP 已接近甚至达到中等发达国家水平，西部地区人均 GDP 则只有前者的几分之一；从群体上分，社会各阶层分化日趋明显，人们的收入、生活方式、生活质量差距拉大，分别处于现代化、小康、温饱和贫困层面。这种不平衡性，决定了我国人的发展和可持续发展问题的复杂性。从社会发展及人的发展的大尺度上看，我国人的生存境遇及面临的问题分属于前现代、现代、后现代性质。这种贫富差距，必然表现为占有资源和享用（以及破坏）环境的不平等：一方面，一些富有者大量占有和浪费财富，追求奢侈的生活方式，加重了资源环境的负担，另一方面，一些贫困者生活艰难，往往依赖过度利用甚至破坏环境来维持生存，从而加深了环境的危机。贫富分化问题直接关系到可持续发展的实现。因此，在讨论我国的可持续发展问题时，既要从总体上把握，又不能一概而论，而应做具体的分析，特别要关注"最少受惠者（最弱者）"的最大利益，"给那些具有较少机遇的人以机会。"①

上述公平障碍虽然性质不一，但原因都在于个人（群体）与人类

---

① 罗尔斯：《正义论》，中国社会科学出版社 1988 年版，第 301 页。

关系的错位。克服公平障碍，必须确立真正意义的、以人类整体利益为核心的"人类中心主义"。

所谓真正意义的"人类中心主义"，包括逻辑关联的两层含义。其一，是价值意义的"人类中心主义"，即主张人的行为根本上应从人的需要和利益出发。价值意义的人类中心主义的确立，是人类自我意识产生以来又一次自我确证。它产生于近代，却不仅仅是"工业社会"的产物，而是长期认识、实践及社会生活的观念结晶，是人类活动新的起点，作为逻辑预设，将随着人类活动的深入和展开而不断丰富并发挥作用。价值意义的人类中心主义与人本主义是一致的，皆强调人在价值上的至上性——人是最高（最终）目的。其二，是以人类整体利益（"类"利益）为旨归的"人类中心主义"。在此语境中，"人类"并非相对于自然而言，而是相对于个人、群体即人类之部分而言，所强调的不是人类对自然的优越性，而是类整体对于个人或群体的优越性，亦即超越个人和局部利益，确立类本位，以人类整体的需要和利益为中心。与此相关，问题的提法（讨论的焦点）并非"'人类中心主义'还是'自然中心主义'"？而是"'人类中心主义'还是'个人或群体中心主义'"？由此反观以往实践的反主体效应，问题显然不在于以全人类利益为中心，而是过于以个体或群体的利益为中心。就此可以认为，生态论者要走出的"人类中心主义"（如果可以这样称谓的话）充其量只是个人或群体中心主义，而决不是真正意义上的"人类"中心主义，因为在以往所谓的"人类中心主义"那里，"人类"实际上被悬置着，或只是个人、群体的代名词。当前人类面临的问题，无论是人与人之间的社会问题还是人与自然关系中的资源环境问题，根源皆在于背离了真正的人类中心主义。

可持续发展尤其强调人类整体的利益，是因为环境资源的有限性和共享性，"只有一个地球"，便是这一状况的生动反映。由于资源的有限性，亦由于人类同处于一个地球从而生存环境相互关联，从古至今，还没有哪一个问题如此需要且可能通过全人类共同的努力来解决，如此需要且可能通过确立共同的价值理念来应对。"我们面临的挑战是：超越本国的自身利益，以获得更高一层的'自身利益'——在这个受到威胁的世界上，使人类能够得以生存"①。倡导以人类总体利益为中心的"人类中心主义"，确立人类总体利益高于个人或群体利益的价值指向，是实现人与人、群体与群体、国家（地区）与国家（地区），以及当代人与后代人之间在资源和环境享用上的公平——代内和代际公平的主体条件。正如罗尔斯所指出的，"人们所放弃的某些基本的自由能从作为其结果的社会经济收益中得到足够的补偿。"② 与社会生活的其他领域相比较，在资源环境问题上，尤其应追求总体的利益最大化，确立整体利益优先于个人或群体利益，公平优先于自由和效率的原则。

诚然，在世界区分为不同国家和利益群体的情况下，由于利益的分散化乃至于对立，在一个地球"村"中，必将存在各个大大小小"家庭"的矛盾，以人类整体利益为中心，显然是一个面临着非理想环境的理想诉求，但是，这并不意味着人类应放弃这种追求，反而正意味着这种追求的必要，因为它不仅将导向人与自然的和谐与发展，而且具有现实的可能性。下面将要指出，可持续发展将为社会公平的确立昭示一种现实的可能，提供一个新的契机。

三

以"布伦特兰定义"为代表的可持续发展理解，凸显了重新阐释和深度解读公平的必要性和意义。基于对公平意义的自觉，西方深生态

---

① 《我们共同的未来》，吉林人民出版社1997年版，第344页。
② 罗尔斯：《正义论》，中国社会科学出版社1988年版，第63页。

学、生态马克思主义揭示了生态危机的深度根源，认为生态危机源于人们的价值观念和社会的制度因素，克服危机必须彻底变革现行制度和价值观。他们否定单纯以技术解决生态问题的做法，主张从技术的批判转向社会制度和观念的批判，开具了同以往的需要和欲望决裂、通过改变资本主义制度缓解生态危机的"处方"。正如阿格尔所言，"生态学马克思主义的目的也是双重的，它要设计将打破过度生产和过度消费控制的社会主义未来。"①20 世纪 90 年代以来，生态学马克思主义者秉持这种理念，对资本主义生态危机作了更为追根溯源的剖析。奥康纳反对资本主义追求利润而对自然进行掠夺性开发，提出了以生态社会主义取代资本主义制度的构想。克沃尔批判了资本主义生态经济和生态哲学，认为正是资本主义制度对资源的不合理分配，造成了对全球生态系统的严重破坏，提出了生态社会主义必须实行生态化生产的诉求。这些思想，从不同角度彰显了实现社会公平在应对环境资源问题方面的意义，同时，也丰富和深化了人类关于公平及其实现途径的认识。

公平虽然是人类长期追求的理想，但其实现却殊为不易。从理论上说，公平应惠及世人，易于成为人们的共识，但由于利益的分散化甚至相互冲突，或由于利益认同上的差异，在现实中，它对不同的人、不同的利益群体带来的影响是不同的，它在惠及世人的同时，必将弱化甚至剥夺某些人既有的特殊利益，从而往往受到误解或拒斥，其结果是，公平或者得不到公认，或者即使得到公认，也只能部分实现甚至根本不能实现。此类情况表明，公平意识、规则和制度能否确立，不仅在于其合理性，更取决于其可认同程度。从一定意义上说，确立公平的关键是可认同度，而可认同度又取决于其利益涵盖性。

人类应该实现的公平是全方位的，涉及的领域十分广泛，但在现实中，公平的确立不可能一蹴而就，而应是一个由易到难的循序渐进的

---

① 阿格尔：《西方马克思主义概论》，中国人民大学出版社 1991 年版，第 420 页。

过程。实现公平应依"序"而行,这个"序"取决于两方面因素,一是迫切性,二是可认同程度。纵观近代以来的人类历史,公平要求的提出及其实现始于政治解放即自由、平等、博爱、民主、财产等人权诉求。这一任务是由资产阶级提出并初步完成的,无疑标志着社会的进步,但同时又远远不够。诚如马克思所言,政治解放本身并不是人的解放。马克思提出的人的解放,系指人从社会关系中的彻底解放,特别是经济的解放。恩格斯也曾指出,"平等应当不仅是表面的,不仅在国家的领域中实行,它还应当是实际的,还应当在社会的、经济的领域中实行"①。根据马克思主义的理解,实现经济领域的平等的基本途径是彻底变革生产关系特别是所有制形式。从长远的角度看,这是毋庸置疑的,但这有一个过程。着眼于现实,就可认同程度及可行性来说,可持续发展当是确立经济乃至整个社会平等的重要切入点,将为实现社会公平提供新的契机。

可持续发展将为实现社会公平提供新的契机,是因为共享资源环境的权利比较容易理解并落实。可持续发展论域的公平,是人们平等地享用资源和环境,它相对于人们的其他权利而言,具有底线的意义。如果加以对比,社会生活特别是经济生活中的公平,含义比较复杂。比如经济发展成果的分配。经济发展成果是人们劳动的产物,不同的人由于能力、机会和参与程度等方面的差异,所作的贡献是不同的,因而在经济生活中的财富平等分配及享用必然牵扯到前提公平、过程公平还是结果公平的问题,对相关的公平的理解和确定至为复杂。资源和环境上的公平则不同。资源和环境是先在于人类的,是人生存的基本条件,因而应为所有人共享。公平地享有资源和环境,是人的基本权利,也是实现人的其他经济社会权利的前提和基础,从这个意义上说,它具有底线公平的意蕴。正如《我们共同的未来》所言,"为满足基本需求,不仅需

---

① 《马克思恩格斯选集》第 3 卷,人民出版社 1995 年版,第 448 页。

要那些穷人占多数的国家的经济增长达到一个新的阶段，而且还要保证那些贫穷者能得到可持续发展所必需的自然资源的合理份额。"① 在人们能力和机遇不均衡的条件下，维持这种公平至为基本。

可持续发展将为实现社会公平提供新的契机，又因为资源环境危机已超越地域限制而具有全球性，需要通过人类共同的努力来应对。可持续发展问题提出之时便潜含着世界性的意义。全球化从而普遍交往，使各国家和地区在利益上互相关联，也使得它们在资源环境问题上相互渗透，任何一个国家或地区的资源环境危机，都将直接或间接地影响到其他国家或地区。所有国家或地区对此都不可能置身事外、独善其身。随着资源环境危机加深，它已危及整个人类的利益，成为名副其实的全球性问题或普世的"通病"。由于关涉人类生存发展的现实及前景，可持续发展最大限度地体现着人们在利益上的共同性，是当代人最大的利益公约数。同时，这一问题与人类曾经或正在面对的其他全球性问题又有所不同：其一，可持续发展直接指向人与自然的关系，本身并不具有阶级、宗教等意识形态特征，在理解上易于达成共识而不产生歧义；其二，可持续发展不具有排他性，一个国家或地区实现可持续发展，改善环境和保护资源，只可能给其他国家或地区带来好处而不会带来危害，从而在此问题上最易于达致双赢或多赢；其三，可持续发展符合整个人类普遍而长远的利益，充分体现着人类长期以来追寻的理想和境界。这些特点，决定了可持续发展既有助于提升人们的物质生活质量，又能表达人类共同的价值取向。正是基于此，《只有一个地球》的作者提出了如下的忠告："要培育一种对地球这个行星作为整体的合理的忠诚。我们已进入了人类进化的全球性阶段，每个人显然地有两个国家，一个是自己的祖国，另一个是地球这颗行星"②。

---

① 《我们共同的未来》，吉林人民出版社 1997 年版，第 11 页。

② 芭芭拉·沃德、勒内·杜博斯：《只有一个地球》，吉林人民出版社 1997 年版，第 17 页。

可持续发展将为实现社会公平提供新的契机，还因为代际公平理念的提出凸显了人类作为"类"的整体性，进一步丰富了公平的内涵，使之更具完整性。较之于代内公平，代际公平的实现虽然面临着特殊的困难，但在观念上却更易于成为人们的共识，因为它不直接牵涉到当代人之间，例如不同国家、不同群体之间的利益差异和纠葛，且符合所有当代人对自己后代人利益的关注和预期。从而，至少在理论上说，人们都会赞同代际公平，希望其成为共同的行为规则。如果人们能在代际公平问题上形成共识，抑或能在一定程度上以代际公平规范自身的行为，那么将反过来促进对代内公平的理解和接受。由此看来，代际公平理念的确立，不仅有益于可持续发展问题的解决，也将拓展和深化对公平问题的理解，促进对包含代内公平在内的整个公平问题的解决。

诚然，在实施可持续发展战略中，公平的确立不可能一蹴而就。公平的内涵尤其是实现途径等，仍有待于更加深入和展开的探讨。但是亦应看到，经济全球化和知识经济带来的普遍交往和生活方式的改变，已为公平的确立提供了现实的可能。确立可持续发展论域的公平意识和规则，不仅有助于可持续发展的实现，也将为全方位的社会公平的构建提供一个契机或范式，昭示一种现实的可能性。"保证公民能有效地参加决策的政治体制以及国际决策中更广泛地实行民主将有利于这一公平原则的实现。"① 可持续发展领域的公平问题的研究，不仅将拓展和深化对公平问题的理解，而且将促进社会的政治民主建设，开启政治哲学研究的新视域。

本文原载于《学习与探索》2007年第1期

---

① 《我们共同的未来》，吉林人民出版社1997年版，第11页。

唯物史观与可持续发展

可持续发展作为人类普遍性的生存方式并实践活动，深刻地影响着社会历史的进程，可持续发展观作为新的发展理念和理论，又深刻地影响着对社会历史认识。从可持续发展和唯物史观相互解读出发达至二者的视界融合，有助于拓展唯物史观的研究论域，亦有助于深度理解可持续发展的社会意义。

一、人与自然的内在关联

可持续发展与唯物史观根本上的一致性在于，二者都肯定自然史与人类史的内在关联。早在唯物史观创立之初，马克思恩格斯就指明了自然史与人类史不可分割的联系："我们仅仅知道一门唯一的科学，即历史科学。历史可以从两方面来考察，可以把它划分为自然史和人类史。但这两方面是不可分割的；只要有人存在，自然史和人类史就彼此相互制约。"① 自然史和人类史相互关联从而可以形成统一的历史和历史观，这并不是一个偶然的想法，从马克思恩格斯的人化自然思想可见，

---

① 《马克思恩格斯选集》第 1 卷，人民出版社 1995 年版，第 66 页。

他们总是强调自然与人和社会不可分割的关系，马克思曾主张自然科学不仅要研究物质自然界，也要研究人，研究人的实践，或者说，研究生产和工业的历史。在马克思恩格斯看来，人类史所以和自然史相统一，是因为后者是前者的前提。他们明确肯定了自然是社会历史发展的基础，认为历史是有前提的，"全部人类历史的第一个前提无疑是有生命的个人的存在。因此，第一个需要确认的事实就是这些个人的肉体组织以及由此产生的个人对其他自然的关系。"① 他们还明确指出，人类赖以生存的"自然"包括"人们所处的各种自然条件——地质条件、山岳水文地理条件、气候条件以及其他条件"②。由于历史任务所限，由于当时"需要深入研究的是人类史，因为几乎整个意识形态不是曲解人类史，就是完全撇开人类史"③。马克思生前未能实现在理论上将自然史与人类史相贯通的夙愿。

恩格斯秉承自然史与人类史相贯通的理念，为建构统一自然史和人类史的历史科学作出了极大的努力。诚如勃·凯德洛夫曾指出的，恩格斯写作《自然辩证法》，实际上是想为《资本论》提供一部自然科学的导言："对恩格斯来说，这本书的主要目的是创作一部直接同《资本论》衔接，并且与《资本论》一起提供关于马克思主义学说统一而完整的观念和对这个学说加以阐明的著作。"④ "这就意味着，《自然辩证法》所结束的地方应当成为《资本论》的开始。"⑤ 这就是说，恩格斯的设想是将自然观与社会历史观连接并统一起来，也因此，《自然辩证法》"历史导论"中提出了两种"提升"的思想。《自然辩证法》的研究虽未最后完成，但却给后人留下了人类（社会）史应与自然史相统一的深刻

---

① 《马克思恩格斯选集》第 1 卷，人民出版社 1995 年版，第 67 页。
② 《马克思恩格斯选集》第 1 卷，人民出版社 1995 年版，第 67 页。
③ 《马克思恩格斯选集》第 1 卷，人民出版社 1995 年版，第 66 页。
④ 勃·凯德洛夫：《论恩格斯〈自然辩证法〉》，三联书店 1980 年版，第 35 页。
⑤ 勃·凯德洛夫：《论恩格斯〈自然辩证法〉》，三联书店 1980 年版，第 36 页。

启示。

基于自然史和社会史内在关联的认识，马克思恩格斯较早地注意到人的实践对环境的影响，初步萌发了从人与人的关系入手解决环境问题的思路。早在一百多年前，马克思就指出了科技的进步和工艺的改进对于解决资源环境问题的作用，他还深刻地洞察到，环境问题的解决有赖于社会关系的合理化。他写道："社会化的人，联合起来的生产者，将合理地调节他们和自然之间的物质变换，把它置于他们的共同控制之下，而不让它作为一种盲目的力量来统治自己；靠消耗最小的力量，在最无愧于和最适合于他们的人类本性的条件下来进行这种物质变换。"[1]这一论述不仅蕴含着节约资源、保护环境的思想，而且强调合理地调节人和自然之间物质变换的前提之一是生产者的联合。无独有偶，恩格斯曾明确地指出，人只有成为自己的社会结合的主人，才能成为自然的主人。[2]

遗憾的是，以往对唯物史观的解读中，存在着轻视自然环境因素的倾向，虽然在对社会发展条件的认定中承认自然环境是社会存在和发展的基础，但只是将其作为一种预设性的前提条件，而未能充分揭示其对社会发展趋势、速度、结果的内在约束性和影响力。例如在对"自然（地理）环境决定论"的评价中，就存在着对自然因素在社会发展中作用评价过低的缺陷。这至少表现为两点：一是由于对"自然环境决定论"矫枉过正的批判，即使在一定程度上承认自然环境对社会发展的影响，对"影响"的估量却很不到位。例如，虽然也肯定自然条件是人和社会发展不可缺少的因素，但为了强调生产方式的决定性作用，总是将自然环境理解为社会发展中次要的甚至是纯粹被动的因素，似乎只要发展生产力并相应地改变生产关系，其他问题包括资源环境问题就会迎刃

①　马克思：《资本论》第 3 卷，人民出版社 1975 年版，第 926—927 页。

②　《马克思恩格斯选集》第 3 卷，人民出版社 1995 年版，第 760 页。

而解，社会就会不断由低级向高级永无止境地发展。二是在对生产力诸要素地位和作用的理解上厚此薄彼。在认定生产关系各要素的作用时，只是或主要是强调劳动者、劳动工具以及科技等因素的作用，虽然也肯定劳动对象不可或缺，却将其理解为一成不变的、对生产力水平不构成影响的外在的因素。

事实上，马克思恩格斯对自然条件在社会进步和人的发展中作用的重视，远远超出既有的估计。马克思在《1844 年经济学哲学手稿》中曾明确指出："自然界，就它自身不是人的身体而言，是人的无机的身体。人靠自然界生活。这就是说，自然界是人为了不致死亡而必须与之处于持续不断的交互作用过程的、人的身体。"① 他还指出："共产主义，作为完成了的自然主义＝人道主义，而作为完成了的人道主义＝自然主义，它是人和自然界之间、人和人之间的矛盾的真正解决，是存在和本质、对象化和自我确证、自由和必然、个体和类之间的斗争的真正解决。"② 这里"人道主义"一词的含义是指下文的"人和人之间的矛盾的真正解决"，即社会的和谐，而"自然主义"一词的含义，则是指"人和自然界之间矛盾的真正解决"。而将"自然主义"与"人道主义"相等同，表明马克思认为人与自然界的矛盾和人与人之间的矛盾的解决是一个互动的、统一的过程，二者互为前提和条件。至于恩格斯，更是在《自然辩证法》中对人对自然的依赖性做了充分的论述。

从唯物史观的立场看，生产力是社会发展的决定力量，然而，在生产力的诸要素中，劳动对象决不仅仅是某种先在于人的、既成的、一成不变的东西，更不是完全被动的因素。历史地看，自然环境对社会发展的作用经历了一个由弱至强的演变过程。在生产力水平低下、人类需求非常有限、资源环境十分宽松的条件下，就有限的社会领域（一定的

---

① 马克思：《1844 年经济学哲学手稿》，人民出版社 2000 年版，第 56 页。
② 马克思：《1844 年经济学哲学手稿》，人民出版社 2000 年版，第 81 页。

国家或地区）而言，劳动对象（自然环境）作为可以充分给定的因素，对社会发展的制约和影响是很有限的，这时在社会发展中起决定作用的往往是其他的因素，如生产工具、人的能力和社会制度等。反之，在当今资源环境愈趋紧缺的情形下，就整个人类而言，资源环境已成为制约社会发展乃至人类存续的刚性约束条件，甚至成为社会发展的决定性因素。更重要的是，由于稀缺，资源环境本身就与其他产品一样，成了有限量的生产和生活资料，对它的占有直接决定着人们的物质和精神生活质量。

由于唯物史观的解读中对自然环境的轻视，马克思主义自然观对可持续发展理论和实践的借鉴意义尚未得到充分的挖掘与阐释。这是问题的一个方面。问题的另一方面是，当代资源环境危机不仅引发了可持续发展的理论与实践，也凸显了唯物史观自然与社会内在关联理念的意义，凸显了资源环境因素在社会发展中的重要地位。传统的发展观假定自然界的资源是无限的，认定人对自然改造的范围和程度仅仅取决于他们的需要和能力，而不必考虑自然本身的承受性。可持续发展观直截了当地否定了这一假设，指明了资源环境的有限性。地球上的资源总量和环境承受能力都是有限的：土地资源是有限的、矿产资源是有限的、水资源是有限的、环境的承受力是有限的……我们生活在地球上，我们不可能再造一个地球，也不可能超越地球而谋求新的居所或资源，至少在可以预见的将来仍将是如此。可持续发展理念作为人对自身与自然关系的新认识，在根本上颠覆了以往人们视野中的自然图景。对资源环境有限性的认识，无疑是促使社会发展观转变至关重要的甚至决定性的因素。

综观当代各种社会矛盾和冲突的产生，资源环境已成为制约社会发展与和谐程度的重要因素。随着资源短缺和环境污染的加重，环境资源享用的不平等正在成为社会矛盾的焦点，资源与环境享用方面的不公平，加重了人们之间的贫富差别，成为影响社会稳定的重要因素，与之相关，环境安全已经成为国际安全的重要组成部分。反过来看，资源环境问题涉及人与自然和人与人的双重关系，受到社会因素的深刻影响，有赖于社会关系的合理化即人与人之间的和谐。在此情势下，可持续发展问题已成为自然与社会内在关联的显著表征，与之相关，可持续发展观是唯物史观人类（社会）史与自然史相统一思想在当代的继承和发展。

二、可持续发展视域的唯物史观

作为对资源环境危机的积极因应，作为当代人类发展基本模式的自觉选择，可持续发展战略旨在建设一种新的生态文明，建构一种新的社会发展模式，其结果将对人们的社会生活乃至于对人类历史的演进过程产生深远的影响，从而将进一步开放唯物史观的研究论域，丰富唯物史观的研究内容，开启唯物史观研究的新路向。

可持续发展理念的确立，将丰富对社会发展基础的认识。

可持续发展将自然的发展作为社会历史发展的基础，主张将社会发展与自然的发展理解为一个统一的过程，强调社会发展不能孤立地进行，必须充分考虑自然资源数量和环境承受能力的限度。这一对发展的理解超越了以往忽略自然基础谈论社会历史发展的缺陷，提出了构建真正意义上的自然—历史观的任务，它不仅预设自然为社会历史的起点和基础，而且认为自然是社会历史和人类生存发展的永恒条件，资源环境因素如影随形地内在于人类历史之中，为社会发展所须臾不可或缺。这一理解启示我们，唯物史观当代建构任务之一，便是确立社会历史观与自然观之间双向互动的关系，阐释社会发展的自然基础，以自然的持续发展的要求和目标来观照和理解社会的发展与进步，为当代社会发展确立新的理论基础：一方面，阐明资源环境在社会发展中的地位，从资源环境角度揭示社会发展的约束条件、可能界限和发展方向，另一方面，分析社会经济政治文化的各方面因素对资源环境的影响。马克思在阐述社会发展的必然性时曾指出，"我的观点是把经济的社会形态的发展理解为一种自然史的过程。"① 对于"自然史的过程"通常有两种解释，一是自然而然的过程，二是像自然运动那样具有客观的规律性，这两种解释无疑从不同角度反映了马克思的原意。在当今的可持续发展论域，"自然史的过程"还可以给出第三种解释，即社会发展特别是社会经济形态的发展本身就是广义的自然发展的一部分。这一理解显然符合马克思恩格斯构建自然—历史观的构想，并有助于拓展唯物史观的研究领域和研究方法，使之建立在更为坚实的基础之上。

可持续发展理念的确立，将深化对社会发展规律和机制的认识。

在历史过程中，人的活动依赖于一定的物质条件和社会关系，但物质条件和关系的作用又是通过人的活动实现的，并且，物质条件和关系既是人活动的基础，也是人以往活动的结果，同时还是人将要改造或创造的对象。以往讨论社会发展规律和机制时，对物质条件的理解主要涉及生产方式、经济基础、上层建筑诸要素的关系，即使涉及自然环境，也只是作为一种既有的、预设性的条件，而未能将其作为与人类活动及社会发展互动并相互制约的内在要素。从某种意义上说，忽略了自然条件对社会发展的内在的、持续的影响。可持续发展研究表明，资源环境因素不仅是社会形成和发展的前提，还是社会结构的内在要素，在资源环境趋于短缺的情况下，其对社会发展程度的影响和制约不亚于生产方式、经济基础、上层建筑诸要素。在当代及今后，社会的变迁，社会进步目标和方向的设定，社会发展的速度和程度，总之，人类的几乎所有社会活动，都必须充分考虑到资源环境的状况和承受能力。人类活动及社会发展是无限性与有限性的统一，人们对社会由低级到高级发展趋势的理解不仅要基于他们需要和能力的无限超越性，还应充分考虑到

---

① 《马克思恩格斯选集》第2卷，人民出版社1995年版，第101—102页。

资源环境的有限的边界，根据这一思路，自然条件是社会发展的基础也是内在的变量，未来社会发展变化的机制，应是人、社会及自然三方面因素的相互作用、相互制约和影响。

可持续发展理念的确立，将完善社会进步的评价标准。

以往对社会进步的评价，主要着眼于生产力发展、社会财富的增长、社会关系的和谐完善、文化的发展等社会领域的因素，根据可持续发展要求，社会发展乃至于存在的基础是自然资源和环境的持续支撑，从而，社会进步还应包含人与自然的和谐、环境资源的良性循环和永续发展。当代社会发展评价标准的改进，开始从根本上扭转以往 GDP 至上、经济发展一枝独秀的局面。《中国 21 世纪议程》就充分体现了社会全面进步的理念和要求。《议程》指出：中国的可持续发展战略注重谋求社会的可持续发展，为此将努力实行计划生育，提高人口素质；建立以按劳分配为主体，效率优先、兼顾公平的收入分配制度，同时引导适度消费；发展社会科学，继承和发扬中华民族优良的思想文化传统，致力于文化的革新；发扬社会主义制度优越性，不断改善政治和社会环境，保持全社会的安定团结；大力发展教育和文化事业，提高全民族的思想道德和科学文化水平；改善城乡居民居住环境和提高社会综合服务及医疗卫生水平；提高全民族的可持续发展意识和实施能力，促进广大民众积极参与可持续发展的建设。上述任务列举表明，可持续发展涉及社会生活的各个方面，有赖于整个社会发展运行方式以及人们生活方式的变革，对社会发展水平、成效和代价的认定已离不开资源环境因素的评价和考量。可持续发展理念的确立，不仅拓展了对进步内涵和标准的认识，也改进了对社会发展代价的理解。社会的每一次进步都需付出相应的代价，这一点在社会现代化进程中表现得尤为明显，但以往计算代价时，多限于社会方面的因素，如反思现代化建设的代价时，主要考虑现代化问题对社会进步或人的生存发展的影响，而忽略了其对自然的影响。可持续发展观改进了社会进步的评价标准，引入了人与自然和谐、人与自然协调发展以及自然持续发展等内容，这无疑有助于更全面地反思人们的实践效应、更合理地推进社会的持续进步。

几千年来，人类创造了辉煌的物质文明、丰富的精神文明和多样的制度文明，随着可持续发展理论与实践的深入，人类正在开创与上述三种文明相并列的生态文明。生态文明是文明的新开展，是社会进步发展到一定阶段的产物，正像物质文明、精神文明和制度文明是人类在改造自然、社会和人自身过程中形成的物质、精神和制度成果的总和一样，生态文明是人类在改造自然的活动中的自觉创造。生态文明所以称得上是一种文明，当然是由人所创造的，它表征着人与自然的和谐关系，但这种关系的本质不是人与自然的被动顺应，而是主动的协调。动物比人更能顺应自然，却并未创造出生态文明。生态文明虽然直接指向人与"生态（自然）"的关系，但同时又意味着人类在生存态度、需要定位和生活方式上的新超越，涉及人与人社会关系的新调整。从这个意义上看，生态文明标志着人类文明发展的新阶段，将与高度发达的物质文明、精神文明和制度文明并存于未来社会。在实现可持续发展过程中，生态文明与其他社会文明互为条件又相互促进：物质文明是生态文明的基础，生态文明是物质文明的保障；精神文明和制度文明是生态文明的必然要求，生态文明又将推进精神文明和制度文明建设。生态文明的出现丰富了对人类文明的认识，充实和完善了原有的社会发展观，使人们对社会进步内涵、趋势和途径的认识更为全面、更为清晰也更为深入。生态文明以公共利益乃至全人类的共同利益为最高诉求，与之相关，可持续发展最根本的社会启示在于，要真正实现人与自然、人与人的和谐相处、协调发展，就必须确立合理的社会关系，特别是从根本上消除人们之间利益的分离和对立。马克思曾经指出，"随着阶级差别的消灭，一切由这些差别产生的社会的和政治的不平等也自行消失。"① 这

---

① 《马克思恩格斯选集》第3卷，人民出版社1995年版，第311页。

是未来社会的理想，也是彻底摆脱可持续发展政治困境和障碍的根本途径。正如《我们共同的未来》所指出的，"我们没有能力在可持续发展过程中促进共同的利益，往往是在国家内部和国家之间相对忽视经济和社会正义的产物。"[①] 生态文明要求自然的持续发展，也必然要求进一步改进社会关系和结构，包括政治制度的合理化以及社会的和谐。

三、唯物史观视域的可持续发展

可持续发展涉及经济社会、政治文化等因素，运用唯物史观考察和分析可持续发展问题，将深化对可持续发展社会背景、本质内涵和历史走向的认识。

从唯物史观出发，有助于把握可持续发展的宏观背景。

根据唯物史观，可以从"横向"和"纵向"两个维度来把握可持续发展的宏观背景。全球化是理解可持续发展问题的横向坐标。19世纪中叶"世界历史"进程初露端倪之时，马克思即敏锐地抓住了这一事实，并力图据此把握社会的整体特征和发展趋势。马克思总是从世界历史角度解读社会结构和社会发展，虽然其社会历史研究的考察对象和研究范本主要是西欧，其他国家或地区在他的探讨中处于边缘地位，但他仍力图将整个人类社会纳入研究视野，特别是，他的考察对象虽然是有限的，却致力于从中得出一般性结论，其着眼于普遍地阐释社会历史的追求以及从整个世界（全球）角度理解社会形态的方法无疑是值得称道和借鉴的。在当代，全球化已是普遍性的经验事实，世界正逐渐成为一个多样性的、不同国家和地区内在关联的整体。各国家和地区从未像今天这样相互渗透和影响，虽然其中充满着矛盾甚至碰撞，但现代化、科

---

① 世界环境与发展委员会：《我们共同的未来》，吉林人民出版社1997年版，第60页。

技发展及经济全球化正在将一切文明囊括于其中，使国家、地区间愈趋紧密地联系起来，成为利益相关者。全球化所导致的普遍交往，决定了资源环境危机本质上具有全球性。随着人类活动影响的扩大，资源短缺和环境污染已经超越了国家民族的界限，成了名副其实的全球性、全人类的问题。人类从古至今，还没有哪一个问题像可持续发展那样普遍地涉及全世界所有人的共同利益；还没有哪一个问题像可持续发展那样需要并且可能通过全人类共同的努力来解决；也没有哪一个问题像可持续发展那样需要人类以共同的价值理念来应对。问题的普遍性决定了利益的普遍性。可持续发展是全世界面临的共同挑战，有赖于人类共同的努力来应对。

时代性是理解可持续发展问题的纵向坐标。时代性既可以是世界范围意义上的，亦可以是国家或地区意义上的。全球化背景下的时代性，首先是世界范围意义上的。当今世界的时代性可以从不同方面来把握，然而对理解社会形态影响最甚者，无疑是新技术革命特别是信息技术的发展。知识经济初露端倪，是现时代时代性最显著的特征。在当今，知识已成为真正意义上的第一生产力，并且是现实的、可持续发展的生产力。以信息技术为标志的新技术革命，不仅推动了经济的飞速发展、极大地改变着人们的生活方式和思维方式，也将从根本上改变了物质财富和精神财富的创造方式。从历史观视域理解可持续发展，既要确立以人为本理念，也要更加自觉地推进科学技术的进步及其运用。以信息技术为标志的新技术革命为社会发展增添了新的动力，已经并将继续在更大程度上改变社会体系各要素的作用及其相互之间的关系，改变社会的发展模式、体系结构和运行方式。在物质产品生产中，生产要素（劳动、原料和资本）在生产过程中是不断消耗的，要多生产就得多投入生产要素，而知识则是一种取之不尽并通过使用可以不断增加的资源，因为在非物质财富创造的过程中只需付出开发费用，数字化知识的复制和分发的边际成本往往可以忽略不计。基于新技术革命特别是知识经济发展和可持续发展要求，未来社会发展的主要方向不应是物质财富量上的扩张，而应是质上的提升，是社会生活其他方面特别是精神文化生活的拓展与提升。

从唯物史观出发，有助于对可持续发展本质内涵的认识。

根据唯物史观，可以从价值取向与科学认识之统一把握可持续发展的本质内涵。可持续发展须以一定的价值取向为旨归。《增长的极限》指出："我们需要的最难以理解的和最重要的信息涉及人类价值。当一个社会认识到它不可能为每个人把每样东西都增加到最大限度时，它就必须开始做出选择。是否应当有更多的人或者更多的财富？更多的荒地或者更多的汽车？给穷人更多的粮食，或者给富人更多的服务？对这些问题确立社会的答案，并把那些答案转化为政策，这是政治过程的本质。"[1] 这里的提问表明，资源环境问题在一定意义上是社会问题，可持续发展要求社会关系和制度的合理化。在可持续发展中贯彻唯物史观的价值取向，即始终坚持以人的发展为目标，以人的发展尺度引领可持续发展的方向，衡量可持续发展的成效。可持续发展须以一定的科学认识为引领。在可持续发展中贯彻唯物史观的科学认识，即在实施可持续发展战略中遵循客观规律，充分肯定物质资料生产和再生产是实现可持续发展的前提，充分肯定生产力的发展程度从而科技和经济发展水平在实现可持续发展中的决定性作用。基于唯物史观价值取向与科学认识统一的理念，在实现可持续发展过程中应注意防止两种倾向。一方面，不能离开人的发展这一根本（最终）目的来孤立地理解保护生态和自然，从否定人的方面将人与自然对立起来，否则将会迷失方向、流于空谈甚至适得其反；另一方面，不能离开科技进步和经济发展理解可持续发展，例如在现代化反思中矫枉过正地得出怀疑甚至否定经济和科技进步的结论。从历史观的层面看，在当代，一切社会问题的解决，都是为着人的

---

① 丹尼斯·米都斯：《增长的极限》，吉林人民出版社 1997 年版，第 140—141 页。

发展，都有赖于经济和科技的进步，可持续发展亦不例外。可持续发展观对传统发展观的超越既应表现在发展的价值取向上更为合理并全面，亦应表现在对发展的科学认识上更为正确并深刻。

从唯物史观出发，有助于把握可持续发展的历史走向。

基于自然史和人类史的内在关联，可持续发展的历史走向是人与人和谐及人与自然和谐的统一。根据唯物史观，社会和谐与人与自然的和谐密切相关、相互制约。一方面，人与自然的和谐直接关系到人与人的和谐。马克思主义认为，"一切政治斗争……归根到底都是围绕着经济解放进行的。"①纵观历史，资源稀缺和环境紧张往往导致人与人之间的博弈和争斗，引起战乱、饥荒和贫困，危及社会和谐。随着资源环境危机日盛，此类问题表现得愈趋严重。当代各国家和利益集团之间的经济竞争、政治争斗直至军事冲突等，许多情况下、或者说根本上都是由资源环境短缺引起的。国际上的许多纷争都与资源环境的分配、开发和利用直接相关，环境安全已经成为国际安全的重要组成部分。当代各种"自然—社会"问题的凸显表明，不实现可持续发展，不从根本上缓解资源环境危机，就不可能建设民主法治、公平正义、诚信友好、充满活力、安定有序的和谐社会，更谈不上建设和谐世界。另一方面，人与人的和谐也深刻地影响着人与自然的和谐。自近代出现机器化大工业和市场经济体制后，环境资源问题日渐严重并趋于普遍化。工业化提升了人改变自然的能力，也相应地放大了人类改造自然的负面效应。与此同时，经济体制市场化打破了自给自足的生产模式，造就了为了交换而生产的模式从而生产规模日益扩大，一些利益主体为了利益最大化，往往置自然发展的状况于不顾，滥用资源并污染环境。可持续发展主张走人与自然和谐共处的道路，应当超越以经济利益为唯一诉求的传统发展模式，这就意味着必须对人与人及人与自然的关系作出根本性调整，追求

---

① 《马克思恩格斯选集》第4卷，人民出版社1995年版，第251页。

两种和谐的统一。在当代，追求两种和谐的统一已渐成共识，例如人们已采用"绿色核算体系"反映社会发展的成效，开始将资源环境因素纳入衡量社会和谐的指标中，并给予了较大的权重；与之相关，确立了建设资源节约型和环境友好型社会的目标。可以预见，这将对人类未来的社会实践和生活产生长远的积极影响。

本文原载于《学习与探索》2009 年第 6 期

科学发展视域中的消费观变革

消费观是社会发展观的重要组成部分，在现代化进程中直接影响着人的发展。作为对传统发展观片面性的矫正，我国确立了以人为本的全面、协调、可持续发展的科学发展观。科学发展观要求超越 GDP 至上的片面的发展观，也要求超越消费主义生活方式，实现消费观的变革。

一

从科学发展观的视角看，社会现代化在推进社会进步和人的发展的同时，又会衍生出一些阻碍人的发展的社会问题，这就是通常所说的"现代化问题"。随着改革开放以来现代化进程的深入，原产于西方的现代化问题在我国开始重现，这突出地体现在发展观和消费观两个方面，即 GDP 至上的片面的发展观和消费主义的消费观。这些问题制约我国社会的全面进步，不仅直接危及当代人的生存，也威胁着后代人的发展。

超越 GDP 至上的片面发展观，已经受到广泛的关注并有比较透彻的研究，而关于消费观的变革，在提出拉动需求、扩大内需的背景下，似乎仍有进一步强调并深究之必要。从广义上说，超越消费主义、实现消费观的变革，亦是实现科学发展从而推进人的发展的重要内容。

消费主义生活方式在当代社会盛行，是与现代化直接关联的。社会现代化确立了市场体制的经济和社会格局，在推动生产力迅速发展和财富的快速增长的同时，导致了社会生活的多样化和利益主体的分散化，对传统的主流价值观提出了严重挑战，引发了拜金主义从而消费主义盛行。随着物质财富的增长并传统价值的失落，人们对金钱的渴望和追求达到了前所未有的程度，在一些人那里，金钱成了一切事物围绕之旋转的中心，成了衡量人的价值的唯一尺度，人与人的关系转化为赤裸裸的物与物的关系、物与钱的关系，以及钱与权的关系。这正是马克思早就批判过的拜物教现象："在商品世界里，人手的产物也是这样。我把这叫做拜物教。劳动产品一旦作为商品来生产，就带上拜物教性质，因此拜物教是同商品生产分不开的。"[1]"拜物教"一说表明，金钱和财富不仅具有手段的意义，而且成了目的本身，成了人生的价值和意义之所在。

丹尼尔·贝尔认为，19世纪，资产阶级的价值取向就是韦伯所说的强制献身于工作、节俭和节制以及侍奉上帝的道德等高尚的思想。但是自20世纪以来，享乐主义取代了新教伦理的道德。"具有讽刺意味的是，这一切都被资本主义自己所破坏了。通过大规模生产和大规模消费，它热情地鼓励享乐主义生活方式而破坏了新教道德。等到二十世纪中叶，资本主义不是设法以工作或财产而是以物质占有的地位标志和鼓励享乐来证明自身的正确。"[2]

在西方，伴随着社会现代化进程的深化，人们对财富的渴望和追求达到了前所未有的程度，消费成了衡量人的价值的至上标准。许多人

---

① 《马克思恩格斯选集》第2卷，人民出版社1995年版，第139页。
② 丹尼尔·贝尔：《后工业社会的来临》，商务印书馆1984年版，第528页。

不是为了生存而消费，而是为了消费而生存。正如弗洛姆所说，"现代人的幸福就是享受，就是满足消费和同一群人同化的要求。他们消费商品、图片、食品、饮料、香烟、人、杂志、书籍、电影，真是无奇不有。世界只是为了填饱他们的肚子，就像一个巨大的苹果，一个巨大的酒瓶和一个巨大的乳房，而我们是婴儿，永远在期待，在希望，却永远是个失意者。我们的性格努力地适应进行交换、接受和消费的要求。所有的一切——精神的和物质的东西——都成为交换和消费的对象。"① 詹明信认为，消费俨然表征时代的标志性符号，"一种新型的社会开始出现于二次大战后的某个时间（被五花八门地说成是后工业社会、跨国资本主义、消费社会、媒体社会等等）。"② 艾伦·杜宁则指出，"在消费社会，需要被别人承认和尊重往往通过消费表现出来。……买东西变成了既是自尊的一种证明，又是一种社会接受的方式。"③ "消费的价值就等于自我价值。"④ "在美国，购物已经变成了一种首要的文化活动。"⑤ 消费不仅仅是甚至主要不是为了满足消费者生理上的物质性需要，而是为了满足其品位、虚荣、炫耀等心理需要。消费从以往的生活手段变成了一种时代潮流、一种生活方式，已经渗透于社会生活的各个方面，成为一种普遍的心理享受和经常性的文化活动。

更为重要的是，在消费社会里，人的需要增长的原因已经从既往的自发扩张转为企业、媒体乃至于政府人为的有意"制造"。企业和媒体制造出一波接一波的消费浪潮，引发了许多不合理的消费欲望。正如列斐伏尔所提到的，与旧资本主义社会以生产为主导向度不同的是，新资本主义社会将其统治的重点转向了消费而非生产。在日常生活中，个

---

① 弗洛姆：《爱的艺术》，上海译文出版社 2011 年版，第 105—106 页。
② 詹明信：《晚期资本主义文化逻辑》，三联书店 1997 年版，第 418 页。
③ 艾伦·杜宁：《多少算够》，吉林人民出版社 1997 年版，第 20 页。
④ 艾伦·杜宁：《多少算够》，吉林人民出版社 1997 年版，第 20 页。
⑤ 艾伦·杜宁：《多少算够》，吉林人民出版社 1997 年版，第 97 页。

体的消费是被控制的消费，不仅在消费对象的选择上被控制，而且通过消费所获得的满足也被控制。消费者受到广告、营销机构或各种社会威望的影响甚至控制。这个社会已经演变为一个消费被控制的官僚社会。

近些年来，随着社会现代化进程的深入，消费主义生活方式已经在我国悄然流行。随着经济的发展和财富的积累，部分富人开始效仿西方富人的消费方式，在他们的带动下，追求物质享受开始在一部分人中蔚然成风。消费欲望无节制的膨胀，唤起了人们对金钱的贪婪和对奢华生活方式的追求，许多奢侈的商品已远远超出了人们正当的生活需要，一些为人津津乐道的消费根本上就是非理性乃至于畸形的。随着经济快速发展和社会急速分化，已经出现了一个富裕阶层。这个富裕阶层中的一些人特别是一些暴富人群，虽然占有大量财富，但由于财富积累的方式所致以及个人的修养所限，由于信仰的缺失，他们往往缺乏合理的财富观，对他人缺乏同情心，对社会缺乏责任感，甚至于缺乏基本的感恩之心，不知道应当如何对待并利用财富，不愿意尽其所能回馈社会。反之，往往直接将财富与享受挂钩，追求一掷千金、挥霍无度的炫耀性消费，甚至以畸形的奢侈性消费为荣耀。

这种炫耀性的消费观念和行为，已经超出了一般的消费的范畴，在我国产生了非常负面的影响。以汽车消费为例。有报道指出，随着大批富人用一代人的时间把自行车换成高级轿车，中国正在崛起为汽车业的超级消费者，汽车已成为一个日益分化社会最明显的标志之一。中国的千万富豪每人平均拥有 3 辆汽车，中国的豪车车主平均年龄比美国或欧洲车主小 10 岁，他们无视交通拥堵，越来越多地在街道上炫耀自己的财富①。近年来，大排量汽车在欧美发达国家遭到围剿，欧盟与美国开始召回一些大排量的汽车。但几乎与此同时，大排量、豪华型汽车在我国却受到一些富人的追捧，一直保持着坚挺的价格，每年一度的车

---

① 《参考消息》2011 年 7 月 13 日。

展已经成为许多人的盛会和节日。其所以如此，原因在于一些官员、明星、企业家等公众人物，将汽车排量大小和豪华程度视为权力、地位和财富的象征。流行于美国的汽车文化，已悄然登陆环境脆弱、人均收入和能源占有量并不富裕的中国，并大有继续扩张之势。还有报道称，随着中国每年有 100 多万辆运动型多功能车上路，环保主义者对这些油老虎带来的影响表示担忧，绿色组织对中国迷恋运动型多用途车发出警告①。认为这将造成资源的巨大浪费和环境恶化，成为资源环境危机的重要原因。

形成鲜明对比的是，在少部分富人一掷千金地尽情享受奢侈生活的同时，许多低收入者还在温饱线上挣扎。由于收入差距日趋扩大，导致了老百姓住房难、上学难、就业难、看病难以及社会保障缺失、物价快速上涨等一系列民生问题，导致了食品药品安全问题、生产安全问题、腐败猖獗问题和社会治安问题等一系列严重的社会问题，直接制约着许多人的发展甚至生存。

二

和发展观一样，消费观对人的发展具有重要的影响，而改变消费观、超越消费主义的前提，是确立合理的需要定位。只有合理地定位需要，才能选择健康文明的生活方式，超越消费主义的误区，在满足人们合理需要的同时推进人的发展。

由于人的需要是由低级向高级依次递进的，因而人的发展最基本的要求是物质条件的改善，最基本的表现是物质需要的满足和物质生活质量的提高。正如马克思所说，"只有在现实的世界中并使用现实的手

---

① 《参考消息》2011 年 8 月 5 日。

段才能实现真正的解放；……当人们还不能使自己的吃喝住穿在质和量方面得到充分保证的时候，人们就根本不能获得解放。'解放'是一种历史活动，不是思想活动，'解放'是由历史的关系，是由工业状况、商业状况、农业状况、交往状况促成的。"[①]

但是，在马克思主义关于人的发展的理解中，物质需要的满足和物质生活质量的提升只是人的发展的基础，而非人的发展的主旨，更非人们全部生活的追求。在马克思主义看来，未来人的发展的主要方向并不是创造无限丰裕的物质财富和更好的物质条件，而是在改变外部生存条件的同时也改变人自身，改变人的生存态度、需要定位、价值选择和生活方式，使人的素质得到极大提高，人的能力和个性得到自由全面的发展。正如弗洛姆所指出的，"马克思的学说并不认为人的主要动机就是获得物质财富；不仅如此，马克思的目标恰恰是使人从经济需要的压迫下解脱出来，以便他能够成为具有充分人性的人；马克思主要关心的事情是使人作为个人得到解放，克服异化，恢复人使他自己与别人以及与自然界密切联系的能力。"[②] 因此，不能简单地将马克思归结为经济决定论者，因为正是马克思主张要从经济力量的奴役中解放出来。"马克思的目标是使人在精神上得到解放，使人摆脱经济决定论的枷锁，使人的完整的人性得到恢复，使人与其伙伴们以及与自然界处于统一而且和谐的关系之中。"[③] 根据马克思主义的理解，合理定位需要是推进人的发展的前提。

合理定位需要的前提是确定需要的合理性。需要的合理性可以从量和质两个方面来确定。

先说从量上来确定。从量上看，需要就其自发的倾向而言具有无限膨胀的趋势，就物质需要而言，即使是合理的需要，一旦超出了某

① 《马克思恩格斯选集》第 1 卷，人民出版社 1995 年版，第 74—75 页。

② 《西方学者论〈1844 年经济学—哲学手稿〉》，复旦大学出版社 1983 年版，第 23 页。

③ 《西方学者论〈1844 年经济学—哲学手稿〉》，复旦大学出版社 1983 年版，第 23、23 页。

种界限，"正当"就会变为"奢侈"甚至"畸形"或"贪婪"。"与需要相对而言，一切资源都是稀缺的。"① 也就是说，需要的满足是有条件因而是有边界的，无止境的需要必然会受到有限的资源和环境的制约。现在如此，将来依然如此。通常认为，未来理想社会的基本特征之一是物质产品的极大丰富，分配方式是各取所需。事实上，所谓物质产品"极大丰富"只能是相对于人们合理的需要而言的。弗洛姆曾尖锐地指出，"如果说需求是无限的，那么即使生产规模扩大到了极点，也跟不上想比别人占有得更多这种幻想。"② 再高的生产力水平也满足不了无限的需求，因为任何时候、任何水平的生产力所生产出的产品，相对于无限制的需要（甚至贪欲）来说都是短缺的，又因为基于可持续发展的考虑，资源的支撑能力和环境的承载能力是有边界的，不可能满足人们无限大的物质需要。

再说从质上来确定。从质上看，合理的需要是人生存发展要求和趋势的体现，是有利于自己、社会、他人或自然的，反之，有损自己身心健康、有碍社会、他人或自然的需要则是不合理的。从对人生存发展的意义上说，可以将需要区分为基本的和扩展的两种类型。基本的需要即为维持人的生存发展所必须满的需要，基本的需要一般来说都是合理的、正当的。扩展性需要是在基本需要满足基础上进一步生成和不断发展着的需要，一般而言属于享受性的需要。与基本需要不同的是，扩展性需要不仅从性质上看不一定是人生存发展所必需的，而且从范围上看是没有限制的，其内容可以无限添加。正是由于这两个特点，所以应当对扩展的或享受性的需要进行合理性划界，即根据上述定性标准划分出合理的扩展性需要以及不合理的扩展性需要。合理的扩展性需要即有利于人的发展且有利于可持续发展的享受性的需要，如创造性劳动、休

---

① 丹尼尔·贝尔：《后工业社会的来临》，商务印书馆 1984 年版，第 515 页。
② 弗罗姆：《占有还是生存》，三联书店 1989 年版，第 122 页。

闲和精神需要等，不合理的扩展性需要即有悖于人的发展和可持续发展的奢侈的、贪婪的需要。

凡勃伦在《有闲阶级论》中提出了"炫耀性消费"概念，并对之作出了清晰的界定和阐述。他认为，所谓炫耀性消费，指的是富裕的上层阶级人士对超出实用和生存所必需物品的浪费性、奢侈性消费，包括购买贵重礼物、驾驶豪华赛车、举办奢侈宴会等各种炫耀的、讲排场的行为，是一种装门面的、摆阔气的消费。炫耀性消费意在向他人炫耀和展示自己的财力和社会地位及由此带来的荣耀、声望和名誉，其目的是满足自己的虚荣心。他指出，炫耀性消费的意义不在于享用商品自身的价值即商品物质形态上的使用价值，而在于享用由其所带来的心理价值。因此，进行炫耀性消费的人在消费时总是强调所购买物品高昂的"价格"而非其品质和效用。他还认为，只有两件事情才能让富人通过炫耀财富显示出自身的优越，这就是大量的闲暇和大量的消费。凡勃伦对炫耀性消费的界定，为对消费作出合理性与非合理性的区分提供了参考。

需要具有多样性，但只有合理的需要才是应当满足的。基于对需要合理性的界定及相应的分类，对需要的定位应当遵循三个基本的原则：一是优先满足基本的需要；二是限制不合理的扩展性需要；三是发展并满足合理的扩展性需要。在当代实现科学发展，最具有现实意义的，是限制不合理的扩展性需要，这应当是需要合理性定位的重点。

奢侈性或炫耀性消费在道义上是不合理的。同在一片蓝天下，一些暴富人群锦衣玉食，大肆进行炫耀性消费，另一些弱势人群则缺衣少食、无钱医病，这既有违社会公平也有违人道原则。有违公平，是因为富人们超量地消耗了有限的社会财富从而在客观上剥夺了贫穷者消费同等社会财富的权利，因为显而易见，富裕阶层或暴富人群的炫耀性消费意味着他们自己过度消耗了有限的资源并污染了大家共处的环境。有违人道，是因为炫耀性消费是对人所应有的恻隐之心的无视和背离。

奢侈性或炫耀性消费在人自身发展意义上是不合理的。富裕阶层尤其是暴富人群的炫耀性消费有碍于自己的发展，因为这既使自己堕入奢靡的生活方式之中，违反人通过创造实践实现自己能力、个性发展进而确认自己并贡献社会的本性，也对社会文明生活和人的发展环境造成不良影响。

奢侈性或炫耀性消费在可持续发展的意义上也是不合理的。"富人所得到的越多，消耗的自然资源就越多，也就比一般消费者更多地干扰了生态系统。"[①] 要满足富人的消费欲望，就需要生产昂贵的奢侈品，创造可供他们消费的条件和环境。上述高级汽车消费以及建造高尔夫球场等其他炫耀性消费，正在严重地侵蚀环境并消耗资源，例如大量消耗本已十分紧缺的石油资源、土地资源和水资源等。无节制的消费使世界变成了人满足自己贪欲的对象，这种消费不仅意味着富裕阶层自己过度消耗资源并污染环境，更对他人和社会起到了消费诱导的示范作用，成为造成资源环境危机的重要根源。

由此可见，限定不合理的扩展性需要具有自然和社会的双重意义，既是实现社会公正以及人的发展的要求，也是可持续发展的体现。

三

在现代化建设的一定时期中，由于将社会发展主要定位于经济增长，因而在这一时期中强调消费、强调以需求拉动增长具有合理性。但是，在经济增长跨上新的台阶，人的发展要求逐渐凸显之时，又必然要求提升人的生活质量和幸福程度，要求确立以人为本的全面、协调、可持续发展的科学发展观，超越片面的发展观和畸形的消费观。

[①] 艾伦·杜宁：《多少算够》，吉林人民出版社 1997 年版，第 11 页。

科学发展观一个重要的贡献，就是凸显了发展以人为本的本质，即要求以人的发展作为衡量社会发展的尺度，以促进人的发展为旨归，以满足人的需要为出发点和落脚点。根据科学发展观的要求，当代中国的社会发展应当更加注重以人为本，更加注重全面协调可持续发展，更加注重保障和改善民生，更加注重促进社会公平正义，更加重视社会建设，更加重视提高人们的生活质量和幸福程度。

从科学发展观的视角看，经济社会发展归根到底是为着人的发展，为着人的生活质量的提升。为此，实现科学发展，既要超越单纯追求经济增长而忽视社会全面进步的片面发展观，消除因社会发展不平衡造成的社会公平的严重缺失和社会建设的缺位，也要超越以拜金主义和享乐主义为特征的消费观，克服消费主义的弊端，尽力满足人们的合理需要，提升人们的幸福指数。

基于对需要的新定位，一些有识之士重新定义了幸福的内涵，认为，幸福感是对生活满意程度的一种综合心理体验，既是对生活的客观条件和环境状态的一种事实判断，又是对于生活的主观意义和满足程度的一种价值判断，是人对自己与外部环境关系的一种体认和判断。这一定义的新意新颖之处，就是超越了对物质需要的诉求。

根据对幸福的新理解，一些国家和机构陆续创设了"幸福指数"这一衡量生活质量和幸福程度的综合性指标。如果说 GDP 分别是衡量国家和民众富裕程度的标准，那么，幸福指数就是一种衡量百姓幸福感的标准。与 GDP 相比，"国民幸福总值"或"国民发展指数"更强调社会发展的综合性，强调社会发展对人的影响，强调文化因素和环境保护。重新定义幸福意在改变仅强调物质享受和占有物质财富的发展取向，改变人们对生活方式的理解和对社会发展评价的标准，其要义是拓展幸福的内涵。正如有学者指出的，作为综合性因素的幸福指数是社会运行状况和民众生活状态的"晴雨表"。

舒马赫曾认为，无限增长与有限世界不相称，经济不应成为生活的所有内容。当代的社会心理学研究也表明，经济收入和物质财富并非决定人们幸福程度的充分条件，更非唯一因素，它们只是在物质短缺的情况下才对人们的幸福程度起着决定性的作用。有关调查表明，现代以来，"一个国家的生活水平一旦达到某一合理标准，财富的继续增加非但不会给其人民带来更多的益处，相反还可能会让民众感觉更不幸。他们认为，随着一个国家变得越来越富裕，消费越来越多地转向购买身份象征品，如高档珠宝、设计师服装和豪华轿车等，而这些物品没有内在价值。……这些商品体现了社会的一个零和游戏：它们令所有者感到满足，使他们显得富有，但剩下的其他人却感觉更糟了。"① 有鉴于此，一些有识之士认为，人们的幸福程度与其占有并享受财富的数量并不完全成正比，占有更多的财富并不一定能会增强人们的幸福感，因而对财富的占有和消费"更多并不意味着更好"②。因此，在基本生活条件得到满足之后，降低奢侈性或炫耀性消费不会使人们丧失真正重要的物品和服务。

与能力、机遇及其他因素相关，一些人在满足了基本需要的基础上必然会产生扩展性需要，只要这些需要是合理的，且其主体具有满足需要的能力，就无可非议，社会就应当允许并创造条件予以满足。但与此同时，更重要的是优先满足另一些弱势人群的基本需要，或者如《我们共同的未来》所指出的，"尤其是世界上贫困人民的基本需要，应将此放在特别优先的地位来考虑。"③ 贫穷者的生存需要无疑是所有基本需要之最基本的部分。关注最弱者，满足他们的生存需要，是社会和谐并稳定发展的要求，也是以人为本原则的体现，显然应当成为全社会的共识。在资源、资金的配置中，满足贫穷者的生存需要具有毋庸置疑的优先性，这也是科学发展的题中应有之义。

---

① 《参考消息》2010 年 3 月 16 日。
② 艾伦·杜宁：《多少算够》，吉林人民出版社 1997 年版，第 7 页。
③ 世界环境与发展委员会：《我们共同的未来》，吉林人民出版社 1997 年版，第 52 页。

与之相关，虽然消费主义是一种普遍的社会现象或潮流，但并非每一个人都进入了消费主义的生活方式，更非每一个人都对消费主义及其后果负有同等的责任。在变革消费观、超越消费主义问题上，不仅要有公众的共识和共同努力，更要求发达地区和富裕群体率先垂范，因为他们是消费主义生活方式的主要受益者，也是其负面影响的主要责任者，生活方式的变革显然应从他们开始。

越来越多的事实表明，在我国，人口的迅速增长加上不可持续的消费方式，对有限的能源、资源已构成巨大压力，危及人类自身生存条件的改善和生活水平的提高。只有合理的消费方式和适度的消费规模才有利于经济的持续增长，才会减缓由于人口增长带来的种种压力，使人们赖以生存的环境得到保护和改善。

变革消费观念和消费模式要从制度入手。要针对城乡和区域发展不平衡特别是不同群体收入分配差距悬殊等问题，着力实现社会公平，在有利于经济增长的同时更加注重以制度保障社会公正，调节不同社会群体之间的利益关系，尽可能实现发展成果为全民共享，使不同社会群体的收入分配差距保持在一个相对公平合理的范围内。同时，又要运用税收等手段对奢侈性或炫耀性消费加以限制。

变革消费观念和消费模式又要通过提高人的素质来实现。生活方式是价值取向和生存态度的现实表现。不合理的、消极的生活方式，无论是历史上流传下来的生活陋习，还是新引入或新形成的畸形生活方式，都是消极生存态度和价值取向使然。提高人的素质，必须改变价值观念和生活追求，正确理解生活的意义，培育高尚的生活情趣和生活追求，以健康文明的态度对待生活、创造生活。

在当前，消费已经成为我国社会经济发展的主要驱动力，成为解决社会矛盾的重要切入点，鼓励消费、拉动需求的主张已经成为经济学界的主流认识。鉴于严峻的就业形势，拉动需求当然有其合理性甚至迫切性，但问题在于应该拉动的是哪些需求，这些需求是否具有合理性，是否与资源环境状况相适应。现实中，有些需求根本就是奢侈乃至于畸形的，是为满足富人的心理刺激，有些需求和投资则完全是基于地方政府和官员创造政绩的需要，因而在拉动需求的呼声中，应当对需求本身的合理性作出必要的分类，扩大合理的需求而限制不合理的需求。

为此，应当实现促进内需与合理消费之间平衡，在二者之间保持一种合理的张力。这就要求以科学发展观为指导，超越仅仅强调经济增长的"排他性发展"而实行"包容性发展"。"包容性发展"要求确保机会平等和公平参与，要求消除人民参与经济发展、分享经济发展成果方面的障碍，其本质的含义在于以共建、共享为特征的发展的非排他性，在于体现人人平等，尽可能使所有人公平地参与社会发展过程并平等地享受社会发展的成果，使经济增长、社会进步和改善民生并重。"包容性发展"不仅体现在发展方式上，也体现在消费方式上，只有实行"包容性发展"，才能在推进社会全面进步的基础上实现人的发展。

本文原载于《中国特色社会主义研究》2012 年第 6 期

责任编辑:宫　共
封面设计:源　源
责任校对:吕　飞

图书在版编目(CIP)数据

哲学视域中的人:陈新夏学术论文集/陈新夏 著. —北京:
　人民出版社,2018.12(2022.1重印)
ISBN 978-7-01-020155-9

Ⅰ.①哲…　Ⅱ.①陈…　Ⅲ.①哲学-文集　Ⅳ.①B-53

中国版本图书馆 CIP 数据核字(2018)第 276397 号

哲学视域中的人
ZHEXUE SHIYU ZHONG DE REN
——陈新夏学术论文集

陈新夏　著

人 民 出 版 社 出版发行
(100706　北京市东城区隆福寺街 99 号)

北京兴星伟业印刷有限公司印刷　新华书店经销

2018 年 12 月第 1 版　2022 年 1 月第 2 次印刷
开本:710 毫米×1000 毫米 1/16　印张:35.25　字数:487 千字

ISBN 978-7-01-020155-9　定价:95.00 元

邮购地址 100706　北京市东城区隆福寺街 99 号
人民东方图书销售中心　电话 (010)65250042　65289539